LA ECONOMÍA DE LA EMPRESA EN EL ESPACIO DE EDUCACIÓN SUPERIOR

LA ECONOMÍA DE LA EMPRESA EN EL ESPACIO DE EDUCACIÓN SUPERIOR

M.ª Del Mar García Galán
Ramón Sanguino Galván
Juan Luis Tato Jiménez
M.ª de las Mercedes Galán Ladero
M.ª Isabel Sánchez Hernández
M.ª Pilar Maynar Mariño
M.ª Cristina Barriuso Iglesias
Francisco Javier Miranda González
M.ª Soledad Janita Muñoz
Antonio Chamorro Mera
Alejandro del Moral Agúndez
Clementina Galera Casquet
Víctor Valero Amaro
Tomás M. Bañegil Palacios
Sergio Rubio Lacoba

Mc Graw Hill

MADRID • BOGOTÁ • BUENOS AIRES • CARACAS • GUATEMALA • LISBOA • MÉXICO
NUEVA YORK • PANAMÁ • SAN JUAN • SANTIAGO • SÃO PAULO
AUCKLAND • HAMBURGO • LONDRES • MILÁN • MONTREAL • NUEVA DELHI • PARÍS
SAN FRANCISCO • SIDNEY • SINGAPUR • SAN LUIS • TOKIO • TORONTO

LA ECONOMÍA DE LA EMPRESA EN EL ESPACIO DE EDUCACIÓN SUPERIOR

McGRAW-HILL/INTERAMERICANA DE ESPAÑA, S. A. U.
Edificio Valrealty, 1.ª planta
Basauri, 17
28023 Aravaca (Madrid)

ISBN: 978-84-481-6094-4
Depósito legal: M-34337-2007

Editor: José Ignacio Fernández
Técnico editorial: Amelia Nieva
Diseño de Cubierta: CD Form, S. L.
Compuesto en: Gráficas Blanco, S. L.
Impreso por: Producciones Digitales Pulmen, S. L. L.
1203456789 - 2625242322

IMPRESO EN ESPAÑA - PRINTED IN SPAIN

Relación de autores

M.ª del Mar García Galán
Ramón Sanguino Galván
Juan Luis Tato Jiménez
M.ª de las Mercedes Galán Ladero
M.ª Isabel Sánchez Hernández
M.ª Pilar Maynar Mariño
M.ª Cristina Barriuso Iglesias
Francisco Javier Miranda González
M.ª Soledad Janita Muñoz
Antonio Chamorro Mera
Alejandro del Moral Agúndez
Clementina Galera Casquet
Víctor Valero Amaro
Tomás M. Bañegil Palacios
Sergio Rubio Lacoba

Todos los autores de esta obra están vinculados al Departamento de Dirección de Empresas y Sociología de la Universidad de Extremadura.

Contenido

Prólogo

Se me pide que presente el libro «La Economía de la Empresa en el Espacio de Educación Superior». Atender esta demanda me proporciona una gran satisfacción, y no tanto por corresponder al notable esfuerzo de un conjunto de profesores universitarios sino, más bien, porque ello me brinda la oportunidad de mostrar algunas reflexiones en torno al tema de esta obra.

Este libro trata de ser un manual de referencia básico para aquellos que se inician en el estudio de la gestión y dirección de empresas. Y algo destaca en particular en este manual y le confiere coherencia y sentido: la idea subyacente de la estrategia.

Aplicado a las personas la estrategia es «la forma en que utilizamos nuestra energía, nuestras capacidades, nuestros recursos; es la respuesta a nuestros deseos de pasar de una situación actual, presente, a otra situación deseada y futura». Para lograr ese paso es necesario dar respuesta a los interrogantes ¿qué hacer?, ¿cómo hacerlo? y ¿cuándo hacerlo? Efectivamente, todos los humanos, en nuestro continuo quehacer nos planteamos, con distintos horizontes temporales, y desde diferentes situaciones de partida, alcanzar situaciones deseadas. El estudiante universitario que acaba de iniciar su carrera se plantea terminarla con éxito e insertarse en el mundo laboral; el atleta que compite en una Olimpiada, en una prueba de mil quinientos metros, se plantea llegar el primero a la meta y obtener la medalla de oro. Todas estas situaciones y muchas otras que podrían describirse, tienen algo en común: una situación de partida y una situación o escenario deseado y, entre ellas, se sitúa la estrategia. Es decir, el empleo de nuestra determinación, de nuestros recursos y energía para alcanzar la meta deseada. Se trata, en definitiva y en cada uno de los casos de dar respuesta a los interrogantes planteados: qué haremos, cómo lo haremos y cuándo lo haremos.

Si del ámbito de las personas pasamos al de las empresas y las organizaciones la lógica es la misma. Las organizaciones, partiendo de la situación actual, presente, se plantean objetivos que definen el escenario deseado y, para alcanzarlos, tienen que definir estrategias que expliciten qué hacer, cómo hacerlo y cuándo hacerlo. Al igual que las personas, las organizaciones actuán en un mundo, en un entorno, donde la interacción es constante y donde se producen eventos y sucesos que plantean situaciones imprevistas que pueden alterar el desarrollo de la estrategia. En cualquier caso, la identificación y el conocimiento de la situación actual, del escenario deseado y del entorno interactuante constituyen tareas de una extrema complejidad que requieren conocimientos precisos y especializados.

Este libro, que ha sido elaborado por un equipo de prestigiosos y experimentados profesores e investigadores universitarios, de probada excelencia en sus áreas de conocimiento, nos ofrece una inestimable ayuda a todos los que están interesados en la gestión y dirección de organizaciones, ya que de una forma simple y pedagógica nos presentan ese conocimiento preciso y especializado. Los autores nos explican en su obra el ser y el devenir de la empresa, es decir, su estructura y su funcionamiento, y lo hacen de una forma que convierte lo complejo y sofisticado en algo sencillo y simple, fácil de asimilar, mostrando al lector interesado las respuestas a las preguntas claves: qué hacer, cómo hacerlo y cuándo hacerlo.

Esta característica, que da singularidad a la obra, no es óbice para que el libro se estructure siguiendo un criterio funcionalista, que ha sido ampliamente seguido por muchas obras de introducción a la Economía de la Empresa. Es decir, la empresa se concibe como un sistema, como un conjunto de elementos que interactúan dinámicamente y que se orientan hacia la consecución de unos objetivos previamente definidos. Este sistema se descompone en un conjunto de subsistemas que desarrollan funciones específicas de la organización. Es necesario conocer en profundidad estos subsistemas y sus relaciones mutuas para gobernarlos y actuar sobre ellos, y esta tarea ha sido magistralmente resuelta por los autores de este libro.

Otro de los rasgos distintivos de este libro, y que es destacado en su título, es el contexto en el que se sitúa: el nuevo espacio de educación superior. En este nuevo espacio el aprendizaje se plantea bajo un enfoque constructivista, poniendo el énfasis en la construcción del conocimiento por parte del alumno, que adopta así un comportamiento activo, y donde el profesor actúa de mediador entre el conocimiento y el alumno. En este sentido, este manual constituye un material de inapreciable valor para la asignatura de Introducción a la Economía de la Empresa porque su diseño se orienta hacia el autoaprendizaje y la autoevaluación del alumno, constituyéndose en un referente básico en la nueva metodología de enseñanza que se nos plantea.

Creo que el conjunto de especialistas que, dirigidos por la profesora Maynar Mariño y coordinados por los profesores Bañegil Palacios, Galera Casquet y Maynar Mariño, han elaborado esta obra, deben ser felicitados por el resultado conseguido. A mi juicio, y espero que también para el de los lectores, este libro se va a convertir en un manual de referencia básico en la Economía de Empresa en la nueva etapa que plantean los acuerdos Bolonia sobre la enseñanza superior.

ENRIQUE MARTÍN ARMARIO
Catedrático de Comercialización e Investigación de Mercados
Universidad de Sevilla

Agradecimientos

Esta publicación, fruto de un proyecto inicial madurado con la ilusión y experiencia de muchos años, ha sido posible gracias al apoyo y la colaboración de las profesoras y profesores de las Áreas de Organización de Empresas y Marketing del Departamento de Dirección de Empresas y Sociología de la Universidad de Extremadura. Gracias a todos ellos este proyecto de innovación educativa es hoy una realidad.

Especialmente agradezco a las profesoras M.ª Cristina Barriuso Iglesias y M.ª Isabel Sánchez Hernández, su implicación en las experiencias piloto con metodología ECTS en la docencia de la Economía de la Empresa en la Universidad de Extremadura. Su experiencia y apoyo en todo momento fue un importante impulso motivador que permitió iniciar la andadura y orientar nuestros esfuerzos para la consecución de un texto que se ajustara a los requerimientos del actual Espacio de Educación Superior. Su estímulo desde el primer momento, su disposición colaboradora y su buen trabajo en equipo, han hecho especialmente satisfactoria la elaboración de la obra y el propio trabajo de Dirección.

Así mismo, manifiesto mi gratitud, por las labores de Coordinación, a los Profesores Tomás M. Bañegil Palacios y Clementina Galera Casquet.

Por último, mi agradecimiento a la Editorial McGraw-Hill y en concreto a Amelia Nieva por su buena gestión y su amabilidad en todo momento.

La Dirección

Capítulo 1

La empresa y el empresario

M.ª del Mar García Galán

1.1. INTRODUCCIÓN

Hablar de Economía de la Empresa requiere necesariamente comenzar describiendo al elemento objeto de estudio del presente manual: la empresa. Ese es el objetivo principal de este capítulo: definir la empresa, describir sus elementos y sus funciones. A continuación se estudia el empresario, que es la persona que hace posible el funcionamiento de las empresas. El apartado de clases de empresas resulta muy útil para conocer el estado actual del tejido empresarial español. Después, de una manera breve, se abordan los objetivos de la empresa. El estudio del entorno empresarial nos permite ver que las empresas no actúan aisladas del mundo que les rodea. Es más, necesitan adaptarse continuamente a los cambios que se producen en la sociedad. A continuación, se repasan brevemente algunas de las teorías principales sobre la empresa, para conocer cómo ha evolucionado el concepto de empresa en los últimos dos siglos, y detallaremos más extensamente el concepto de empresa como sistema, que será ampliado en los siguientes capítulos.

1.2. LA EMPRESA: CONCEPTO, ELEMENTOS Y FUNCIONES

Es evidente para cualquiera de nosotros que a lo largo del día tenemos una serie de necesidades que tenemos que satisfacer mediante el consumo de bienes o servicios. Las empresas constituyen un elemento necesario dentro de nuestra sociedad pues son las organizaciones a las que recurrimos cuando necesitamos todo aquello que usamos en nuestra vida cotidiana. Si queremos comprar un coche, visitamos un concesionario, cuando nos duelen las muelas, acudimos al dentista, y los alimentos los adquirimos en un supermercado, por indicar algunos ejemplos. El concesionario, la consulta del dentista o el supermercado, son empresas. Nosotros hemos necesitado un producto (bien o servicio), hemos ido a la empresa especializada en ese bien o servicio, y hemos pagado un dinero por él. Esta secuencia encierra el concepto de empresa, que pretendemos desarrollar a lo largo del capítulo.

La empresa es el objeto de estudio de la Economía de la Empresa y es preciso, por tanto, conocerla y definirla. Por lo dicho anteriormente, como primer concepto podemos decir que la empresa es la entidad que proporciona al consumidor los bienes o servicios que cubren sus necesidades.

Antes de abordar la definición de empresa desde un punto de vista científico, puede resultar útil conocer la definición que da el Diccionario de la Lengua Española de la Real Academia Española (RAE) en su edición de 2001. Son cinco las acepciones que aporta el diccionario para definir el concepto empresa, pero para el objeto del presente libro nos interesa la segunda: *Unidad de organización dedicada a actividades industriales, mercantiles o de prestación de servicios con fines lucrativos.*

Esta definición describe los aspectos indicados al principio sobre las empresas como organizaciones que cubren nuestras necesidades.

La definición dada por el Diccionario de la RAE resume lo que podemos considerar una empresa. Pero es necesario aportar más detalles si buscamos una definición más científica. Uno de los aspectos interesantes a la hora de abordar el concepto de empresa es que éste ha cambiado a lo largo de los siglos. Las diferentes situaciones vividas por la humanidad, los cambios de la sociedad, el devenir de los acontecimientos históricos, han hecho cambiar de manera gradual la empresa. Especialmente, a lo largo del siglo XX ha evolucionado continuamente hasta desembocar en la empresa actual que se desarrolla en los comienzos del siglo XXI. Pasemos pues a abordar el concepto de empresa desde un punto de vista académico.

De entre las muchas definiciones existentes nos parece oportuno indicar la aportada por Alonso Rodríguez[1] cuando dice que la empresa es *aquella entidad que mediante la organización de elementos humanos, materiales, técnicos y financieros, proporciona bienes o servicios a cambio de un precio que le permite la reposición de los recursos empleados y la consecución de unos objetivos predeterminados.*

Esta definición muestra los elementos básicos o recursos que tienen que estar presentes en una empresa:

1. **Elementos tangibles:** son aquellos elementos físicos que se pueden localizar. Entre ellos están:

- **Elementos humanos o personales:** constituyen el valor principal de una empresa, sin los cuales no es posible que se lleve a cabo la actividad empresarial. Por muy tecnificada que esté la actividad de una empresa, y por tanto controlada por máquinas, siempre será preciso el factor humano, que controla y mantiene dichas máquinas. El número de personas vinculadas variará con el tamaño de la misma, y puede ser desde una única persona (que asuma todas las tareas) hasta decenas de miles.
- **Elementos materiales:** supone el conjunto de los elementos materiales, como locales, almacenes, equipos, etc., que forman parte de la empresa.
- **Elementos financieros:** el dinero es un elemento indispensable para la empresa. Se necesita en primer lugar para iniciar la actividad empresarial, lo que constituye la inversión (que se analizará en capítulos posteriores), siendo la referencia que determina el desarrollo de la actividad empresarial.

2. **Elementos intangibles:** varios de los elementos de una empresa son bienes intangibles, no materiales, pero no por ello sin valor. Al contrario, muchas veces constitu-

yen el principal activo de una empresa. Es el caso de la marca, su imagen y su valor, que muchas veces es suficiente para que el consumidor adquiera determinado producto o servicio, pues cuando el consumidor ve determinado logotipo o slogan siente confianza y se ve impulsado a la compra de ese artículo frente a otros similares pero de otra marca. La imagen corporativa de una empresa es fundamental para su actividad y cada vez más las empresas destinan recursos humanos y financieros para la creación de una imagen corporativa de la empresa.

Estos elementos intangibles tienen tres vertientes: *relacionales*, esto es, el valor de las relaciones de la empresa con el exterior; *humanos*, que son el conjunto de conocimientos y habilidades que tienen las personas que trabajan en la empresa y que determinan sus posibilidades de trabajar en equipo, desarrollar nuevas ideas, crear un buen ambiente de trabajo, etc.; y *estructurales*, que se refieren al sistema de organización, a los procedimientos, a las bases de datos, y en definitiva a todo aquello que conforma la cultura organizativa, la cual permanece aunque las personas cambien.

3. **Elementos organizativos:** tanto los elementos tangibles como los elementos intangibles y financieros deben estar organizados. Esta palabra la vimos en la definición de la RAE cuando habla de la empresa como unidad de organización. Organización implica o debe implicar que cada elemento lleva a cabo la función asignada y en coordinación con el resto de elementos, para una total optimización de los recursos. El nivel de complejidad organizativa aumenta a medida que evoluciona el tamaño de la empresa.

Todos estos elementos pueden clasificarse mediante otro criterio de la siguiente manera: **activos** y **pasivos**. El elemento humano constituiría el elemento activo, porque en definitiva son las personas las que llevan a cabo las actividades. El resto serían los elementos pasivos, pues vienen a ser los recursos de que dispone el elemento humano o activo para llevar a cabo su trabajo.

La adecuada organización de los elementos descritos supone la consecución del éxito como empresa (Figura 1.1), que debe estar descrito basándose en unos objetivos planteados, y abiertos a un nuevo crecimiento, desarrollo, etc., de la empresa.

Una vez vistos el concepto de empresa y los factores o elementos que la forman, pasamos ahora a identificar las funciones básicas de la misma. La empresa tiene de manera clara una función principal, que es la de generar bienes o servicios para obtener un beneficio. Esta función principal puede dividirse en diversas funciones que abarcan todas sus actividades.

Para Garrido[2] son cuatro las funciones principales que conforman la empresa:

— *Función de compra o aprovisionamiento.* La empresa necesita en primer lugar de materias primas y de productos semielaborados que puedan ser transformados en productos (bienes o servicios), capaces de satisfacer las necesidades humanas (Claver y otros)[3].
— *Función de generación de bienes o prestación de servicios.* La empresa produce bienes y servicios aptos para su distribución al consumidor.
— *Función de distribución o función comercial.* La función de distribución tiene como objetivo la aproximación del producto desde su lugar de fabricación al consumidor final del mismo, en la cantidad, momento y ubicación requeridos por éste (Alonso Rodríguez)[4].

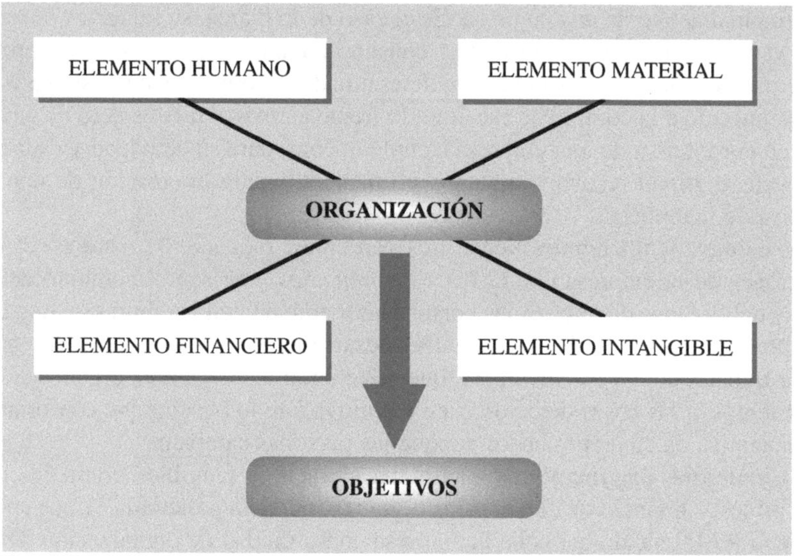

FIGURA 1.1. Factores que componen una empresa y su organización.

— *Función de investigación y desarrollo tecnológico.* Esta función permite a las empresas mejorar la calidad de sus productos (bienes o servicios) así como incrementar su capacidad tecnológica.

Estas funciones están controladas por una función más amplia que es la función de gestión. Garrido[5] define la gestión como *la racionalización y sistematización de las prácticas que conducen a la obtención de unos mejores resultados en la actividad empresarial.*

La gestión en la empresa es muy necesaria en el mundo actual, de tal manera que se dedican a esta función personas que no están de manera directa implicadas en las actividades de generación de bienes o prestación de servicios, sino que llevan a cabo funciones directivas encaminadas a conseguir de la empresa la mayor eficiencia posible. La gestión empresarial constituye todo un campo científico donde se mezclan conceptos económicos, psicológicos, sociológicos y políticos.

El proceso de gestión empresarial implica la organización y la coordinación de todo el proceso de producción, lo que supone destinar de la manera más eficiente los recursos disponibles. Asimismo, a la gestión le compete el establecimiento de las relaciones con todas las organizaciones y agentes externos con los que la empresa necesite tratar por cuestiones económicas, por supuesto, pero también sociales, laborales, etc.

Ya hemos descrito la empresa, sus elementos y funciones. Como actividades dinámicas que son, las empresas están sujetas a nuevos cambios, nuevas ideas y nuevos conceptos. Este es el caso de las empresas *spin-off*, de gran desarrollo en los últimos años. Se entiende por *spin-off* las empresas que se crean en el seno de otra empresa o institución ya existente, y suelen ser normalmente resultado de la iniciativa de un empleado de la misma. Actualmente, las *spin-off* se están creando en universidades o centros de investigación, destacando las de tipo biotecnológico, debido al auge investigador en áreas como la biología molecular, la genética, la tecnología alimentaria, etc. La empresa en la que se crea la *spin-off* se convierte en matriz y sirve de apoyo para su desarrollo. Dado que la nueva empresa creada tiene su propia estructura jurídica, es independiente de la empresa matriz, y se trata por tanto de empresas de nueva creación. Estas empresas han supuesto entidades perfectas para la transferencia de resultados y conocimientos desde los grupos investigadores de las universidades al mundo empresarial. Se estimula su aparición de manera especial cuando la investigación que se lleva a cabo tiene una aplicación directa en el mercado, lo que se traduce en la posible comercialización de los productos, actividad de la que se encarga la empresa.

Por otra parte, y debido a su gran importancia dentro del tejido empresarial, debemos hablar de las empresas familiares. Muchas de las grandes empresas del mundo han tenido su origen en una empresa familiar (el 25 por 100 de las 100 primeras empresas del mundo son familiares). Éstas generan empleo para 100 millones de personas en el mundo y constituyen el 60 por 100 sobre el total de empresas a nivel mundial. En concreto, en España, la empresa familiar concentra dos tercios de la actividad económica y el 60 por 100 del empleo generado en el país, según datos de un estudio de la Fundación BBVA del año 2003 (6). En Latinoamérica supone casi el 90 por 100 de todas las empresas.

Existen muchas definiciones de Empresa Familiar. Según Salas y Galve[6] *se concibe como una institución para el gobierno de la producción y el intercambio que otorga los principales derechos de decisión a personas con vínculos de parentesco.*

A pesar de que existen diferencias entre las definiciones aportadas por los distintos autores, todos coinciden en que cuando hablamos de empresa familiar no estamos necesariamente hablando de una Pyme. Y es que siempre que el control de la dirección de la empresa esté en manos de una familia, se la podrá considerar empresa familiar.

1.3. LA FIGURA DEL EMPRESARIO

La figura del empresario se encuentra muchas veces idealizada, especialmente cuando grandes triunfadores del mundo empresarial narran sus comienzos, en los que sólo disponían de una gran ilusión y un montón de ideas. Este aspecto está especialmente destacado en Estados Unidos, donde todo aquel que es capaz de construir un imperio empresarial a partir de la nada pasa a representar inmediatamente el sueño americano.

La definición de empresario dada por Suárez[7] es ampliamente aceptada en el mundo académico, para quien *el empresario es la persona que da vida a la empresa, que coordina, dirige y controla el proceso productivo.*

Debemos resaltar pues, que aunque en muchas de las situaciones la figura del empresario coincide con la de propietario, no son conceptos similares. Mientras el propietario aporta capital a la empresa, el empresario se encarga de su funcionamiento.

Autores como Díez de Castro y otros[8] y Alonso Rodríguez[9], destacan el aspecto creativo como el más importante en la figura del empresario, debido a que la creatividad es la impulsora de los proyectos que pretende llevar a cabo la empresa. El éxito del empresario se plasma en la materialización de las ideas, es decir, la oferta de nuevos bienes o servicios que estaban en la mente del empresario. Esta valoración del empresario como creador es ciertamente reciente, pues desde un punto de vista histórico el empresario ha sido considerado muchas veces como meramente la persona que manda en la empresa (necesidad de un mando y dirección). Pero se queda sólo ahí, sin otra consideración que la de mando. Puede suceder que en determinados períodos el papel del empresario no tenga tanta fuerza. Esto ocurre cuando la situación económica es estable, sin grandes cambios. Sin embargo, cuando se produce un salto tecnológico o un determinado avance en las ideas, aquellas personas que son capaces de obtener el máximo rendimiento práctico de la nueva situación, representan la idea del empresario como creador, como innovador. Siempre aparecerán posteriormente empresarios imitadores, que conducirán a una nueva situación de estabilidad.

El concepto de empresario no es equivalente al de directivo. Mientras el primero tiene el carácter de innovador o creador, el segundo es más un administrador profesional. La presencia de directivos es habitual en las grandes empresas. Éstas fueron creadas en su día por un empresario fundador, pero el crecimiento, los nuevos avances, etc., hacen que el empresario deje muchas de las funciones en manos de directivos profesionales que pasan así a coordinar, dirigir y controlar la empresa.

La figura del empresario es muy adecuada para mostrar ejemplos que permiten conocer cómo se han creado los más importantes grupos empresariales del mundo. Uno de estos casos, a modo de ejemplo, es el del creador del grupo Inditex, líder mundial en la industria textil. De manera breve, mostramos algunos aspectos de la vida de Amancio Ortega, fundador y propietario del grupo Inditex.

Amancio Ortega nace en 1936 en la provincia de León, aunque desde 1944 reside en La Coruña. Con trece años comienza a trabajar en una camisería por poco tiempo y después se incorpora como dependiente en una mercería muy conocida en la ciudad, donde está catorce años. Allí también trabajan dos hermanos y la que sería su mujer. En este trabajo conoce el mundo textil y de la moda, especialmente femenina. Con 27 años inicia su primer negocio, fabricación de lencería de forma modesta y familiar, pero aprende a pequeña escala las etapas de diseño y fabricación de ropa. A partir de 1963 se inicia la creación y desarrollo de lo que hoy es Inditex, con el cambio de pequeño taller a la primera fábrica, y de ahí a nuevas sociedades y nuevas fábricas, para crecer el volumen de negocio y extenderse por toda España y Europa. Actualmente cuenta con un grupo empresarial de casi 50.000 trabajadores, 8 marcas comerciales (Zara fue la primera), y casi 2.500 tiendas abiertas en 58 países de todo el mundo.

FUENTE: Fábrega[10] y www.inditex.com/es.

1.4. CLASES DE EMPRESAS

Son muy diversos los criterios que se pueden utilizar para, basándose en ellos, clasificar las empresas. Los más utilizados son el tamaño, la actividad que realizan, el mercado al que se dirigen, etc., aunque también recogemos otros. En función de estos criterios podemos hacer las siguientes clasificaciones.

1.4.1. Clasificación por tamaño de la empresa

Este es el primer criterio que se suele emplear a la hora de clasificar las empresas, pues permite disponer de una referencia inmediata para conocer la magnitud de sus actividades económicas. No sería un dato suficiente pero sí es orientativo. Es tradicional la clasificación de las empresas en grandes, medianas y pequeñas, según el número de trabajadores definido por la 4.ª Directiva de Sociedades de la Unión Europea:

— Grandes Con más de 250 trabajadores.
— Medianas Entre 50 y 250 trabajadores.
— Pequeñas Con menos de 50 trabajadores.

Los dos últimos grupos se pueden agrupar como las PYMES (**P**equeñas **Y** **M**edianas **E**mpresa**S**). Dentro de las empresas pequeñas se hace la distinción de las microempresas, que son aquellas que tienen menos de 10 trabajadores.

Según el Instituto Nacional de Estadística (INE) durante el año 2005 estaban registradas un total de 3.064.129 empresas con la siguiente distribución en función del número de trabajadores (Tabla 1.1).

Destaca de una manera muy clara cómo las pequeñas empresas suponen el porcentaje mayoritario en el tejido empresarial español. Es también significativo el hecho de que de ese 99,1 por 100, el 51,8 por 100 (1.574.166 empresas) no tengan asalariados, y un 28 por 100 (850.367 empresas) tengan de 1 a 2 asalariados. El 20,2 por 100 restante (612.701 empresas) se clasifican en distintos grupos: de 3 a 5, de 6 a 9, de 10 a 19 y de

Tabla 1.1A. Clasificación de empresas españolas durante el año 2005 en función del número de trabajadores

Tamaño	Número de empresas	Porcentaje
< 50 trabajadores	3.037.234	99,1
50 a 200 trabajadores	21.397	0,7
> 200 trabajadores*	5.498	0,2
TOTAL	3.064.129	100

FUENTE: INE, 2006.

* No se contempla en la clasificación dada por el INE el intervalo de 250 trabajadores.

Tabla 1.1B. Número de empresas españolas durante el año 2005 con menos de 50 trabajadores

Tamaño	Número de empresas	Porcentaje
Sin asalariados	1.574.166	51,8
1 a 2	850.367	28,0
3 a 5	310.787	10,2
6 a 9	145.443	4,8
10 a 19	100.211	3,3
20 a 49	56.260	1,9
TOTAL	3.037.234	100

FUENTE: INE, 2006.

20 a 49 asalariados. Por lo que se refiere a las grandes empresas, con más de 1.000 asalariados existen 714 empresas, de las que sólo 84 tienen más de 5.000 asalariados.

En los últimos años se ha producido un enorme desarrollo de empresas en las que el soporte informático es parte fundamental como herramienta de trabajo y, por consiguiente, el número de trabajadores es menor de lo que pudiera parecer por el volumen de negocios y el ámbito de actuación que tienen esas empresas. Por ello, como ya hemos indicado, el número de trabajadores no es el único parámetro a tener en cuenta a la hora de considerar el tamaño de una empresa. Así, empresas medianas según el número de trabajadores son consideradas grandes, o empresas pequeñas son consideradas medianas por el volumen de sus ventas.

1.4.2. Clasificación por el sector de actividad

La actividad empresarial va a definir de una manera clara la organización empresarial y el tipo de operaciones que lleva a cabo. No tienen nada que ver las empresas de actividad industrial que fabrican componentes de automoción, por ejemplo, con empresas como agencias de viajes o bancos. En España está regulada la clasificación en función del sector de actividad mediante la Clasificación Nacional de Actividades Económicas (CNAE-93), que está publicada en el Boletín Oficial del Estado (Real Decreto 1560/1992 de 18 de diciembre, publicado en el BOE 306 de 22 de diciembre de 1992, derogando el Decreto 2518/1974 de 9 de agosto de 1974). Los tres sectores principales de actividad empresarial son:

a) *Primario* o agropecuario.
b) *Secundario* o industrial.
c) *Terciario* o de servicios.

a) Este sector es denominado también *extractivo* (Alonso Rodríguez[11]), pues su actividad se basa en la extracción de la naturaleza de materias primas. Por ello, se encuadran en este sector la agricultura, ganadería, pesca, acuicultura, extracciones minerales, petrolíferas o de gas, obtención de energías eólica, fluvial, solar, etc.

b) Este sector podría denominarse también *transformativo*, pues su actividad es la transformación de las materias primas obtenidas por el sector primario o de productos elaborados por empresas de este mismo sector. En definitiva, agrupa a las empresas de actividad industrial que venden sus productos a otras empresas o directamente al consumidor. Algunos ejemplos son la industria textil, de transporte, farmacéutica, científico-sanitaria, etc.

c) Este sector engloba todas aquellas actividades que suponen la prestación de un servicio al consumidor. En este sector podemos destacar la educación, las actividades financieras y de seguros, el transporte público, la hostelería, la educación, la sanidad, etc.

A lo largo del tiempo se ha ido produciendo una disminución de las actividades en el sector primario acompañada de un aumento de las actividades del sector terciario. El aumento del nivel de vida en una sociedad implica una mayor demanda de servicios, lo que se traduce en crecimiento de este sector.

El INE no contempla como empresas a las explotaciones agrarias, de ahí que no aparezca el sector primario en los siguientes datos. El INE hace esta clasificación de las empresas españolas durante el año 2005 en función de la actividad desarrollada (Tabla 1.2):

Tabla 1.2. Clasificación de empresas españolas durante el año 2005 en función del sector de actividad

Sector	Número de empresas	Porcentaje
Industria	246.472	8,0
Construcción	415.585	13,6
Comercio	841.459	27,5
Resto de servicios*	1.560.613	50,9
TOTAL	3.064.129	100

FUENTE: INE, 2006.

* Incluye: Hostelería, transporte y comunicaciones, inmobiliarias y de alquiler, servicios empresariales, actividades educativas, sanitarias y de asistencia social y otro tipo de actividades sociales, incluidos los servicios personales.

El sector servicios es el más importante cuantitativamente hablando, con más del 50 por 100 de las empresas, mientras que el sector industrial no alcanza el 10 por 100. En el año 2003 el número de empresas era de 2.813.159, y de 2.942.583 en el 2004, lo que supone un incremento global del 4,6 por 100, destacando el sector de la construcción con un aumento del 8,7 por 100, al pasar de 360.047 a 391.487. Esta tendencia es similar en el año 2005, con un aumento global del 4,1 por 100, y un aumento en la construcción del 6,1 por 100. Sin duda este sector ha sido el más pujante en los últimos años en la economía española.

1.4.3. Clasificación por el ámbito geográfico de actividad

Conocer el área geográfica en el que la empresa lleva a cabo sus operaciones mercantiles es de mucha utilidad para tener una idea del tipo de empresa de que se trata. La clasificación contempla los siguientes ámbitos geográficos:

a) *Local*, cuando la empresa vende sus productos principalmente en una localidad.
b) *Provincial*, cuando la empresa opera principalmente en una provincia.
c) *Regional* o *Autonómica*, si la mayor parte de las ventas se producen en una región o Comunidad Autónoma.
d) *Nacional*, cuando las ventas se producen en una nación.
e) *Internacional*, cuando la empresa opera en diversos países. En este último grupo se puede hacer la distinción de aquellas empresas que actúan en diversos países pero que tienen unos lazos establecidos mediante convenios económicos (una empresa comunitaria sería la que opera en el ámbito del Mercado Común de la Unión Europea o, por ejemplo, entre México y Estados Unidos existen fuertes lazos económicos que afectan a las empresas de ambos países).

Esta clasificación admite todas las matizaciones posibles, en función de la delimitación que se haga del espacio físico donde opera la empresa. En los últimos tiempos, el fuerte desarrollo de Internet está modificando no sólo los modos de operación de las empresas sino el ámbito de trabajo de las mismas.

1.4.4. Clasificación por la forma jurídica de la empresa

La forma jurídica de la empresa va a condicionar el modo de funcionar de la misma, así como su grado de responsabilidad ante la administración pública, los consumidores, y demás entidades ante las que tenga que responder en algún momento la empresa. Estas formas jurídicas están claramente legisladas y el empresario debe elegir aquella forma que mejor se adapte a sus intereses. Entre estas formas se pueden destacar las siguientes:

a) *Empresa individual*: es la que está a nombre de una persona con capacidad legal para ejercer la actividad propia de la empresa, la cual además debe responder con todos sus bienes a todas las situaciones que se deriven de su actividad empresarial.

b) *Sociedad cooperativa*: se constituye por los trabajadores de la empresa, los cooperativistas, que tienen intereses o necesidades comunes. Los cooperativistas, sin ánimo de lucro, buscan cubrir sus necesidades a la vez que el desarrollo de la sociedad. En el caso de que se obtengan beneficios, éstos se reparten entre los cooperativistas, que están obligados a responder frente a terceros exclusivamente con lo aportado a la cooperativa. Existen cooperativas en diferentes ámbitos: sanitario, enseñanza, agrario, transporte, vivienda, etc. Hay dos tipos de cooperativas:

   — de primer grado, cuando los socios son personas físicas o jurídicas y
   — de segundo grado, cuando están formadas por dos o más cooperativas de primer grado.

c) *Sociedad comanditaria*: es similar a la sociedad cooperativa pero incluye además de los cooperativistas a los socios comanditarios, que son aquellos que aportan un capital que limita su responsabilidad.

d) *Sociedad limitada*: es la forma de sociedad pensada para empresas pequeñas o de tamaño medio, siendo habitual en negocios familiares. La sociedad limitada o de responsabilidad limitada está constituida por diferentes socios cuyas aportaciones al capital inicial delimita su responsabilidad. El peso de cada socio en las decisiones de la sociedad está directamente relacionado con sus aportaciones, de tal manera que cuanto mayor es la aportación mayor es su capacidad de decisión. Cuando está formada por una sola persona se llama sociedad unipersonal de responsabilidad limitada.

e) *Sociedad anónima*: es la forma jurídica que mejor permite el desarrollo y crecimiento, y de forma ilimitada pueden aumentar el capital y el número de socios. Cualquier persona puede adquirir acciones de la empresa y su responsabilidad se limita al importe del capital aportado. La gestión de la empresa está en manos de unos administradores que designa la Junta General de Accionistas. Existe una variedad de las sociedades anónimas, las sociedades anónimas laborales, que son aquellas en las que la mayor parte de las participaciones están en manos de los trabajadores de la empresa.

El reparto de empresas españolas en función de la forma jurídica se muestra en la Tabla 1.3.

Tabla 1.3. Clasificación de empresas españolas durante el año 2005 en función de la forma jurídica

Forma jurídica	Número de empresas	Porcentaje
Persona física (empresa individual)	1.767.265	57,7
Sociedades limitadas	918.449	30,0
Sociedades anónimas	121.441	4,0
Sociedades cooperativas	25.801	0,8
Sociedades comanditarias	100	0,003
Otras formas*	231.073	7,5
TOTAL	3.064.129	100

FUENTE: INE, 2006.

* Incluye: sociedades colectivas, comunidades de bienes, asociaciones, organismos autónomos.

Como se comentó anteriormente, las pequeñas empresas constituyen un importante porcentaje del tejido empresarial español. Efectivamente, las empresas individuales son casi el 60 por 100 del total. Además, de ellas sin asalariados son 1.207.455 (el 68,3 por 100), y con 1 a 2 asalariados son 430.548 (el 24,4 por 100). El 7,3 por 100 restante tienen de 3 a 50 asalariados.

1.4.5. Clasificación por la procedencia del capital

En función de este criterio se consideran fundamentalmente tres tipos de empresas (Figura 1.2):

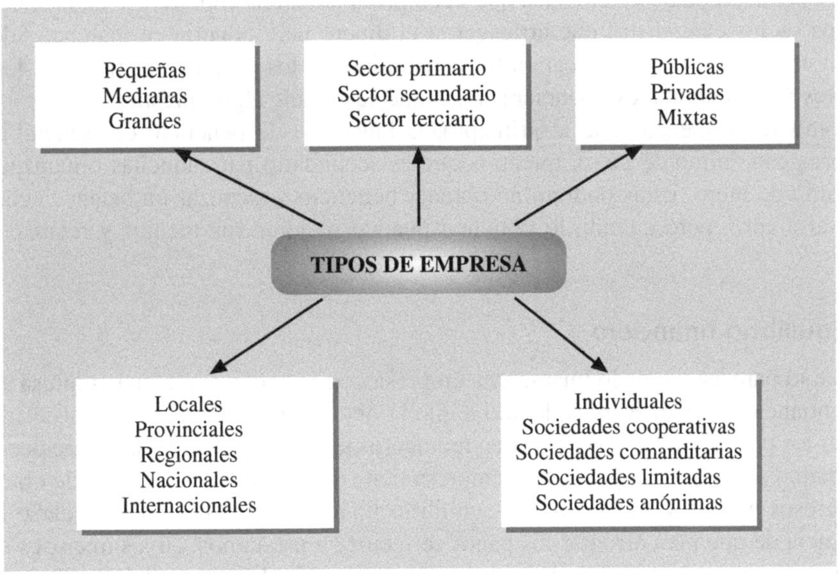

Figura 1.2. Clasificación de las empresas según diferentes criterios.

a) *Públicas*, cuando el capital es de cualquiera de las instituciones de la administración pública, ya sea local, provincial, regional o nacional.
b) *Privadas*, cuando el capital es privado, y generalmente pertenece a particulares.
c) *Mixtas*, cuando el capital procede de aportaciones públicas y privadas.

1.5. OBJETIVOS DE LA EMPRESA

El objetivo principal de una empresa es tener éxito, basándose en unos principios empresariales que se concretan en objetivos concretos considerados como las decisiones tomadas a priori para determinar qué es lo que se pretende conseguir. Pero este objetivo principal debe desagregarse en varios objetivos secundarios, siendo necesario alcanzar todos para que la empresa tenga éxito. Los objetivos secundarios, entre otros, pueden ser:

a) Beneficio económico.
b) Equilibrio financiero.
c) Capacidad de ahorro.
d) Calidad en el producto o servicio.

a) Beneficio económico

El beneficio es la diferencia entre los ingresos procedentes de la venta de productos o servicios y los gastos necesarios para generar esos productos o prestar esos servicios. Se entiende que esa diferencia es de valor positivo, pues si es negativa, no existe beneficio y la viabilidad de la empresa se pone en entredicho. La obtención de beneficio permite a la empresa repartir dividendos entre los socios capitalistas, o bien incrementar o mejorar su infraestructura o sus medios para obtener mayores beneficios en ejercicios futuros.

La obtención de beneficio hace que la empresa adquiera importancia en primer lugar para los socios capitalistas que arriesgaron el dinero para ponerla en marcha. Además, supone una buena imagen de cara a los consumidores, los propios trabajadores, los proveedores y a las entidades financieras a las que se adeude algún préstamo.

Como se ha mencionado al principio, la búsqueda de beneficio es esencial en las empresas con ánimo de lucro, mientras que es secundario para aquellas organizaciones sin ánimo de lucro. Éstas podrían no obtener beneficio y alcanzar un balance económico igual a cero, pero cuando lo obtienen pueden mejorar sus medios y recursos para crecer.

b) Equilibrio financiero

Aunque lo parezca, no es lo mismo una empresa con beneficios que una empresa equilibrada financieramente. Esto es debido a que la obtención de ingresos y la necesidad de realizar los pagos pueden tener lugar en momentos temporales distintos. Quiere decir esto que cuando vencen los pagos que la empresa tiene que realizar, han debido de obtenerse los ingresos por las ventas, si no, el equilibrio financiero no existe. Puede darse la circunstancia de que para afrontar los pagos se recurra a préstamos, cuyos intereses disminuyen o anulan los beneficios obtenidos en las ventas. La búsqueda del equilibrio financiero es por tanto fundamental para la viabilidad de las empresas.

c) Capacidad de ahorro

La capacidad de ahorro complementa a los dos objetivos anteriores y está directamente relacionado con ellos. El empleo de los recursos para la generación de bienes o la prestación de servicios implica un coste que se computa como gasto a la hora de determinar los beneficios. Es necesario economizar o ahorrar a la hora del empleo de dichos recursos. De hecho, ninguna empresa que pretenda ser viable puede disponer de todos los recursos posibles tanto materiales como humanos, pues eso impediría la obtención de beneficios al suponer un enorme gasto.

d) Calidad en el producto o servicio

La búsqueda de calidad debe ser un objetivo permanente en la empresa. Es lo que distingue unas empresas de otras, y el consumidor, cada vez más exigente, sabe apreciarla, estando dispuesto a pagar un precio más elevado por un producto de calidad. Sin embargo, la empresa está obligada a conjugar los tres objetivos anteriores de tal manera que el precio solicitado al consumidor no sea desorbitado, pues el consumidor podría buscar la misma calidad a menor precio en una empresa de la competencia. Por tanto, la obtención de beneficio, la búsqueda de equilibrio financiero y la capacidad de ahorro deben optimizarse para que el precio sea atractivo para el cliente y le parezca adecuado el bien o servicio adquirido.

1.6. EL ENTORNO EMPRESARIAL

Las empresas no operan de manera aislada. Por el contrario, actúan en un entorno de naturaleza cambiante que les obliga a adaptarse a los cambios que en él se producen a lo largo del tiempo. De hecho, una de las principales funciones de la dirección estratégica que se verá en el Capítulo 2 es el análisis del entorno para llevar a cabo la adaptación al cambio.

Esto se traduce en el hecho de que una empresa no puede actuar con total independencia, como si estuviera sola en el mercado, ya que elementos externos a ella limitan y condicionan su actuación. En primer lugar, las empresas están supeditadas a cumplir con las leyes que rigen el mercado y que promueven y aplican los gobiernos. En segundo lugar, las empresas están inmersas en una estructura económica concreta que va a marcar su actividad. Así por ejemplo, no es lo mismo operar en un país desarrollado, con una infraestructura de transporte y comunicación, y con posibilidades de financiación, de tecnología, etc., que operar en un país subdesarrollado donde escaseen los elementos anteriores.

1.6.1. Concepto de entorno

El entorno de la empresa es el conjunto de las instituciones, personas, grupos o factores que no pertenecen a ella y que influyen o pueden influir sobre ella, condicionando su forma de actuar. Esta influencia no es unidireccional, esto es, no sólo va desde el entorno hacia la empresa, sino que también puede ser que sea la empresa la que influye en el entorno. En el entorno de la empresa podemos incluir los clientes, los proveedores, los competidores, los sindicatos, el gobierno, la tecnología, la situación económica y los factores políticos, legales, fiscales, culturales o medioambientales de un momento determinado.

1.6.2. Clases de entorno

Podemos considerar dos tipos de entorno principales:

a) Entorno específico o sectorial

El entorno específico es el que se relaciona más directamente con la empresa.

Es necesario definir sector para desarrollar este tipo de entorno. Por sector se entiende el conjunto de empresas que ofrecen un mismo producto o que ofrecen productos sustitutivos que satisfacen la misma necesidad. Por ejemplo, el sector del automóvil, el sector bancario, el sector de la construcción, etc. El límite del sector puede ampliarse según el aspecto que se esté tratando. Por ejemplo, el sector del automóvil aglutina diferentes marcas de coches que compiten por la venta de sus modelos. Pero con los coches también pueden competir las motos, o el transporte público en tren, avión, etc. Así nos referimos al sector del transporte, reuniendo todas las empresas implicadas en modos de transporte y que se ven afectadas por problemas comunes. El concepto de sector conduce al concepto de competencia, de tal manera que dos empresas que pertenecen al mismo sector son competidoras.

Así, dentro de cada sector, la empresa se ve afectada directamente por los factores del entorno específico, entre los que podemos considerar:

- Los proveedores y los suministradores de las materias primas y otros recursos necesarios para fabricar sus productos o para ofrecer sus servicios. Los efectos que producen sobre las empresas están básicamente relacionados con el precio de las materias primas, su calidad y la ejecución de los plazos de entrega.
- Los intermediarios o distribuidores, que se encargan de llevar los productos a los consumidores mediante actividades de promoción, venta y distribución.
- Los clientes o consumidores son los que adquieren los productos y servicios de las empresas. Sus decisiones de compra son críticas para la empresa, influyendo de manera fundamental en el mercado en aspectos claves como precio y calidad.
- Los competidores son las empresas que venden los mismos productos dirigiéndose a los mismos clientes. La influencia de la competencia es fácilmente comprensible, pues un determinado número de empresas ofrecen productos iguales o similares pero a precios diferentes, con características distintas, y con diferente uso de publicidad, promoción o descuento.
- Los intermediarios financieros son los bancos, las compañías de seguros y otras sociedades, que prestan el dinero en forma de crédito que permite a las empresas llevar a cabo su actividad empresarial.
- Los gobiernos y las administraciones públicas en sus distintos ámbitos (local, autonómico, nacional o europeo) influyen en la empresa al establecer la legislación que debe cumplir, al recaudar impuestos, y en definitiva, al regular el mercado en el que debe operar.

b) Entorno general

Es aquella parte del entorno que se relaciona de manera indirecta con las empresas. Podría definirse como el conjunto de aspectos genéricos que afectan a todas las organizaciones, aunque su incidencia no tiene por qué darse necesariamente con la misma intensidad ni en el mismo sentido.

Son cuatro los componentes del entorno general: político, económico, social y tecnológico (Figura 1.3):

— Entorno político-legal. En este componente se incluyen todas las acciones de los diferentes gobiernos y administraciones públicas que afectan al mercado en el que opera la empresa. Esta influencia es diferente en cada país al ser diferente la regulación de los distintos sectores. En algunos casos existe una regulación supranacional, como la Política Agraria Común (PAC), que afecta a los países de la Unión Europea (UE), o la Organización Mundial del Comercio (OMC), que regula el comercio internacional de mercancías.

Los gobiernos regulan el mercado laboral, la política fiscal, la legislación mercantil, etc. También toman medidas de fomento de la innovación, internacionalización de la empresa, diseño, etc. Existen gobiernos más intervencionistas y otros menos, siendo éste un debate permanente en la sociedad capitalista.

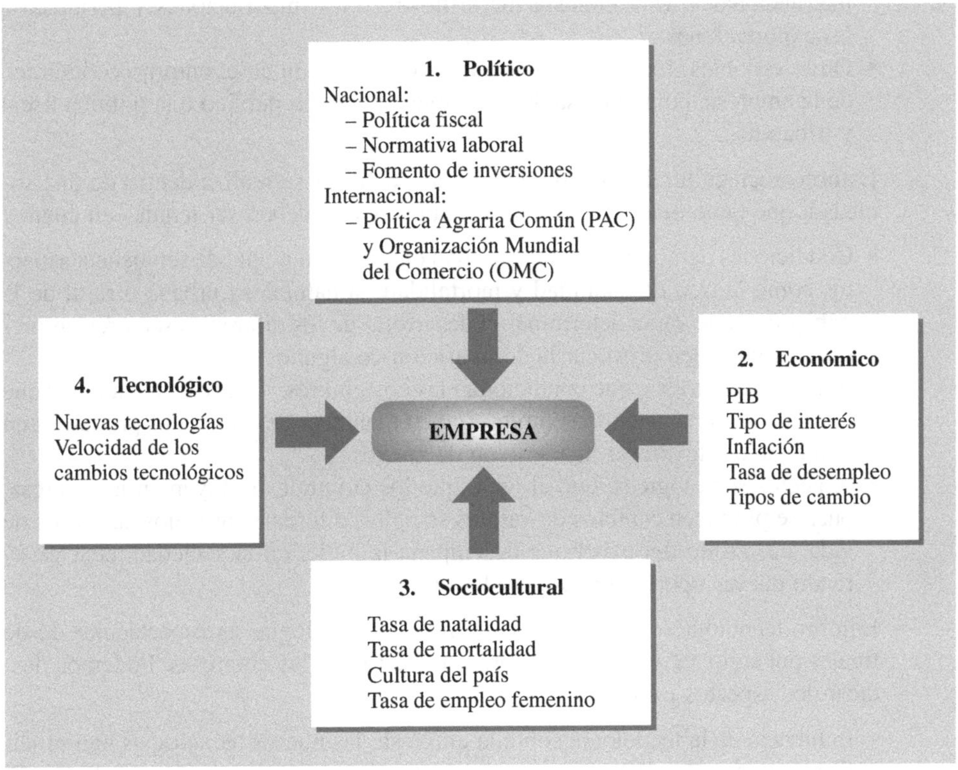

Figura 1.3. Entorno de la empresa.

— Entorno económico. Son las condiciones que, tanto desde un punto de vista nacional como internacional, controlan las posibilidades de actuación de la propia empresa. Entre los factores del entorno económico están:

- Crecimiento económico, que mide la producción de bienes y servicios de un determinado país; su evolución refleja el gasto o consumo de las familias. Por tanto, cuanto mayor sea la tasa de crecimiento económico, mayor será el consumo.
- Tipo de interés, que supone el precio que cobran las entidades financieras por los préstamos que conceden a sus clientes. Cuanto mayor sean los tipos de interés, más caro resultará a las empresas financiar sus proyectos de inversión y más caro será para los consumidores comprar los bienes mediante pagos aplazados. Por tanto, un aumento de los tipos de interés, produce una disminución de la inversión y el consumo.
- Inflación, que mide la tasa de incremento de los precios de venta de los productos y los servicios. Cuanto mayor es la inflación, mayor es la pérdida de valor del dinero a lo largo del tiempo y mayor es la pérdida de poder adquisitivo por parte de los consumidores. Por tanto, tasas de inflación altas tienden a reducir el consumo. También afecta a las empresas, porque sus materias primas son más caras y eso tiende a reducir su beneficio empresarial.
- Tipos de cambio, que representan el valor de unas monedas frente a otras y afecta sobre todo a la capacidad de las empresas para competir en los mercados internacionales. Una moneda fuerte favorece las importaciones y perjudica a las exportaciones.
- Otras variables. Existen otras variables que influyen en el entorno económico de la empresa, como la tasa de desempleo, el déficit público o la política fiscal y tributaria.

— Entorno sociocultural. La actividad de las empresas se realiza dentro de una sociedad, que tiene una serie de características y que deben ser tenidas en cuenta:

- Condiciones demográficas: la actividad empresarial no puede ser ajena a aspectos como la tasa de natalidad y mortalidad, la naturaleza urbana o rural de la población, que van a determinar el desarrollo de los diferentes sectores empresariales y pueden provocar la desaparición de algunos.
- Aspectos culturales, que condicionan las costumbres, los usos, las modas y que influyen sobre la actividad empresarial, al mantener determinados productos en el mercado o favorecer la aparición de nuevos.
- Aspectos sociológicos, que al igual que los culturales influyen en la empresa, pues se producen cambios de valores sociales, diferentes modelos de estilos de vida, desarrollo del papel que desempeña la mujer en la sociedad, etc., generando nuevas oportunidades para las empresas.

— Entorno tecnológico. El desarrollo de nuevas tecnologías es espectacular desde finales del siglo XX y altera el entorno de acción de las empresas. Podemos destacar dos aspectos principales:

- Influencia de la tecnología sobre la empresa: las nuevas tecnologías han modificado las formas de negocio y su estructura y modos de atención al cliente. El comercio electrónico es un claro ejemplo de esta influencia.

- Velocidad de cambio de la tecnología: las nuevas tecnologías cambian muy rápidamente, de modo que las empresas se ven obligadas a adaptarse rápidamente a esos cambios para poder sobrevivir.

1.7. TEORÍAS SOBRE LA EMPRESA

De una manera simplificada, abordar las teorías sobre la empresa es abordar teóricamente el concepto de empresa. Desde el siglo XIX se han aportado diferentes enfoques que han tratado de explicar qué es la empresa y que han conducido al concepto actual que tenemos de empresa como organización. Son muchas las concepciones teóricas sobre la empresa que están presentes en la bibliografía. La enumeración de todas ellas escapa a los objetivos del presente capítulo. Sin embargo, tras explicar algunos aspectos conceptuales, mencionaremos las teorías más relevantes.

Para Santiago Garrido[12] las teorías sobre la empresa nos describen *el conjunto sistemático y organizado de los principios, leyes y reglas que sirven de base para explicar el funcionamiento de la misma.*

Por otro lado, Suárez[13] considera que una teoría de la empresa explica *sus mecanismos de asignación y los procesos de decisión internos, así como las relaciones de dependencia con el entorno o marco socioeconómico de la empresa.*

Cuando se trata de explicar el concepto de empresa, es necesario tener en cuenta que este concepto tiene diferentes dimensiones o elementos. Como se ha mencionado anteriormente, los elementos que configuran la empresa son tangibles (humano, material y financiero), intangibles y organizativos, y son imprescindibles para abordar el concepto de empresa. Cada una de estas dimensiones o elementos permiten definir a la empresa, aunque sea desde una sola de las perspectivas. Por ello podemos decir que la empresa es una organización *humana* que lleva a cabo actividades que influyen en aspectos no sólo económicos, sino también sociales, políticos, etc. También podemos decir que la empresa es una organización de *producción* de bienes o servicios, mediante el empleo de bienes *materiales*. Igualmente, la empresa es una entidad *financiera* que posee un capital necesario para la inversión y la actuación en el mercado. Y por último, la empresa es una entidad cuya presencia en la sociedad no se limita al elemento humano y al elemento material, sino que también los activos *intangibles* tienen una presencia que es muchas veces esencial y la más importante para la empresa.

No existe una única teoría que abarque de manera global el fenómeno empresarial. Algunos de los enfoques que han tratado de explicar la empresa son los siguientes:

A) **Teoría o enfoque neoclásico.** Esta teoría es la que está vigente hasta el comienzo del siglo XX, y considera a la empresa como un mero intermediario entre los mercados oferentes y demandantes, de tal manera que su forma de actuación se limita al equilibrio general que se genera por el acuerdo entre precios y cantidades. Para este enfoque neoclásico la empresa está permanentemente vinculada al mercado, surge y se desarrolla con él. La empresa no tiene por tanto libertad de decisión, y opera en un mercado en competencia perfecta, por lo que el empresario se limita a buscar la combinación adecuada de igualdad entre costes e ingresos. En definitiva, esta teoría considera la empresa como una entidad económica, que es el fundamento de la **teoría de la firma**, que se encuadra en el enfoque neoclásico.

Dado que esta teoría no sirve para explicar los avances económicos y empresariales del siglo XX, surgen nuevas teorías o enfoques.

B) **Teoría o enfoque administrativo.** Este enfoque considera a la empresa como una organización; el grupo humano que trabaja en ella está jerarquizado y las relaciones entre los miembros están sujetas al principio de autoridad. La teoría de la organización fue planteada por Simon (1957[14] y 1960[15]). Según este autor, la racionalidad humana está limitada por una incapacidad de la mente para aplicar todos los aspectos importantes a una decisión única, lo que lleva a un comportamiento administrativo como consecuencia de la influencia del medio exterior sobre la racionalidad humana. Para Simon la organización consigue el equilibrio y por tanto mantendrá su supervivencia y conseguirá los objetivos si cada participante continúa realizando contribuciones en la medida que siga recibiendo compensaciones de la organización, siempre que sean iguales o superiores a aquéllas.

Dentro de este enfoque administrativo o de organización caben diferentes teorías. Por ejemplo, la teoría financiera, que plantea lo siguiente: dado que las empresas necesitan dinero para llevar a cabo su actividad (para pagar las instalaciones que emplea, las materias primas que transforma, etc.), esta teoría considera la empresa como un conjunto de capitales encaminados a obtener por medio de su inversión su futura recuperación. Esta teoría surge a partir de los años sesenta, cuando se desarrollan técnicas de simulación que permiten generar modelos de inversión que sirven para la planificación y gestión financiera.

De igual manera, tenemos que considerar la teoría social. Esta teoría resalta el carácter de la empresa como organización social que sirve para generar riqueza. La empresa no sería, por tanto, únicamente una institución con objetivos puramente económicos. Forma parte de la sociedad y como tal, está obligada a atender otros aspectos distintos de los financieros, como por ejemplo el de generación y mantenimiento de empleo.

C) **Teoría o enfoque contractual.** Este enfoque contractual o de los costes de transacción se sustenta en varias teorías de principios del siglo XX, como la teoría de la empresa de negocios de Veblen de 1904 en la que introduce el concepto transacción como «transferencia de un bien o servicio entre dos unidades independientes» y es el objeto de la empresa de negocios. Por otro lado, Coase en 1937 propone la teoría de los costes de mercado, que considera la empresa como organización que reduce los costes de transacción en el mercado, una fórmula de organización alternativa al sistema de precios en cuanto a la coordinación de la actividad económica. Es a partir de los años sesenta cuando se desarrollan las teorías contractuales tomando como base estos conceptos previos. Coase recibió el Premio Nobel en 1991. En conjunto, las teorías contractuales consideran la empresa capitalista como organización que surge como alternativa al mercado. Para Bueno[16] este enfoque contractual asume tres aspectos:

— El reconocimiento de los efectos de la organización sobre los costes del mercado, generando ventajas que facilitan las transacciones en el sistema.
— El reconocimiento del papel del empresario, que no tiene por qué ser una persona física, y puede ser un grupo que coordine la función directiva.
— El reconocimiento del papel de la tecnología como variable de la actividad económica sobre la dirección de la empresa.

D) Dentro del enfoque contractual podemos considerar también la **Teoría de la Agencia**, que aporta un concepto de empresa basado en la relación de agencia o contrato. La relación de agencia es un contrato en el cual una o más personas (a quienes se denomina principal) recurren al servicio de otra u otras (el agente) para que cumpla una tarea en su nombre, lo que implica delegar alguna autoridad.

E) **Enfoque estratégico o teoría de la estrategia empresarial.** Este enfoque se define como un sistema de conocimientos que permite integrar en un modelo de planificación-acción el conjunto de decisiones que permite resolver los problemas estratégicos de la empresa o asegurar la adaptación permanente de ésta a su entorno competitivo. El concepto de problema estratégico es la situación resultante del análisis y desarrollo de los retos e impactos, de las amenazas y oportunidades externas (del entorno) e internas (de la organización) a que se enfrenta la empresa.

F) **Teoría de sistemas o enfoque sistémico.** Actualmente la empresa es considerada un sistema abierto que relaciona unas entradas o inputs con unas salidas u outputs. Entre ambos está el proceso de transformación. Para Bueno[17] el sistema se define sobre la base de la existencia de cinco condiciones básicas:

— Un conjunto de elementos.
— Una estructura del sistema (conjunto de relaciones).
— Un plan común (conjunto de objetivos).
— Unas funciones características (funciones de transformación).
— Un conjunto de estados o situaciones observables del sistema.

G) Una de las últimas aportaciones conceptuales es el enfoque de la empresa como organización de Bueno y Valero[18], que considera la empresa como sistema **sociotécnico abierto**, compuesto por cinco aspectos que le sirven para lograr la eficiencia en sus transacciones. Este concepto parte de la base del enfoque administrativo y sistémico, y la empresa tiene una naturaleza mixta entre lo técnico y lo social.

En los años finales del siglo XX el concepto de empresa adquiere un nuevo elemento, propio de la era de la información que estamos viviendo: la sociedad del conocimiento, donde adquieren especial relevancia una serie de elementos intangibles (experiencias, información, valores, ideas, etc.). Esto ha llevado a postular una economía del conocimiento, que considera a éste como un factor más de la producción. Con ello se considera que la empresa es un sistema basado en el conocimiento, donde se dan flujos de conocimientos de diferente naturaleza, que serían inputs, para después del proceso de transformación, obtener nuevos conocimientos (outputs) que adquieren valor para la empresa. A este respecto se dedica un capítulo más adelante.

1.8. LA EMPRESA COMO SISTEMA

El concepto de empresa como sistema es sin duda el más actual y en el que se basa nuestro manual, por ello le dedicamos una mayor atención en este capítulo. Un sistema es un conjunto de elementos relacionados entre sí y con su entorno, organizados y dirigidos para alcanzar unos objetivos. La existencia de un problema en una parte del sistema repercute en el conjunto. Por ejemplo, el cuerpo humano es un sistema donde cada uno de los órganos tiene una función definida y cuyo adecuado funcionamiento es esencial para el resto, como explica Chiavenato[19].

El concepto de sistema es aplicable a la empresa donde existen unos elementos: materias primas, trabajadores, accionistas, proceso de fabricación, etc., que se interrelacionan con el fin de alcanzar el objetivo propuesto por la empresa, lo cual podemos ver en la Figura 1.4.

Las características de la empresa como sistema son las siguientes:

a) La empresa es un sistema abierto, que recibe de su entorno unos inputs y que envía al exterior unos outputs de diversos tipos, como se puede ver en la Figura 1.4.
b) En la empresa se produce una sinergia por la cual manifiesta características y formas de comportamiento que no son atribuibles a ninguno de sus elementos o subsistemas. El todo es superior a la suma de las partes.
c) La empresa es un sistema global, cualquier influencia sobre uno de sus elementos o subsistemas repercute sobre los demás y sobre el conjunto del sistema.
d) La empresa es un sistema autorregulado o autocontrolado. El propio sistema se adapta y autocontrola para conseguir sus objetivos.

Si las salidas generadas por la empresa se apartan de ciertos límites o no cumplen las expectativas deseadas, comienza un proceso de retroalimentación por el cual se modifican

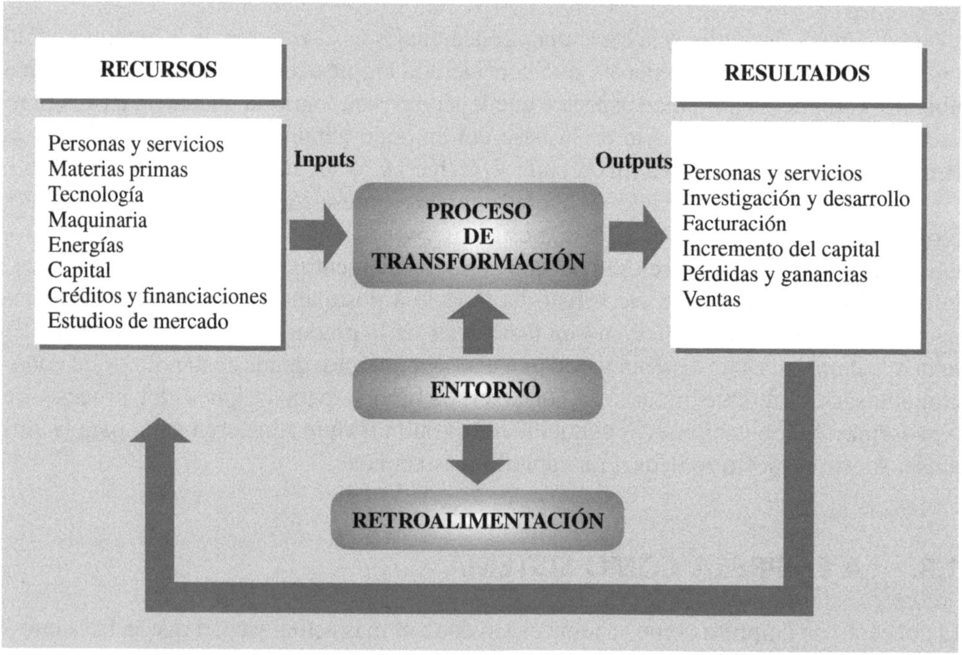

Figura 1.4. La empresa como sistema (adaptado de Chiavenato[20]).

las entradas hasta conseguir que las salidas se ajusten a los límites deseados o consigan los resultados esperados.

1.8.1. Principales subsistemas empresariales

Los elementos de una empresa pueden agruparse en subsistemas. Estas agrupaciones pueden realizarse de diferentes maneras, lo que conduce a considerar diferentes tipos de subsistemas, que, a su vez, se comportan en sí mismos como sistemas. Los principales subsistemas que consideramos son los siguientes:

a) Subsistema de dirección y gestión: este subsistema guía la acción de la organización, de tal manera que su misión principal es conseguir los objetivos de la empresa mediante la aplicación de los factores disponibles, desarrollando las funciones de planificación, organización, gestión y control.

b) Subsistema de recursos humanos: es el subsistema encargado de la gestión del capital humano, de la captación, mantenimiento y desarrollo del talento y las competencias necesarias para alcanzar los objetivos de la empresa.

c) Subsistema de aprovisionamiento y de producción: es el encargado de los procesos de fabricación de productos o de prestación de servicios, dedicándose por tanto a la compra de los elementos de producción, para su posterior transformación de los mismos en productos terminados destinados al mercado.

d) Subsistema de financiación e inversión: su misión principal es la obtención de recursos financieros en las mejores condiciones posibles, así como la gestión de los mismos. Dos son las funciones de este subsistema: inversión y financiación. La función de inversión se ocupa de las decisiones sobre el uso más adecuado

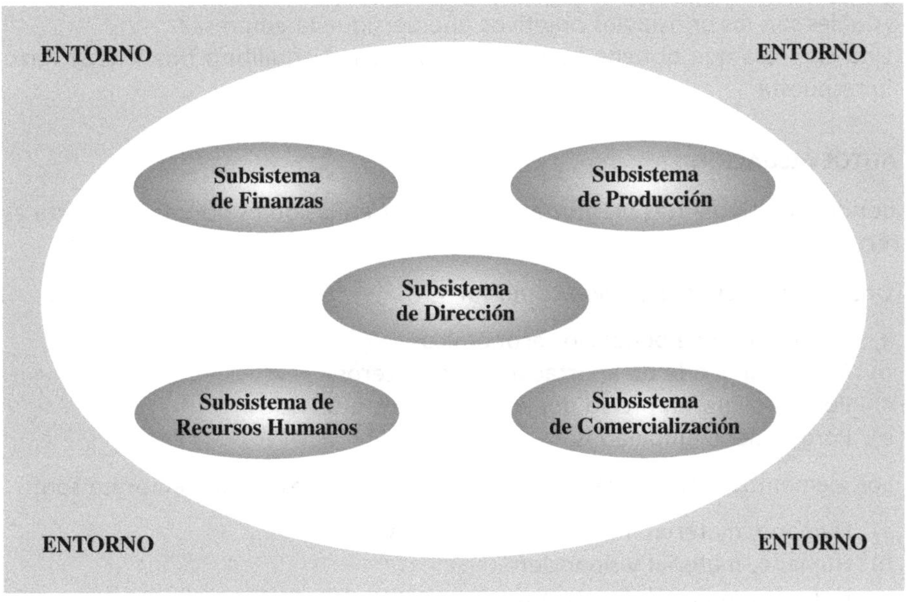

Figura 1.5. Subsistemas empresariales.

del dinero dentro de la organización. La función de financiación se encarga de obtener los fondos financieros que la empresa necesita.

e) Subsistema de distribución y comercialización: es el encargado de colocar los productos fabricados en el mercado, así como de su diseño, teniendo en cuenta las exigencias de los consumidores.

Todos los subsistemas están interrelacionados, de tal manera que cualquier decisión interna o cualquier cambio del entorno que afecte a uno de los subsistemas, tendrá efecto sobre los demás. La Figura 1.5 muestra de manera esquemática los subsistemas que conforman una empresa.

ACTIVIDADES DEL CAPÍTULO

ACTIVIDADES INDIVIDUALES

DE COMPRENSIÓN

Responde a las siguientes preguntas:

1. ¿Puede considerarse la empresa como una organización que no cobre un precio por sus productos o servicios? Razona la respuesta.
2. ¿Cuáles son los elementos principales que deben formar parte de una empresa?
3. ¿Es igual el concepto de empresario y de directivo?
4. ¿Cuáles son los principales objetivos que persigue la empresa?
5. Una empresa que obtiene beneficios, ¿alcanza el equilibrio financiero? Razona la respuesta.

DE AUTOEVALUACIÓN

Responde a las siguientes preguntas de tipo test en las que sólo una respuesta es la correcta:

1. Una empresa es considerada como tal:

   a) Porque obtiene beneficios económicos.
   b) Porque depende de aportaciones de terceros.
   c) Porque cobra un precio por sus productos o servicios.
   d) Porque tiene empleados.

2. Los elementos básicos que tienen que estar presentes en una empresa son:

   a) Humano, material, financiero y organizativo.
   b) Humano, material y financiero.
   c) Humano, material, financiero e intangible.
   d) Humano, material, financiero, intangible y organizativo.

3. La gestión o *management* en las empresas:

a) La llevan a cabo los trabajadores encargados de generar los productos o servicios.
b) Ha supuesto la aparición de trabajadores especializados en esta área de trabajo distintos de los trabajadores encargados de generar los productos o servicios.
c) Está cada vez menos presente en el mundo actual empresarial.
d) Es la única función necesaria en las empresas.

4. Las empresas *spin-off*:

a) Tienen un gran desarrollo actualmente porque se dedican al campo de la informática.
b) Tienen un papel fundamental en actividades de transferencia de resultados y conocimientos entre centros de investigación y el mundo empresarial.
c) No buscan la comercialización de productos.
d) No pueden tener relación con universidades y centros de investigación.

5. Se consideran PYMES las empresas:

a) Con más de 500 trabajadores.
b) Con menos de 250 trabajadores.
c) Con menos de 50 trabajadores.
d) Individuales.

6. Una empresa eléctrica puede encuadrarse en el sector:

a) Primario.
b) Secundario.
c) Terciario.
d) Primario y terciario.

7. En una sociedad limitada:

a) Cualquier persona puede adquirir participaciones de la empresa en cualquier momento.
b) Los socios, para vender, tienen que ofrecer su aportación en primer lugar al resto de socios.
c) No se busca el lucro como primer objetivo.
d) Se limita el capital inicial aportado.

8. El equilibrio financiero en una empresa quiere decir que:

a) Obtiene beneficios.
b) Tiene una gran capacidad de ahorro.
c) No depende financieramente hablando de bancos o entidades financieras.
d) Están coordinados en el tiempo los pagos de la empresa con los ingresos por venta.

ACTIVIDADES DE GRUPO PEQUEÑO

CASO DE ANÁLISIS: Inditex

Inditex es uno de los principales distribuidores de moda en el mundo. Como grupo empresarial está formado por más de 100 sociedades que llevan a cabo actividades de diseño, fabricación y distribución de ropa. Posee 8 formatos comerciales que podemos observar en nuestras ciudades: *Zara, Pull and Bear, Massimo Dutti, Bershka, Stradivarius, Oysho, Zara Home* y *Kiddy's Class*. Actualmente el grupo cuenta con 2.473 tiendas abiertas en más de 400 ciudades de 58 países de Europa, América, Asia y África. Su fundador, Amancio Ortega, estableció la primera tienda en La Coruña en 1975, donde actualmente se encuentra la sede de la compañía. El grupo empieza abriendo tiendas *Zara* y extendiéndose por toda España. Es en 1985 cuando se crea Inditex como cabecera del grupo de empresas. Los diferentes formatos comerciales se fueron creando poco a poco, aunque algunos fueron adquiridos, como sucedió con *Massimo Dutti* o *Stradivarius*.

El grupo ha tenido una espectacular expansión internacional, basando su gestión en la innovación y la flexibilidad, y entendiendo la moda con criterios de creatividad y calidad, para llegar al mercado actual y satisfacer sus demandas. De los más de 40.000 trabajadores que tiene, la mitad están en España, y el resto en los países donde está presente el grupo. Cerca del 90 por 100 son mujeres, que ocupan el 60 por 100 de los puestos de dirección, técnicos y de gestión.

Las cifras más relevantes del grupo se muestran en las siguientes tablas.

CUESTIONES A DESARROLLAR

1. ¿Por qué tiene este grupo empresarial diferentes marcas comerciales?
2. Calcula el crecimiento (tiendas, empleados, beneficios, etc.) del grupo Inditex durante el período 2000-2004 y comenta el resultado obtenido.
3. ¿En qué aspectos crees que se fundamenta el éxito de Amancio Ortega como empresario?

Tabla 1

Ejercicio	2000	2001	2002	2003	2004
Cifra de negocio	2.615	3.250	3.974	4.599	5.760
Beneficio neto	259	340	438	447	628
Número de tiendas	1.080	1.284	1.558	1.922	2.244
Número de países	33	39	44	48	56
Ventas internacionales	52%	54%	54%	54%	55%
Empleados	24.004	26.724	32.535	39.760	47.046

FUENTE: Página web del grupo Inditex.

Tabla 2

Marca	Número de tiendas
Zara	786
Pull and Bear	400
Massimo Dutti	349
Bershka	333
Stradivarius	242
Oysho	132
Zara Home	90
Kiddy's Class	141
TOTAL	2.473

FUENTE: Página web del grupo Inditex.

ACTIVIDADES DE GRUPO GRANDE

Actividad para analizar y preparar en grupos pequeños en primer lugar, y posteriormente, discutir entre todos y defender los distintos puntos de vista.

RUSTICAE

(Artículo extraído del número 99 (diciembre 2005) de la Revista *Emprendedores*.)

Una buena idea, tres mil euros y dos chicas con mucho tesón fueron el germen de Rusticae, el primer club de pequeños hoteles con carácter. Un proyecto en el que confiaron sólo unos pocos y que ahora, convertido en un sello de calidad, muchos ambicionan.

A punto de cumplir diez años, Rusticae se ha ganado el prestigio de las cosas bien hechas. Alojarse en cualquiera de los palacios, conventos o pequeños hoteles que llevan su marca es garantía de calidad. Y aunque hoy son muchos los hoteleros dispuestos a someterse a durísimas auditorías para conseguir su sello, no siempre ha sido así.

«Estas dos niñatas tienen las ideas muy claras pero, ¿serán capaces de llevarlas adelante?», comentaban los primeros clientes que visitaron Isabel Llorens y Carlota Mateos cuando, con sólo 26 y 19 años, respectivamente, fundaron Rusticae. Un proyecto, a primera vista, arriesgado: dos mujeres excesivamente jóvenes, con un concepto novedoso, pero intangible, basado en una red de hoteles, pero sin hoteles. Y con un presupuesto irrisorio.

«Montamos la empresa con tres mil euros, luego hicimos una ampliación de capital de otros tres mil, pero no era suficiente. Nos llamaban vendedoras de humo», recuerda Carlota.

Pero ellas guardaban un as bajo la manga: la experiencia. Durante un año habían gestionado un pequeño hotel en Asturias, propiedad de los padres de Carlota, y fue allí donde detectaron las dificultades que suelen tener los pequeños alojamientos para seguir adelante. «En aquella época estaban desubicados. No había guías para promocionarse, ni un gremio de nuestras características. Existía el turismo rural, pero era un saco donde cabía todo», dice Isabel Llorens.

Así nació la idea de crear una marca que agrupara este tipo de hoteles a nivel nacional y les diera una identidad muy concreta. Es cierto que ya existía la red de Paradores y alguna entidad que aglutinaba edificios históricos. «Buscábamos hoteles con encanto y calidad. Y en eso no transigíamos. Nos daba igual que fuera un cortijo que un chalet de nueva construcción, lo importante era que la decoración fuera acogedora y el trato, bueno», señala Carlota.

De este modo, Rusticae surgió como un club de calidad de pequeños alojamientos ubicados en el campo, a los que proporcionaba todo tipo de servicios: desde el control de calidad, mediante la realización de auditorías, hasta prestaciones como central de compras y de reservas, además de realizar labores de marketing y representación. «Para estos hoteles resultaba muy difícil posicionarse en el mercado de forma individual. Les suponía un esfuerzo grande y los hoteleros no tienen tiempo, ni conocimientos para realizarlo», dice Llorens.

Ahora ya no son ellas las que llaman a las puertas de los hoteles para ofrecer sus servicios, sino al contrario. Y el escepticismo de los primeros clientes ha sido sustituido por el deseo de ser admitidos en un club tan selecto. Para entrar en él hay que superar 270 parámetros, varios controles de calidad e, incluso, visitas de *clientes misteriosos*. «Es el *quid* de la cuestión. ¿Que somos muy duras? Hombre, claro. Al principio podríamos haber abierto la mano. ¡Fíjate, con lo que necesitábamos el dinero! Pero ahí lo tuvimos muy claro», sentencia Carlota.

De hecho, los ingresos de Rusticae se obtienen por las cuotas pagadas por los hoteles, así como el cobro de servicios que ofrece a los mismos (asesoría, decoración, etc.). Y todo ello con una organización sencilla de apenas 17 empleados. Así han posicionado a Rusticae como el primer club de calidad.

«Elegir el socio adecuado y tener la misma visión ha sido vital. Siempre estamos de acuerdo en los objetivos», dicen. Pero eso no ha impedido que pasaran por malas experiencias; algunas, incluso, llegaron a desestabilizar la empresa. Para resolver este problema, «hace año y medio nos sometimos a un proceso de *coaching* y, después, involucramos al resto del equipo para hacerles partícipes del proyecto», explica Carlota. «Ya no llegamos a todo y sin un equipo cohesionado no puedes crecer», añade.

Gestionar los recursos al milímetro, por otra parte, ha resultado fundamental para el crecimiento de la empresa. «Ha sido una batalla continua de supervivencia y de buena administración lo que nos ha permitido crecer de manera más lenta, pero segura», explica Carlota.

Ambas reconocen que carecen de formación financiera: «Ese es nuestro punto débil, pero lo compensamos con nuestra intuición», dice Carlota. Y basta observar cómo ha evolucionado en estos años la empresa para comprobar que lo suyo es algo más que simple intuición.

Un ejemplo es el servicio de asesoría que prestan desde hace cuatro años. «La gente nos pedía cifras de ocupación para estudiar si montaban su propio hotel. Y pensamos: ¿Si tengo que dar información a un señor porque manejo cifras todos los días, por qué no estructuro esta información y la convierto en un nuevo servicio?».

Otra línea reciente es Metrópoli, que agrupa a pequeños hoteles en ciudades de más de 200.000 habitantes. O los cursos de formación para la gestión de hoteles que desde hace un año organizan con la Universidad Europea de Madrid.

La llegada de Rusticae supuso un punto de inflexión para el turismo rural. Con todo un decálogo de condiciones, sus fundadoras lograron distinguirse en un sector, entonces incipiente, que se caracterizaba por su desorden. Para Antonio López de Ávila, director del Centro de Innovación para la Gestión del Turismo y el Ocio, «uno de los mayores méritos de Rusticae ha sido la creación en poco tiempo de una marca turística de calidad y reconocida ampliamente por un mercado que antes desconocía y desconfiaba de la calidad de la oferta existente».

Este experto destaca, también, las ventajas de este modelo de negocio, al solucionar dos obstáculos comunes que se encuentran los propietarios: «La falta de experiencia en la gestión de hoteles de pocas habitaciones y la dificultad en su comercialización».

Sin olvidar que el modelo de Rusticae brinda también a los clientes «la oportunidad de acceder a un número importante de establecimientos que cumplan unos requisitos de calidad».

López de Ávila encuentra, sin embargo, un *pero*: «Las pocas barreras de entrada que existen para la competencia. De hecho, ya han surgido nuevas empresas con esa misma estrategia. El futuro de Rusticae pasa por innovar en sus servicios y en la internacionalización que ya está desarrollando».

CUESTIONES DE DEBATE

1. ¿Qué características destacarías de las empresarias que fundaron la empresa Rusticae?
2. ¿Qué tipo de empresa, según las diferentes clasificaciones estudiadas en el capítulo, es Rusticae?
3. ¿Cómo piensas que deberían afrontar el futuro de la empresa Rusticae sus fundadoras para no perder el liderazgo?

BIBLIOGRAFÍA BÁSICA

Aguirre Sábada, A. (1992): *Fundamentos de economía y organización de empresas*, Pirámide, Madrid.

Bueno Campos, E. (1990): *Economía de la empresa. Análisis de las decisiones empresariales*, Pirámide. Madrid.

Castillo Clavero, A. M. y otros (2003): *Introducción a la economía y administración de empresas*, Pirámide, Madrid.

Castillo Clavero, A. M. y otros (1992): *Prácticas de gestión de empresas*, Pirámide, Madrid.

Cuervo García, A. y otros (1994): *Introducción a la administración de empresas*, Civitas, Madrid.

García del Junco, J. y otros (2000): *Fundamentos de gestión empresarial*, Pirámide, Madrid.

García del Junco, J. y otros (1999): *Gestión de empresas. Enfoques y técnicas en la práctica*, Pirámide, Madrid.

Luque de la Torre, M. A. y otros (2001): *Curso práctico de economía de la empresa*, Pirámide, Madrid.
Pérez Gorostegui, E. (1991): *Economía de la empresa aplicada*, Pirámide, Madrid.
Pérez Gorostegui, E. (2000): *Introducción a la administración de empresas*, Centro de Estudios Ramón Areces, S. A., Madrid.

ENLACES DE INTERÉS

www.inditex.com/es (página web del Grupo Inditex).
www.ine.es (Instituto Nacional de Estadística).
www.emprendedores.wanadoo.es.
www.laempresafamiliar.com.
www.iefamiliar.com.
www.min.es.
www.apymes.es.
www.pymesonline.com.
www.ceoe.es.
www.camerdata.es.
www.economyweb.com.
www.creaciondeempresas.com.
www.creacion-empresas.com.
www.aeca.es.

BIBLIOGRAFÍA REFERENCIADA

[1] Alonso Rodríguez, M. A. (2002): *La empresa en Fundamentos de gestión empresarial* (coordinadores Julio García del Junco y Cristóbal Casanueva Rocha), Pirámide, Madrid.
[2] Garrido, S. (2000): *Manual de gestión de empresas*, Editorial Universitas, S. A.
[3] Claver, E., Llopis, J., Lloret, M. y Molina, H. (1995): *Manual de administración de empresas*, Civitas, Madrid.
[4] Alonso Rodríguez, M. A. (2002): *Introducción al sistema de comercialización de la empresa: Marketing en Fundamentos de gestión empresarial* (coordinadores Julio García del Junco y Cristóbal Casanueva Rocha), Pirámide, Madrid.
[5] Garrido, S. (2000): *Op. cit.*
[6] Salas Fumás, V. y Galve Górriz, C. (2003): *La empresa familiar en España. Fundamentos económicos y resultados*. Estudio de la Fundación BBVA.
[7] Suárez, A. (1994): *Curso de economía de la empresa*, Pirámide, Madrid.
[8] Díez de Castro, E., Galán González, J. L. y Martín Armario (1996): *Introducción a la economía de la empresa I*, Pirámide, Madrid.
[9] Alonso Rodríguez, M. A. (2002): *Op. cit.*
[10] Fábrega, F. (2004): *Zara. El modelo de negocio de Inditex*, Claves de Gestión.
[11] Alonso Rodríguez, M. A. (2002): *Op. cit.*
[12] Garrido, S. (2000): *Op. cit.*
[13] Suárez, A. (1994): *Op. cit.*
[14] Simon, H. A. y March, J. G. (1957): *Models of Man*, John Wiley and Sons, Nueva York.
[15] Simon, H. A. (1960): *The New Science of Management Decisions*, Harper and Row, Nueva York.
[16] Bueno, E. (2001): *Curso básico de economía de la empresa. Un enfoque de organización*, Pirámide, Madrid.
[17] Bueno, E. (2001): *Op. cit.*
[18] Bueno, E. y Valero, F. J. (1985): *Perspectivas actuales sobre la organización*, Documentos IADE, n.º 1, UAM, Madrid.
[19] Chiavenato, I. (2006): *Introducción a la teoría general de la administración*, McGraw-Hill, Madrid.
[20] Chiavenato, I. (2000): *Administración de Recursos Humanos*, McGraw-Hill, Madrid.

Capítulo 2

La dirección de la empresa y el proceso de decisión

RAMÓN SANGUINO GALVÁN
JUAN LUIS TATO JIMÉNEZ

2.1. INTRODUCCIÓN

El Sistema de Dirección de las empresas es un subsistema de trascendental importancia para la vida de las mismas, pues es el encargado de dirigir y organizar al resto de subsistemas. Está compuesto por el empresario o directivos que dirigen las actividades de la empresa y su función se corresponde con las funciones de los directivos. Los directivos son aquellas personas contratadas por los propietarios de la empresa para ejercer responsabilidades y tareas propias de la dirección. Normalmente son contratados a propuesta del directivo con mayor autoridad en la empresa.

En este tema se analiza el proceso estratégico y el proceso de dirección como explicación de las actividades o funciones específicas que integran la dirección, análisis que también se define como las «7 P» del management (predicción, plan, política, programa, procedimiento, presupuesto y proceso de control). Se hace hincapié en el proceso administrativo, prestando especial atención a la labor de organización y se plantea la cuestión principal del sistema de dirección, que es el conocimiento, definición y jerarquía de los objetivos de la empresa como organización. Más adelante, se trata de evaluar la eficiencia (concepto éste que veremos después) de la función directiva o del proceso de dirección de la empresa, terminando con el planteamiento necesario para introducir la dirección por objetivos como sistema que permite mejorar dicha eficiencia y, en definitiva, la de la organización. Por último, se analiza la toma de decisiones como una tarea fundamental del sistema de dirección.

2.2. EL SUBSISTEMA DE DIRECCIÓN

El sistema de dirección está habitualmente compuesto por directivos profesionales no propietarios a los que estos últimos han delegado el poder para que lo estructuren y tomen decisiones sobre los procesos empresariales. Los Sistemas de Dirección estarán muy relacionados con el modelo organizativo adoptado.

Al existir esta distinción entre directivos y propietarios, el sistema de dirección estará formado por órganos de gobierno tanto para el control de los directivos como de los procesos empresariales. Un ejemplo de órgano dentro del sistema de dirección que representa y defiende los intereses de los accionistas es el Consejo de Administración.

Podemos definir el Subsistema de Dirección como: «conjunto de funciones, actividades, responsabilidades, reglas y procesos que determinan la toma de decisiones de la empresa y cuyo objetivo es la eficiencia directiva o consecución de los objetivos gerenciales de la organización» (Bueno y Valero[1]).

Aunque no se hace mención expresa, si analizamos la definición podemos observar la labor de relación que este sistema establece con el entorno de la empresa al fijar los objetivos gerenciales.

En su labor no sólo de fijación, sino también de logro de los objetivos gerenciales, el sistema de dirección deberá abordar problemas estratégicos y administrativos teniendo en cuenta la estructura organizativa, la estructura de poder y la cultura de la empresa. Así, deberá tener en cuenta si quiere internacionalizarse, si la empresa cuenta con recursos financieros, físicos y humanos para establecerse en otros países; si, pongamos por caso, existen sindicatos que se opongan a la internacionalización, por ejemplo por creer que supone una deslocalización encubierta, o si existe la creencia de que nuestra empresa está abocada al fracaso en mercados exteriores siendo reacios a estas políticas expansivas.

2.3. LA DIRECCIÓN ESTRATÉGICA

Una de las principales tareas encomendadas al Sistema de Dirección es la que hace referencia al llamado proceso estratégico. Antes de analizar este concepto vamos a definir qué es estrategia.

2.3.1. Estrategia

El concepto de estrategia en la empresa ha ido evolucionando a lo largo de los años. En un principio tiene un claro origen militar, sin embargo, a lo largo de las últimas décadas ha ido adquiriendo nuevas connotaciones. En los años cincuenta y sesenta se produjo un gran desarrollo de la estrategia empresarial gracias a la preocupación existente por los problemas de dirección de las grandes y complejas corporaciones empresariales. Surge así la planificación para tratar de ayudar a coordinar y controlar las corporaciones desde la alta dirección. A finales de los setenta y principios de los ochenta el análisis estratégico se encaminó hacia el estudio y análisis del sector y de la competencia para, a partir de finales de los ochenta y principios de los noventa, centrarse en la ventaja competitiva y su sostenibilidad, la innovación y los procesos internos.

Nosotros proponemos como definición de estrategia la de Henderson[2]: «estrategia es una búsqueda deliberada de un plan de acción que crea y desarrolla una ventaja competitiva de la empresa».

La estrategia hace referencia al posicionamiento de un negocio en un sector, convirtiéndose el sector y la unidad de negocio en el centro del análisis. Por último, los resultados de la estrategia se miden en base a análisis económicos para conocer el éxito alcanzado y realizar posibles modificaciones.

Visión, misión, objetivos y metas

La estrategia de una empresa tiene como principal componente de la misma la determinación de los objetivos empresariales. Podemos distinguir diversos tipos en función del carácter general o específico de los mismos. Así definimos visión, misión, objetivos y metas.

La *visión* es la imagen del futuro que queremos para la empresa. Se trata de marcar sin definir trazos, esbozar la empresa soñada, apuntar el norte. Las visiones de las empresas dan a entender algo a muy largo plazo constituyendo una filosofía de liderazgo.

Un ejemplo de visión es el de la empresa de Costa Rica RECOPE: «consolidar a RECOPE como empresa petrolera estatal, de reconocido prestigio nacional e internacional, con autonomía administrativa, con excelencia en sus productos y servicios, de eficiente gestión, competitiva, con alianzas estratégicas en el ámbito nacional e internacional, comprometida con el servicio al cliente, la formación integral de su recurso humano, la protección del ambiente y el desarrollo nacional dentro del marco del monopolio natural que esta actividad representa».

Otro ejemplo es el del Grupo Telefónica: «el Grupo Telefónica aspira a situarse entre las primeras operadoras de telecomunicaciones del mundo, y ser reconocida como un grupo multidoméstico, líder y cercano, capaz de ser global y local, grande y accesible a la vez».

La *misión* supone responder a las preguntas del por qué y para qué existe la empresa. La respuesta suele referirse a la existencia de un binomio producto-mercado aunque la pretensión es superar los productos y mercados actuales. La misión establece las necesidades a satisfacer de una clientela específica. Supone implantar una serie de políticas o valores para lograr los objetivos de la organización. Significa la forma de concretar la visión de la empresa.

Continuando con los ejemplos anteriores, para el caso de RECOPE, su misión consiste en: «satisfacer eficientemente las necesidades del mercado de hidrocarburos derivados del petróleo, fuentes alternas y cementos asfálticos, con productos y servicios de calidad, con seguridad industrial y responsabilidad ambiental, contribuyendo al desarrollo sostenible de Costa Rica».

Y para el Grupo Telefónica: «el propósito del Grupo Telefónica es ser la operadora mundial de telecomunicaciones que genera mayor confianza por su probada capacidad de cumplir los compromisos adquiridos con sus clientes, empleados, accionistas y con la sociedad de los países en los que opera. El empeño de la Compañía es obtener la satisfacción de sus clientes como única vía posible de crecimiento y creación de valor para todos sus grupos de interés». (*Fuente:* Telefónica.)

Los *objetivos* y *metas* suponen la mayor concreción de la misión de forma cuantitativa (cuánto quiero), temporal (cuándo debo lograrlo) y espacial (quiénes y dónde deben lograrlo). En este sentido, los objetivos y metas deben ser coherentes con la finalidad o misión de la empresa y expresarse en tiempo, espacio y cuantía, señalándose además el responsable del resultado que se desea. Ejemplo: Para lograr ser la empresa líder de ventas en el mundo, la cifra de ventas debe aumentar en el próximo año, en la Región Central, un 5 por 100. El responsable será el jefe de ventas de la Región Central. La fijación de objetivos y metas estará supeditada a la misión de la empresa, a su entorno social, económico tecnológico y legal, tal y como se aprecia en la Figura 2.1.

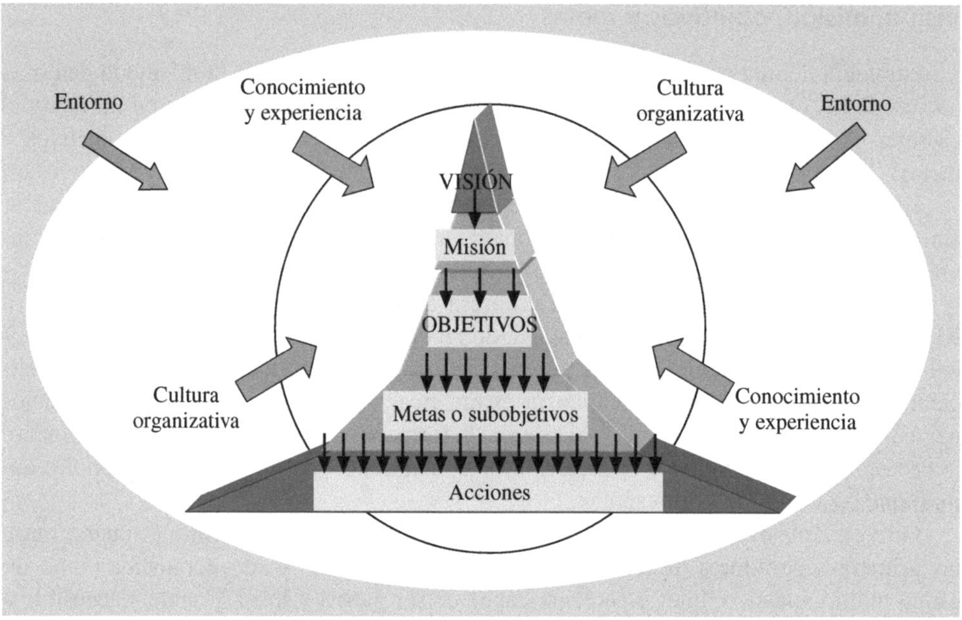

FUENTE: Bueno[3].

Figura 2.1. Visión, misión, objetivos y metas.

Por tanto, los objetivos y metas deben tener en cuenta la situación interna de la empresa y ser, además, coherentes con el entorno en el que debe competir. Los objetivos y metas han de ser compatibles y estar coordinados entre sí y es mejor que sean negociados con aquellas personas de cuya labor dependen, pues de esta forma se logra una mayor implicación y aceptación de los mismos en toda la empresa.

Por último, señalar que los conceptos de objetivos y metas llevan consigo un problema semántico. Así, para la literatura americana las metas suelen suponer una menor concreción que los objetivos. En España se suele interpretar justo lo contrario.

2.3.2. El proceso de dirección estratégica

La dirección estratégica se encarga de tomar decisiones estratégicas y de asegurarse que se ponen en práctica. Se constituye por tres elementos: el análisis estratégico, la elección estratégica y la implantación estratégica. Este orden expuesto puede, en la práctica, no ser lineal y solaparse las fases de elección estratégica e implantación estratégica.

El análisis estratégico

Con este análisis se pretende tener una idea del contexto organizativo y su influencia para el presente y futuro de la empresa. De este modo deben estudiarse:

1. El contexto. Formado por:
   - El mercado o sector económico: delimita cuáles son los competidores de una empresa y acota el estudio.

— La estructura de la competencia: el nivel de competencia determina el potencial de rentabilidad. Este nivel de competencia viene determinado por la mayor o menor facilidad con que otras empresas pueden entrar a competir en el mercado en cuestión.
— El riesgo de nuevos competidores viene determinado por la existencia de las llamadas «barreras de entrada» o dificultad para que otros competidores puedan entrar en el sector a competir, las cuales pueden ser creadas por la propia empresa o la estructura del sector. La barrera de entrada por excelencia son las economías de escala.
— Características de los actuales competidores: se refiere a la actuación que cabe esperar de las empresas que actualmente están en el mercado.
— La amenaza de productos sustitutivos: ponen un tope al precio que se puede cargar por un producto y, por tanto, limitan la rentabilidad de un mercado e indirectamente definen el nivel de competencia.
— Los clientes: sobre todo en el caso que los productos no vayan dirigidos al consumidor final sino a otras empresas que posteriormente los elaboran. Es importante observar la importancia relativa de nuestro producto en sus costes, si pueden cambiar con facilidad de proveedor (sin incurrir en costes altos) y el número de clientes que poseemos. Del análisis de estas características podremos conocer si existe alguna posición negociadora de fuerza, por ejemplo si alguno de ellos representa una parte importante de nuestros ingresos.
— Los proveedores: el mismo análisis hecho sobre los clientes debe hacerse para los proveedores, es decir, debemos analizar los costes de la materia prima, los costes de cambio y la fuerza negociadora de los proveedores.

2. Los recursos de la organización. Esta vez nos referimos a las fuerzas o influencias internas de la empresa. En particular, debemos analizar el origen y la sostenibilidad en el tiempo de nuestra ventaja competitiva frente a los competidores. Esta ventaja competitiva sostenible estará basada en los recursos y competencias de la empresa.

   Simon[4] define la ventaja competitiva como un desempeño superior que cumple con las siguientes condiciones:

   a) Debe ser importante para el consumidor.
   b) Debe ser percibido por el consumidor.
   c) Debe ser sostenible (difícil de imitar, comprar y sustituir por la competencia).

   El análisis clásico de las debilidades, amenazas, fortalezas, y oportunidades (Análisis *DAFO* o *SWOT* en inglés) nos define estos dos primeros puntos.
3. Las expectativas de los diferentes *stakeholders* o grupos de poder de las empresas (empleados, directivos, propietarios, sociedad en general, etc.) y la influencia de la cultura organizativa definirán los objetivos y metas empresariales así como la estrategia a adoptar.

Estos tres puntos configuran la base del análisis estratégico.

La elección estratégica

Una vez realizado el análisis estratégico estamos en condiciones de abordar la elección de una estrategia. Según Johnson y Scholes[5] consta de tres partes: generación de opciones estratégicas, evaluación de las opciones y selección de la estrategia.

Las opciones estratégicas pueden ser numerosas pero se pueden detectar tres tipos genéricos de estrategias:

— La estrategia de liderazgo en coste: consiste en obtener los costes más bajos del sector para poder competir principalmente en base al precio del producto.
— La estrategia de diferenciación: se basa en que la empresa consiga un prestigio único que haga sus productos atractivos con relativa independencia del precio
— La estrategia de concentración: supone concentrarse en un segmento específico del mercado y, en ese segmento, tratar de obtener una ventaja competitiva que las demás empresas, dispersas a lo largo y ancho de todo el mercado, no pueden igualar. Las empresas siguen una estrategia de liderazgo en costes o de diferenciación pero en un segmento de mercado.

En cuanto a la evaluación de cada opción estratégica, ésta deberá hacerse midiendo variables como la rentabilidad, el riesgo, las reacciones de los *stakeholders* y la viabilidad. Por último, señalar que aún después de esta evaluación, la selección de una estrategia será difícil, pues no habrá constatación de una estrategia como la acertada. En este sentido este proceso no es totalmente racional y estará influenciado por la cultura de la organización y los objetivos propuestos.

La implantación de la estrategia

El último elemento del proceso estratégico es la implantación de la estrategia seleccionada, es decir, su puesta en práctica. Para llevarla a cabo se han de tener en cuenta las estructuras, los sistemas, las personas y la cultura de la organización. Se va a tratar, por tanto, de un proceso organizativo comprensivo de planificación de la asignación de recursos, cambios en la estructura organizativa, adaptación de los sistemas de control y dirección del cambio estratégico o acciones de los directivos.

2.4. LAS FUNCIONES PRINCIPALES DEL SISTEMA DE DIRECCIÓN

Para lograr llevar a cabo todas las tareas encomendadas al sistema de dirección el proceso adecuado comprende una serie de pasos descritos en el modelo denominado «las 7 P del *Management*» que podemos ver en la Figura 2.2. Este proceso sintetiza los pasos vistos en el epígrafe anterior del proceso estratégico.

La primera fase es la de predicción. Supone la estimación o pronóstico de la situación futura de la empresa y sus condiciones económicas y sociales. Esta estimación se realiza mediante proyecciones futuras basadas en el análisis de la información actual.

De esta manera podremos fijar los objetivos para el horizonte temporal marcado en las estimaciones, partiendo de la base que cuanto mayor sea éste, más difícil será que las predicciones resulten aproximadas.

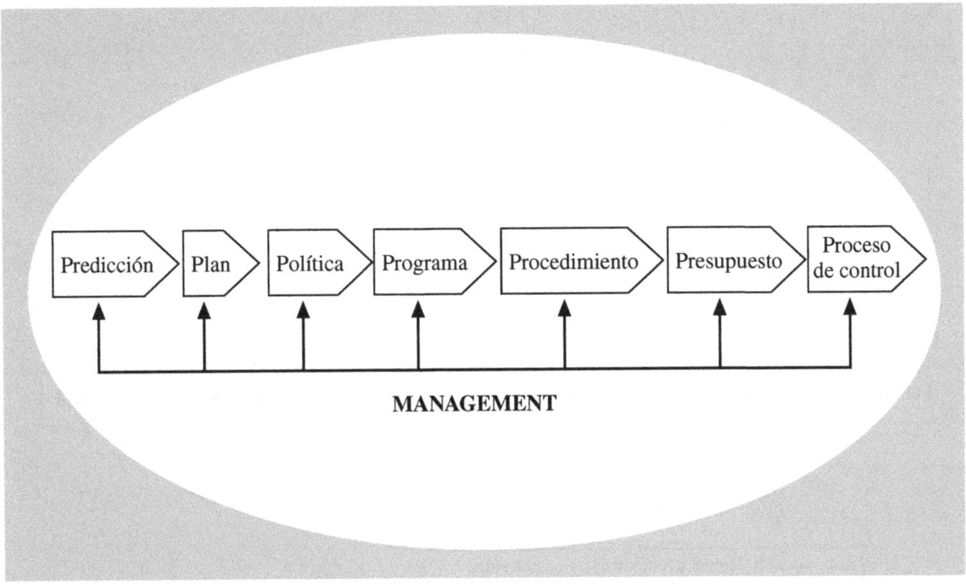

FUENTE: Bueno[6].

Figura 2.2. Las «7 P» del *Management.*

El tercer paso consiste en el modo de conseguir esos objetivos, es decir, la definición de la estrategia y las políticas. La primera marca el camino, mientras las segundas desarrollan la primera. Podemos decir que la estrategia es a largo plazo y las políticas suelen acordarse a corto plazo. Ambas dictaminan los medios necesarios para alcanzar los objetivos.

También podemos distinguir entre tres niveles de estrategia en función del ámbito de aplicación (Figura 2.3):

— Corporativa o del total de la empresa, estableciendo el cómo llevar la empresa, cómo financiarla y cómo distribuir los recursos entre los distintos negocios.
— De negocio o competitiva, referida a cómo competir en un mercado determinado, dictaminando qué clase de productos o servicios deben desarrollarse, en qué mercados y qué grado de satisfacción de necesidades de los clientes alcanzar.
— Funcional, aquella que se elabora en las áreas responsables de las funciones más importantes de la empresa, en especial en producción y ventas.

Continuando con este proceso, los siguientes pasos se convierten ahora en el planteamiento del clásico proceso administrativo de planificación, organización, dirección y control.

— La planificación supone establecer unas metas de forma programada y teniendo en cuenta la estrategia, los objetivos y las circunstancias del entorno, a la vez que se definen las acciones y se designan los recursos necesarios para lograrlos.

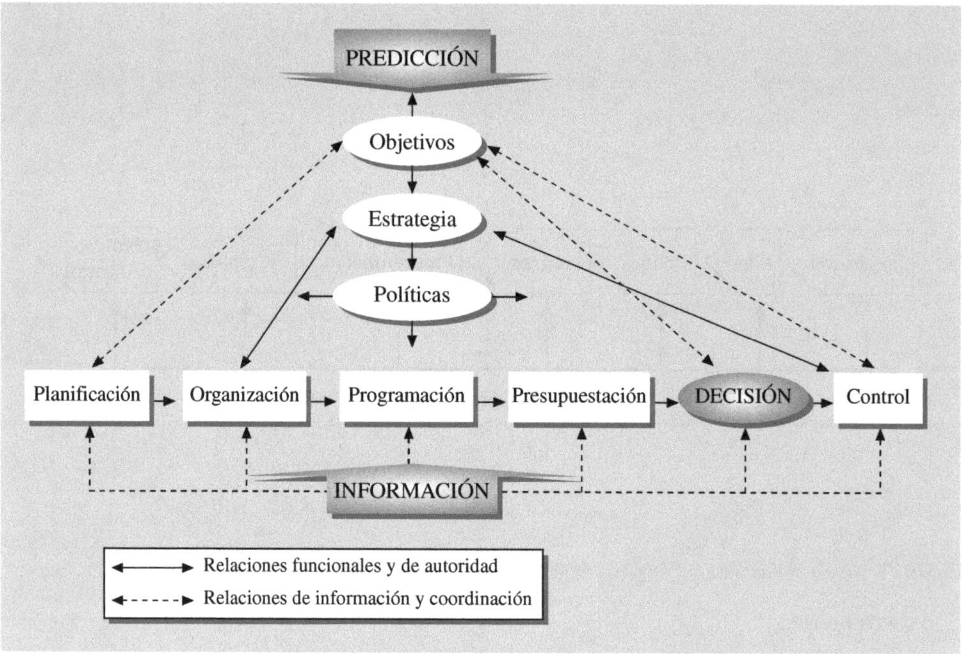

FUENTE: Bueno[7].

Figura 2.3. El proceso de dirección de la empresa.

— Organizar significa desarrollar estructuras, repartir y relacionar la autoridad y la responsabilidad del trabajo mediante la división de las tareas y su posterior integración.
— Dirigir supone integrar y para ello se motiva, lidera, comunica, informa, delega y resuelven conflictos además de, por supuesto, tomar decisiones.
— Controlar es comprobar el logro de los objetivos, detectando desviaciones para su posible corrección. Esta función debe estar en estrecho contacto con la de planificación.

Analicemos ahora el proceso administrativo función por función.

2.5. LA FUNCIÓN DE PLANIFICACIÓN

La función de planificación trata de establecer un curso de acción por adelantado, previendo los medios materiales y humanos necesarios para lograr los objetivos propuestos. Supone responder a qué hacer, cómo hacerlo y quién debe hacerlo. Si esta función no se realiza correctamente el resto de funciones arrastrarán este error y no se lograrán los objetivos.

Para la asignación de recursos se hace necesario establecer presupuestos donde se valoren los costes de los recursos necesarios, tanto precio como cantidad, para llevar a cabo el plan con éxito.

Podemos distinguir utilizando la variable tiempo entre planificación a largo plazo o estratégica y planificación a corto plazo u operativa. Aunque no hay una regla precisa, podemos decir que los planes a largo plazo son aquellos en los que el objetivo se cumplirá en un plazo superior al año, y que los planes a corto plazo son aquellos en los que el objetivo ha de cumplirse como máximo en un año.

2.6. LA FUNCIÓN DE ORGANIZACIÓN

Una vez formulada la misión y la estrategia de la empresa y establecidos los objetivos, es el momento de la organización. Para organizar una empresa primero identificaremos procesos, luego los dividiremos en tareas, posteriormente agruparemos tareas en actividades y definiremos puestos de trabajo asignando actividades a los puestos, después definiremos responsabilidades y coordinaremos puestos para, en último lugar, establecer mecanismos de control del logro de los objetivos.

Básicamente, la función de organizar consiste en dividir el trabajo para, posteriormente, coordinar las distintas tareas agrupadas. De este acuerdo de división y coordinación nace la estructura organizativa. La estructura organizativa implica diferenciar e integrar, es decir, fraccionar el trabajo en tareas (diferenciar) coordinándolas después (integrar).

La diferenciación puede ser:

— Horizontal: división de tareas a un mismo nivel organizativo.
— Vertical: división del trabajo según el nivel de autoridad, jerarquía o cadena de mando.
— Espacial: cuando la división del trabajo implica la situación geográfica de las distintas actividades organizativas.

2.6.1. Principios organizativos fundamentales

La estructura y el diseño organizativo se configuran de acuerdo a una serie de principios administrativos. Entre todos ellos destacamos los siguientes:

— Principio de la división del trabajo: su significado radica en que es más productivo dividir los trabajos en tareas y asignarlas a los distintos empleados para realizar todo el trabajo que tratar de que cada empleado realice todo el trabajo de principio a fin.
— Principio de la especialización: supone el grado de división de las funciones o actividades de la empresa en tareas y su posterior asignación a los empleados. De este modo, si el trabajo está muy dividido, podemos encontrarnos empleados que realizan tareas muy específicas y desarrollan un conocimiento y habilidades muy concretas, alcanzando un alto grado de especialización.
— Principio de jerarquía: supone que la autoridad está repartida en diferentes niveles ordenados de mayor a menor y de arriba a abajo, conformando así la clásica figura piramidal. De este modo se pretende coordinar el trabajo y distribuir también la responsabilidad.
— Principio de unidad de mando: cada subordinado debe tener un solo jefe. De otro modo, se estaría fomentando la existencia de conflictos en las áreas donde hubiese más de un jefe.

— Principio del ámbito de control: hace referencia al número de subordinados que puede tener un superior bajo supervisión con eficiencia y eficacia.
— Principio de descentralización: hace referencia al lugar donde se toman las decisiones en la empresa, es decir, el puesto o nivel jerárquico. Así, diremos que una empresa está muy centralizada si el poder para tomar decisiones está ubicado en un solo nivel jerárquico o puesto (normalmente el director general), y estará descentralizada cuando este poder esté repartido por todos los niveles jerárquicos.
— Principio de formalización: supone la existencia de normas, reglas, procedimientos, etc., que indican cómo han de realizarse las diferentes tareas en una organización, función o área determinada.

2.6.2. La estructura y el diseño organizativo

Podemos definir la estructura como un acuerdo de funciones dentro de una organización, siendo este acuerdo consistente con la división del trabajo y la coordinación (Hodge, Anthony y Gales[8]); o como un conjunto de relaciones entre los elementos que constituyen la empresa y que persiguen una finalidad o plan común (Bueno[9]).

La estructura de la empresa suele venir representada por el organigrama, el cual muestra las relaciones de autoridad, los canales de comunicación formales, las agrupaciones de actividades, departamentos o divisiones y las líneas de responsabilidad.

Cada nivel de un organigrama indica distintos grados de autoridad y responsabilidad en las diferentes tareas que se realizan. En una pirámide organizativa podemos usualmente distinguir los siguientes niveles de mayor a menor responsabilidad: dirección, jefes de área o función, directivos, mandos intermedios y operarios, tal y como se aprecia en la Figura 2.4.

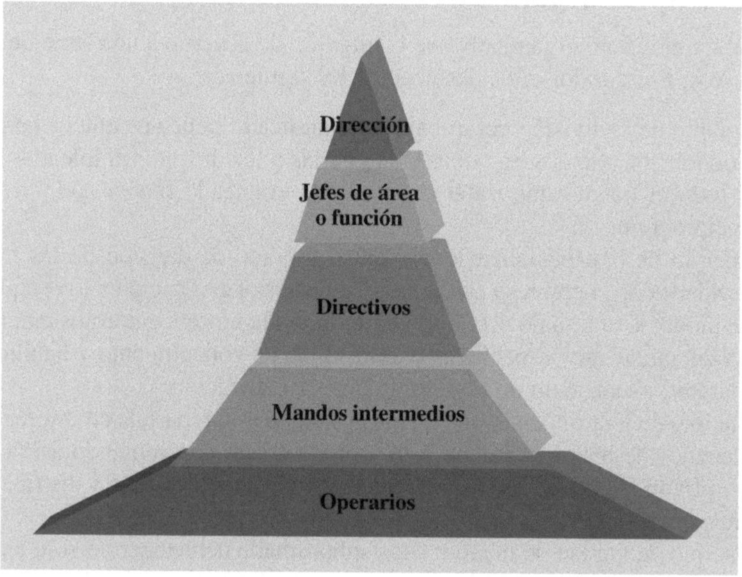

Figura 2.4. Niveles organizativos según autoridad.

El diseño organizativo es un concepto más amplio que el de estructura, pues además de abarcar a ésta, incluye otros elementos como los sistemas de planificación y control, la formalización, y la centralización.

2.6.3. Dos modelos de diseños organizativos: el modelo burocrático o mecánico y el modelo adhocrático u orgánico

A la hora de organizar una empresa y definir su diseño organizativo, podemos elegir entre varios modelos de estructuras organizativas como los que veremos en el siguiente subepígrafe. Sin embargo, el funcionamiento de cada uno de estos modelos de estructuras organizativas suele acercarse hacia uno de los dos modelos opuestos de diseño organizativo: el modelo burocrático o el modelo adhocrático.

En la Figura 2.5 podemos observar una serie de variables a considerar para diseñar una organización. Cada una de estas variables sigue un continuo que indica el grado en que podemos aplicarla, es decir, el modelo indica el grado en que podemos adoptar una serie de modos de organizar el trabajo en el seno de una empresa. En concreto, el grado de centralización, de jerarquización o número de niveles jerárquicos, formalización, especialización y estandarización. Este último se refiere a que los resultados del trabajo de la empresa se acerquen siempre a un estándar establecido.

Conviene señalar dos ideas. La primera es que normalmente, a la hora de estructurar una empresa, el hecho de aplicar alguna de estas variables del diseño o principios administrativos en un grado determinado, conllevará, por coherencia, un grado similar de aplicación en el resto de principios. La segunda idea es que entre medias de estos dos modelos caben innumerables opciones.

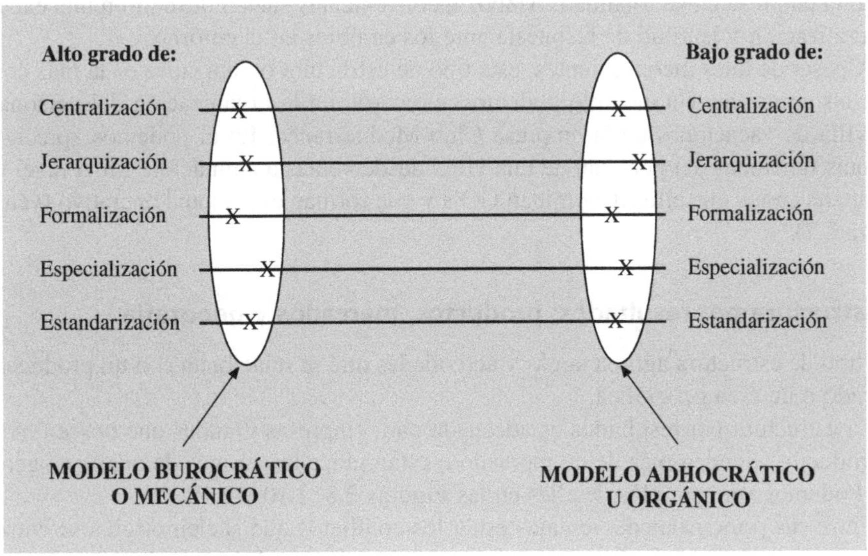

FUENTE: adaptado de Ivancevich[10].

Figura 2.5. Niveles organizativos según autoridad.

Por último, hay que indicar que no podemos decir que un modelo sea mejor que otro. La bondad de un modelo viene determinada por su eficacia (grado de cumplimiento de los objetivos) y eficiencia (recursos empleados y resultados obtenidos por conseguir los objetivos). Para conseguirla, la estructura debe adaptarse a los llamados factores contingentes, es decir, depende de la situación concreta de cada empresa con su entorno, con sus metas y objetivos, con su tecnología, con su cultura y con su tamaño.

2.6.4. Principales modelos de estructuras organizativas

Estos modelos hacen mención a cómo se agrupan las tareas y los individuos en las empresas.

La estructura funcional

Es un modelo en el que la agrupación de tareas se hace bajo un criterio de función, es decir, se agrupan tareas afines. Las funciones típicas de una empresa son: Producción, Marketing, Compras, Personal, Finanzas, I+D... La estructura funcional es muy adecuada en empresas pequeñas o medianas con un solo producto y mercado. Podemos verla reflejada en la Figura 2.6.

Sus principales ventajas son la claridad de las líneas de autoridad y responsabilidad, la economía que supone por no tener que duplicar recursos ni esfuerzos, y su estabilidad.

Sin embargo, cuando la empresa crece o es compleja y tiene que atender más de un producto o mercado puede presentar numerosos inconvenientes, como la falta de coordinación entre funciones, y la excesiva atención en los resultados de cada función y no a los de la empresa en su totalidad. Ambos inconvenientes suelen devenir en una excesiva burocratización y lentitud de respuesta ante los cambios en el entorno.

A pesar de tales inconvenientes, este tipo de estructura organizativa es la más común entre las empresas. Un ejemplo podemos apreciarlo en la organización del personal de una villa de vacaciones de la empresa Club Mediterranée. En él podemos apreciar las distintas funciones del personal de una villa, desde ventas a animación. En el nivel inferior aparecen los que ellos denominan GO's y que forman el personal operativo (véase la Figura 2.7).

La estructura por resultados: productos, mercados y geografía

Este tipo de estructura agrupa tareas y actividades que se relacionan con un producto, un mercado o un área geográfica.

La estructura por resultados es adecuada para empresas grandes que poseen más de un producto, atienden más de un mercado o están ubicadas en más de una zona geográfica. Podemos ver ejemplos de ellas en las Figuras 2.8, 2.10 y 2.12.

Entre sus principales desventajas están los conflictos que suelen originarse entre divisiones, el impedimento a las economías de escala al duplicarse funciones y recursos para cada división, y la falta de coordinación entre divisiones (productos, mercados y áreas geográficas).

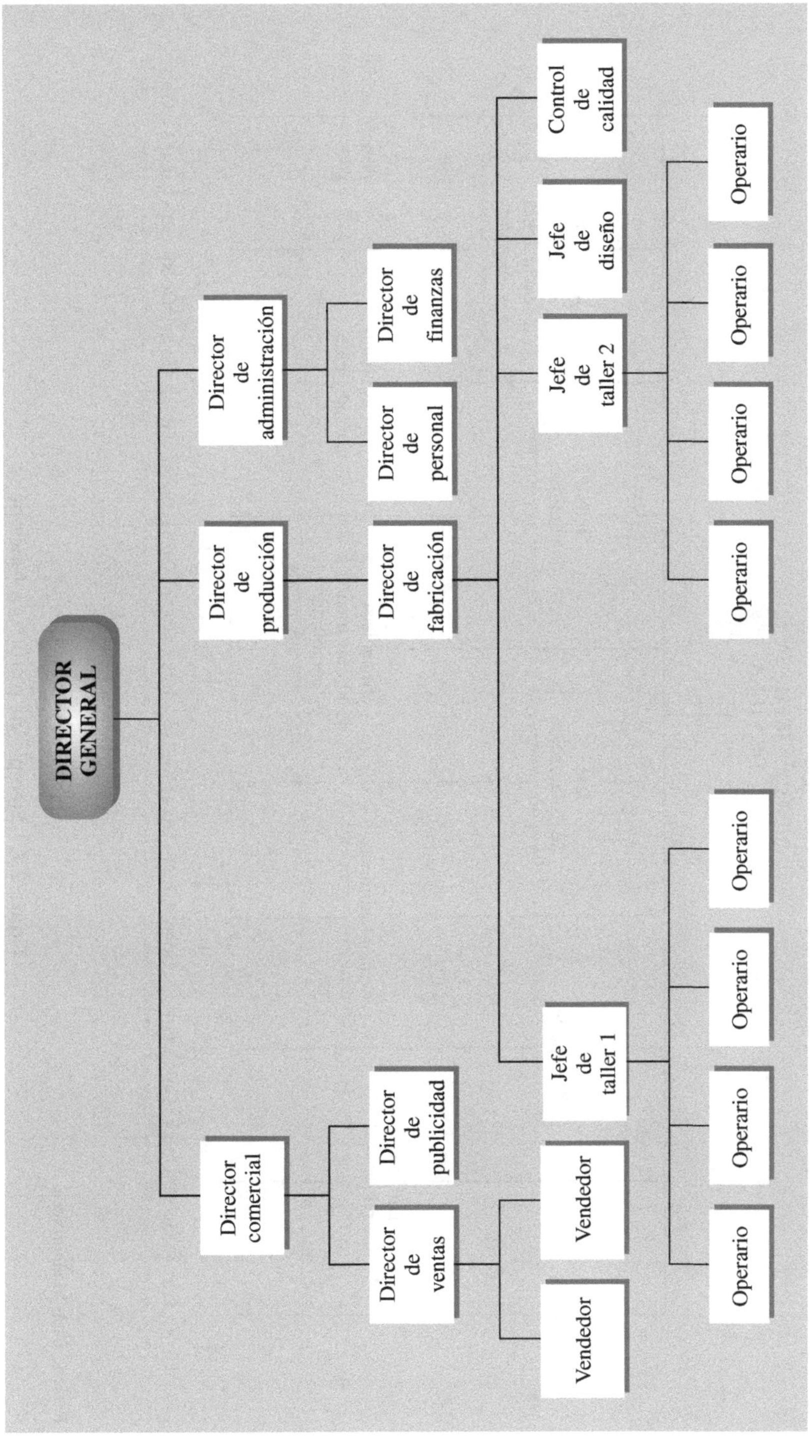

Figura 2.6. Modelo de estructura funcional.

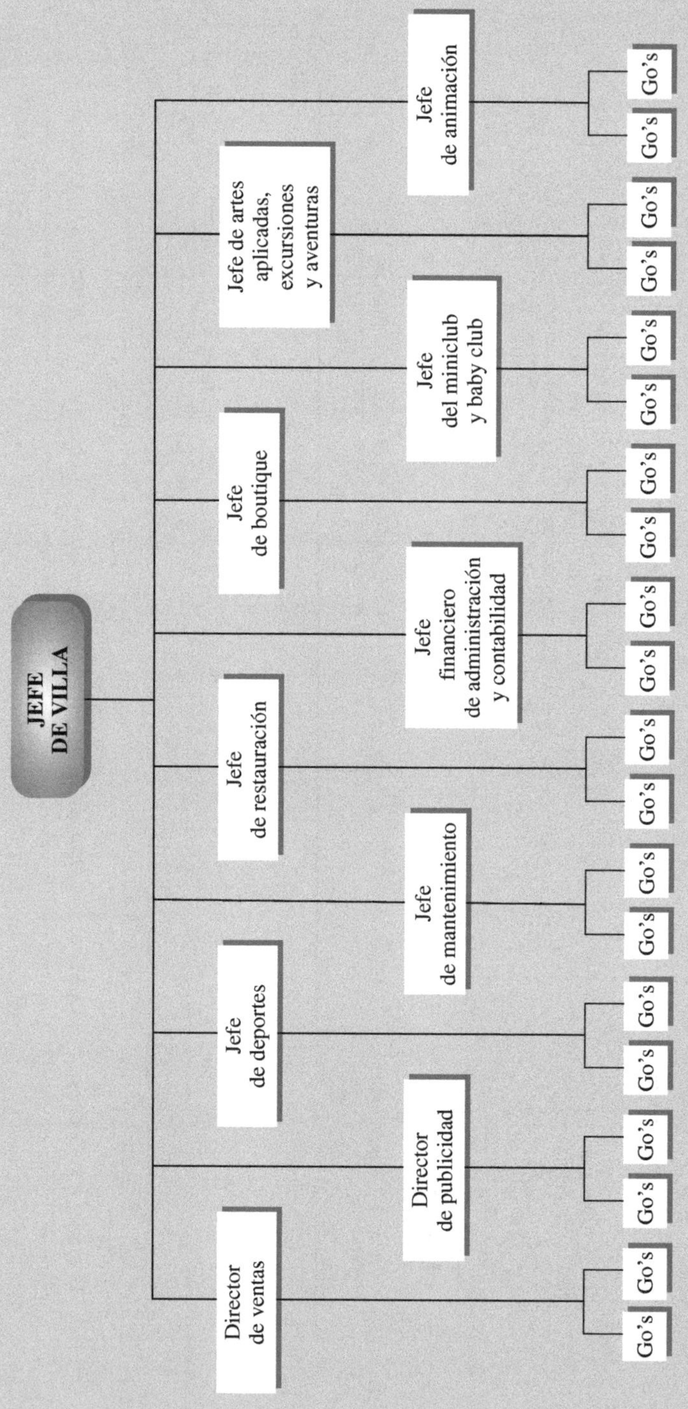

FUENTE: Club Mediterranée.

Figura 2.7. Ejemplo de estructura funcional.

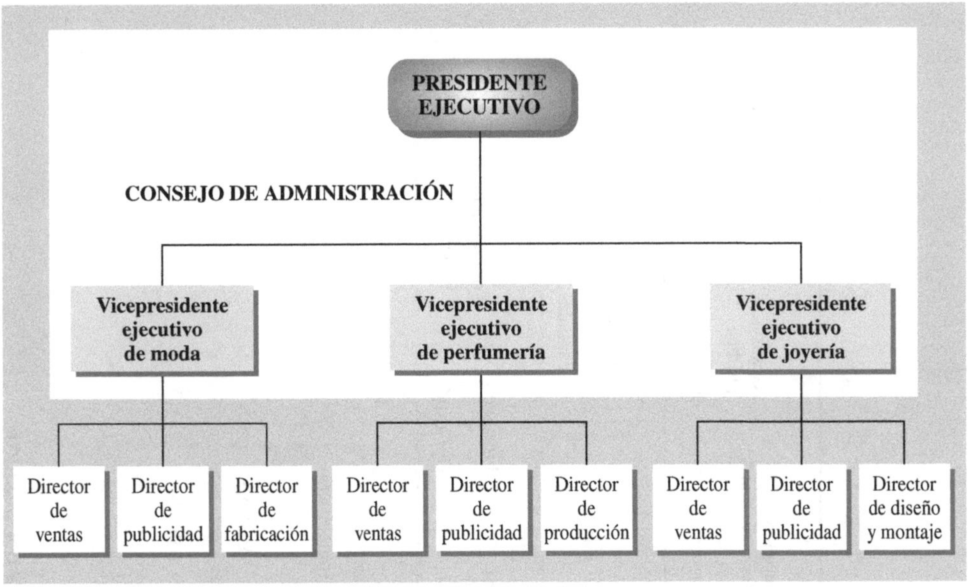

Figura 2.8. Modelo de estructura organizativa por producto.

Cada vez con mayor frecuencia podemos encontrar una combinación de función en este tipo de estructuras. Se trata de lograr las ventajas que proporciona el modelo funcional en algunas funciones (economías de escala y precisión técnica), a la vez que mantenemos nuestras divisiones para no perder sensibilidad al entorno.

Un ejemplo de este tipo de diseño lo ofrece la empresa Inditex. En esta estructura organizativa podemos apreciar las distintas marcas de Inditex y, al mismo nivel, una serie de funciones de apoyo que comparten entre todas. Esto les permite ahorrar costes y alcanzar economías de escala, a la vez que obtener una mayor coordinación y homogeneidad en determinadas actividades (véase la Figura 2.9).

Su ventaja principal consiste en ganar sensibilidad hacia las necesidades de productos, mercados o áreas geográficas gracias a la descentralización de cada división, lo cual permite una mayor focalización y canalización de recursos para cada producto, mercado o área geográfica.

Un ejemplo de empresa estructurada por mercados o clientes es el Banco Sabadell. En este ejemplo de modelo organizativo podemos distinguir las diferentes líneas de negocio del banco y el nombre de las entidades que las desarrollan, todas ellas pertenecientes al grupo (véanse Figuras 2.10, 2.11 y 2.12).

Un ejemplo de diseño organizativo por áreas geográficas lo ofrece Telefónica Móviles. En este ejemplo se puede apreciar cómo Telefónica suele disponer de una división para cada país en el que opera (Figura 2.13).

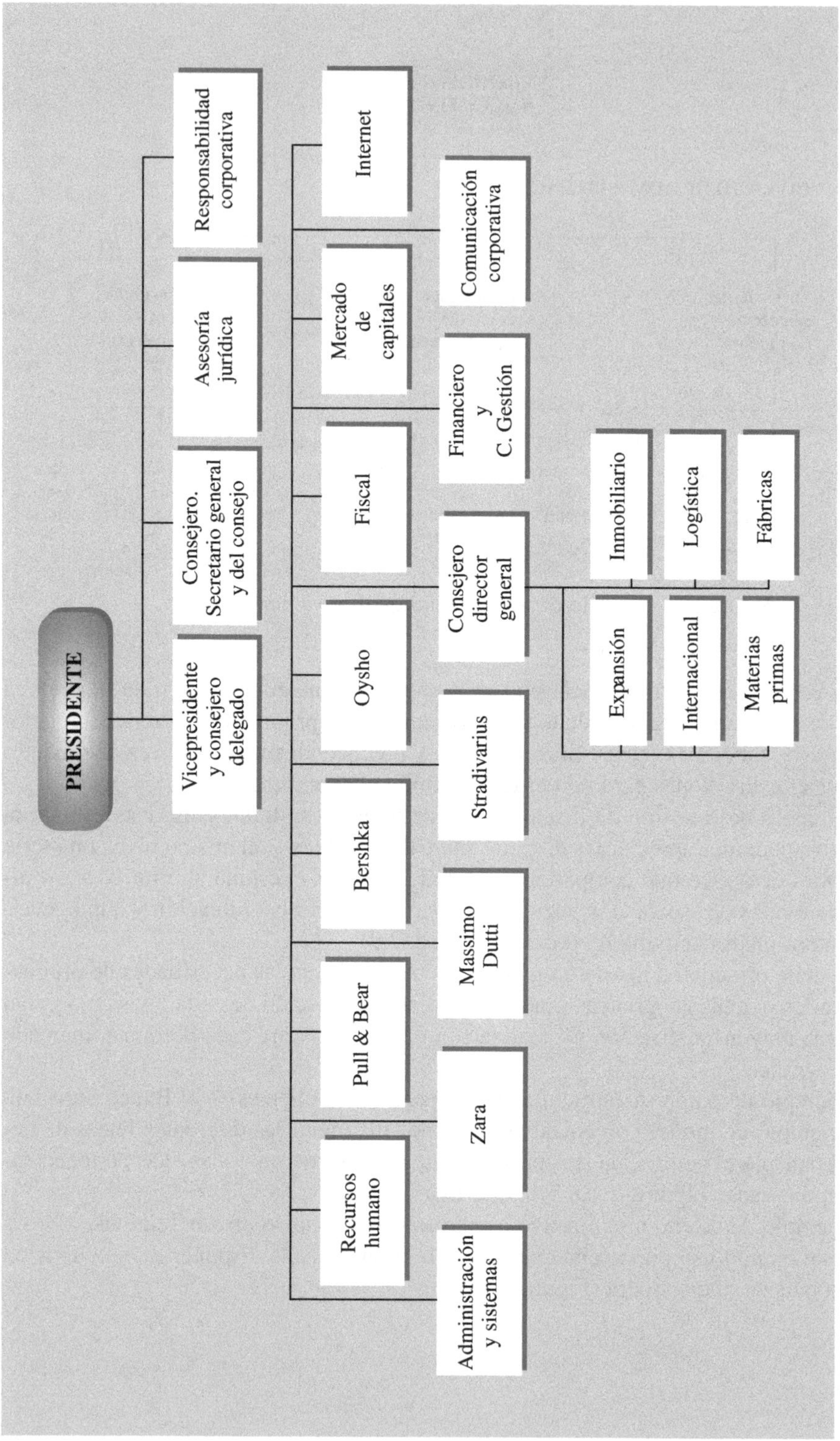

Figura 2.9. Ejemplo de estructura organizativa por producto.

FUENTE: Inditex.

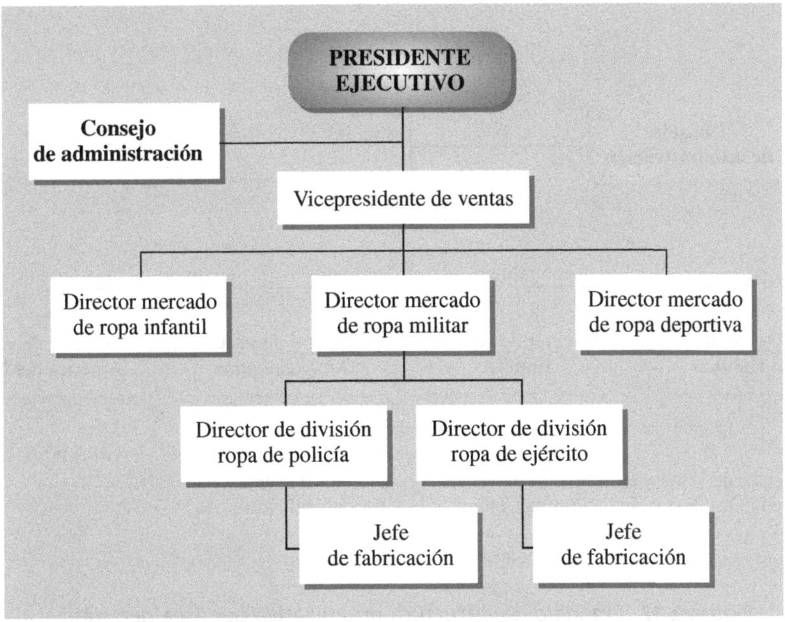

Figura 2.10. Modelo de estructura organizativa por mercado.

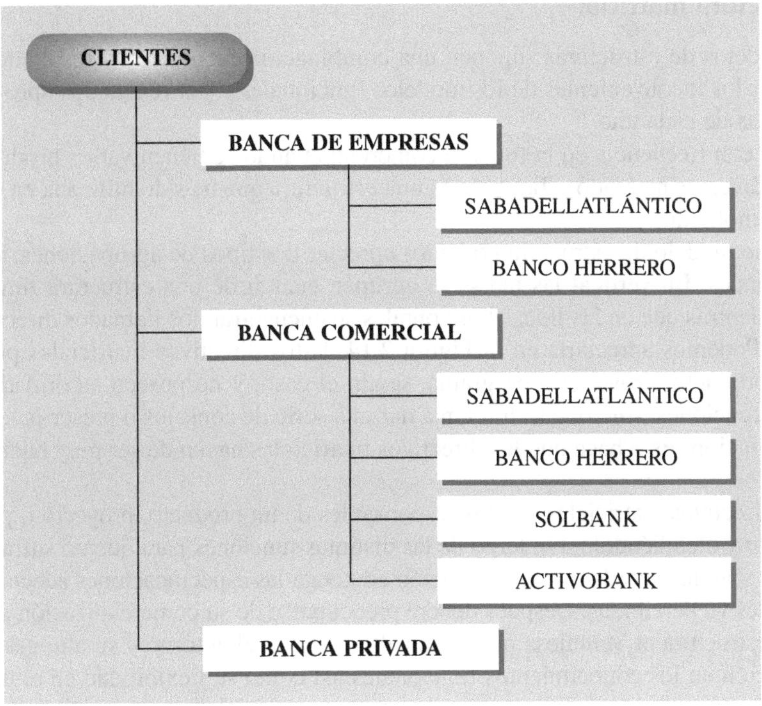

FUENTE: Banco Sabadell.

Figura 2.11. Modelo de estructura organizativa por mercados.

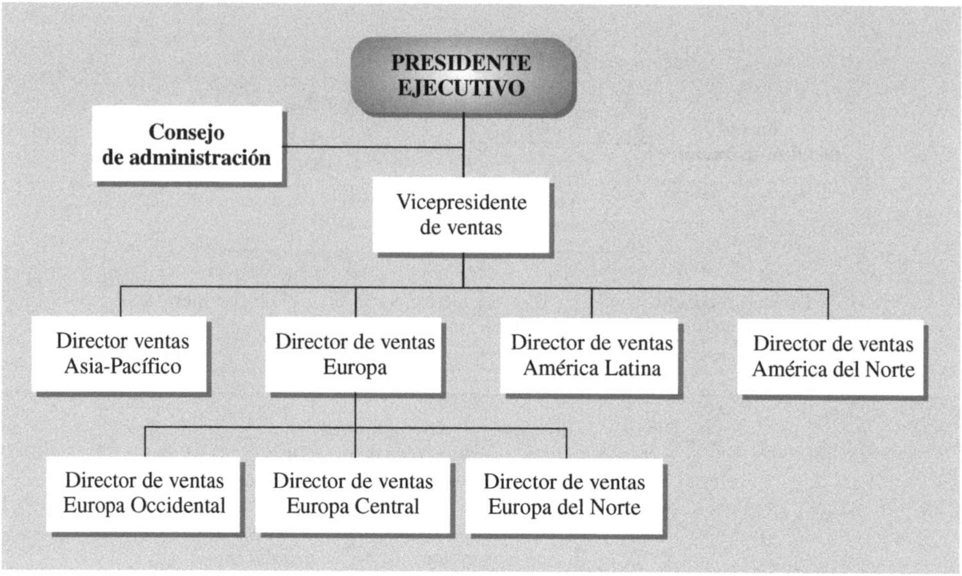

Figura 2.12. modelo de estructura organizativa por área geográfica.

La estructura matricial

Estos modelos de estructuras suponen una combinación de función y resultado y tratan de superar los inconvenientes de los modelos funcionales y por resultados aprovechando las ventajas de cada uno.

Se da con frecuencia en la función comercial cuando se tienen varios productos y se atienden diversos mercados. También es una estructura que ha sido utilizada en empresas de alta tecnología.

En este modelo de estructura podemos apreciar dos tipos de agrupaciones, verticales y horizontales. En vertical las tareas se agrupan cual si de una estructura funcional se tratase, mientras que en las líneas horizontales se encuentran los llamados directivos matriciales. Podemos apreciarla en la Figura 2.14. Estos directivos matriciales podrán ser jefes de producto, proyecto o programa, según el caso, y no poseen autoridad de línea sobre las funciones, sino que se limitan a dar una serie de consejos o prescripciones a los jefes de función. Esto hace que los directivos matriciales hayan de ser muy buenos negociadores.

Los directivos matriciales son los responsables de un producto, proyecto o programa, cuidándolo y atendiéndolo a lo largo de las distintas funciones para que no sufra retrasos, los costes sean los acordados, la fabricación contenga las especificaciones adecuadas a las necesidades ya percibidas. Después deberá preocuparse de su comercialización adecuada.

Esta estructura es ventajosa por su sensibilidad con el entorno y su alto grado de especialización en los conocimientos funcionales así como su flexibilidad en el uso de los recursos funcionales.

Sus inconvenientes suelen venir por el potencial de conflictos inherente a la existencia de dos líneas de autoridad, la de output y la funcional. Por último, aunque este mo-

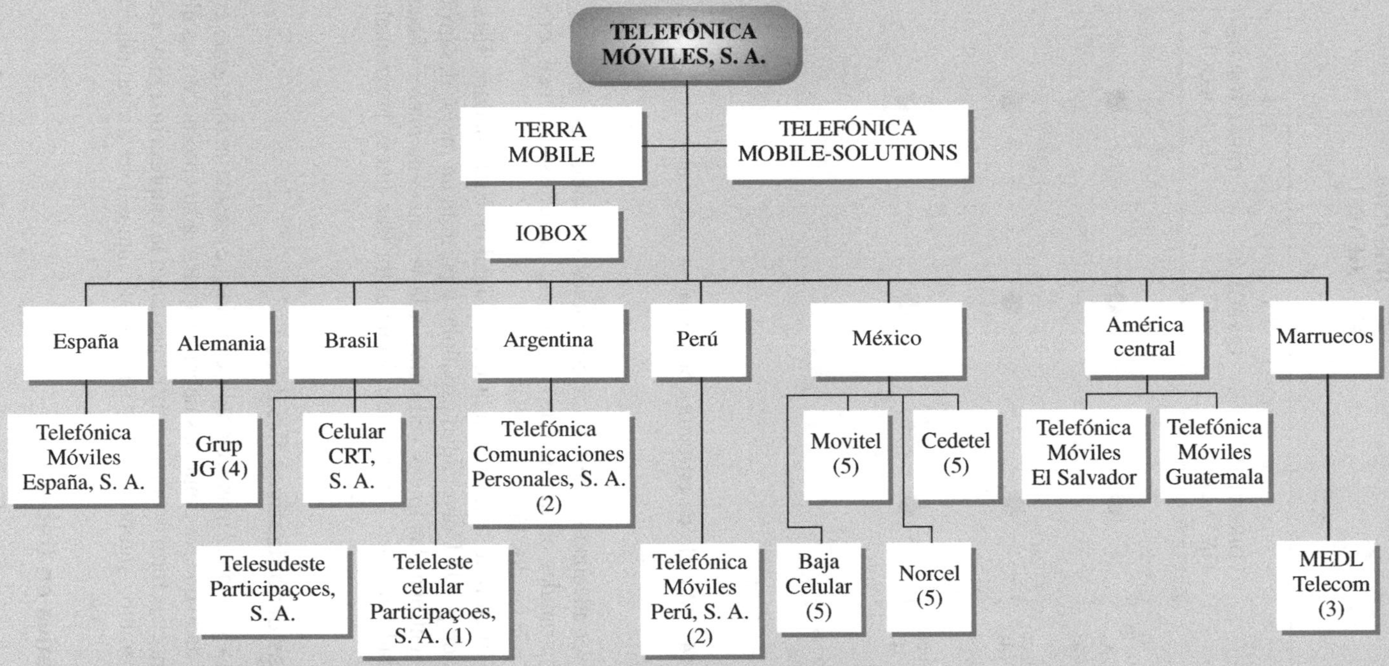

(1) Gestionada por Telefónica Móviles, S. A. en virtud de un contrato de gestión.
(2) Pendientes del cierre de la transferencia de los activos.
(3) Gestionada conjuntamente con Portugal Telecom.
(4) Consorcio adjudicatario de una licencia UMT'S en Alemania aunque todavía no ha iniciado sus operaciones.
(5) Pendientes del cierre de la adquisición.

FUENTE: Telefónica Móviles.

Figura 2.13. Ejemplo de estructura organizativa por área geográfica.

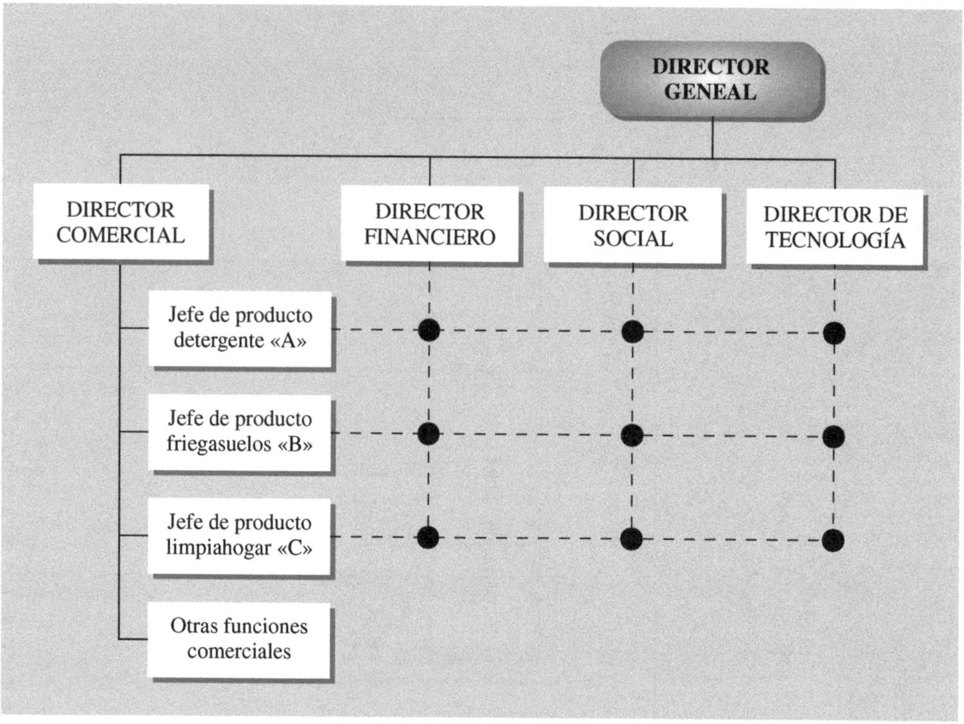

Figura 2. 14. Modelo de estructura organizativa matricial.

delo de estructura puede ser adecuado en entornos complejos y cambiantes, no lo es en entornos donde se necesita rapidez en la toma de decisiones, ya que estas deben ser negociadas y consensuadas por las dos líneas de poder.

Un ejemplo de esta estructura lo tenemos en la Universidad de Extremadura. Esta es una estructura muy utilizada por la Universidad española, y permite un mejor desarrollo de la parte académica y científica (las líneas verticales) a la vez que una mayor eficacia en la gestión y sensibilidad hacia los estudios de licenciatura (las líneas horizontales) (véase la Figura 2.15).

Modelos de estructuras organizativas flexibles

Dado el entorno en continuo, y cada vez más acelerado, cambio que preside las relaciones empresariales actualmente, y dado que las empresas deben adaptarse a su entorno, en las últimas décadas han surgido nuevas formas organizativas que dan a la empresa una mayor capacidad de adaptación al cambio. Algunos de ellos son los que vamos a ver a continuación.

La estructura organizativa en trébol

Este modelo de estructura organizativa fue ideado por el profesor Charles Handy y trata de agrupar actividades a través de relaciones contractuales (véase la Figura 2.16).

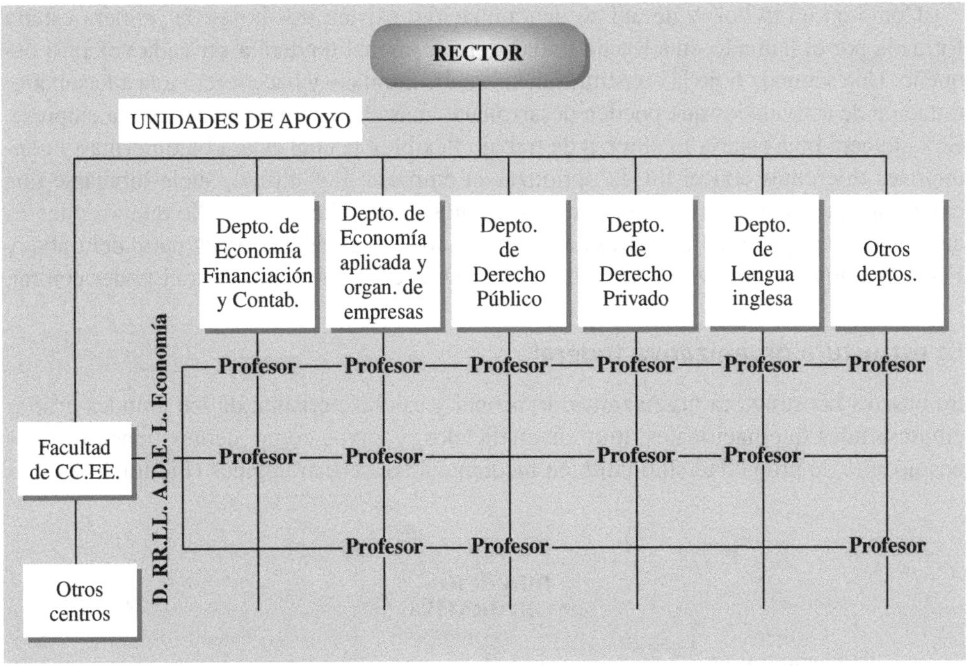

Figura 2.15. Ejemplo de estructura organizativa matricial.

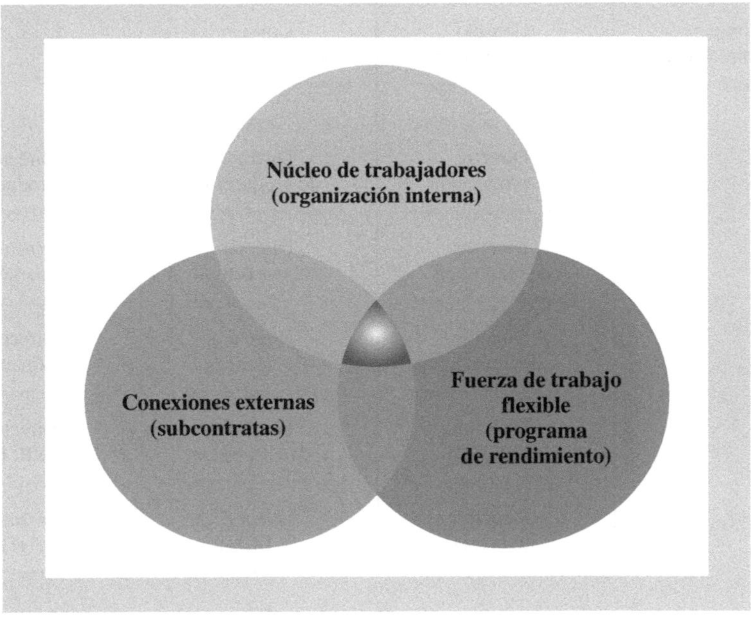

Figura 2.16. Modelo de estructura organizativa en trébol.

Como en un trébol, y de ahí su denominación, existen tres hojas: la primera estaría formada por el llamado «núcleo de trabajadores», el cual tenderá a ser cada vez más pequeño. Una segunda hoja la constituirían las «subcontratas» y hace referencia a la subcontratación de actividades que pueden desarrollarse más eficientemente fuera de la empresa. En la tercera hoja estaría la «fuerza de trabajo flexible» la cual estará bajo normas y condiciones diferentes con el fin de optimizar la empresa. Por último, suele dibujarse una carta hoja que estaría compuesta por los «clientes» pretendiendo con ello que los clientes entren a formar parte de la empresa contribuyendo con la realización de parte del trabajo. Estas tres hojas deben ser coordinadas por la Dirección que representa el poder central.

La estructura organizativa federal

Su base es la estructura organizativa divisional y es característica de los grandes grupos empresariales internacionales, muy diversificados, y cuyos componentes tienen relaciones no sólo de propiedad sino también mediante alianzas estratégicas (Figura 2.17). Las

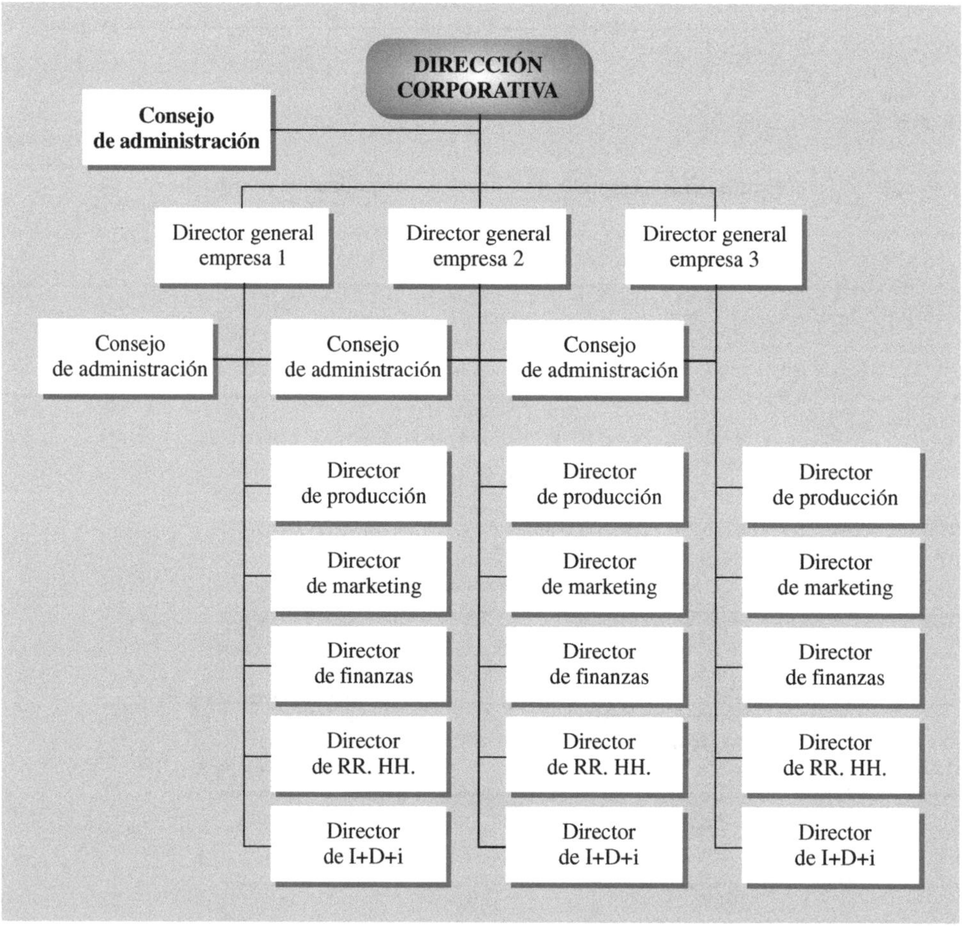

Figura 2.17. Modelo de estructura organizativa federal.

empresas que forman el grupo suelen variar con frecuencia y pueden tener relaciones de cliente-proveedor.

Las empresas estarán dirigidas desde la Dirección Corporativa y el control se ejerce mediante la existencia de al menos un miembro de dicha dirección en el Consejo de Administración de cada empresa.

La estructura organizativa en red

Podemos decir que el resultado final de la estructura anterior suele ser la organización en red, la cual está compuesta por una serie de empresas relacionadas entre sí mediante contratos y alianzas.

Esta estructura es muy flexible puesto que pueden celebrarse o cancelarse nuevos contratos y alianzas (Figura 2.18).

2.7. LA FUNCIÓN DE DIRECCIÓN

Después de planificar un futuro deseado y la forma de alcanzarlo, y organizar los medios disponibles para ello, hay que hacer que todo cuanto se ha decidido se realice. Dirigir significa que las personas que forman la empresa cumplan sus funciones y obligaciones para alcanzar los objetivos deseados.

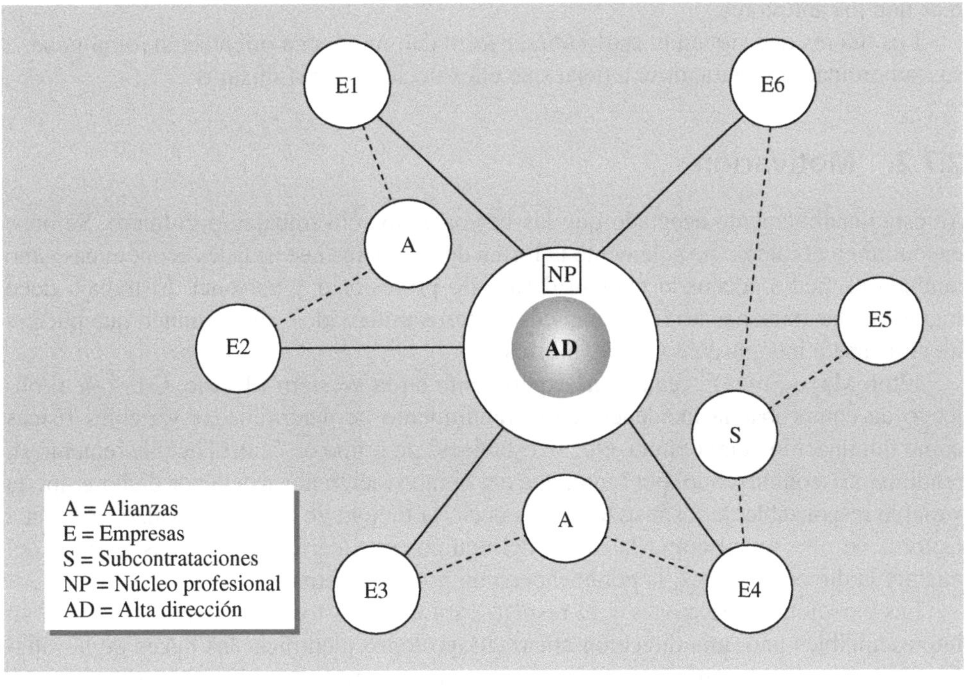

Figura 2.18. Modelo de estructura organizativa en red.

Para realizar esta función es necesario el liderazgo, es decir, el ejercicio de la influencia y del poder. En casi todos los grupos sociales hay líderes. Podría decirse que son necesarios para la propia existencia de los grupos. Realizan una función de armonización de intereses e ideas sin la cual el grupo quedaría sin rumbo y sin sentido. Con el liderazgo se consigue que las personas se identifiquen con unos objetivos del grupo y actúen para conseguirlos.

También, la motivación es muy importante en la función de dirección; pues, para que las personas hagan lo que se espera de ellas es preciso que se encuentren motivadas. El líder debe motivar a su equipo. A continuación, procedemos a la revisión de forma breve de los diferentes estilos de liderazgo más habituales en las empresas.

2.7.1. Estilos de liderazgo

Hay diversos estilos de liderazgo (dirección) y, según se dirija de una manera o de otra, se puede aumentar o disminuir el rendimiento de las personas que están bajo el mando de un directivo. Los principales estilos de liderazgo son el autoritario, el democrático y el *laissez faire* (dejar hacer).

Los líderes autoritarios toman las decisiones sin consultar a sus subordinados, tienden a ser dogmáticos y orientados a la asignación de tareas, y esperan de forma absoluta que sus subordinados acaten su mando.

Por el contrario, los líderes democráticos hacen que sus subordinados participen en la toma de decisiones. Antes de tomar una decisión, solicitan opiniones e ideas al grupo; tienden a ser más abiertos, facilitan la cooperación y apoyan a los miembros del grupo más que los anteriores.

Los líderes que siguen el estilo *laissez faire* dan muy poca orientación, o ninguna, a sus subordinados, limitándose a dejar que ellos decidan por sí mismos.

2.7.2. Motivación

Ya está unánimemente aceptado que las personas no sólo trabajan por dinero. Se debe encontrar en el trabajo no solamente la forma de cubrir sus necesidades económicas, sino también el medio adecuado para su desarrollo profesional y personal. El trabajo debe lograr que las personas no se sientan como meros asalariados, sino también que puedan identificarse e integrase en una organización.

Elton Mayo (1945)[11] realizó un experimento en la Western Electric, Co., con el objetivo de comprobar la incidencia en el rendimiento de determinadas variables físicas como iluminación, temperatura, etc. Se estableció un grupo de control que incrementó su rendimiento, concluyendo, por tanto, que era la motivación alcanzada por dicho grupo la variable responsable de los resultados. Es decir, la mejora de la productividad se debía a factores de tipo social como la moral del equipo, las interrelaciones satisfactorias del mismo, la dirección eficaz, la pertenencia a un grupo selectivo.

Las emociones, reacciones y el respeto para dirigir a los demás se convirtieron en imprescindibles para una dirección eficaz. Mayo logró identificar las raíces de la satisfacción humana como algo no económico y conectarlas más con el interés que se demuestra por el rendimiento de un trabajador que con la compensación financiera.

Por su parte, Herzberg (1967)[12] investigó acerca de los factores determinantes a la hora de provocar satisfacción o insatisfacción en el trabajo, examinando dos tipos de factores:

— Higiénicos: los que no provocan satisfacción ni insatisfacción, es decir, aquellos aspectos externos al trabajo.
— Motivadores: los que provocan satisfacción, hacen referencia al trabajo en sí.

La investigación ha sido constante en las últimas décadas sobre motivación y se ha llegado a la conclusión de que los motivos humanos se basan en necesidades. En este sentido, la teoría de referencia es la planteada por Maslow (1954)[13], que identificó cinco necesidades básicas, siguiendo el orden jerárquico que explicamos a continuación:

— Fisiológicas: se encuentran situadas en el nivel inferior y afectan a la propia supervivencia (alimento, bebida, vestido, vivienda, salud, transporte y empleo entre otras). Si hacemos referencia al ámbito de la relación con la empresa, el salario cumpliría esta necesidad. Sólo cuando estas necesidades están satisfechas, se empieza a pensar en el resto.
— Seguridad-estabilidad: la que tiene el individuo de mantener lo que posee, prevenir daños o peligros, amenazas o privaciones. Orientan el comportamiento del individuo en relación a la estabilidad en el empleo.
— Pertenencia y aceptación: se refiere a la pertenencia a grupos, asociaciones, comunidades; y se configura a través de los contactos sociales. El orgullo de pertenencia a una empresa sería el ejemplo de este tipo de necesidad.
— Estima y reputación: necesidad de sentirse aceptado y respetado por los demás (estatus y prestigio). Entre estas incluiríamos la valoración por los superiores, la autonomía en el puesto de trabajo, el reconocimiento, la formación y la promoción.
— Autorrealización: sin duda, la más compleja y la menos palpable. Son necesidades referidas al desarrollo continuo del trabajador, de realización de las potencialidades del individuo, etc.

2.7.3. Necesidad de la utilización de indicadores

Parece esencial aquí resaltar la importancia de la utilización de indicadores para cumplir una doble finalidad: informar y evaluar. La utilización de indicadores de gestión presenta unas ventajas extraordinarias al evaluar la gestión de las organizaciones, entre los cuales se podría destacar: clarificar los objetivos, obtener información sobre las actividades realizadas, conocer los resultados, mejorar la rendición de cuentas y controlar y mejorar la utilización de los recursos.

En definitiva, las medidas de actuación permiten identificar no sólo cuánto se gasta, sino cómo se gasta (se han convertido en un instrumento básico para la gestión que cuenta con una amplia aceptación a nivel internacional).

En la Figura 2.19 aparece un resumen con los principales conceptos aquí tratados:

Economía. Se refiere a las condiciones en que un determinado organismo adquiere los recursos financieros, humanos y materiales.

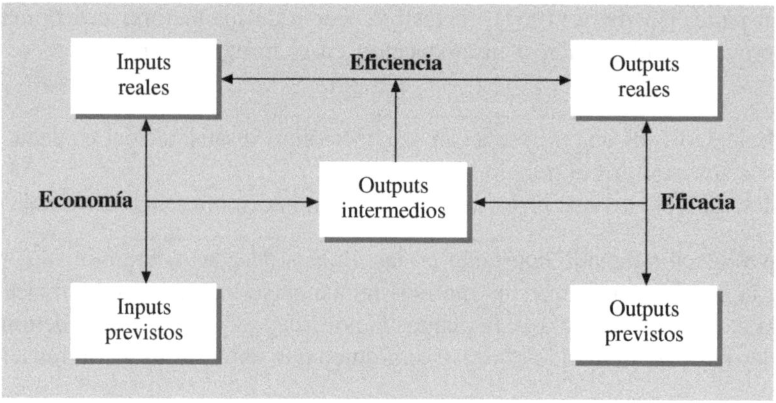

Fuente: AECA (2000, 26)[14].

Figura 2.19. Comparación de conceptos: economía, eficiencia y eficacia.

Para que una operación sea económica, desde este punto de vista, la adquisición de recursos debe realizarse en tiempo adecuado y su coste debe ser el más bajo posible, en la cantidad adecuada y con la calidad preestablecida.

Eficacia. Se mide por el grado de cumplimiento de los objetivos tácitamente incluidos en su misión. Es decir, comparando los resultados realmente obtenidos con los previstos, independientemente de los medios utilizados. También es un concepto que introduce una visión externa del problema, pues quiere indicar si se está adaptando o relacionando bien con el entorno (Bueno y Morcillo, 1993)[15].

Eficiencia. Viene dada por la relación existente entre los bienes y servicios consumidos y los bienes o servicios producidos; o, en definitiva, por los servicios prestados (outputs) en relación con los recursos empleados a tal efecto (inputs).

Así, una actuación eficiente se definirá como aquella que con unos recursos determinados se obtiene el máximo resultado posible, o la que con unos recursos mínimos mantiene la calidad y cantidad adecuada de un determinado servicio.

Por último, la efectividad mide el impacto final de la actuación sobre el total de la población afectada. Por este motivo a los indicadores de efectividad también se les llama indicadores de impacto. Desde esta perspectiva, los indicadores de efectividad suponen un valioso complemento de los indicadores de eficiencia.

El objetivo del sistema de dirección es conseguir la máxima eficiencia directiva. Por tanto, para hablar de eficiencia directiva hay que relacionar los términos de eficiencia y eficacia. La eficiencia es un enfoque que se orienta hacia la dimensión externa, medido en términos de cumplimiento de los objetivos planificados y, en consecuencia, de cómo la organización se adapta permanentemente al entorno en el que compite.

2.7.4. La dirección por objetivos

La solución para lograr la mayor eficiencia, eficacia y efectividad es conseguir gestionar una adecuada dirección por objetivos (DPO), la cual es una forma del sistema de dirección (Drucker, 1954)[16], un sistema de liderazgo (Odiorne, 1979)[17], o bien una filosofía de la administración de la empresa (McGregor, 1989)[18].

La DPO es un proceso de dirección completo que integra muchas de las actividades administrativas y funciones directivas básicas de una manera sistemática y enfocada conscientemente hacia el logro eficaz y eficiente de los objetivos de la organización (del sistema) e individuales de forma que se logre el autocontrol y actúe como técnica de motivación de las personas que participan en dicho proceso (Bueno, 2005)[19].

Las fases del proceso de dirección por objetivos las podemos resumir en:

1. Establecimiento preliminar de los objetivos por la alta dirección.
2. Preparación por los directivos intermedios y subordinados de las metas específicas según la etapa anterior.
3. Discusión conjunta: acuerdo entre el superior y el subordinado.
4. Valoración o asignación de un sistema de incentivos.
5. Análisis conjunto del progreso en el cumplimiento de los objetivos: eficacia y eficiencia.
6. Formulación y aplicación conjunta de medidas correctoras.
7. Inicio del ciclo de dirección por objetivos.

Una vez analizados los conceptos anteriores, parece conveniente volver a resaltar la importancia de la utilización de indicadores, exponiendo el conocido cuadro de mando integral de Kaplan y Norton[20].

2.7.5. El cuadro de mando integral (the balanced –business– scorecard)

Su importancia radica en que es una de las primeras investigaciones que supera la perspectiva financiera para tener una visión integral y sistémica de la estrategia de la organización. El modelo aporta un conjunto de indicadores interrelacionados y enlazados con la estrategia, lo que supone un avance y una evolución hacia una herramienta de gestión (Figura 2.20).

El cuadro de mando integral mide la actuación de la organización desde cuatro perspectivas equilibradas:

— **Perspectiva financiera:** recoge indicadores que muestran si la estrategia de la empresa, su puesta en práctica y ejecución están contribuyendo a la mejora del mínimo aceptable. Los objetivos financieros suelen relacionarse con la rentabilidad, que puede ser medida por los ingresos de explotación, los rendimientos de capital empleado, etc.

— **Perspectiva cliente:** se recogen indicadores que miden los resultados satisfactorios y que son consecuencia de una estrategia bien formulada e implantada, como pueden ser indicadores sobre satisfacción del cliente, retención de clientes, adquisición, rentabilidad y cuota de mercado.

— **Perspectiva de proceso interno:** se centra en los procesos internos que producen su mayor impacto en la satisfacción del cliente y en la consecución de los objetivos financieros de una organización. Se incorporan indicadores sobre procesos

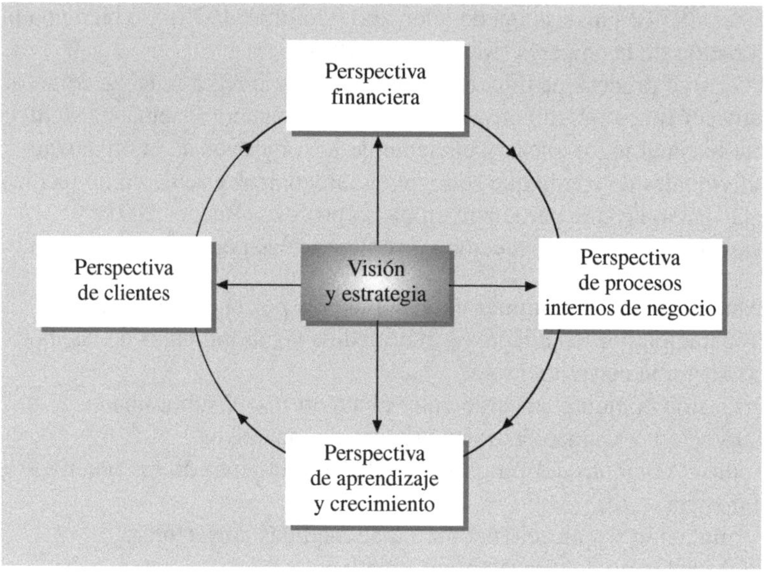

FUENTE: Kaplan y Norton (2002, 22).

Figura 2.20. El cuadro de mando integral.

futuros que llevan a la organización a alcanzar categorías de clientes nuevos: calidad, gestión de proyectos, tiempo de respuesta, etc.

— **Aprendizaje (o formación) y crecimiento:** se identifica con la infraestructura que la empresa debe construir para crear una mejora y crecimiento a largo plazo procedente de las personas, los sistemas y los procedimientos.

Kaplan y Norton aseguran que las cuatro perspectivas se han demostrado válidas a través de una amplia variedad de empresas y sectores. Pero las cuatro perspectivas deben ser consideradas como una plantilla (no existe ningún teorema matemático que diga que las cuatro perspectivas son a la vez necesarias y suficientes).

Sin embargo, algunas críticas que ha recibido se centran en que el cuadro de mando integral reconoce, explícitamente, los intereses de los accionistas y los clientes, pero, por el contrario, no incorpora explícitamente los intereses de otros grupos de interés como los empleados, los proveedores y la sociedad en su conjunto.

2.8. LA FUNCIÓN DE CONTROL

Tras planificar un futuro deseado, organizar los medios disponibles y conseguir que las decisiones se ejecuten, los directivos han de efectuar la función de control. **Controlar** consiste básicamente en verificar que todo salga como se había previsto al hacer la planificación.

La función de control consiste en comprobar que las decisiones adoptadas en el proceso de planificación eran correctas, y en caso de que no sea así, intentar detectar los errores que se han cometido y los motivos que nos han llevado a desviarnos de los resultados que se perseguían, con el objeto de evitar que pueda suceder lo mismo en el futuro.

2.8.1. Tipos y técnicas de control

En función del momento en el que se lleva a cabo el control, se pueden distinguir tres tipos:

1. Control preventivo: intenta revisar las condiciones previas a una actuación para comprobar si se cumplen los requisitos requeridos para ponerla en marcha.
2. Control constante: cada una de las acciones que se llevan a cabo son evaluadas de inmediato por el mismo agente que las realiza. De este modo, las acciones correctivas se aplican en el mismo momento en el que se detecta el problema evitando males mayores.
3. Control correctivo: se aplica cuando la acción ya ha finalizado.

Existen diferentes técnicas de control, las más utilizadas son las siguientes:

a) *La auditoría*: verifica la planificación tanto con respecto a la contabilidad (análisis de los estados financieros), como la rentabilidad de los recursos o la gestión global de la empresa, haciendo recomendaciones para mejorarla.

b) *El control de presupuesto*: se trata de controlar que la relación numérica (referida a los costes de las operaciones y los ingresos de las ventas) de la planificación se cumpla.

c) *La estadística*: permite tratar los datos históricos de un problema, sacar conclusiones y realizar pronósticos.

2.9. EL PROCESO DE TOMA DE DECISIONES EN LA EMPRESA

Si analizamos con detenimiento el funcionamiento de una empresa o, por extensión, de cualquier organización, nos encontramos con un denominador común que, independientemente de cualquier factor de contingencia que pudiera afectarle, siempre está presente acompañando al resto de principios de la función directiva: la toma de decisiones (AECA)[21].

La importancia de esta actividad es tal que todos los estudios realizados al efecto indican que uno de los papeles básicos que debe desempeñar todo directivo es el relativo a la toma de decisiones. El propio Minztberg[22] resalta que, de los tres tipos básicos de papeles o tareas que debe realizar un directivo, el más crucial es el relativo a la toma de decisiones (los otros dos son los papeles interpersonales y los informativos).

Efectivamente, aunque en algunas empresas, la planificación brille por su ausencia, la organización no sea más que un conjunto de puestos más o menos relacionados, nadie ejerza un liderazgo adecuado, apenas se dediquen esfuerzos a la coordinación y nadie quiera controlar ni ser controlado, siempre en todas ellas se tomarán decisiones. Es más, en todo momento, ante cualquier circunstancia y en todos los niveles se estarán tomando decisiones.

El problema que plantea lo cotidiano radica en que las personas queremos opinar sobre ello, creemos conocerlo todo y, lo que es aún peor: pensamos que lo hacemos bien.

Esta creencia, unida con múltiples ejemplos de magníficas decisiones tomadas, sin aparente racionalidad, por grandes visionarios del mundo empresarial, ha hecho llegar a pensar que la correlación entre el éxito de una decisión y el azar era prácticamente perfecta.

Para iniciar el tratamiento del tema conviene que ofrezcamos una definición clara de lo que entendemos por decisión. Para nosotros, decisión es la determinación o resolución que se toma al enfrentarse a una situación concreta. Las empresas toman decisiones cuando hay que resolver un problema o cuando surge una oportunidad. La diferencia que existe entre ambos conceptos es la siguiente: un problema es aquello que pone en peligro la consecución de un objetivo, en tanto que una oportunidad es todo aquello que nos puede permitir sobrepasar nuestros objetivos (Stoner, Freeman y Gilbert, Jr.)[23].

Las fases en la toma de decisiones se pueden delimitar como:

1. Fijación o determinación de los objetivos que se pretenden alcanzar: la empresa debe tomar conciencia de cuál es el problema, cuál es la oportunidad que se le presenta, qué cambio o reorientación quiere dar a su negocio, etc. La importancia de la fijación del objetivo es vital, si la empresa no tiene claro por qué y para qué va a tomar una decisión, la decisión tomada puede que no se ajuste a los objetivos pretendidos.
2. Definición y análisis de la situación: es el momento de concretar sobre qué tema se va a tomar una decisión. Se trata de profundizar en los orígenes del problema, sus causas y sus implicaciones. Si la decisión no se refiere a un problema en sentido estricto, sino a una actividad empresarial típica, resultaría conveniente establecer un diagnóstico completo de la situación en la que se encuentra.
3. Captación de la información: se debe captar la información necesaria para poder analizar, de forma fidedigna, todos los hechos, acontecimientos y demás circunstancias que deban considerarse en el proceso decisional. No es una tarea fácil, pues es tal el volumen de información susceptible de captarse, que es necesaria una definición previa de a qué fuentes acudir; qué volumen captar, en qué período lograrlo, qué coste asumir, etc.
4. Análisis de las posibles alternativas, soluciones o cursos de acción: en este momento, la empresa debe tener a su disposición la información relevante que le permita concebir el conjunto de alternativas o cursos de acción encaminados a resolver el problema planteado o a alcanzar el objetivo propuesto. La enunciación de estas alternativas no debe ser, en un principio, restringida.
5. Evaluación de las alternativas: debemos determinar cuál es la más interesante de cara a la consecución de los objetivos planteados. Esta evaluación se puede basar en elementos más o menos subjetivos, existiendo una serie de factores que van a condicionar el empleo preeminente de un tipo u otro de elementos (Díez y Redondo)[24]:

   a) La limitación de recursos disponibles.
   b) La dificultad de acceso a la información necesaria.
   c) El tipo de información empleada.

6. Elección de la alternativa más adecuada: es en este momento cuando se debe afrontar el hecho de tener que elegir entre las alternativas manejadas. La decisión

nunca debe dejarse en manos de las técnicas utilizadas, que deben servir exclusivamente como elementos de apoyo.

7. Implantación de la decisión tomada: se pone en práctica la decisión tomada. A pesar de ser una etapa obvia ya que, si se inicia un proceso decisional es para llevar a la práctica dicha decisión, no siempre ocurre esta circunstancia y las personas encargadas de hacerlo no actúan en consecuencia con el proceso iniciado.
8. Control de la puesta en marcha de la decisión tomada: consiste en la verificación de la adecuación de la decisión tomada al objetivo previamente fijado. Este control no debe entenderse en el sentido coercitivo, sino en un sentido positivo animado por fijar acciones correctoras, en el caso de que no se haya logrado lo que se pretendía, tendentes a la consecución de dicho objetivo.

El directivo debe tomar decisiones constantemente para resolver los problemas que surgen ante las situaciones cambiantes del mercado y ante las circunstancias internas de cada empresa. En ocasiones, la decisión que debe tomar está clara; sin embargo, en otras existen dudas que impiden tener la certeza de cuál es la más conveniente. En estos casos, el directivo emplea una técnica (matriz de decisión) que le ayuda a elegir. Veamos en qué consiste.

Supongamos que un directivo de una empresa de telecomunicaciones tiene vocación internacional y está decidiendo la entrada en dos países latinoamericanos diferentes: tiene que decidir entre dos opciones, entrar en México o entrar en Brasil. Las altas nuevas de telefonía (y, por tanto, los beneficios) dependerán, entre otras circunstancias, de la reacción de los competidores ya asentados en el país: oposición, indiferencia, colaboración (a través de alianzas u otras formas de colaboración).

Considerando las dos opciones (México o Brasil) y las posibles circunstancias de la competencia, el directivo establece sus previsiones de beneficio cuantificadas en unidades monetarias. Por ejemplo, si tiene oposición y decide establecerse en Brasil, estima que sus beneficios serán de 70 u.m., mientras que si decide probar suerte con Méjico y encuentra oposición, estima que perderán 10 u.m. Con estos datos, elabora la siguiente matriz:

	Oposición	**Indiferencia**	**Colaboración**
México	–10 u.m.	80 u.m.	100 u.m.
Brasil	70 u.m.	65 u.m.	60 u.m.

ACTIVIDADES DEL CAPÍTULO

ACTIVIDADES INDIVIDUALES

DE COMPRENSIÓN

1. A la vista de los conceptos revisados en el capítulo, explica las diferencias entre misión y visión. ¿Podrías poner un ejemplo de alguna empresa multinacional que conozcas o que puedas consultar en Internet?
2. En el texto, se han estudiado diferentes tipos de estructuras organizativas. ¿Cuál te parece la más correcta para una PYME con un solo producto y se orienta hacia un mercado? Justifica tu respuesta. ¿Cuáles son los principales inconvenientes de este tipo de estructura?
3. Enumera las ventajas principales de la utilización de indicadores de gestión, básicos para cumplir la doble finalidad de informar y evaluar.
4. ¿Cuál de los tipos de control te parece más efectivo y adecuado cuando la tarea ya ha finalizado? ¿Se podrían utilizar los otros tipos de control? ¿Por qué?
5. Enumera y explica brevemente las principales fases de la toma de decisiones empresariales.

DE AUTOEVALUACIÓN

1. Entre las «7 P» del Management se incluyen:

   a) Predicción, procedimiento y presupuesto.
   b) Predicción, política y precio.
   c) Presupuesto, proceso de control y promoción.
   d) Las respuestas *a*) y *b*) son correctas.

2. La diferenciación puede ser:

   a) Horizontal, oblicua y espacial.
   b) Vertical, longitudinal y temporal.
   c) Horizontal, vertical y espacial.
   d) Todas las respuestas anteriores son correctas.

3. La estructura por resultados (productos, mercados y geografía) es adecuada para:

   a) PYMES con un solo producto y mercado.
   b) Grandes empresas que poseen más de un producto, mercado o zona geográfica.
   c) Todas las respuestas anteriores son correctas.
   d) Ninguna de las anteriores.

4. El estilo de liderazgo que se caracteriza porque los subordinados participan en la toma de decisiones se denomina:

   a) Autoritario.
   b) Democrático.
   c) Social.
   d) Comprensivo.

5. Señala la afirmación correcta:

   a) El control preventivo se aplica cuando la acción ya ha finalizado.
   b) El control constante intenta revisar las condiciones previas a una actuación.
   c) Cada una de las acciones que se llevan a cabo son evaluadas de inmediato por el mismo agente que las realiza es una buena definición de control constante.
   d) El control correctivo se aplica con anterioridad a que finalice la acción.

6. Entre las técnicas de control más utilizadas se encuentran (señala la afirmación incorrecta):

   a) La auditoría y la estadística.
   b) La estadística, el control del presupuesto y la auditoría.
   c) La auditoría, la contabilidad, la fiscalidad y el control presupuestario.
   d) El control del presupuesto y la auditoría.

7. Entre las fases del proceso de toma de decisiones encontramos las siguientes:

   a) Captación de información, implantación de la decisión tomada y evaluación de alternativas.
   b) Captación de la información, control de la puesta en marcha de la decisión tomada e intercambio de información con los socios y empleados.
   c) Análisis de las posibles alternativas, estudios de mercado y delegación de decisiones.
   d) Análisis de alternativas, evaluación, diseminación de conocimientos, articulación de políticas, etc.

ACTIVIDADES DE GRUPO PEQUEÑO

Supon que a ti, como experto en Economía de la Empresa, te encomiendan la tarea de asesorar a una persona que quiere establecer un negocio. Dicho negocio consiste en la fabricación y venta de ropa de caballero. La idea es fabricar y vender una variedad de camisas, chaquetas, pantalones, corbatas y trajes, y quizá pañuelos, ropa interior, pijamas y otros complementos como cinturones.

1. Define una misión para tu empresa, una estrategia básica y unos objetivos generales.
2. Determina qué tipo de estructura organizativa sería más adecuada para esta empresa teniendo en cuenta que el Director General estará asistido directamente por los directores funcionales correspondientes.

3. Define unos mecanismos de control.
4. Distribuye un presupuesto en % entre todos los departamentos creados.

ACTIVIDADES DE GRUPO GRANDE

Discusión y análisis de las actividades en grupos pequeños de manera conjunta, defendiendo los representantes de cada grupo su propuesta y tratando de llegar a un consenso entre todos.

OPERACIÓN SALVAVIDAS

(Artículo extraído de *American Economía On Line*)

Acapulco quiere recuperar el turismo VIP que perdió en manos de la Riviera Maya y Baja California. De sueños también se vive.

DIEGO FONSECA. Acapulco

Tom Storey mueve las manos para enfatizar cada palabra. La pantalla muestra imágenes de un complejo de villas VIP que se están levantando en Punta Diamante, una península que es uno de los brazos de la bahía de Acapulco. Storey es vicepresidente de desarrollo de negocios de Fairmont Hotels & Resorts, una compañía propietaria de villas, hoteles y centros de descanso para ricos. «Gracias a la atmósfera favorable para las inversiones, la proximidad con la ciudad de México, la fortaleza del mercado local de bienes raíces, Acapulco era la opción indiscutible para nosotros», dice Storey, y la sonrisa se le dibuja en el rostro.

Storey es una perla de aliado para Acapulco. La vieja bahía, un remedo del éxito que tuvo, está empeñada en recuperar el turismo VIP. Menuda tarea. Casi como llevar un desvencijado Fiat Uno para que luzca como un Porsche 900. Acapulco fue la perla mexicana del Pacífico mexicano donde Hollywood y el cine del país grabaron películas de época entre los cuarenta y los cincuenta.

Entonces, *La Doña María Félix* era la imagen de la ciudad. Casi lo sigue siendo ahora. Acapulco ha quedado reducida a escenario de algunas convenciones, turismo local, cada vez menos turismo extranjero y a los clavadistas que se zambullen desde sus míticos barrancos para caer de cabeza al mar.

La Riviera Maya, con Cancún como mascarón de proa, Los Cabos, en la península de Baja California, y Puerto Escondido, en Oaxaca, le han estado aspirando el público VIP mexicano y extranjero desde hace tiempo.

EL PLAN. Fairmont llegó para dar una mano con la recuperación. En 1998, la cadena compró en US$ 28 millones los hoteles Pierre Marques y Acapulco Princess, ambos en Punta Diamante. Ahora destina otros US$ 13,2 millones para modernizar sus 1.400 cuartos e infraestructura, que incluye sus dos campos de golf de 18 hoyos.

En octubre, Fairmont comenzó a vender la primera fase de un complejo de 50 villas de lujo que levantará en 50 hectáreas de playa y palmeras extendidas entre los dos hoteles. La construcción de las primeras 10 villas, en doble planta y con vista al mar, finalizará en mayo de 2004. Cada casa es vendida a grupos de 10 familias, todas con más de US$ 1 millón ahorrados en sus cuentas bancarias. Las familias la usan como un tiempo compartido VIP a lo largo de un mes cada año.

Pero la ayuda de Fairmont no basta y eso lo saben en la ciudad. «La única posibilidad de Acapulco es incrementar la oferta de turismo de calidad», dice René Juárez, gobernador del estado de Guerrero. En el lanzamiento del plan de Fairmont, Juárez dijo que en el estado hay en carpeta desarrollos hoteleros y de entretenimiento por US$ 1.200 millones para los próximos años.

Suena jugoso. Sin embargo, los únicos planes conocidos hasta ahora para mejorar la infraestructura de la ciudad llegan a los US$ 353 millones y son promovidos por el Fondo Nacional de Turismo, perteneciente al gobierno federal. La mitad de esos fondos se invertirán antes de 2006 en obras de saneamiento, entre otras. Acapulco las necesita con urgencia pues buena parte de sus playas están dañadas por una pasmosa contaminación.

CUESTIONES

1. ¿Qué cree usted que motivó a Fairmont Hotels & Resorts a invertir en la ciudad de Acapulco?
2. Dentro de la planificación de Fairmont Hotels & Resorts, ¿qué papel juega el estado de Guerrero?
3. Defina una posible misión para Acapulco como ciudad y otra para Fairmont Hotels & Resorts en Acapulco.

BIBLIOGRAFÍA BÁSICA

Aguirre Sábada, A. (1992): *Fundamentos de economía y organización de empresas*, Pirámide, Madrid.

Bueno Campos, E. (1990): *Economía de la empresa. Análisis de las decisiones empresariales*, Pirámide, Madrid.

Castillo Clavero, A. M. y otros (1992): *Prácticas de gestión de empresas*, Pirámide, Madrid.

Díez de Castro, E. y otros. (1995): *Introducción a la economía de la empresa I y II*, Pirámide, Madrid.

García del Junco, J. y otros (1999). *Gestión de empresas. Enfoques y técnicas en la práctica*, Pirámide, Madrid.

García del Junco, J. y otros. (2000): *Fundamentos de gestión empresarial*, Pirámide, Madrid.

Kaplan, R. y Norton, D. (2001): *Cómo utilizar el Cuadro de mando integral para implantar y gestionar su estrategia*, 2.ª ed., Gestión 2000, Barcelona.

Kaplan, R. y Norton, D. (2002): *Cuadro de mando integral (The Balanced Scorecard)*, 2.ª ed., Gestión 2000, Barcelona.

Luque de la Torre, M. A. y otros. (2001): *Curso práctico de economía de la empresa*, Pirámide, Madrid.

Pérez Gorostegui, E. (2000): *Introducción a la administración de empresas*, Centro de Estudios Ramón Areces, S. A. Madrid.
Pérez Gorostegui, E. (1991): *Economía de la empresa aplicada*, Pirámide, Madrid.
Suárez Suárez, A. (1996): *Curso de introducción a la economía de la empresa*, Pirámide, Madrid.

ENLACES DE INTERÉS

http://www.ipyme.org./
http://www.fundecyt.es/actividades/academiatalento.htm
http://www.nber.org/
http://www.shrm.org/hrlinks/
http://eco.unex.es/jltato/
http://www.forodelconocimiento.com
http://www.knowledgeboard.com
http://gge.unex.es
http://www.corporatelongitud.com
http://www.clusterconocimento.com

BIBLIOGRAFÍA REFERENCIADA

[1] Bueno, E. y Valero, F. J. (1985): *Los subsistemas de la organización*, Documentos IADE, n.º 2, UAM, Madrid.
[2] Henderson, Bruce D. (1989): «The Origin of Strategy», *Harvard Business Review*, noviembre-diciembre, pp. 139-143.
[3] Bueno Campos, E. (2005): *Curso básico de economía de la empresa. Un enfoque de organización*, 4.ª ed., Pirámide, Madrid.
[4] Simon, H. (1996): *Lessons from 500 of the World's Best Unknown Companies*, HBS Press.
[5] Jonson, G. y Scholes, K. (1998): *Dirección estratégica. Análisis de la estrategia de las organizaciones*, Prentice-Hall, Madrid.
[6] Bueno Campos, E. (2005): *Op. cit.*
[7] Bueno Campos, E. (2005): *Op. cit.*
[8] Hodge, B. J., Anthony, W. P. y Gales, L. M. (2005): *Teoría de la organización*, Prentice-Hall, Madrid.
[9] Bueno Campos, E. (2005): *Op. cit.*
[10] Ivancevich J. M. (1996): *Gestión, calidad y competitividad*, Ed Irwin.
[11] Mayo, E. (1945): *The social problems of an industrial civilization*, Graduate School of Business Administration, Harvard University, Boston.
[12] Herzberg, F, (1967): *Work and the Nature of Man.* World Press, Nueva York.
[13] Maslow, A. (1954): Versión en español (1991): *Motivación y personalidad,* Editorial Díaz de Santos.
[14] AECA (2000): *Indicadores de gestión para las entidades públicas.* Documento 16. Principios de contabilidad de gestión.
[15] Bueno, E. y Morcillo, P. (1993): *La dirección eficiente*, 2.ª ed., Pirámide, Madrid.
[16] Drucker, P. (1954): *The Principles of Managemente.* New York. NY Harper Collins
[17] Odiorne, G. S. (1979): MBO II, Fearon Pitman, Belmont.
[18] McGregor, D. (1960): Versión en español (1989): *El aspecto humano de las empresas*, Diana, México.
[19] Bueno Campos, E. (2005): *Op. cit.*
[20] Kaplan, R. y Norton, D. (1992): *The Balanced Scorecard – measures that drives performance.* Harvard Business Review.
[21] AECA (2002): *La toma de decisiones en la empresa.* Documento 14. Organización y Sistemas.
[22] Mintzberg, H. (1991): *La naturaleza del trabajo directivo*, Ariel Economía, Barcelona.
[23] Stoner, J.; Freeman, R. y Gilbert Jr. D. (1996): *Administración*, Prentice Hall, México.
[24] Díez y Redondo (1996): *Administración de empresas*, Pirámide, Madrid.

Capítulo 3

Desarrollo y crecimiento de la empresa

M.ª de las Mercedes Galán Ladero

3.1. INTRODUCCIÓN

Una vez tomada la decisión de crear una empresa y adoptar una determinada forma jurídica, el empresario debe tomar otras decisiones que van a tener una gran importancia en el futuro de la organización: su localización, la dimensión adecuada y la planificación del crecimiento empresarial.

En este capítulo se analizarán todas estas decisiones relacionadas con el proceso de desarrollo y crecimiento de la empresa y, en particular, los factores que influyen en las decisiones de localización y dimensión empresarial, las actitudes ante el crecimiento y las distintas fases de su proceso de planificación (modalidades y estrategias de crecimiento), así como los motivos para iniciar un proceso de internacionalización.

3.2. LAS DECISIONES DE LOCALIZACIÓN Y DIMENSIÓN EMPRESARIAL

Como se ha señalado en la introducción, una vez que se ha tomado la decisión de crear una empresa y adoptar una determinada forma jurídica, el empresario debe tomar, entre otras, dos decisiones muy importantes que van a condicionar el presente y el futuro de la compañía:

1. **La decisión de localización:** dónde situar la empresa físicamente (su domicilio social y/o fiscal, los servicios centrales, la/s planta/s de producción, los almacenes, los puntos de venta, etc).
2. **La decisión de dimensión empresarial:** qué tamaño debe adoptar, cuál sería la dimensión más adecuada.

3.2.1. La decisión de localización

La localización es una decisión estratégica muy importante, por su enorme trascendencia para la empresa. Las decisiones de localización (de su domicilio social y/o fiscal, de los servicios centrales y las oficinas, de sus instalaciones, de sus almacenes y centros de distribución, y/o de sus puntos de venta) son compromisos críticos a largo plazo[1] y, una vez puestas en práctica, no resulta fácil corregirlas sin incurrir en unos costes elevados. Un error en la elección de la localización puede perjudicar considerablemente a la empresa, y condicionar su desarrollo futuro.

La localización afecta muy directamente a los costes y a los ingresos y, por tanto, puede tener un gran impacto en el beneficio de la empresa[2]. Por ello, se procura optimizar la localización de las instalaciones industriales y comerciales, y así obtener ventajas competitivas (Tabla 3.1).

Tabla 3.1. Teorías sobre la localización óptima

— **Teorías tradicionales**: consideran que la localización óptima es aquélla que permite minimizar los costes (principalmente, los de transporte). — **Otras escuelas**: consideran que la localización óptima es aquélla que aprovecha las economías de aglomeración o el mercado. Consideran que las decisiones de localización no se pueden aislar del contexto económico, político y social en el que tienen lugar.

FUENTE: Adaptado de Castillo *et al* (2003: 156-160).

En general, el objetivo de la estrategia de localización es maximizar los beneficios de la localización para la empresa mediante[3]:

— La fabricación en unas condiciones de máxima eficacia, con altas tasas de productividad o con una combinación de factores que permitan obtener los productos al menor coste.
— La distribución de los bienes y servicios con rapidez en mercados próximos.
— La vigilancia de los movimientos de la competencia y la lucha por los incentivos económicos que cada país, región o ciudad pueda ofrecer.

Sin embargo, la mejor localización para una determinada empresa depende del tipo de negocio al que se dedica[4]:

— La localización de **plantas industriales**: se centra en minimizar los costes (especialmente los costes de fabricación, que tienden a variar considerablemente entre distintas localizaciones).
— La localización en el **sector servicios** (los detallistas y servicios profesionales): se concentran en la maximización de ingresos (en las empresas de servicios, los costes no varían demasiado dentro de un área de mercado determinada).

Por otra parte, la estrategia de localización puede ser diferente según la posición de control de mercado que ocupe la empresa[5]:

— **Estrategia de dispersión:** si los productos están poco diferenciados (las empresas intentarán buscar un monopolio espacial).
— **Estrategia de concentración o aglomeración:** si se trata de productos diferenciados (las empresas se concentrarán en las zonas de costes más reducidos y se producirá el fenómeno de aglomeración o *co-location,* Tabla 3.2).

Tabla 3.2. El fenómeno de aglomeración o *co-location*

La aglomeración es, principalmente, el resultado de **ventajas** naturales asociadas con localizaciones geográficas particulares:

— Costes más bajos de los factores de producción, o proximidad a los recursos necesarios o a los centros de población.
— Mejor rendimiento a causa de la mejora de la producción y/o la demanda creciente.
— Algunos recursos (como el conocimiento técnico avanzado) son más fácilmente transferidos cuando los competidores están más próximos (las empresas *co-located* «tiran» de la misma fuente local de recursos humanos, con destrezas y conocimientos especializados).
— Puede permitir un mayor acceso a los principales proveedores, a servicios especiales, o a relaciones interorganizacionales (como las *joint ventures*), que además pueden levantar barreras de entrada al mercado.
— Puede producir numerosos beneficios (desde un aumento de la demanda hasta unos costes de búsqueda reducidos para los consumidores), al permitirles evaluar una variedad de ofertas sin dejar un área (las áreas geográficas con una gran selección de servicios competitivos son más atractivas para los consumidores, como los grandes centros comerciales).
— Permite una observación, un seguimiento y un control más estrecho de los competidores, así como una mayor habilidad para responder a movimientos específicos del competidor.
— Extensión de la diferenciación: tanto la empresa industrial como la de servicios pueden beneficiarse de las inversiones de los competidores que hacen una localización más atractiva.

Sin embargo, también existen **riesgos**:

— La mayor proximidad puede incrementar la competencia por los suministros (de mano de obra, de materiales y/o de capital).
— Las tecnologías exclusivas son más difíciles de mantener en secreto.
— La demanda puede necesitar ser expandida/extendida a más competidores.

Ejemplos de grupos competitivos *co-located* existen en numerosos sectores:

— Entretenimiento (Hollywood).
— Informática (Silicon Valley).
— Restaurantes, hoteles, tiendas que venden al por menor...: se sitúan en determinadas calles y zonas de las ciudades.

En las empresas de servicios, donde la localización es una variable especialmente crítica para el éxito, la aglomeración es muy común, y la competencia local es intensa.
Por otra parte, la heterogeneidad también puede hacer una localización más atractiva, ante la reducción de los costes de búsqueda para los consumidores (crea una mayor oferta, con más alternativas).

FUENTE: Adaptado de Canina *et al* (2005: 565-578).

Los principales factores a considerar derivados de la localización se recogen en la Tabla 3.3.

Todos estos factores se deben analizar de distinta forma según el tipo y las características de la empresa.

En la decisión de localización, la empresa debe considerar (Figura 3.1):

— **La localización de su domicilio social y/o fiscal:** dependiendo de su localización, el marco legislativo aplicable puede diferir, así como la tributación correspondiente.

Tabla 3.3. Factores a considerar en la decisión de localización

Relativos a los **recursos materiales** y al **proceso**	— Coste y disponibilidad de **terrenos**. Coste de la **construcción** y legislación urbanística. — Coste de los **alquileres**. — Coste, calidad, disponibilidad, rapidez y garantía de **materias primas**. — Coste, calidad y disponibilidad de **otros factores de producción**. — Coste y disponibilidad de **suministros energéticos**. — Coste, calidad y disponibilidad de **servicios auxiliares** (informáticos, de consultoría, de mantenimiento, de información e investigación). — Coste y disponibilidad de **tecnología**.
Relativos a las **infraestructuras**	— **Comunicaciones** (carreteras, conexiones entre ciudades). — **Transporte**: coste, proximidad de redes de transporte, disponibilidad de medios de transporte. — **Agua, electricidad, red telefónica, Internet**...
Relativos a los **recursos humanos**	— **Mano de obra**: coste, disponibilidad, cualificación, productividad. Calidad de vida. Facilidades para la selección, contratación, incorporación, formación, promoción y remuneración de mano de obra. — **Grado de sindicación, conflictividad laboral. Legislación laboral.** — **Códigos de conducta** y otras **acciones de responsabilidad social.**
Relativos a los **recursos financieros**	— Coste y disponibilidad de **servicios bancarios**. — Acceso a **recursos financieros**. — **Subvenciones, ayudas e incentivos** (fiscales y de otro tipo); **impuestos y cargas fiscales**.
Relativos al **entorno local**	— **Clima**. — **Entorno sociocultural** (cultura, idioma). — **Desarrollo económico** de la zona. — **Riesgo político**. — **Riesgo financiero** (tipo de cambio, inflación). — **Servicios comunitarios**.
Otros	— **Legislación** (medioambiental, urbanística). — Eliminación de **residuos**. — Proximidad al mercado potencial y grado de concentración de los **consumidores**. Poder adquisitivo. — Actitudes y características de la **competencia**. — Actitudes y características de los **proveedores** y **distribuidores**. — Grado de **concentración de actividades industriales**. — **Canales de distribución** existentes. — ...

FUENTE: Elaboración propia.

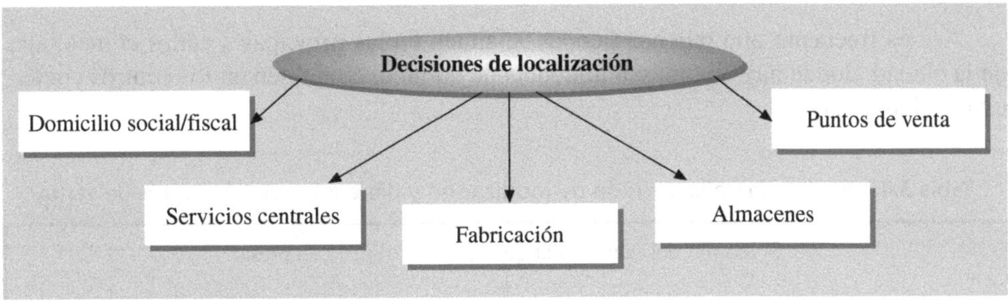

FUENTE: Elaboración propia.

Figura 3.1. Decisiones de localización.

Así, por ejemplo, no tiene el mismo marco legislativo o fiscal una empresa localizada en España que otra domiciliada en Estados Unidos, o en un *paraíso fiscal*.

— **La localización de los servicios centrales:** resulta fundamental su localización para dirigir y coordinar todos los departamentos o unidades estratégicas de la empresa.

Por ello, las empresas suelen tener su sede central en la capital del país, o en una ciudad importante, bien comunicada.

— **La localización de sus fábricas, de sus instalaciones industriales o de producción:** influye, principalmente, en los costes de transporte y mano de obra.

Por ejemplo, muchas fábricas se sitúan cerca de donde se obtienen sus materias primas, o donde la mano de obra es más barata.

— **La localización de sus almacenes o centros de distribución.** Suele venir determinada por la combinación del coste (especialmente, de transporte) y la rapidez de entrega (el nivel de servicio al cliente), y dependerá tanto de la ubicación concreta de los centros de producción como de la demanda[6]. La creación de centros de distribución permite un servicio más rápido, unos *stocks* más bajos en las tiendas y un mejor aprovechamiento de las economías del transporte en grandes cantidades desde el fabricante hasta el almacén.

Así, muchas empresas localizan sus centros de distribución y almacenes en polígonos industriales o zonas de la ciudad próximas a los centros de venta (para suministrar existencias con rapidez).

— **La localización de sus puntos de venta (tiendas, establecimientos comerciales).** Una adecuada localización del punto de venta contribuye favorablemente a su elección por el comprador; en cambio, cualquier error cometido en la localización inicial de un punto de venta es difícil de rectificar (o muy costoso) posteriormente[7]. Los factores que determinan la localización de los puntos de venta pueden clasificarse en[8]:

- Factores que afectan al coste (solares, edificios y locales, salarios, transporte...).
- Factores que afectan a la demanda (proximidad del mercado —distribución geográfica y poder adquisitivo de la población—, servicios, competidores, imagen comercial de la zona...).
- Otros, como los de tipo legal (normas sobre urbanismo —expansión de la ciudad—, ordenanzas locales, leyes...).

Así, es frecuente que muchas tiendas se sitúen en las principales calles comerciales de la ciudad, donde hay una mayor afluencia de público, o también en los centros comerciales (Tabla 3.4).

Tabla 3.4. Secuencia de la decisión de localización y dimensión de los puntos de venta

Selección del mercado al que se va a dirigir la empresa. ↓ Determinación del número de puntos de venta necesarios para alcanzar los objetivos comerciales. ↓ Selección del lugar de emplazamiento. ↓ Determinación del tamaño y características de los puntos de venta.

FUENTE: Santesmases (2004: 542-547).

El cambio de localización. La relocalización

A veces, a lo largo de su existencia, las empresas pueden plantearse un cambio de localización. Algunas de las razones que motivan una decisión de relocalización son[9]:

— La necesidad de expansión de la actividad o nuevos negocios.
— Un cambio en la localización de la demanda.
— Obsolescencia del sistema productivo.
— Cambios en el entorno político.
— Factores de coste.
— Cambios organizativos, fusiones entre empresas.
— Cambios de estrategia de diseño del sistema productivo: integración/desintegración.

La localización internacional. El fenómeno de la deslocalización

La selección de la localización de instalaciones se ha vuelto aún más compleja con la globalización de los mercados, debido al incremento de la presión de búsqueda de condiciones de producción más interesantes, y de nuevos mercados para los productos, así como de importantes cambios a nivel mundial[10]: mejora de las comunicaciones internacionales, mayor rapidez y fiabilidad de los transportes, mayores facilidades de movimiento de capitales entre países, y diferencias en los costes de la mano de obra.

Así, la secuencia de las decisiones de localización suelen seguir las siguientes etapas: selección del país, de la región, de la población y de la ubicación concreta (Figura 3.2).

Por otra parte, los cambios tecnológicos han permitido separar los procesos productivos de los organizativos, beneficiándose de las diferencias de costes que ofrecen los distintos territorios. Esto ha generado un fenómeno conocido como **deslocalización**, que se define como el proceso por el cual algunas empresas, generalmente multinacionales, trasladan sus centros de trabajo desde los países desarrollados a otros menos desarrollados, donde los costes (principalmente, de mano de obra) son menores, las condiciones de trabajo son más flexibles y/o la legislación medioambiental es más permisiva o incluso

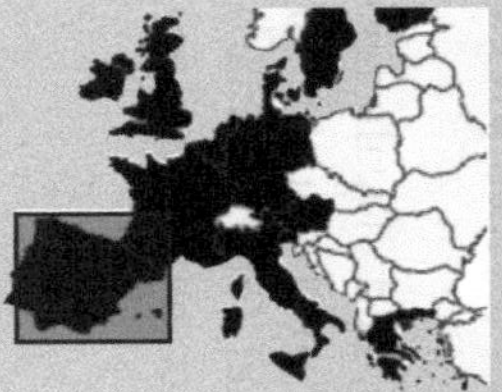

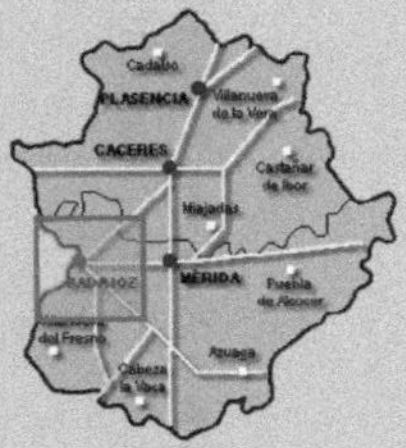

Factores en la selección del país

1. Reglamentación comercial.
2. Entorno sociocultural, económico y tecnológico.
3. Evaluación del mercado.
4. Disponibilidad de la mano de obra y coste.
5. Productividad mano de obra.
6. Disponibilidad de energía y suministros.
7. Riesgo político y financiero (tipo de cambio, inflación,...).
8. Características de la competencia y estructura de precios.
9. Infraestructuras de transporte.
10. Clima.

Factores en la selección de la región

1. Concentración de los consumidores.
2. Grado de sindicación.
3. Costes de construcción y de terreno.
4. Disponibilidad de la mano de obra y coste.
5. Reglamentaciones ambientales.
6. Disponibilidad de materiales y su coste.
7. Costes de transporte.
8. Incentivos de las autoridades.
9. Infraestructuras de transporte.
10. Clima.

Factores en la selección de la población

1. Concentración de los consumidores.
2. Preferencias de la dirección.
3. Disponibilidad de terreno y coste.
4. Servicios comunitarios e impuestos.
5. Servicios bancarios.
6. Disponibilidad de materiales y su coste.
7. Costes de transporte.
8. Incentivos de las autoridades.
9. Infraestructuras de transporte.
10. Regulación e impacto medioambiental.

Factores en la selección de la ubicación concreta

1. Concentración de los consumidores.
2. Costes del terreno.
3. Extensión del terreno.
4. Proximidad a las redes de transporte.
5. Disponibilidad de servicios auxiliares.
6. Restricciones urbanísticas.
7. Grado de concentración de actividades industriales.
8. Disponibilidad de materiales.
9. Impacto ambiental.

FUENTE: Miranda *et al* (2005: 204).

Figura 3.2. Secuencia de las decisiones de localización (a nivel internacional).

inexistente. La orientación geográfica elegida dependerá, en gran medida, de la política de productos de la empresa[11]:

- Las empresas especializadas en la obtención de bienes intensivos en mano de obra se implantarán preferentemente en aquellos países con costes laborales más bajos (por ejemplo, en países en vías de desarrollo).

  Sería el caso de las multinacionales de la moda, que realizan la confección de sus prendas en países menos desarrollados, donde la mano de obra es más barata.
- Las compañías cuyas actividades son intensivas en capital y tecnología se situarán en países desarrollados con una estructura industrial eficiente (y que ofrecen, además, un mercado altamente atractivo por su poder adquisitivo). Por ejemplo, las empresas farmacéuticas.

De esta manera, la empresa actual se convierte en una organización con múltiples localizaciones, y con una tendencia hacia la especialización por territorios o zonas geográficas.

Nuevas perspectivas de localización empresarial

Los cambios sociales y tecnológicos de las últimas décadas incorporan nuevas variables que deben ser consideradas en la selección del lugar idóneo para la implantación de una empresa.

- Las nuevas tecnologías de la información (principalmente, Internet) y las nuevas necesidades sociales están revolucionando el concepto tradicional de localización como espacio físico, que pierde importancia.

  Así, por ejemplo, los servicios bancarios se prestan por Internet; las reservas de viajes y billetes de avión también se realizan por teléfono o por Internet; existen tiendas virtuales, que venden todo tipo de productos por Internet...; proliferan los servicios de comida rápida a domicilio; también la recogida y transporte de mercancías a domicilio, etc.
- Por otra parte, cada vez más empresas se deciden por la internacionalización y la deslocalización, dando lugar a la aparición del fenómeno denominado *outsourcing* (traducido como *externalización* o *subcontratación*), que consiste en ceder los recursos y tareas de la compañía a empresas externas[12] especializadas (por ejemplo, los servicios de limpieza, de transporte...), mejorando así su competitividad y reduciendo los costes. La regla fundamental consiste en no perder el control de las competencias básicas, en poseer y controlar los recursos y competencias centrales que constituyen la esencia de la empresa.

  Uno de los efectos del *outsourcing* es, precisamente, la deslocalización. Así, muchas multinacionales subcontratan la fabricación de sus productos en países menos desarrollados (en vías de desarrollo o incluso en el Tercer Mundo), reservándose sólo las competencias centrales (el diseño y la comercialización).

3.2.2. La dimensión de la empresa

La dimensión o tamaño de la empresa es uno de los conceptos más controvertidos, porque es un concepto intuitivamente fácil de definir, pero más difícil de establecer con rigor. No existe una definición única de dimensión de la empresa, sino que ésta varía según la unidad que se utilice para medir dicho tamaño[13].

El problema se centra en si se puede definir un tamaño óptimo para la empresa[14], aunque en la práctica se ha demostrado que existen tamaños más o menos convenientes dependiendo de la naturaleza del sector de actividad (diferencias sectoriales), del proceso de producción (de la tecnología utilizada), del grado de diversificación, del modelo organizativo y del estilo de dirección de la empresa.

Las razones que explican el estudio del tamaño son las siguientes[15] (Tabla 3.5):

— Servir de factor de identificación empresarial o forma de establecer una tipología según los distintos volúmenes (sólo tiene sentido si se compara con un parámetro, escala o unidad previamente establecida).
— Influencia que puede tener en la función de costes y, por tanto, en la rentabilidad de la empresa a largo plazo.
— Permite realizar comparaciones entre organizaciones y establecer las distintas estrategias competitivas.
— Posible fuente de ventaja competitiva para la empresa (existencia de unas economías de escala, o de otras economías —de alcance o de experiencia—).
— Influencia en el diseño y funcionamiento de la estructura de la organización. En ocasiones, las características de la actividad, del sistema técnico, o del sector, obligan a un volumen mínimo de capacidad productiva para que la empresa sea rentable y pueda competir en el sector, como ocurre en la industria aeronáutica. Por otra parte, hay elementos que actúan de forma restrictiva sobre la dimensión de la empresa[16], como son la disponibilidad del conocimiento tecnológico necesario, del grupo humano preciso para llevar a cabo las tareas, de la necesaria estructura de organización, y/o de los recursos financieros que permitan la adquisi-

Tabla 3.5. Características (ventajas e inconvenientes) de las empresas según su tamaño

EMPRESAS	
Grandes	**Pequeñas**
Consecución de economías de escala.	Dificultades para alcanzar economías de escala.
Mejor acceso a fuentes de financiación ajenas (y mejores condiciones). Mayor poder de negociación.	Dificultades para acceder a la financiación ajena y/o conseguir mejores condiciones.
Mayor poder de mercado.	Pequeña cuota de mercado.
Mayor burocracia y rigidez en su estructura organizativa. Lentitud en la toma de decisiones.	Mayor flexibilidad en su estructura organizativa, que favorece la rapidez en la toma de decisiones y la innovación.
Mayores costes de coordinación y de control interno de sus objetivos y actividades.	Menores costes de coordinación y control interno.

FUENTE: Elaboración propia, a partir de Bueno (2005: 376-377) y Hitt *et al* (1999: 178-180).

Tabla 3.6. Principales criterios utilizados para medir el tamaño de la empresa

— El volumen de ventas o cifra de negocios.
— Los recursos propios (fondos propios = capital + reservas).
— El número de empleados.
— La cifra de activo total neto.
— El valor añadido.
— El *cash-flow* (beneficios + dotaciones a amortizaciones por depreciación del inmovilizado y provisiones para insolvencias, y por depreciación financiera y comercial del circulante).
— Los beneficios brutos.
— Inversiones o inmovilizado total neto.
— Volumen de producción (bien en unidades técnicas equivalentes –toneladas, m^3, ...–, o bien valorada al coste).
— Recursos ajenos o depósitos de terceros (pasivo de la entidad financiera).
— Exportaciones e importaciones.

FUENTE: Adaptado de Bueno (2005: 378).

ción de los activos fijos y circulantes necesarios (recursos propios y ajenos), y que condicionarán la dimensión inicial (especialmente, en empresas industriales).

Existen numerosos **métodos de medición del tamaño de la empresa**. Algunos utilizan un solo criterio (son monocriterio), pero normalmente suelen combinar distintos aspectos para recoger la complejidad de la empresa actual (multicriterio).

Los criterios son relativos (dependen del sector, sistema técnico, campo de actividad o características de la propia organización) y, en algunos casos, incluso son subjetivos (dependen de la persona que toma la decisión). Además, la clasificación puede ser distinta según cada criterio[17] (Tabla 3.6).

Una clasificación que se utiliza mucho es la propuesta por la IV Directiva de la Unión Europea, que utiliza tres criterios para determinar el tamaño de las empresas: activo total *(balance-sheet total)*, importe neto de la cifra anual de negocios (*net turnover*), y número de empleados (*number of employees*). La dimensión de la empresa vendrá dada cuando no exceda los límites de dos de los siguientes tres criterios (Tabla 3.7).

Una elección equivocada de la dimensión de la empresa puede tener graves consecuencias:

— Fijar una dimensión inferior a las posibilidades de mercado significa, además de los costes de oportunidad (es decir, lo que se deja de ganar como consecuencia

Tabla 3.7. Criterios para determinar el tamaño de las empresas

Criterios (límites) / Clase de empresas	Activo total	Importe neto de la cifra anual de negocios	Número de empleados
Empresa pequeña	2.500.000 euros	5.000.000 euros	50
Empresa mediana	10.000.000 euros	20.000.000 euros	250
Empresa grande	+10.000.000 euros	+20.000.000 euros	+250

FUENTE: IV Directiva de la Unión Europea (2005).

de no poder suministrar a todos los clientes) correspondientes, una elevación del coste medio de producción que reducirá los posibles beneficios.
— Fijar una dimensión excesiva generará una infrautilización de los recursos y unos elevados costes fijos.

No obstante, aunque el tamaño elegido en su momento sea el correcto, a lo largo de su vida la empresa puede enfrentarse a un cambio (reducción o incremento) en su tamaño.

— La **reducción de tamaño**. Generalmente, la reducción de tamaño ocurre debido a problemas provocados por un exceso de capacidad. Suele consistir en una disminución del número de empleados y, en ocasiones, de unidades operativas; pero la composición de los negocios de la cartera corporativa pueden cambiar o no. Con frecuencia, reduce su campo de acción (desinversión, eliminación de las divisiones que no están relacionadas con el negocio central de la compañía, o reducción de su nivel de diversificación)[18].

Sin embargo, aun cuando la reducción de tamaño puede tener éxito, casi nunca alcanza el nivel esperado, porque además, tiene otras consecuencias no deseadas (cambios en el capital humano).
— El **incremento de tamaño**. Es la situación natural que plantea la evolución de la empresa. Este último aspecto se comentará en el apartado siguiente.

3.3. EL CRECIMIENTO EMPRESARIAL

La empresa, al igual que un ser vivo, después de su nacimiento inicia una fase de desarrollo, convirtiéndose el crecimiento (aumento del tamaño) en un objetivo a alcanzar, al considerar que una mayor dimensión puede ser fuente de economías de escala y ventajas competitivas, así como de una mayor rentabilidad. Sin embargo, no se trata de crecer por crecer, sino que ese crecimiento debe ir asociado a una mejora constante de los resultados de la organización.

El crecimiento se define como «*el proceso de incremento del volumen de actividad o de capacidad productiva de la empresa*»[19]. Se trata de un concepto de carácter dinámico, que explica la variación en el tamaño y en la estructura (aspectos cuantitativos y cualitativos) de la empresa en momentos consecutivos del tiempo[20].

El crecimiento no garantiza automáticamente elevadas tasas de rentabilidad a las empresas, pero sí crea las condiciones necesarias, aunque no suficientes, para facilitar la generación de riqueza en el seno de la organización[21]. Ese crecimiento, además, debe mantenerse y ser viable a lo largo del tiempo. También resulta condición necesaria la existencia de servicios productivos no utilizados y, en especial, una capacidad de dirección y gestión disponible para el crecimiento[22].

El crecimiento de la empresa es un concepto relativo, porque depende de los competidores: existe si el incremento es superior a la tasa de crecimiento del sector o de sus empresas competidoras[23].

Sin embargo, no todas las empresas muestran las mismas actitudes hacia el proceso de crecimiento. En general, se pueden distinguir tres grandes tendencias en las actitudes de las empresas[24] (Figura 3.3):

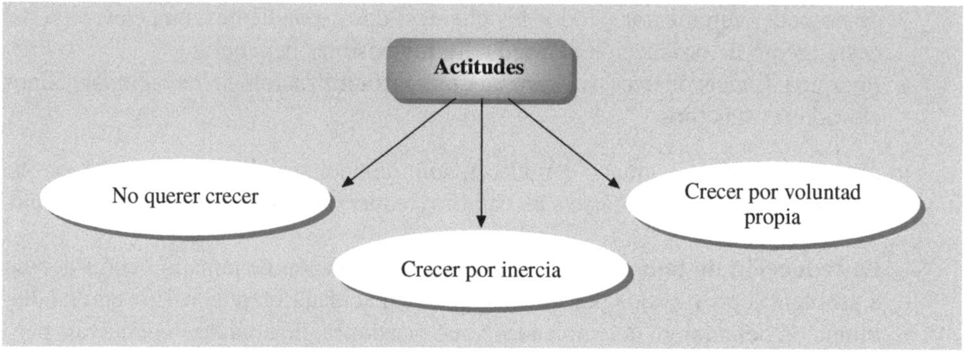

FUENTE: Adaptado de Bueno y Morcillo (1994: 58).

Figura 3.3. Posibles actitudes de la empresa ante el crecimiento.

1. **No querer crecer** (porque el empresario adopta una actitud pasiva o de total aversión al riesgo; no tiene suficientes recursos; pertenece a un sector en declive; no quiere perder el control de la empresa, al tener que permitir la entrada de nuevos accionistas...).
2. **Crecer por inercia** («*porque todas las demás empresas lo hacen*»). La empresa carece de iniciativa, creatividad y dinamismo. Se limita a actuar como empresa seguidora, sin una verdadera reflexión estratégica.
3. **Crecer por voluntad propia:** cuando la empresa considera que la gran dimensión es fuente de rentabilidad y asegura su desarrollo. Puede adoptar estrategias de crecimiento más o menos ofensivas, según sus objetivos (si busca ventajas competitivas, defenderse de la competencia, posicionarse en el mercado, alcanzar o conservar una cuota de mercado...). El crecimiento por voluntad propia es el que se considerará en este epígrafe.

La planificación del crecimiento

Un aspecto importante de la planificación de la empresa es la planificación de su crecimiento. Cuando una empresa quiere crecer, debe planificar con detalle ese crecimiento. Las distintas fases del proceso de planificación del crecimiento son:

1. **Identificar la industria/mercado** en que la empresa desea crecer.
2. Plantearse distintas alternativas (y seleccionar una, o combinarlas entre sí, Tabla 3.8):

   — **Crecimiento interno:** invirtiendo sus recursos (tiempo, dinero, personal) en la propia empresa.
   — **Crecimiento externo:** invirtiendo sus recursos en otras compañías o actividades, para lograr una participación, el control o incluso la adquisición de esas empresas. Los principales tipos de crecimiento externo son (Tabla 3.9): las fusiones, las adquisiciones y control de empresas (incluye las participaciones cruzadas), y las alianzas o *joint ventures* (también las estrategias de redes).

Tabla 3.8. Modalidades de crecimiento: interno y externo

	Crecimiento interno	Crecimiento externo
Concepto	Inversión de recursos: en la propia empresa.	Inversión de recursos: en otras compañías.
Ventajas	— Mayor control. — No se comparte información confidencial. — Los beneficios quedan dentro de la organización.	— Mayor rapidez para entrar en nuevos mercados (facilita y acelera la entrada). — Resultados inmediatos.
Inconvenientes	— Alto riesgo de fracaso. — Rentabilidad: no inmediata (a l/p).	— Inversión importante.

FUENTE: Elaboración propia.

Tabla 3.9. Principales modalidades de crecimiento externo

Modalidad	Definición	Ventajas	Riesgos
Fusiones	Acuerdo entre dos o más empresas para constituirse en una sola y conseguir una ventaja competitiva. Implica una integración total.	— Ventaja competitiva (mayor poder de mercado). — Superar barreras de entrada. — Aumentar la velocidad de entrada en los mercados. — Afrontar los altos costes y riesgos del desarrollo de nuevos productos (actividades I+D). — Diversificación. — Evitar/restringir a la competencia.	— Elevado índice de fracaso. — Rigidez estructural («gigantismo»). — Problemas de integración de las distintas culturas corporativas.
Adquisiciones, participaciones y control de empresas. Participaciones cruzadas	Dan lugar a distintas relaciones (patrimoniales o no) entre las empresas implicadas: creación de grupos empresariales. Tipos de participación: — Total: 100% (adquisición). — Parcial < 100%: • Mayoritaria > 50%. • Minoritaria < 50%.	— Ventaja competitiva (mayor poder de mercado). — Superar barreras de entrada. — Aumentar velocidad de entrada, penetración y ampliación en nuevos mercados. — Afrontar los altos costes y riesgos del desarrollo de nuevos productos (I+D). — Evitar a la competencia. — Diversificación: adquirir (con rapidez) nuevos productos, conocimientos y técnicas.	— Costes financieros altos (deuda elevada o extraordinaria). — Problemas estratégicos, o incapacidad para lograr sinergias. — Problemas de integración de las distintas culturas corporativas. — Posible diversificación excesiva. — Posibilidad de sufrir «gigantismo» (empresas demasiado grandes, con excesiva burocracia).

Tabla 3.9. Principales modalidades de crecimiento externo *(continuación)*

Modalidad	Definición	Ventajas	Riesgos
Alianzas/ *Joint Ventures*. Estrategias de redes.	**Alianzas:** sociedades entre dos o más organizaciones, en las que se combinan sus recursos, capacidades y aptitudes centrales para cubrir los intereses mutuos de desarrollo, fabricación, o distribución de productos. ***Joint Ventures:*** cuando el acuerdo es contractual y la alianza opera independientemente de las organizaciones que la forman. **Estrategias de redes:** relaciones cooperativas que producen alianzas múltiples (grandes consorcios).	— Penetrar en nuevos mercados. — Controlar los canales de distribución. — Desarrollar nuevos productos, compartiendo costes y riesgos. — Mejorar los procesos existentes de fabricación de productos y transformación de recursos. — Desarrollar innovaciones tecnológicas con elevados riesgos. — Compartir habilidades y recursos valiosos. — Obtener resultados similares a los de las fusiones y adquisiciones (pero superando sus limitaciones de tamaño y administrativas).	— Contribuye a acelerar la penetración en nuevos mercados, aunque no tanto como las adquisiciones. — Cada organización tiene un control parcial sobre la operación y sólo obtiene un porcentaje del crecimiento y de la rentabilidad creados. — Elevados gastos administrativos. — Falta de ajuste organizativo (puede reducir la cooperación y condenar la iniciativa al fracaso). Difícil administración. — Oportunismo de los socios.

FUENTE: Elaboración propia.

También debe considerar la forma de financiar ese crecimiento:

— **Autofinanciación:** con fondos propios, reinvirtiendo sus beneficios en la empresa, no repartiendo beneficios.

— **Financiación externa:** con fondos ajenos (bancos, otras empresas, accionistas particulares, etc).

3. Seleccionar una estrategia de crecimiento:

   — **Expansión:** con los productos habituales de la empresa, y en sus mercados actuales.

   — **Diversificación:** con nuevos productos y/o en nuevos mercados. Según la secuencia lógica del crecimiento, se distinguen los siguientes tipos:

   - **Horizontal** (extensión lateral): cuando ofrece productos sustitutivos y/o complementarios, pertenecientes a la misma línea de actividad (mismo sector). Especialización.
   - **Vertical** (crecimiento integrado): cuando realiza actividades afines relacionadas con el ciclo completo de explotación del sector. Puede ser:
     - **Hacia atrás** (regresiva): hacia las fuentes de aprovisionamiento, para garantizar el suministro de materias primas estratégicas, o su regularidad.

- **Hacia delante** (progresiva): hacia la distribución y comercialización de los productos, para controlar la red de distribución y, especialmente, los puntos de venta.

• **Heterogénea** (conglomerado): con nuevos productos y mercados. Es la estrategia más arriesgada y compleja, y exige los mayores esfuerzos, tanto económicos como humanos. Se justifica cuando el sector habitual presenta pocas (o ninguna) perspectivas de crecimiento o rentabilidad, y la empresa necesita rejuvenecer su cartera de productos y dispersar riesgos. Puede ser de dos tipos:
  - **Concéntrica:** actividades relacionadas con las tradicionales.
  - **Pura o total:** actividades no relacionadas.

El resultado de esta planificación sería el **modelo de crecimiento de la empresa**, que responderá a la estructura y a los intereses u objetivos de la organización, y deberá ser equilibrado y tener en cuenta las condiciones de su entorno[25] (véase la Figura 3.4).

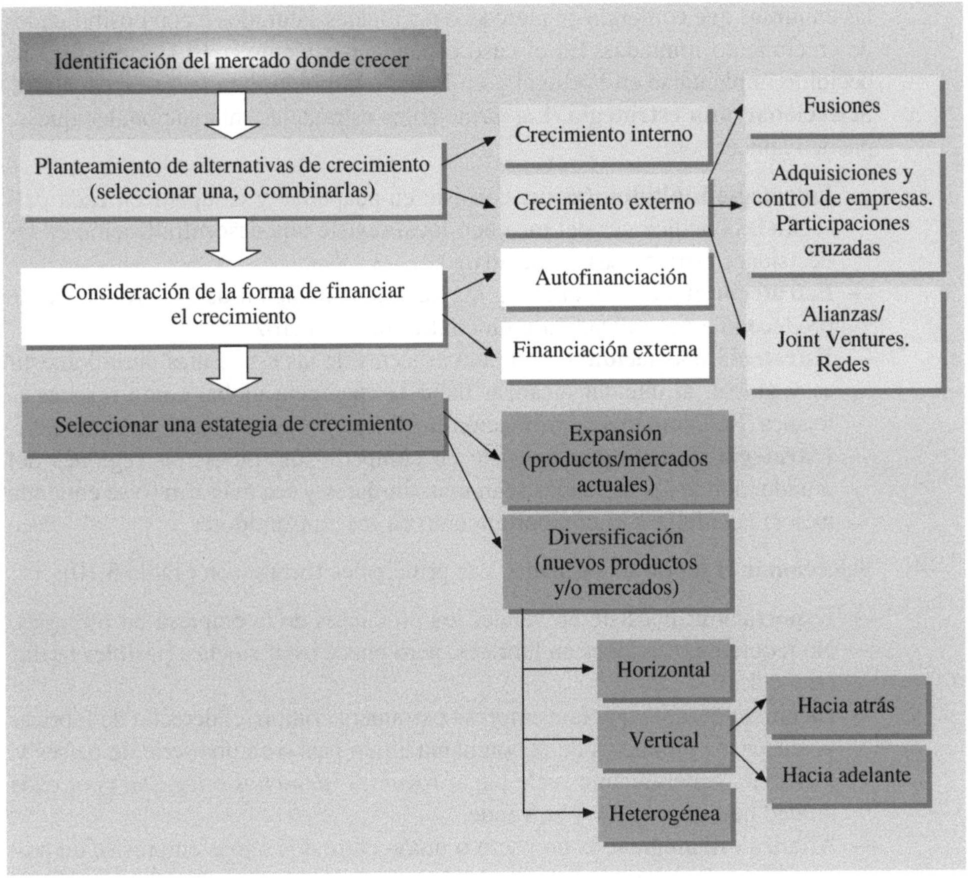

FUENTE: Elaboración propia.

Figura 3.4. Planificación del crecimiento de la empresa.

3.4. LA INTERNACIONALIZACIÓN DE LA EMPRESA

En las últimas décadas, se ha generalizado el proceso de internacionalización de las empresas. Entre los distintos **motivos** que llevan a ello, destacan[26]: la ampliación del ciclo de vida del producto, la seguridad en la disponibilidad de los recursos claves (materias primas, energía), la facilidad en el acceso a mano de obra de bajo coste, o la desaparición de las fronteras, tanto físicas (por ejemplo, la creación del Mercado Único Europeo) como en la demanda de productos (estandarización de productos, homogeneización de los gustos de los consumidores).

Este proceso de internacionalización suele seguir distintas fases[27]:

1. **Incentivos para internacionalizarse** (identificación de oportunidades internacionales: demanda de un producto en otros países, asegurar el abastecimiento de materias primas y su acceso a factores de producción de bajo coste; tecnología; proveedores internacionales con mejores condiciones de precios, calidad, rapidez).
2. **Decisión de competir a nivel internacional:** es una opción muy atractiva para las empresas que compiten en mercados nacionales saturados o con posibilidades de crecimiento limitadas. En el caso español, por ejemplo, El Corte Inglés ha decidido implantarse en Portugal y en Italia; o también Zara (*véase caso final*).
3. **Seleccionar una estrategia.** Las principales estrategias internacionales que se pueden aplicar son:

   — **Estrategia multidoméstica:** consiste en adaptarse y competir en cada país según las condiciones del mercado local (existe una descentralización en las decisiones estratégicas y operativas).
   — **Estrategia global:** supone una mayor estandarización de los productos. Se produce una centralización y un control por la matriz.
   — **Estrategia trasnacional:** combina aspectos de las estrategias multidoméstica y global, al intentar alcanzar tanto la eficiencia global como respuestas locales. Requiere una coordinación flexible.
   — **Estrategia de enfoque:** consiste en competir sólo en ciertas regiones del mundo, donde los mercados sean más similares y sea más afín (o se entienda mejor) la cultura y el comportamiento de los consumidores.

4. **Seleccionar el modo de entrada.** Las principales formas son (Tabla 3.10):

   — **Exportación:** consiste en vender los productos de la empresa en otro país. No requiere inversiones en fábricas, pero puede estar sujeta a posibles tarifas (aranceles).
   — **Licencia:** permite que una empresa extranjera compre el derecho de fabricar y vender los productos de la compañía en un país o en una serie de países y, a cambio, generalmente suele pagar *royalties* (*derechos* o *regalías*) por cada unidad que se produce y se vende.
   — **Alianza estratégica:** es un pacto o unión entre dos o más empresas, de países diferentes. Permite compartir riesgos, recursos y costes de entrada en mercados internacionales. Pueden surgir problemas de integración de las diferentes culturas corporativas.

Tabla 3.10. Fases de la estrategia de diversificación internacional

Primeras fases	**Exportación:** no requiere experiencia en la fabricación en el extranjero y sólo es necesario invertir en la distribución. **Licencias:** facilitan la mejora del producto necesario para entrar en mercados extranjeros. **Alianzas estratégicas:** permiten la asociación con un participante que tiene experiencia en el mercado objetivo. Asimismo, reduce el riesgo al compartir los costes.
Fases finales	**Adquisiciones** y **subsidiarias:** aseguran una presencia más fuerte.

FUENTE: Adaptado de Hitt *et al* (1999: 296).

— **Adquisición:** consiste en la compra de una empresa extranjera, para operar a través de ella en ese país. Es un modo usual de entrar en mercados internacionales debido a que ofrece un acceso rápido, aunque pueden aparecer problemas de fusión (dificultades para lograr una integración eficaz, especialmente si pertenecen a culturas distintas). Los costes suelen ser elevados.

— **Nueva subsidiaria de propiedad total:** consiste en crear una empresa filial en el país de destino. Proporciona el máximo control, aunque los costes y el riesgo son también elevados, y el proceso resulta complejo.

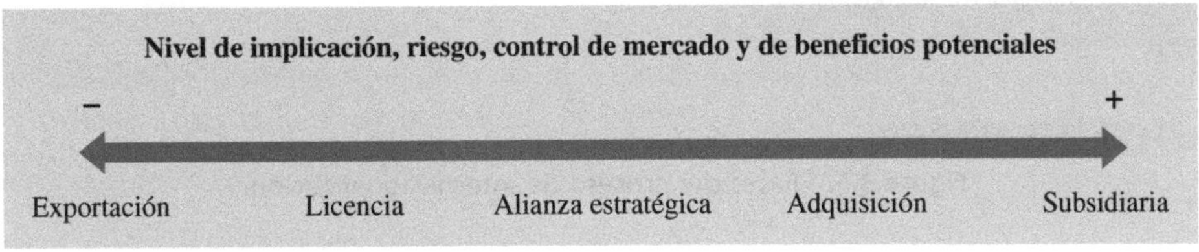

FUENTE: Adaptado de Bañegil y Meireles (2004).

Las empresas eligen el modo de entrada que mejor se adapta a su situación[28]:

— En algunos casos, las distintas opciones se siguen de manera secuencial (primero: exportación; final: subsidiarias).

— En otros, la compañía utiliza varios modos de entrada, pero no todos.

La decisión sobre el modo de entrada es el resultado de las condiciones competitivas del sector, la situación del país y las políticas gubernamentales, así como el conjunto singular de recursos, capacidades y aptitudes centrales de la empresa.

En resumen, se puede destacar que la estrategia internacional tiene, como:

— Ventajas: rendimientos superiores (mayores economías de enfoque y aprendizaje), y mayor innovación.

— Inconvenientes:

- Riesgos políticos (inestabilidad de los gobiernos, guerras) y económicos (fluctuaciones en el valor de las monedas).

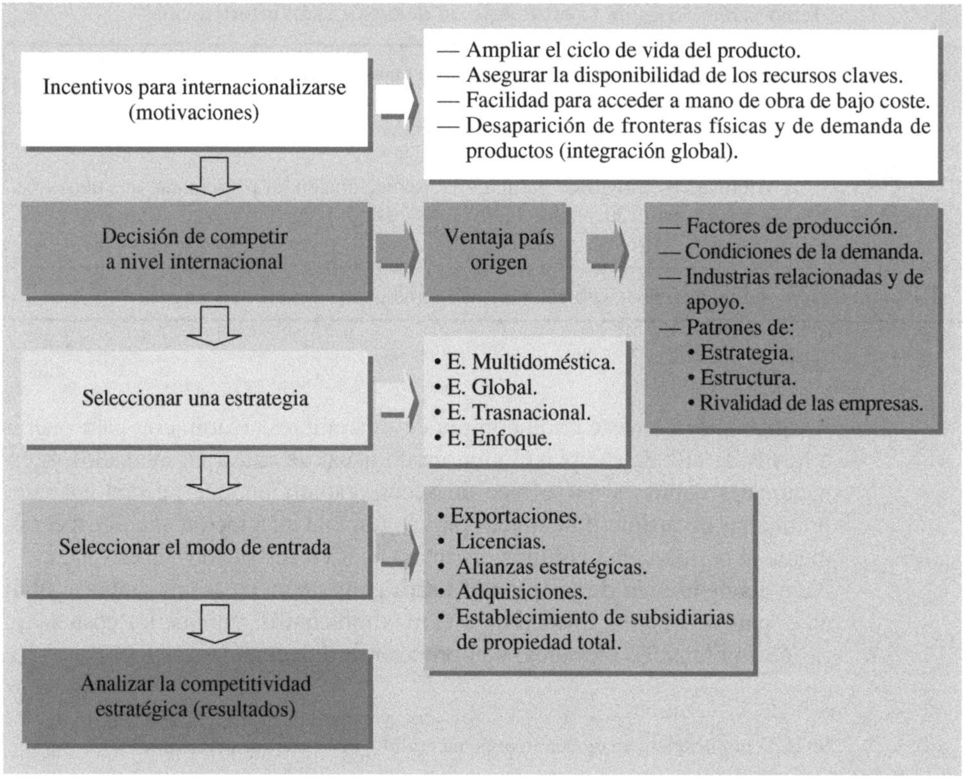

FUENTE: Elaboración propia.

Figura 3.5. Fases del proceso de internacionalización.

- El incremento de los costes de coordinación y distribución.
- Los problemas administrativos (barreras comerciales, costes logísticos y diversidad cultural).

3.5. LA GLOBALIZACIÓN

Cada vez más empresas consideran la posibilidad de actuar a nivel internacional, debido a la mayor interdependencia económica entre los distintos países.

Esta situación ha provocado un fenómeno denominado *globalización*, cuyas principales características son[29]:

— Ambientes más turbulentos y caóticos, en constante cambio, que producen incertidumbre.

— La desregulación de los mercados y eliminación de leyes que impiden el libre comercio. Ello genera un aumento de la competencia que, a su vez, fomenta la integración internacional (por ejemplo, mediante alianzas estratégicas).

— Aumento del tamaño de las empresas que actúan a nivel internacional (para incrementar su poder de mercado, conseguir ventajas competitivas...).

- Rápidos y significativos cambios tecnológicos, así como el desarrollo de nuevos países industrializados (países y zonas de Asia, como Corea o Taiwan), o de grandes oportunidades en nuevos mercados (China, India) y ampliación de los tradicionales (por ejemplo, la Comunidad Europea).
- Valor de la flexibilidad, velocidad, innovación, calidad, integración, y también de la capacidad de acceso y utilización eficaz de la información, así como del conocimiento (todos estos aspectos pueden ser fuentes de ventajas competitivas).
- Cambios sociológicos, que afectan a las prácticas laborales y a la naturaleza de los productos, y que exigen consumidores cada vez más diversos.

Una **economía global** es aquélla en la que los bienes, servicios, personas, habilidades e ideas se mueven con libertad a través de las fronteras geográficas (aunque relativamente limitada por las restricciones artificiales, como los aranceles)[30]. Las empresas deben identificar esos mercados globales, con sus oportunidades y amenazas, desarrollando un nivel óptimo de globalización.

Así, empresas globales como Nike, McDonald's, Coca-Cola o Microsoft combinan una estrategia global con actuaciones locales, adaptadas a las necesidades concretas de las distintas zonas geográficas. Esta filosofía se resume en la frase: «Piensa global, actúa local».

CASO: EL GRUPO INDITEX

1. LA LOCALIZACIÓN

Domicilio social/fiscal

El Grupo Inditex tiene su domicilio en Arteixo (La Coruña, España).

Servicios centrales

La sede central del Grupo Inditex y los servicios centrales se sitúan en Arteixo (La Coruña).

Centros de distribución

En Arteixo se encuentra el principal centro de distribución de Zara, desde donde salen las prendas que se venden en todo el mundo. Desde 2003, existe un segundo centro de distribución en Zaragoza – *Plataforma Europa*, que complementa la actividad logística.

El Plan de Desarrollo Logístico de Inditex tiene por objeto favorecer la adecuación de la capacidad logística del Grupo al fuerte crecimiento de todos los formatos. Por este motivo, se han considerado otras plataformas logísticas en León (inagurada a finales de 2006) y en Meco (Madrid), y se están mejorando las plataformas logísticas en Galicia, Aragón, Cataluña y Comunidad Valenciana.

El resto de cadenas también tienen sus propios centros logísticos:

- Pull & Bear: en Narón (La Coruña).
- Massimo Dutti, Bershka y Oysho: en Tordera (Barcelona).

— Stradivarius: en Sallent de Llobregat (Barcelona).
— Tempe (calzado): en Elche (Alicante).

Almacenes

El hecho de que la compañía tenga una política de «*stock cero*» (no almacenar la ropa) y una alta rotación de las prendas («*el cliente sabe que lo que no compre hoy, ya no estará mañana*»[a]), exige que su sistema de logística tenga la calidad suficiente para que las tiendas de todo el mundo puedan abastecerse con rapidez («*sólo transcurren 72 horas desde que se realiza la petición hasta que llega a la tienda*»[b]).

Fabricación

Inditex produce la mitad de lo que vende. La mayor parte de la producción se realiza en Europa (principalmente, en pequeños talleres y cooperativas de Galicia y Portugal), y el resto (las prendas muy elaboradas, que requieren más mano de obra) en el Tercer Mundo[c], para abaratar costes (Deslocalización).

Tiendas

Las tiendas suelen situarse en calles céntricas y en centros comerciales[d], donde existe mayor afluencia de clientes potenciales (estrategia de aglomeración o «*co-location*»). Como Zara no hace publicidad directa[e] (busca el «*boca a boca*»), cuida mucho sus escaparates, a través de los cuales realiza su publicidad. Por este motivo, los sitúa a la altura de la calle, en los lugares más céntricos de las grandes ciudades, en emplazamientos privilegiados.

El principal inconveniente que plantea esta estrategia es el coste del terreno: en los centros de las ciudades y las mejores zonas comerciales, el solar es más caro y escaso. A veces, tienen que ajustarse a las características arquitectónicas de la zona o adaptar antiguos edificios, aunque no respondan al diseño típico de Zara («*planta amplia y diáfana, con un máximo de dos alturas*»). Así, por ejemplo, para situarse en la mejor zona de Tokio, sólo pudieron adquirir un pequeño solar, y tuvieron que construir «*a lo alto*» para aprovecharlo al máximo, resultando un edificio con más alturas de lo habitual.

Por otra parte, la apertura de una nueva tienda suele llevarse a cabo en el menor tiempo posible. Mientras duran las obras y el proceso de preparación de las instalaciones,

---

[a] Esto provoca un mayor número de visitas a la tienda: una media de 17 veces al año, frente a 4 veces al año en la competencia.

[b] Dos veces por semana, todas las tiendas del mundo reciben los pedidos y nuevas prendas.

[c] La ventaja de producir en el Tercer Mundo es que resulta más barato. Sin embargo, también existen inconvenientes que deben ser evitados: la corrupción y falta de respeto de los derechos fundamentales de los trabajadores (inexistencia de sindicatos, jornadas laborales demasiado largas, empleo de mano de obra infantil, discriminación salarial según sexo, ...); así como los talleres ilegales y las falsificaciones.

[d] En la localización internacional influye mucho el clima. En países como Dubai, donde las temperaturas son muy elevadas (se alcanzan de 45 a 50 °C), no se sitúan las tiendas en la calle, sino en centros comerciales.

[e] Generalmente, sólo realiza anuncios pagados dos veces al año, con carácter informativo, para comunicar las fechas de las rebajas de enero y julio.

guardan la máxima discreción («*máximo secreto*») para evitar a la competencia y a los especuladores[f].

Un requisito fundamental es conocer el barrio donde se va a abrir la tienda Zara: saber si los clientes de esa zona buscan precios asequibles o, por el contrario, se trata de una clientela más selecta.

En un año, aproximadamente, ya se conoce este aspecto, y pueden adaptarse con éxito a esa clientela.

Ejemplo de un error en la localización de una tienda Zara

Uno de los primeros errores fue dar el salto en 1983 desde Galicia a Madrid sin estudiar todos los detalles, abriendo precisamente la primera tienda Zara en la calle Carretas, junto a la Puerta del Sol, pensando que era una zona adecuada. Aquello era un barrio marginal y, sin haber hecho ninguna publicidad, el público objetivo no iba a la tienda. Pasaron varios meses, con ventas muy escasas en Madrid. A los seis meses, al darse cuenta del error de localización, rectificaron abriendo en otras áreas de Madrid. La tienda de Carretas se recuperó pronto.

Localizaciones estratégicas y de prestigio

El Grupo Inditex ha abierto tiendas en las principales capitales mundiales de la moda: París, Nueva York, Tokio (Zara considera esta ciudad como la capital mundial de las tendencias), Milán, etc., y, aunque algunas de ellas al principio no eran rentables (por ejemplo, la de Nueva York), las ha mantenido por cuestiones estratégicas (para obtener información sobre las tendencias) y de prestigio (si quiere ser una primera empresa mundial, debe estar presente en los principales mercados de la moda). Estas tiendas emblemáticas se denominan «*tiendas bandera*» («*flagship stores*»), y se sitúan, por ejemplo, en la 5.ª Avenida de Nueva York, en la P. Duomo de Milán, o en la zona de Ginza en Tokio.

2. LA DIMENSIÓN

Si se clasifica el Grupo Inditex por su tamaño, y atendiendo a distintos criterios, puede considerarse una empresa grande:

- Cifra neta de negocio (2005): 6.741 millones de euros.
- Beneficio neto consolidado (2005): 811 millones de euros.
- Empleados (2006): 62.268 trabajadores.
- Número de establecimientos (2007): 3.109 establecimientos.
- Número de países (2007): 64 países.

3. EL CRECIMIENTO

Una de las características del Grupo es su ritmo de crecimiento altísimo. Desde su nacimiento, la empresa ha ido creciendo, adaptando técnicas de otras industrias para ser más rápidos y flexibles.

---

[f] Sin embargo, en Badajoz se retrasaron las obras varios años por motivos burocráticos, y trascendió a los medios de comunicación. Esto ha dado tiempo a que uno de sus máximos competidores en la zona, El Corte Inglés, reconvierta el centro que tiene allí en una tienda Sfera (dirigida al mismo público objetivo que Zara).

El crecimiento de Zara en España se realizó basándose en la autofinanciación (sólo acudieron a la financiación ajena de forma excepcional). El crecimiento internacional también se inició basándose en la autofinanciación, aunque posteriormente han acudido al Mercado de Valores (desde el año 2001, el Grupo Inditex cotiza en Bolsa –su salida a Bolsa fue el 23 de mayo).

El crecimiento se realizó siguiendo la idea de «*no crecer por crecer, sino según las posibilidades de autofinanciación y midiendo muy bien la situación y las perspectivas de cada mercado (analizando detalladamente cada mercado)*».

El proceso de expansión nacional fue primero por Galicia, y después por el resto de España (década de los ochenta). Agotado el modelo de crecimiento en el mercado interior, consideraron la estrategia de expansión internacional como algo difícil y arriesgado, pero necesario (finales de la década de los ochenta).

Para evitar convertirse en un gigante con una estructura organizativa lenta y poco flexible, el Grupo ha seguido una estrategia de *outsourcing* (ha subcontratado determinadas actividades que le impedían dedicarse a su actividad principal). De esta forma, Inditex se centra en el diseño, subcontratando:

- El transporte: llegó un momento en que dedicaban casi más tiempo a la gestión del transporte (reparaciones y mantenimiento de camiones, organización de turnos de conductores...) que a su actividad principal: el diseño. Por ello, decidieron realizar el transporte con empresas especializadas.
- La confección: se realiza en pequeños talleres de Galicia (400), y Portugal y Marruecos (300).

En la década de los noventa, el Grupo Inditex decidió segmentar el mercado:

- Creando nuevas cadenas que cubren otros segmentos (como Pull & Bear, para el mercado masculino).
- Absorbiendo otras empresas (como Massimo Dutti).

De esta forma, el Grupo Inditex ha desarrollado una estrategia de crecimiento horizontal: distintas cadenas de tiendas, para lograr un mayor poder del mercado y una mayor cuota del mercado global.

Actualmente, Zara es la principal cadena de tiendas del Grupo, que está formado también por:

- Bershka: nació en 1998, como un nuevo concepto tanto de tienda como de moda, dirigida al público femenino más joven; un lugar de encuentro entre la moda, la música y el arte de la calle (se pueden ver vídeos, escuchar CDs o leer revistas). La experiencia de ir de compras se convierte así en una inmersión sociocultural.
- Kiddy's Class: especializada en moda infantil (ropa, fragancias o cosméticos para niños, o pequeños complementos como pulseras y collares).
- Massimo Dutti: se dirige al hombre y la mujer de hoy, independientes, urbanos y cosmopolitas. Presenta una completa variedad de líneas, que van desde las más urbanas y sofisticadas a las más deportivas. Su eje prioritario de la atención comercial es el asesoramiento personalizado.

— Oysho: creado en 2001, ofrece las últimas tendencias de moda en el sector de la lencería y la ropa interior femenina.
— Pull & Bear: nació en 1991, y propone una moda pensada para los jóvenes. Gira en torno a una nueva generación de jóvenes urbanos de entre 14 y 28 años.
— Stradivarius: refleja una manera joven de sentir la moda, con una concepción dinámica y original, acercando a sus clientes las últimas tendencias en diseños, tejidos y complementos. Apuesta por la moda internacional con diseños de vanguardia, y con un estilo informal e imaginativo para las jóvenes.
— Zara Home: especializada en artículos para vestir y decorar la casa, con las últimas tendencias de la moda en el hogar.

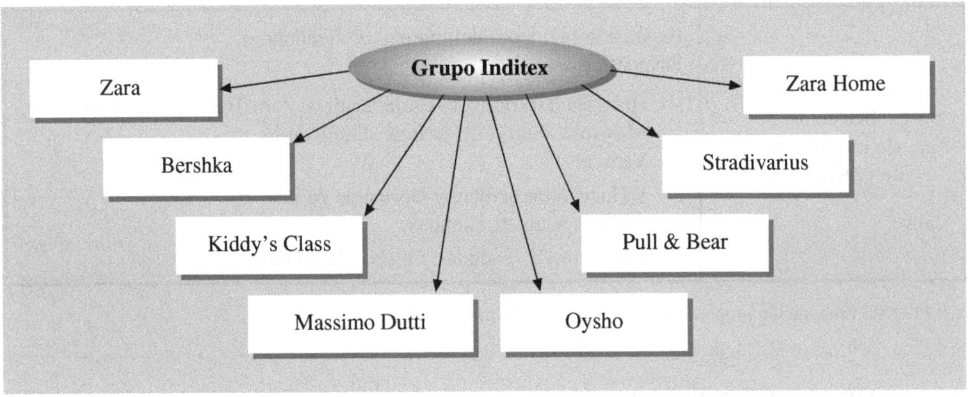

Por otra parte, también tienen una integración vertical, para cubrir y controlar la calidad de todo el proceso, desde el diseño a la fabricación, distribución y venta al detalle. Sin embargo, también utiliza el sistema de subcontratas (*outsourcing*) para algunos tramos de su producción y distribución, como la confección y el transporte, en lugar de completar la integración vertical, diversificar sus negocios y ampliar su plantilla. Los principales motivos para esta actuación son:

— Transporte: evitar los problemas de gestión de un elevado volumen de camiones y conductores. Como se ha señalado anteriormente, decidieron que era mejor recurrir a empresas especializadas, porque «*llevaban camino de convertirse en la primera compañía de transporte por carretera de España*».
— Confección: Inditex se encarga del control del diseño, de la selección del tejido y del corte robotizado de los patrones de ropa. Sin embargo, la costura y el ensamblado de las piezas se subcontrata (Inditex realiza el control de la calidad final antes de proceder a su distribución por la cadena de tiendas).

Actualmente, el Grupo reúne a más de un centenar de sociedades vinculadas con las distintas actividades que conforman el negocio del diseño, la fabricación y la distribución textil.

Modelo de crecimiento del Grupo Inditex

Planificación del crecimiento del Grupo Inditex

Identificación del mercado donde crecer	Mercado de la moda (primero, Europa; después, resto del mundo).
Alternativas de crecimiento	Interno: tiendas propias. Externo: franquicias y alianzas (internacional)/adquisición (Massimo Dutti).
Forma de financiación del crecimiento	Autofinanciación. Financiación externa (Mercado de Valores).
Selección de estrategias de crecimiento	Expansión (aumento del número de tiendas). Diversificación: — Horizontal (otras cadenas de tiendas): Zara, Bershka, Kiddy's Class, Massimo Dutti, Pull & Bear, Stradivarius. — Vertical: • Hacia atrás (talleres, fábrica de punto). • Hacia adelante (tiendas). — Conglomeral (cadenas: Oysho, Zara Home).

FUENTE: Elaboración propia, a partir de Inditex (2005).

4. LA INTERNACIONALIZACIÓN

Otra de las características del Grupo es su estrategia de internacionalización acelerada.

El proceso de expansión internacional se inició a finales de la década de los ochenta. Primero, se dirigieron hacia los países vecinos (Portugal, Francia), porque creían conocerlos mejor (Latinoamérica se aparcó, al tener una temporada climática diferente). También se plantearon la entrada en mercados fundamentales como Italia y Estados Unidos, por su carácter estratégico y prestigio.

La principal razón que puede explicar su proceso de internacionalización acelerada es la debilidad del consumo en el mercado interior (reducción del consumo). En 1989, se completó su consolidación en el mercado nacional y se empezó a percibir una cierta saturación o madurez en los segmentos del mercado interior. Por ello, se inició la búsqueda de otros mercados alternativos y desarrollo de nuevos productos y estrategias para seguir creciendo. Consecuentemente, el proceso de internacionalización no sólo fue por gusto, sino principalmente por necesidad:

- — Los datos de la economía española apuntaban hacia una reducción del consumo, en general.
- — El consumo de ropa de diseño y moda de buena calidad a precios razonables, mostraba perspectivas de crecimiento lento.
- — Comienzo de un cambio estructural de la demanda, en los hábitos de consumo de los españoles (menor consumo de ropa en relación con el aumento del consumo de otros productos de ocio, como los viajes).

La globalización de la economía ha favorecido la expansión internacional y cultural de las tiendas del Grupo.

La internacionalización se ha realizado mediante:

- Tiendas propias.
- Franquicias (ventaja: exigen menos inversión en tiendas y permite mantener un ritmo de crecimiento elevado). La primera tienda que utilizó este sistema se abrió en Chipre (5/12/1996), y le siguieron las de Israel y Japón.
- Alianzas estratégicas (por ejemplo, para entrar en Italia, un mercado muy proteccionista, donde llevaban muchos años intentando entrar, y la única forma era mediante la alianza con un grupo local. En un principio, intentaron la alianza con Benetton, pero fracasó; finalmente, se aliaron con el Gruppo Percassi).

En este proceso de internacionalización, el Grupo Inditex contrata a personal local, porque considera que conocen mejor los gustos de los clientes y aciertan en sus pedidos a la Central. Al principio, colaboran también responsables españoles, para dar a conocer las características de la compañía y asesorarles.

Actualmente, el Grupo tiene presencia en más de 60 países y más de 400 ciudades (en 4 continentes: Europa, América, Asia y África). La mayor parte de la facturación procede del mercado exterior.

Para mantener una imagen mundial de empresa socialmente responsable, la empresa ha adoptado un Código de Conducta, y ha sido una de las primeras empresas españolas en elaborar la Triple Memoria (económica, de sostenibilidad y medioambiental).

Al elaborar parte de su producción en el Tercer Mundo (*outsourcing*), tratan de evitar cualquier escándalo o fallo, similar al que han sufrido otras multinacionales (Nike, Adidas, Ikea, Coca-Cola o Nestlé). Para ello, controlan el cumplimiento y respeto del Código de Conducta mediante inspecciones oficiales, pero también intentando implicar a las ONG locales, para que hagan un seguimiento de lo que ocurre en los talleres y denuncien cualquier incumplimiento.

Aunque la producción de Inditex es homogénea en los distintos países (es prácticamente igual para todo el mundo), un pequeño porcentaje se adapta a las distintas culturas, diferencias climáticas, o gustos de los clientes. Así, por ejemplo:

- Tallas: en Japón, se venden más las tallas pequeñas (las grandes no se venden bien), mientras que en Alemania, sí existe una mayor demanda de tallas grandes.
- Diferencias culturales: en algunos países árabes, donde las mujeres no pueden llevar pantalones (vaqueros, al menos), los diseños originales de pantalón vaquero se transforman en faldas.
- Diferencias climáticas: entre los países del Hemisferio Norte y del Hemisferio Sur (como se ha señalado anteriormente, éste fue el motivo por el cual el Grupo Inditex decidió extenderse primero por Europa, aparcando momentáneamente el mercado latinoamericano).

Es muy importante respetar las características culturales y las costumbres locales. Así, por ejemplo, en los países musulmanes los maniquíes de los escaparates no tienen cabeza (y en Arabia, están además sin brazos), se baja la música cinco veces al día durante los momentos de oración (en Arabia, incluso se cierran las tiendas durante esos minutos) y también los empleados son hombres.

A pesar de las diversas experiencias internacionales de Zara, el verdadero interés de la compañía se centra en Europa, debido a la cercanía de sus centros de producción y a la elevada capacidad adquisitiva de sus habitantes.

Fases del proceso de internacionalización del Grupo Inditex

Incentivos para internacionalizarse	— Demanda homogénea de sus productos en otros países. — Conseguir mayores economías de escala.
Decisión de competir internacionalmente	— Debilidad del consumo en el mercado interior (reducción del consumo en general, y de ropa en particular). — Ante cierta saturación del mercado español, crecimiento limitado. Necesidad de buscar otros mercados alternativos.
Seleccionar una estrategia	Estrategia de enfoque → Estrategia global → Estrategia trasnacional (Producción homogénea para los distintos países, aunque un pequeño porcentaje se adapta a las diferentes culturas, climas o gustos de los clientes).
Seleccionar el modo de entrada	1. Tiendas propias. 2. Franquicias. 3. Alianzas estratégicas (Italia).
Analizar la competitividad estratégica (resultados)	

FUENTE: Elaboración propia, a partir de Inditex (2005).

5. BIBLIOGRAFÍA CASO GRUPO INDITEX

Produce + (2002): *Planeta Zara.* Vídeo emitido en abierto, en Canal+ España (05/01/2004).
Grupo Inditex (2005): Información corporativa, en www.inditex.es (Consulta: 01/10/2005).
Grupo Inditex (2007): Información corporativa, en www.inditex.es (Consulta: 28/02/2007).
Martínez Soler, José Antonio (1997): «Conversaciones: José María Castellano», en *Revista Economistas*, n.º 73 (enero, 1997), pp. 118-126.

ACTIVIDADES DEL CAPÍTULO

ACTIVIDADES INDIVIDUALES

DE COMPRENSIÓN

Responde a las siguientes preguntas:

1. ¿Por qué es importante la decisión de localización para la empresa?
2. ¿Qué son las economías de aglomeración? ¿A qué se refiere el fenómeno de aglomeración o *co-location*?
3. ¿Qué factores deben considerarse en la decisión de localización?

4. ¿Qué es la deslocalización?
5. ¿Qué influencia tiene la aparición de Internet en la decisión de localización de las empresas?
6. ¿Qué es el *outsourcing*?
7. ¿Qué razones explican el estudio del tamaño de la empresa?
8. ¿Qué ventajas e inconvenientes se derivan del tamaño de la empresa?
9. Señala los tres criterios que utiliza la IV Directiva de la Unión Europea para determinar el tamaño de la empresa.
10. ¿Por qué una empresa puede decidir no querer crecer?
11. ¿Qué fases debe tener el proceso de planificación del crecimiento?
12. Diferencia entre diversificación horizontal, vertical y conglomeral (heterogénea).
13. ¿Cuáles son las fases del proceso de internacionalización que suelen seguir las empresas?
14. Diferencia entre estrategia multidoméstica, global, trasnacional y de enfoque.
15. Diferencia entre exportación, licencia, alianza estratégica, adquisición y subsidiaria.
16. ¿Qué características tiene el fenómeno denominado «globalización»?

DE AUTOEVALUACIÓN

1. ¿Por qué es importante la decisión de localización para la empresa?

   a) Porque tiene una gran trascendencia para la empresa (un error en la elección de la localización puede perjudicar considerablemente a la empresa y condicionar su desarrollo futuro).
   b) Porque es un compromiso crítico a largo plazo.
   c) Porque generalmente, una vez puesta en práctica, no resulta fácil corregirla sin que se produzcan unos costes elevados.
   d) Todas las preguntas anteriores son correctas.

2. ¿Qué característica tiene la decisión de localización?

   a) Es importante (afecta a la capacidad competitiva).
   b) Tiene un carácter estratégico (es a largo plazo).
   c) Es compleja.
   d) Todas las preguntas anteriores son correctas.

3. La decisión de localización incluye la selección del lugar donde situar:

   a) El domicilio social y/o fiscal de la empresa, así como los servicios centrales de la empresa.
   b) Las fábricas o instalaciones industriales, así como los almacenes o centros de distribución.
   c) Los puntos de venta (tiendas).
   d) Todas las preguntas anteriores son correctas.

4. ¿Qué implicaciones tiene Internet en la decisión de localización de las empresas?

a) Está revolucionando el concepto tradicional de localización como espacio físico, que pierde importancia.
b) Está revolucionando el concepto tradicional de localización como espacio físico, que gana importancia.
c) Internet no influye en la decisión de localización.
d) Ninguna de las preguntas anteriores es correcta.

5. Señala la frase que no sea correcta:

a) El *outsourcing* consiste en que la compañía cede recursos y tareas a empresas externas, para mejorar su competitividad y reducir los costes.
b) El *outsourcing* consiste en que la compañía adopta tareas externas, tradicionalmente realizadas por otras empresas, y pasa a desempeñarlas internamente.
c) La regla fundamental del *outsourcing* consiste en no perder el control de las competencias básicas («esencia») de la empresa.
d) Uno de los efectos del *outsourcing* es la deslocalización.

6. Una razón que explica el estudio del tamaño es:

a) Servir de factor de identificación empresarial o forma de establecer una tipología según los distintos volúmenes.
b) Influencia en la función de costes y, por tanto, en la rentabilidad de la empresa a largo plazo.
c) Permite realizar comparaciones entre organizaciones y establecer las distintas estrategias competitivas.
d) Todas las preguntas anteriores son correctas.

7. Una razón que explica el estudio del tamaño es:

a) Que puede ser fuente de ventaja competitiva para la empresa.
b) Su influencia en el diseño y funcionamiento de la estructura de la organización.
c) Todas las preguntas anteriores son correctas.
d) Ninguna de las preguntas anteriores es correcta.

8. Una ventaja de las empresas grandes es:

a) La consecución de economías de escala.
b) La mayor burocracia y rigidez en su estructura organizativa.
c) La lentitud en la toma de decisiones.
d) La reducción de los costes de coordinación y control interno de sus objetivos y actividades.

9. Un inconveniente de las empresas grandes es:

a) La aparición de economías de escala.
b) El acceso a fuentes de financiación ajenas.
c) El poder de mercado que tienen.
d) La burocracia y rigidez de su estructura organizativa.

10. Una ventaja de las pequeñas empresas es:

a) La consecución de economías de escala.
b) La facilidad para acceder a la financiación ajena.
c) Su significativa cuota de mercado.
d) La flexibilidad de su estructura organizativa, que favorece la rapidez en la toma de decisiones y la innovación, así como los menores costes de coordinación y control interno.

11. Las empresas que suelen generar la mayoría del PIB y del comercio internacional de un país son:

a) Las pequeñas empresas.
b) Las medianas empresas.
c) Las grandes empresas.
d) Todas las empresas, independientemente de su tamaño.

12. Según la IV Directiva de la Unión Europea, ¿cuáles de las siguientes empresas se clasifican como pequeñas?

Criterio	Empresa A	Empresa B	Empresa C
Activo total	2.000.000 euros	2.600.000 euros	1.000.000 euros
Importe neto de la cifra anual de negocios	4.000.000 euros	5.200.000 euros	2.000.000 euros
Empleados	40 empleados	100 empleados	60 empleados

a) Las empresas A, B y C.
b) Las empresas A y B.
c) Las empresas A y C.
d) Ninguna de ellas.

13. Se considera que una empresa ha experimentado un crecimiento si:

a) El incremento es superior a la tasa de crecimiento del sector o de sus empresas competidoras.
b) El incremento es igual a la tasa de crecimiento del sector o de sus empresas competidoras.
c) El incremento es inferior a la tasa de crecimiento del sector o de sus empresas competidoras.
d) Todas las respuestas anteriores son correctas.

14. Una fusión es:

a) Un acuerdo entre dos o más empresas para constituirse en una sola y conseguir una ventaja competitiva. Implica una integración total.
b) Un acuerdo entre dos o más empresas para constituirse en una sola y conseguir una ventaja competitiva. Implica una integración parcial.
c) Es una alianza con forma de *joint venture*.
d) Todas las respuestas anteriores son correctas.

15. ¿Cuál es la secuencia lógica del crecimiento?

a) Crecimiento: horizontal → vertical → conglomeral.
b) Crecimiento: conglomeral → vertical → horizontal.
c) Crecimiento: horizontal → conglomeral → vertical.
d) Crecimiento: vertical → conglomeral → horizontal.

16. El modo de entrada en mercados internacionales que asegura una presencia más fuerte es:

a) La exportación.
b) La licencia.
c) La alianza estratégica.
d) La adquisición o subsidiaria.

ACTIVIDADES DE GRUPO PEQUEÑO

CASO DE ANÁLISIS: Las maquiladoras

Maquiladora es un término que se utiliza en Estados Unidos para describir aquellas plantas de montaje situadas muy cerca de la frontera con México, que reciben todos los componentes de Estados Unidos, montan el producto y vuelven a enviarlo al lugar de origen.

El significado original de *maquiladora* viene de la palabra *maquila* que, antiguamente se usaba para designar la porción de grano, harina o aceite que correspondía al molinero por la molienda.

Aunque en su origen las maquiladoras eran sólo un programa de excepción restringido a la región de la frontera entre Estados Unidos y México, posteriormente se han convertido en el elemento central de la estrategia económica del Gobierno mexicano de orientación a la exportación. Se han extendido por todo el país e incluso también a zonas francas de América Central (Guatemala, El Salvador, Honduras, Nicaragua).

El programa permite a las empresas extranjeras importar las distintas partes para ser ensambladas por trabajadores mexicanos, siendo el producto final reexportado casi sin tarifas. La producción va dirigida, principalmente, a Estados Unidos, aunque también a otros países como Canadá.

Según distintos estudios, a mediados de la década de los noventa existían ya 4.000 plantas maquiladoras de montaje, que empleaban a 900.000 trabajadores mexicanos (el 70 por 100 de ellos, mujeres) y se dedicaban a diferentes tipos de productos (automóviles, electrónica, confección, etc.). Por otra parte, los talleres han pasado de tener una baja tecnología a utilizar otra más sofisticada.

Sin embargo, las maquiladoras no están exentas de críticas. Éstas se centran especialmente en la falta de cumplimiento de los derechos humanos, laborales y de género (sueldos bajos, largas jornadas, no respeto de las normas de higiene y seguridad en el trabajo, destrucción de la industria doméstica...).

La propiedad de las maquiladoras es, en México, principalmente de Estados Unidos, Japón y Canadá. En el resto de América Latina, la propiedad predominante es de Corea, Taiwan y Estados Unidos.

FUENTE: Adaptado de www.maquilasolidarity.org (1995).

CUESTIONES A DESARROLLAR

1. ¿Qué opinas de las maquiladoras?
2. ¿Qué implicaciones tienen para las empresas?
3. ¿Por qué han tenido tanto éxito? ¿Por qué se han extendido por todo México y ahora también por América Central?
4. ¿Qué críticas han surgido?
5. ¿Crees que las multinacionales propietarias de las maquiladoras actúan de una forma socialmente responsable?
6. Busca más información sobre las implicaciones que las maquiladoras tienen para:

   — Las empresas.
   — Los trabajadores.
   — Los países implicados.

7. ¿Cómo es la deslocalización que aplican las multinacionales en las maquiladoras?
8. ¿Qué consecuencias tiene la decisión de las multinacionales de localizar sus plantas de ensamblaje en México y otros países de América Central?

ACTIVIDADES DE GRUPO GRANDE

1. Buscar un ejemplo de empresa que practique la deslocalización.
2. Buscar un ejemplo de empresa que sea grande, otro de una mediana empresa y otro de una pequeña empresa.
3. Buscar un ejemplo de empresa que haya crecido interna y/o externamente.
4. Señalar un ejemplo de empresa que haya crecido a través de:

   — Una fusión.
   — Una adquisición.
   — Una alianza/*joint venture*.

5. Señalar un ejemplo de empresa que utilice la autofinanciación y/o la financiación externa.
6. Buscar ejemplos de empresas que hayan experimentado una diversificación:

   — Horizontal.
   — Vertical hacia atrás.
   — Vertical hacia adelante.
   — Conglomeral.

7. Señalar ejemplos de empresas que hayan realizado un proceso de internacionalización siguiendo una estrategia:

   — Multidoméstica.
   — Global.
   — Trasnacional.
   — De enfoque.

8. Señalar ejemplos de empresas que utilicen como modo de entrada en mercados internacionales:

   — La exportación.
   — La licencia.
   — La alianza estratégica.
   — La adquisición.
   — La empresa subsidiaria de propiedad total.

BIBLIOGRAFÍA BÁSICA

Bañegil Palacios, T. M. y Meirelles de Sousa, J. M. (2004): *Estrategias de marketing internacional*, Editora Atlas, S. A., Sao Paulo (Brasil).

Bueno Campos, E. (2001): *Curso básico de economía de la empresa. Un enfoque de organización*, Pirámide, Madrid.

Bueno Campos, E. (2005): *Curso básico de economía de la empresa. Un enfoque de organización*, 4.ª ed., Pirámide, Madrid.

Bueno Campos, E., Cruz Roche, I. y Durán Herrera, J. J. (1990): *Economía de la empresa. Análisis de las decisiones empresariales*, 13.ª ed., Pirámide, Madrid.

Bueno Campos, E. y Morcillo Ortega, P. (1994): *Fundamentos de economía y organización industrial*, McGraw-Hill, Madrid.

Canina, L., Enz, C. A., Harrison, J. S. (2005): «Agglomeration effects and strategic orientations: evidence from the U.S. lodging industry», *Academy of Management Journal*, vol. 48, n.º 4, pp. 565-581.

Castillo Clavero, A. M. (dir. y coord.), Abad Guerrero, I. M., Aguirre de Mena, J. M., García Mestanza, J., Moreno Lorente, F. de A. y Rastrollo Horrillo, M.ª A. (2003): *Introducción a la economía y administración de empresas*, Pirámide, Madrid.

Harrison, J. S. y St John, Caron H. (2002): *Fundamentos de la dirección estratégica*, 2.ª ed., Thomson.

Heizer, J., Render, B. (1997): *Dirección de la producción. Decisiones estratégicas*, 4.ª ed., Prentice-Hall, Madrid.

Hitt, M. A., Ireland, R. D. y Hoskisson, R. E. (1999): *Administración estratégica. Competitividad y conceptos de globalización*, 3.ª ed., International Thomson Editores, S. A., México.

Instituto Español de Comercio Exterior —ICEX— (1996): *Curso de especialistas de comercio exterior*, vol. I, 2.ª ed. Editado por el ICEX y el Consejo Superior de Cámaras de Comercio, Industria y Navegación de España, Madrid.

Lambin, J. J. (2003): *Marketing estratégico*, Esic.

Luque de la Torre, M. A., Bueno Hernández, Y. y Santos Urda, B. (2001): *Curso práctico de economía de la empresa. Un enfoque de organización*, Pirámide, Madrid.

Miranda González, F. J., Rubio Lacoba, S., Chamorro Mera, A., y Bañegil Palacios, T. M. (2004): *Manual de Dirección de Operaciones*, Thomson, Madrid.

Rodríguez Illera, C. y Rufín Moreno, R. (1997): *Curso básico de administración y dirección de empresas*, UNED, Madrid.
Santesmases Mestre, M. (2004): *Marketing. Conceptos y estrategias*, 5.ª ed., Pirámide, Madrid.
Unión Europea (2005): *Annual Accounts of companies with limited liability: fourth directive*. En http://europa.eu.int/scadplus/leg/en/lvb/126009.htm. (Consulta: 24/11/2005).
Wagner III, J. A. y Hollenbeck, J. R. (2004): *Comportamiento organizativo. Consiguiendo la ventaja competitiva*, 4.ª ed., Thomson.

ENLACES DE INTERÉS

www.juntaex.es
www.fomentomercados.com
http://europa.eu/index_ns_es.htm
http://europa.eu/pol/enter/index_es.htm
www.icex.es
www.mityc.es
www.ipyme.org
www.inditex.es / www.inditex.com

BIBLIOGRAFÍA REFERENCIADA

[1] Heizer y Render (1997): *Dirección de la producción. Decisiones estratégicas*. 4ª edición. Prentice-Hall. Madrid. pp. 360.
[2] Heizer y Render (1997): *Op. cit.,* pp. 346.
[3] Heizer y Render (1997): *Op. cit.*, pp. 346 y 360.
Bueno y Morcillo (1994): *Fundamentos de economía y organización industrial*, McGraw-Hill, Madrid, pp. 49.
[4] Heizer y Render (1997): *Op. cit.* pp. 346 y 358-359.
Castillo *et al* (2003): *Introducción a la economía y administración de empresas*, Pirámide, pp. 155.
[5] Bueno *et al* (1990): *Economía de la empresa. Análisis de las decisiones empresariales*, 13.ª ed, Pirámide, Madrid, pp. 672.
[6] Bueno *et al* (1990): *Op. cit.*, pp. 671.
[7] Santesmases (2004): *Marketing. Conceptos y estrategias*, Pirámide, Madrid, pp. 541-542.
[8] Santesmases (2004): *Op. cit.*, p. 542.
[9] Castillo *et al* (2003): *Op. cit.*, pp. 153.
[10] Heizer y Render (1997): *Op. cit.*, pp. 346-347.
[11] Bueno y Morcillo (1994): *Op. cit.*, pp. 48.
[12] Kotler (2000): *Dirección de marketing*, Prentice-Hall, pp. 46-47.
[13] Bueno *et al* (1990): *Op. cit.*, pp. 108.
[14] Bueno *et al* (1990): *Op. cit.*, pp. 108, 122-127, 132.
Bueno (2005): *Curso básico de economía de la empresa. Un enfoque de organización*, 4.ª ed., Pirámide, Madrid, pp. 384-389.
[15] Bueno (2005): *Op. cit.*, pp. 372-377.
Luque *et al* (2001): *Curso práctico de economía de la empresa. Un enfoque de organización*, Pirámide, Madrid, pp. 213 y 215.
[16] Bueno *et al* (1990): *Op. cit.*, pp. 122.
[17] Bueno (2001): *Curso básico de economía de la empresa. Un enfoque de organización*, Pirámide, Madrid, pp. 367.
[18] Hitt *et al* (1999): *Administración estratégica. Competitividad y conceptos de globalización*, 3.ª ed., Internacional Thomson Editores, México, pp. 256-257.

[19] Luque *et al* (2001): *Op. cit.*, pp. 214.
[20] Bueno (2005): *Op. cit.*, pp. 392-395.
[21] Bueno y Morcillo (1994): *Op. cit.*, pp. 183.
[22] Bueno *et al* (1990): *Op. cit.*, pp. 684.
[23] Bueno (2005): *Op. cit.*, pp. 395.
[24] Bueno y Morcillo (1994): *Op. cit.*, pp. 58-59.
[25] Bueno *et al* (1990): *Op. cit.*, pp. 694.
[26] Hitt *et al* (1999): *Op. cit.*, pp. 303.
[27] Hitt *et al* (1999): *Op. cit.*, pp. 274-303.
[28] Hitt *et al* (1999): *Op. cit.*, pp. 297.
[29] Hitt *et al* (1999): *Op. cit.*, pp. 3-14, 36, 45.
[30] Hitt *et al* (1999): *Op. cit.*, pp. 10.

Capítulo 4

Introducción a la dirección de Recursos Humanos en la empresa

M.ª Isabel Sánchez Hernández

4.1. INTRODUCCIÓN

La realidad empresarial actual no admite discusión acerca de si la función de recursos humanos posee un carácter estratégico dentro de una organización. Ya quedaron atrás los años en los que la *gestión de personal* era responsabilidad de la Dirección Administrativa o de la Dirección de la Producción y se limitaba a la gestión básica de las relaciones laborales como los contratos de trabajo o las nóminas.

La *Dirección de recursos humanos* ha ganado su autonomía en las organizaciones impulsada por los cambios que se han ido produciendo en el entorno. Desde el enfoque de la Teoría de la Evolución aplicada al mundo de la empresa, diríamos que sólo las organizaciones que se adaptan a los cambios son las que no se extinguen y consiguen generar rendimientos sostenibles. Así, la necesidad de la función ha impulsado la creación de una dirección específica para tal fin.

Hoy ya no es suficiente captar a las personas adecuadas para, en condiciones aceptables de costes, poder poner nuestro producto o servicio en el mercado. El capital humano de una organización ya no puede ser considerado una suma simple de perfiles profesionales cualificados a los que hay que dirigir y controlar. Hoy, más allá de los costes y de la gestión de la producción, las organizaciones se enfrentan a problemas de ventas, de productividad, de búsqueda de calidad y de gestión de la innovación. En ese nuevo entorno siempre inestable, las organizaciones competitivas son aquellas capaces de **crear**, **mantener** y **desarrollar** equipos humanos motivados, flexibles y capaces de aprender y adaptarse al entorno.

4.2. EL CAPITAL HUMANO COMO FUENTE DE VENTAJA COMPETITIVA

Hasta hace poco tiempo, la Dirección Estratégica se había centrado en la búsqueda de la ventaja competitiva a través de un posicionamiento en el mercado. Lo importante era descubrir la adecuada combinación producto-mercado, ya que la competencia se entendía básicamente como una guerra de posición. El enfoque predominante era el de las cinco fuerzas competitivas de Porter[1] , que incide en la necesidad de encontrar una posición en el sector en el que la organización esté y desde la cual se pueda defender de las fuerzas competitivas o pueda influir en ellas de manera favorable.

Actualmente podemos decir que se ha modificado sustancialmente el proceso tradicional de Dirección Estratégica ya que las organizaciones se conciben como un conjunto heterogéneo de recursos y capacidades en las que se analizan los recursos con los que cuenta y las capacidades que se pueden crear con esos recursos para después buscar la estrategia que mejor explote esas capacidades. En esta línea, Prahalad y Hamel[2], defienden que el análisis estratégico debe centrarse más que en una perspectiva de mercado, en una perspectiva de competencias esenciales. Una adecuada combinación de recursos y capacidades será la que dé a la empresa un carácter único y será la que permita explicar las diferencias de resultados entre organizaciones.

Este enfoque es el propuesto por Penrose[3] que está en la base de la Teoría de los Recursos y las Capacidades que se muestra en la Figura 4.1 según la cual, los recursos (internos y externos) son los elementos básicos para la creación de capacidades y, a partir de ellos, de ventaja competitiva. Esta teoría pone de manifiesto que el capital humano

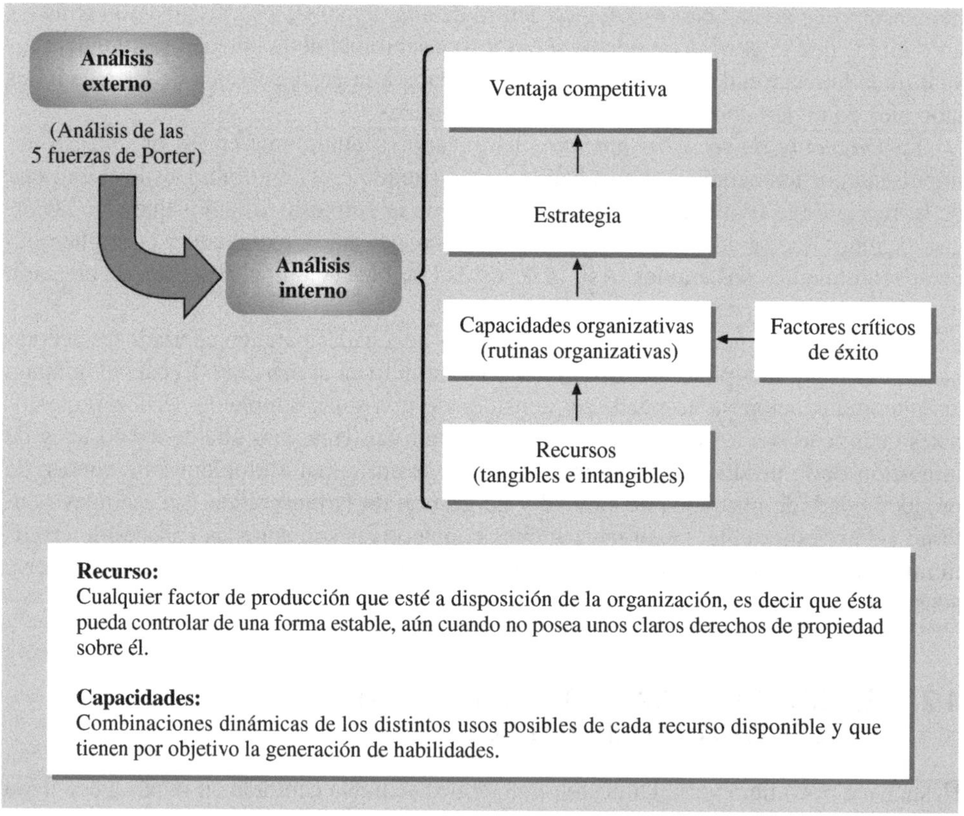

Figura 4.1. La Teoría de Recursos y Capacidades.

cumple los requerimientos que se exigen para que pueda ser calificado como fuente de ventaja competitiva, porque las personas:

— Están distribuidas de forma heterogénea entre las organizaciones.
— Añaden valor a la empresa.
— Son raras (hay escasez de personas que garanticen altos niveles de rendimiento).
— Son inimitables.
— No son de fácil sustitución.

Los límites al crecimiento de la organización se encuentran entonces en su interior, en el potencial para crear recursos y capacidades, saber cómo mantenerlos y desarrollarlos. Así, la Dirección de Recursos Humanos tiene como **objetivo** la atracción de capital humano (recurso intangible), su mantenimiento y desarrollo con la finalidad última de que la organización cuente con las capacidades necesarias para generar y mantener ventajas competitivas en su mercado.

4.3. EL *OUTSOURCING* DE LAS FUNCIONES DE RECURSOS HUMANOS

Dentro de la tendencia constatada en la gestión de las organizaciones contemporáneas de suprimir todas aquellas actividades que no añaden valor económicamente mensurable, se está tendiendo a que, cada vez más, el Departamento de Recursos Humanos, además de ser un proveedor de servicios internos, se convierta en un gestor de servicios externos. Las razones que alimentan el *outsourcing* de algunas actividades propias de la función de recursos humanos son varias y van desde el conseguir un coste menor al que suponía mantener esas actividades en la organización a flexibilizarla para permitir que el carácter estratégico de la función de recursos humanos sea posible.

Según la definición de Cook[4], optar por el *oursourcing* de una o varias funciones de recursos humanos significa disponer del servicio de un proveedor, el cual proporcionará, de una manera continuada, la administración de una actividad de recursos humanos que normalmente se realizaría dentro de la organización. Es decir, consiste en contratar a un tercero, profesional o empresa, que va a realizar una función específica de recursos humanos en nuestra organización de manera que, realizará ese servicio predeterminado y recibirá a cambio la contraprestación o precio establecido. Son tres las características que debería tener la actividad para poder externalizarse con éxito:

1. Que sea una tarea que pueda ser realizada por los empleados de la propia compañía, pero cuyos servicios puedan ser también proporcionados por un proveedor externo, posiblemente a un precio inferior (en igualdad de condiciones de eficacia).
2. Que pueda negociarse un contrato con un proveedor de servicios externo, el cual estará vinculado por una relación contractual para un nivel de servicio determinado y a un precio negociado.
3. Que pueda establecerse un límite de tiempo en el contrato que suele ser de un año como mínimo y de cinco años como máximo, con la posibilidad de escindirlo de forma adelantada en el caso de que alguna de las partes no cumpliese con lo convenido.

Existen sin embargo muchas opciones para las empresas a la hora de optar por la externalización en los recursos humanos. A continuación se destacan las cuatro opciones posibles:

— **Externalización global.** Este suele ser el caso de las empresas pequeñas dado que las grandes y medias empresas tienen muchas dificultades para externalizar la totalidad de las funciones de recursos humanos, dado que siempre es necesario mantener un equipo central de personas que atiendan a los empleados diariamente.
— **Externalización parcial.** La decisión sobre qué actividades externalizar dependerá en primer lugar de la propia naturaleza de la actividad y en segundo lugar de la definición previa y razonada de las necesidades de servicio actuales y futuras y las capacidades del personal.
— **Externalización del personal de recursos humanos.** En este caso se retienen todas las funciones en la empresa pero se contrata un proveedor externo para que les proporcione los profesionales necesarios para mantener las funciones. En general, mediante un acuerdo de cesión de empleados, son los propios empleados de la empresa los que pasan a formar parte de la plantilla del proveedor.
— **Externalización vía tiempo compartido.** En esta modalidad se comparte la utilización de sistemas y de equipos y el proveedor proporciona el personal técnico.

Son muchas las empresas que actualmente ofrecen servicios de *outsourcing* de recursos humanos. Varias firmas importantes de consultoría especializadas están preparadas para asumir la externalización funcional total de recursos humanos de sus empresas clientes. Entre ellas se encuentran por ejemplo Global Human Resource Solutions de Price Waterhouse o HR Source fundada por un antiguo socio de Ernst&Young.

Teniendo en cuenta que la utilización de los servicios de empresas externas conlleva un coste, se recomienda partir de dos premisas:

— Que éstas ofrezcan mejor calidad de servicio a un coste más bajo que el que supondría contratar o utilizar personal más amplio y experto en recursos humanos para realizar esta actividad.
— Que permita a las empresas concentrarse en su misión empresarial principal.

4.4. LA GESTIÓN DE RECURSOS HUMANOS POR COMPETENCIAS

Las *competencias* son el conjunto de aptitudes (conocimientos y habilidades) y actitudes (motivación y eficacia en la puesta a disposición de la organización de esos conocimientos y habilidades), que tienen las personas y que les predispone a realizar un conjunto de actividades con un buen nivel de desempeño. De una forma más desagregada, los componentes de una competencia son[5]: **Saber** (conocimientos), **Saber Hacer** (habilidades y destrezas), **Saber Estar** (actitudes e intereses), **Querer Hacer** (motivación) y **Poder Hacer** (disposición de medios y recursos).

Viene siendo habitual en las organizaciones, y a su vez nada aconsejable, que los criterios que guían la selección de personal sean distintos de los que se utilizan para la evaluación del rendimiento y distintos por ejemplo a los que se siguen a la hora de remunerar. En este contexto, la gestión por competencias actúa como elemento integrador.

Cuando se pone en marcha un plan de gestión por competencias se pretende implantar un plan de gestión integral de recursos humanos, empleando los mismos criterios para todas las funciones, optimizando los conocimientos, capacidades y aptitudes de las personas.

Ejemplo de definición de una competencia

COMPETENCIA:

Capacitación de colaboradores

1. Expresa expectativas positivas acerca de la capacidad de desarrollo de sus colaboradores.
2. Delega tareas rutinarias, aprovechándolas como oportunidad de desarrollo de sus colaboradores.
3. Asigna tareas y responsabilidades con la intención de que sus colaboradores adquieran seguridad y confianza en sus capacidades.
4. Delega totalmente la autoridad y responsabilidad, dando la oportunidad de cometer errores y aprender de ellos.

FUENTE: Hay Group[6] (2000).

4.5. UNA HERRAMIENTA BÁSICA: EL ANÁLISIS DE PUESTOS

La complejidad del mundo empresarial determina la división del trabajo, es decir, la atribución de tareas específicas a cada empleado o grupo de empleados. El *análisis de puestos de trabajo* es una de las funciones más importantes de cualquier organización. Consiste en determinar los elementos que componen la naturaleza de cada puesto de trabajo y que lo diferencian de los demás. Se trata de estudiar las funciones, tareas y operaciones a realizar por cada empleado y en delimitar los requisitos necesarios para que se puedan realizar esas funciones con garantías de calidad.

Las *tareas* son acciones concretas e independientes entre sí que realiza una persona al desarrollar su actividad profesional mientras que el *puesto de trabajo* es el conjunto de tareas que realiza un empleado en su día a día.

Una definición más elaborada es la siguiente:

El puesto de trabajo es el conjunto de acciones organizadas que realiza un empleado en una organización, en una determinada posición de su estructura de relaciones internas o externas, con el fin de conseguir aportar valor añadido a dicha organización mediante la consecución de una serie de áreas de resultados específicos, siguiendo unas reglas, procedimientos y metodología, dentro de una determinada orientación estratégica fijada por la propia organización, y utilizando recursos humanos, informativos, tecnológicos o físicos que pertenecen a la misma (Chiavenato, 1999)[7].

Distinguimos dos partes en el análisis de puestos:

— La *descripción* es la determinación de los factores intrínsecos. Se trata de delimitar el puesto que estemos analizando, lo que supone:

- Denominarlo: darle un nombre, como por ejemplo «Auxiliar administrativo».
- Indicar su posición jerárquica en el organigrama: clarificar el departamento al que pertenece, su inmediato superior y sus subordinados en caso de que los haya.
- Determinar las tareas que le son propias y los métodos utilizados por el trabajador así como la finalidad de cada tarea y las relaciones entre ellas.

— La *especificación* del puesto es la determinación de los factores extrínsecos. Se trata de determinar las condiciones en las que se va a desarrollar el trabajo y en consecuencia indicar los requisitos y competencias que debe poseer el trabajador para desempeñarlo.

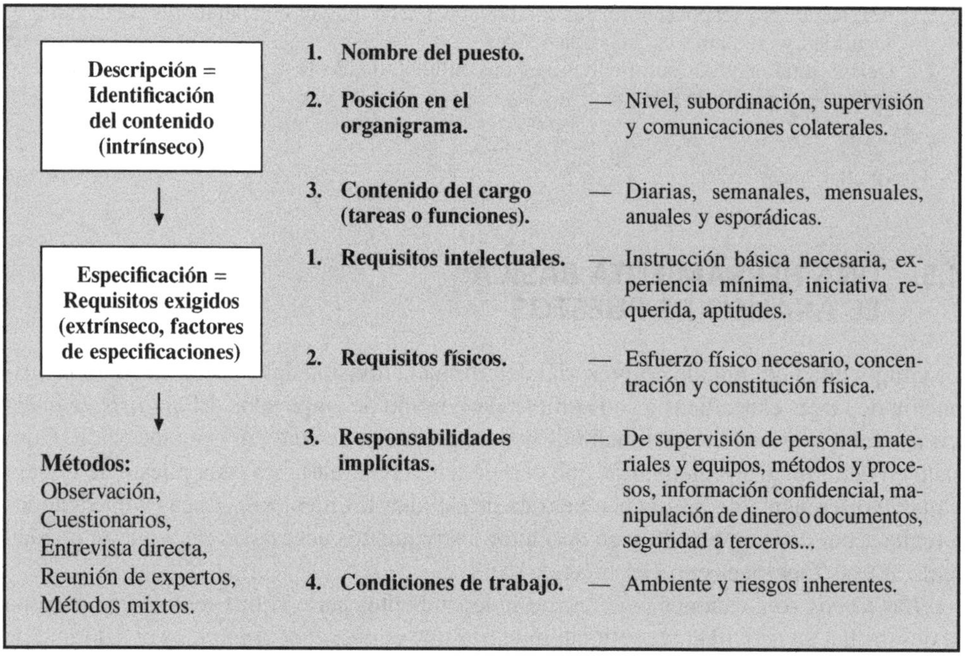

FUENTE: Adaptado de Chiavenato (1999)[8].

Figura 4.2. Elementos del análisis de puestos.

Ejemplo de análisis de un puesto

Nombre del puesto	Gestor de adquisiciones y contrataciones.
Puesto del que depende jerárquicamente	Director ejecutivo.
Puestos que supervisa	Asistente de adquisiciones y contrataciones.
Descripción general del puesto El Gestor de adquisiciones y contrataciones es responsable de la descentralización operativa y de realizar todas las actividades relacionadas con la gestión de adquisiciones, contrataciones, bienes y servicios. Tendrá una relación integrada e interrelacionada con el Gestor financiero y administrativo, especialmente en lo relativo al crédito, presupuesto y disponibilidad financiera.	
Descripción de tareas y funciones **1.** Cumplimiento de las políticas y disposiciones técnicas que sean establecidas por la Unidad Normativa de Adquisiciones y Contrataciones (UNAC). **2.** Ejecutar todos los procesos de adquisiciones y contrataciones de la Ley de Adquisiciones y contrataciones de la Administración Pública. **3.** Elaborar en colaboración con el Gestor Técnico y Financiero la programación anual de compras, adquisiciones y contrataciones de obras, bienes y servicios. **4.** Adecuar conjuntamente con la unidad solicitante las bases de licitación o concurso, de acuerdo con los manuales guías proporcionados por la UNAC. **5.** Realizar la recepción y apertura de ofertas y levantar el acta respectiva. **6.** Llevar el control y actualización de las bases de datos de oferentes y contratistas. **7.** Presentar un informe periódico a la Dirección Ejecutiva de las contrataciones que se realicen. **8.** Supervisar, vigilar y establecer los controles de inventarios.	
Formación académica	Arquitecto, Ingeniero Industrial o Licenciado en Administración de Empresas.
Formación no académica necesaria	Windows y Microsoft Office: Word, Excel y Power Point.
Experiencia laboral previa	Mínimo de cinco años en gestión pública o privada.
Conocimientos necesarios	— Planificación estratégica. — Políticas Públicas. — Experiencia en la Aplicación de la Ley de Administración Financiera Integrada, la Ley de Adquisiciones y Contrataciones y sus Reglamentos. — Conocimiento de la integración de equipos de trabajo y desarrollo organizativo.
Conocimientos y destrezas	— Alta capacidad de análisis y síntesis. — Excelente comunicación oral y escrita. — Excelentes relaciones interpersonales. — Capacidad para formar y orientar equipos de trabajo. — Cualidades de liderazgo y motivación. — Capacidad de negociación y gestión eficaz del tiempo.

FUENTE: Adaptado del Manual de puestos del Fondo de Conservación Vial de El Salvador (FOVIAL), disponible en www.zietlow.com/docs/ESmanualpuestos.pdf.

La información que se necesita para hacer un análisis de puestos de trabajo se puede conseguir siguiendo diversos métodos, los más habituales son:

— La observación directa, muy útil para puestos rutinarios.
— El envío de cuestionarios a los empleados que ocupan el puesto.
— Entrevista con el analista de puestos, muy útil para puestos de alto nivel jerárquico.
— La reunión de expertos, fundamental para los puestos de nueva creación.

Una vez que se analizan los puestos, se registra la información en el **inventario de puestos** de la organización y son utilizados para funciones tan relevantes para la misma como el reclutamiento, la selección o la política de formación.

Sin embargo, el análisis de puestos es un proceso dinámico. Es impensable, por ejemplo, que el puesto *secretaria de dirección* hubiera permanecido estático en el tiempo. Los cambios en el entorno y en la propia organización van exigiendo que a partir del **diseño** original del puesto se vayan modificando tanto las tareas y funciones como las especificaciones con la finalidad de irse adaptando a nuevas necesidades. Así, funciones como redactar cartas al dictado con medios como la taquigrafía o la mecanografía y unas responsabilidades limitadas, han dado paso a través de sucesivos **rediseños del puesto**, a funciones de tratamiento informático de información relevante, mayor autonomía y mucha responsabilidad en las nuevas funciones y, consecuentemente, mayores exigencias en los requisitos del puesto que comentamos.

4.6. LA PLANIFICACIÓN ESTRATÉGICA DE RECURSOS HUMANOS

Se trata del proceso de elaborar e implantar planes y programas para asegurarse de que hay disponibles el número y el tipo de personas apropiado, en cada uno de los momentos para el que se realiza la planificación, para satisfacer las necesidades de la organización[9]. Es la función de recursos humanos que está directamente vinculada con la estrategia de la organización y de la que emanan todas las políticas de recursos humanos vigentes durante un período de tiempo determinado.

En la Figura 4.3 se muestra cómo la estrategia organizativa y los elementos que la condicionan están en la base del proceso posterior de planificación estratégica de recursos humanos. Así, el análisis estratégico permite conocer la posición competitiva de la empresa y sirve de guía a la Dirección de Recursos Humanos quien a su vez, tanto si ha participado en el proceso estratégico a nivel organizativo, como si no, deberá establecer su propio análisis interno y externo acorde con la estrategia general y en pro de los objetivos generales.

4.7. LAS POLÍTICAS DE RECURSOS HUMANOS

Entendemos por *políticas de recursos humanos* el conjunto de instrumentos y medidas relativas al capital humano que son tomadas por la Dirección de Recursos Humanos en un momento determinado en el seno de una organización y que pretenden conseguir los objetivos estratégicos previamente planificados.

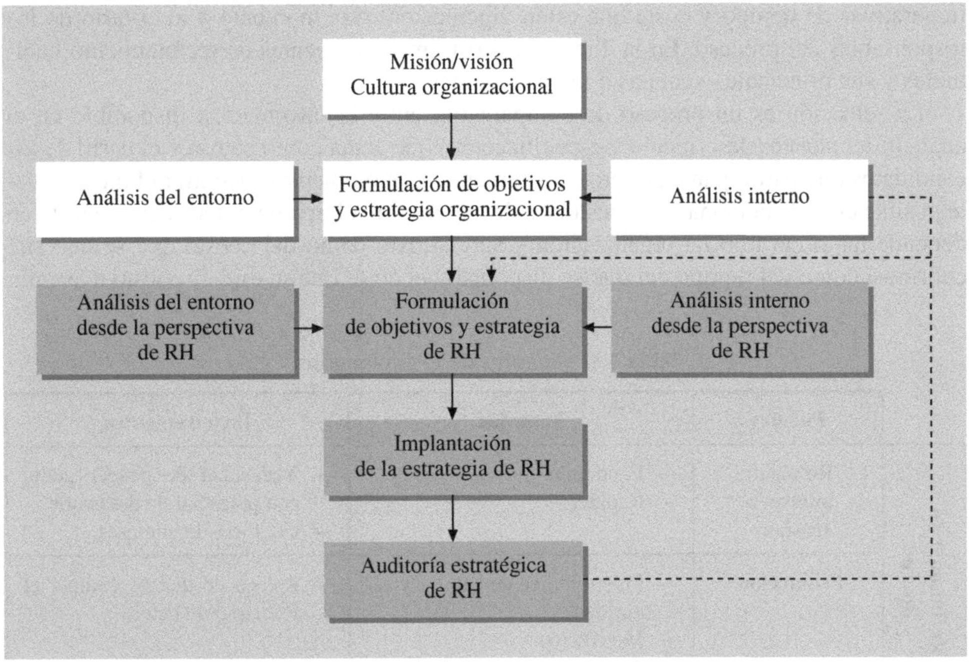

FUENTE: Albizu y Landeta (2001)[10].

Figura 4.3. Proceso de Dirección Estratégica de los Recursos Humanos.

En principio, las diferentes políticas que se puedan adoptar no son ni buenas ni malas, dependerán del tipo de organización, del contexto en el que se desarrollen y de su mayor o menor ajuste con la cultura de la misma. Lo que sí es determinante para el éxito general de la política de recursos humanos es que entre las diferentes medidas e instrumentos exista **coherencia**.

Generalmente, se desarrollan tantas políticas como partes o subfunciones de recursos humanos estén definidas en la organización. A continuación abordamos las principales.

Políticas de captación y reducción de capital humano

Concurren en estas políticas las diferentes opciones referentes al diseño organizativo y a los flujos de trabajadores.

Políticas de captación

Los procesos de reclutamiento y selección son los que persiguen atraer el capital intelectual que demanda la organización para luego filtrarlo de forma eficiente y obtener los mejores perfiles en cada posición de la estructura. La atracción de talento recibe el nombre de reclutamiento. A través de un proceso continuo de gestión de las fuentes disponibles de personas, sean internas o externas, la organización se asegura de tener suficiente número de candidatos para cubrir los puestos de trabajo de la misma. Las fuentes del reclutamiento no son excluyentes entre sí y la elección sobre su utilización obedece a los imperativos de tiempo y coste que estén vigentes en cada momento y al criterio de los responsables del proceso. En la Tabla 4.1 mostramos las fuentes de reclutamiento habituales y sus principales ventajas e inconvenientes.

La selección es un proceso de comparación entre la información disponible en el análisis del puesto (descripción y especificación) que actúa como patrón y el perfil de los candidatos que participan en el proceso, teniendo como objetivo encontrar el mejor ajuste posible entre la persona y el puesto. La decisión sobre el tipo de pruebas que se utilicen depende tanto del tipo de organización y su contexto como del puesto que se necesite cubrir así como del tiempo del que se disponga y el coste que se esté dispuesto a asumir.

Tabla 4.1. Fuentes de reclutamiento.

	Fuentes	Ventajas	Inconvenientes
Reclutamiento interno	**Rotación interna o traslado**	— Economía. — Rapidez.	— Necesidad de poseer gente con potencial de desarrollo. — Conflicto de intereses.
	Promoción	— Mayor índice de validez y seguridad. — Motivación. — Aprovechamiento de inversiones.	— Riesgo de que se cumpla el Principio de Peter.
Reclutamiento externo	**Candidaturas espontáneas.**	— Bajo coste.	— Parcialidad.
	Bolsa de empleo.	— Rapidez.	— Parcialidad. — Relativa desactualización.
	Anuncios en prensa	— Gran difusión.	— Coste.
	Anuncios en otros medios	— Rapidez.	— Imagen dudosa.
	ETT's	— Rapidez. — Profesionalidad.	— Imagen dudosa.
	INEM	— Gran difusión.	— Funcionamiento poco eficaz.
	Bases de datos	— Rapidez.	— Desactualización.
	Asociaciones profesionales y/o centros de formación	— Rapidez.	— Parcialidad.
	Ferias de empleo	— Fuente de nuevos talentos.	— Parcialidad.

FUENTE: Adaptado de Hay Group (2000)[11].

Las pruebas no son incompatibles, todo lo contrario, suelen ser necesarias varias pruebas para tomar una decisión fundamentada, pero a mayor número de pruebas, mayor será el tiempo empleado y el coste del proceso.

Nos detenemos ahora en las principales pruebas de selección[12]:

— **Psicológicas.** Intentan evaluar la inteligencia, aptitudes, rasgos de la personalidad, intereses y motivaciones del candidato. El enfoque de competencias ha quitado protagonismo a estas pruebas por la baja correlación que existe entre los resultados positivos de las mismas y el buen rendimiento posterior en el puesto de trabajo. Sin embargo, ganan protagonismo como pruebas de análisis de potencial.
— **De conocimientos.** Evalúan el componente «saber» de las competencias.
— **Situacionales.** Son pruebas que permiten simular total o parcialmente una situación en la que los candidatos tienen que demostrar que poseen las competencias necesarias para el puesto.
— **Profesionales.** Son un tipo especial de prueba situacional. Reflejan las condiciones reales del trabajo y evalúan las competencias técnicas.
— **De discusión de grupo.** Miden el grado de interacción entre los candidatos y sus competencias sociales.

La **entrevista** merece mención especial por ser el instrumento de selección más utilizado, a pesar de ser en ocasiones criticado por el grado de subjetividad que conlleva cuando no se aplica correctamente. Una sólida formación del responsable (o responsables) de conducir un conjunto de entrevistas de selección es la mejor garantía de que los resultados serán fiables.

Políticas de reducción

Entre los procesos de desvinculación habituales Puchol[13] señala los expedientes de regulación de empleo, el despido colectivo y las prejubilaciones. Sin embargo, indica nuevas formas de reducción de la fuerza de trabajo que, a nuestro entender, persiguen una mayor responsabilidad social de las organizaciones y a largo plazo se traducen en una reducción del coste que suponen estas decisiones. Nos referimos a:

— La reconversión pactada en autónomos o subcontratistas de parte de los empleados.
— Contratación de los servicios de una empresa de *outplacement*. Estas empresas están especializadas en la readaptación y recolocación en otras empresas del personal que ha sido despedido en su empresa cliente. La gran ventaja de esta opción estriba en conseguir un buen clima de negociación para los despidos sin minar el clima laboral de la empresa. A este respecto, un buen ejemplo es el mensaje publicitario de la empresa de *outplacement* Creade que mostramos en la Figura 4.4, Creade defiende que la forma en que se lleve a cabo la transición de los empleados que dejan una organización, puede tener un impacto considerable en el futuro de la compañía. Hay que hacerlo con responsabilidad para enviar un mensaje que genere seguridad en los empleados que se quedan; porque ellos manejarán el éxito futuro de la organización.
— Soluciones basadas en el acondicionamiento del tiempo de trabajo, como el trabajo a tiempo parcial o los sistemas de trabajo a tiempo compartido. Un ejemplo

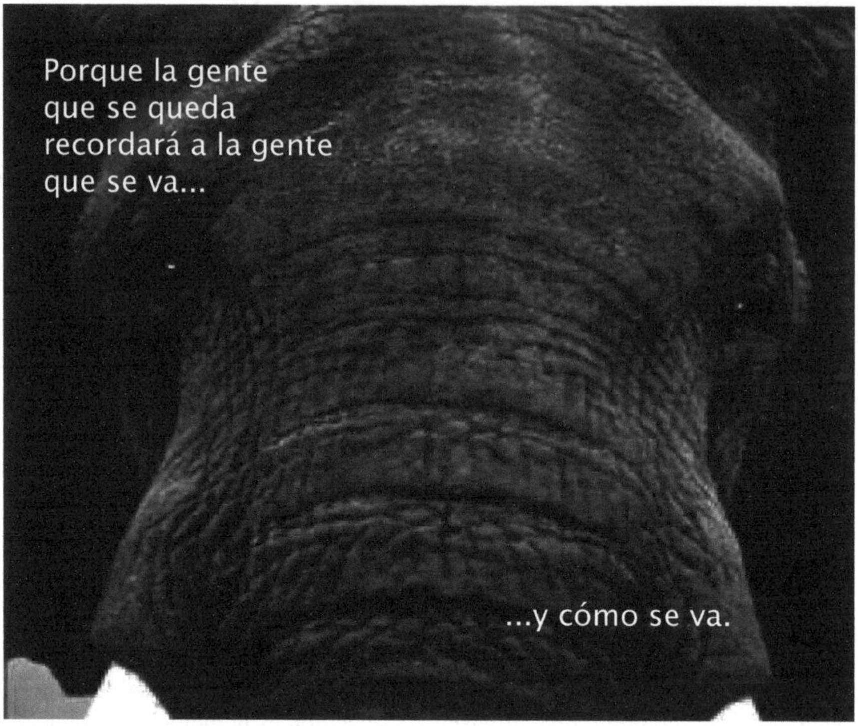

FUENTE: Información corporativa de Creade, www.creade.es.

Figura 4.4. Ejemplo de publicidad de servicios de *outplacement:* Creade.

reciente es el de la empresa IBM, que en 2004 y ante la necesidad de reducir plantilla, optó por conceder un año sabático a algunos empleados como solución coyuntural que permitía mantener todo su capital humano en previsión de una reactivación del negocio.

La reconversión interna, incluso cuando suponga movilidad descendente y siempre que los empleados estén de acuerdo, es siempre una alternativa interesante al despido.

Políticas de evaluación del rendimiento

La evaluación del rendimiento es la técnica que de forma sistemática y periódica, consiste en valorar la actividad desarrollada por los empleados en sus puestos de trabajo. Se debe centrar en la evaluación de cuatro aspectos[14]:

— Cantidad y calidad de los bienes o servicios producidos.
— Forma de comportarse el empleado en su puesto de trabajo.
— Medios que se utilizan durante la actividad productiva.
— Integración del empleado con los valores, la cultura y los objetivos de la organización.

Actualmente, más allá del control de las actividades, el objetivo de la evaluación es aumentar el rendimiento del trabajador e impulsar su esfuerzo hacia la consecución de los objetivos de la organización. Los resultados de los procesos de evaluación informan, entre otros aspectos, del grado de ajuste entre las necesidades de la organización y su capital humano y ayudan a encauzar los planes de formación y desarrollo.

Una de las metodologías más actuales es la evaluación *multi-feedback* y la más divulgada es el *feed-back 360º*. Consiste fundamentalmente en dejar atrás la evaluación unidireccional tradicional en la que los superiores evaluaban a los subordinados para pasar a evaluaciones multifuente, donde basándose siempre en el principio de confidencialidad en el tratamiento de la información, el empleado es evaluado además de por su jefe, por los compañeros, los proveedores e incluso por los clientes.

La motivación y la política salarial

Una vez que la organización consigue, a través de su capital humano, las competencias necesarias para ser competitiva, es importante que se lleve a cabo una adecuada política de compensación (monetaria y no monetaria) que motive y genere vínculos de compromiso de los empleados con la organización y viceversa. Es más, una buena política de compensación actuará como elemento de atracción de talento a la organización.

A continuación enumeramos los elementos tradicionales de la compensación monetaria (directa o en especie):

— *Salario base*: es la parte de la retribución monetaria que viene fijada por unidad de tiempo de obra en función de la categoría profesional de cada empleado y que está sujeta a los convenios colectivos.
— *Horas extraordinarias*: se refiere a las horas que realiza el trabajador superando la jornada de trabajo.
— *Complementos salariales*: son incrementos monetarios al salario base que se atribuyen a los trabajadores en función de sus circunstancias personales, las funciones que desempeñan y la evolución de los resultados de la organización. Ejemplos de esta categoría son los complementos de nocturnidad o peligrosidad, así como los complementos a la productividad.
— *Seguridad Social:* parte de la compensación que el empresario deduce del salario en concepto de cuota obrera del trabajador a la Seguridad Social.
— *Beneficios sociales*: retribución en especie consistente en la puesta a disposición de los empleados del uso particular de bienes, derechos o servicios a precios inferiores a los de mercado o de forma gratuita. Son ejemplos de este elemento el coche de empresa, los vales de comida, los seguros de vida, los préstamos a bajo interés o los planes de pensiones.

Sin embargo, está generalmente aceptado que la compensación monetaria es tan sólo uno de los factores de la motivación de un puesto de trabajo. La conocida *Teoría de la jerarquía de las necesidades* de Maslow[15] incidía en el hecho de que a las necesidades fisiológicas o de subsistencia le seguían otras también importantes como la necesidad de seguridad, socialización, autoestima y autorrealización del empleado con las tareas que desempeña en la organización. La *Teoría de los dos factores* de Herzberg[16] añade que los factores responsables de la motivación (*factores motivacionales*) son distintos de los que provocan la insatisfacción laboral. Los salarios monetarios entrarían dentro de la categoría de *factores higiénicos*, aquellos que no actúan directamente sobre la motivación, pero que cuando no existen o son insuficientes, provocan insatisfacción en el trabajador.

La política de compensación debe ir más allá de la mera contraprestación por un trabajo realizado. Debe erigirse como una herramienta de gestión estratégica para atraer y mantener motivado al capital humano. En la Figura 4.5 se esquematiza lo que entendemos, debe configurar una compensación integral, que atienda tanto a elementos monetarios como puramente motivacionales.

Políticas de formación y desarrollo profesional

La formación y el desarrollo no son sinónimos. De manera figurada Jericó[17] explica la diferencia haciendo referencia a un mensaje publicitario de una marca de sopas y caldos muy conocida que preguntaba al consumidor *¿cuece o enriquece?* para destacar que el uso de su producto dotaba de calidad y más nutrientes al proceso de cocción de los alimentos. De manera equivalente se podría decir de forma genérica que, mientras que la formación incide en los conocimientos, aptitudes y actitudes necesarios para llevar a cabo con eficacia y eficiencia la actividad del puesto de trabajo que se ocupa, el desarrollo va más allá. Las actividades de desarrollo actúan enriqueciendo al profesional porque inciden positivamente sus actitudes, preparándolo para futuras actividades que van más allá de las tareas propias del puesto que ocupa.

El enfoque temporal de Chiavenato[18] nos parece muy acertado. El desarrollo de personas estaría más centrado en el crecimiento personal del empleado y su carrera futura que en el cargo que ocupe en la actualidad. Por otro lado añade que todos los empleados

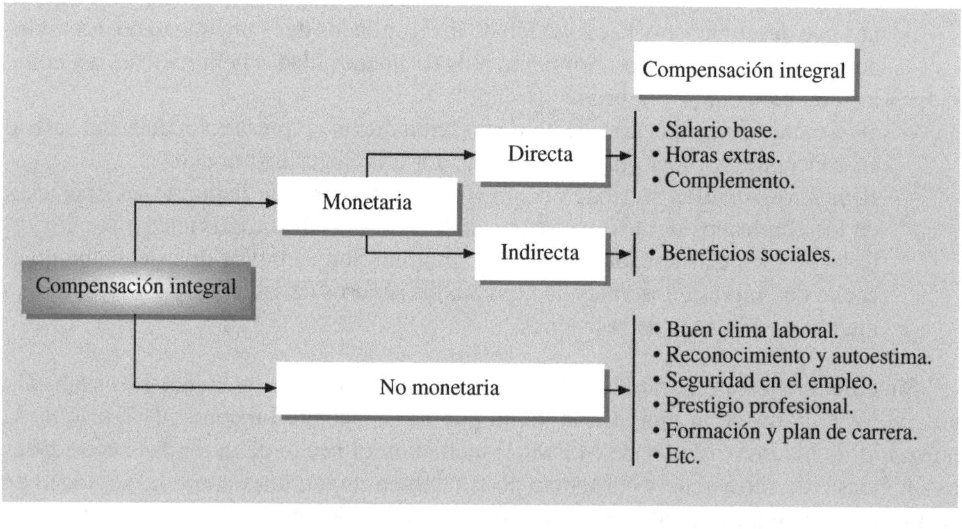

Figura 4.5. Elementos de una compensación integral.

pueden y deben desarrollarse. Tradicionalmente, las políticas de formación eran escasas y estaban destinadas a cargos intermedios y el desarrollo se reservaba tan sólo a los niveles más elevados. En la actualidad, con la reducción de niveles jerárquicos y la creación de equipos de trabajo, las organizaciones exigen nuevas habilidades, conocimientos y capacidades de todo su capital humano.

En el siguiente ejemplo se recogen algunas medidas relativas a políticas de recursos humanos vigentes en diferentes empresas de nuestro entorno.

Sobre reclutamiento y selección:

«En los procesos de selección de personal titulado se considerará con carácter excluyente la capacidad de comunicarse en inglés y el expediente académico del candidato.»
«Para los puestos del departamento de RH se admitirán exclusivamente candidaturas de licenciados en Psicología, Ciencias Económicas y Empresariales, Derecho y Ciencias del Trabajo.»

Sobre promoción:

«Para puestos de dirección y siempre que sea posible, se preferirá una promoción interna a un reclutamiento externo.»
«En igualdad de condiciones sobre las competencias necesarias para una promoción, se optará por el empleado con mejores evaluaciones sobre su rendimiento.»

Sobre desvinculaciones:

«Las desvinculaciones voluntarias de los miembros del departamento comercial se intentarán evitar, no pudiéndose incurrir en aumentos salariales que no estuvieran previamente presupuestados.»
«En ningún caso se intentará retener a un empleado que proponga una desvinculación porque la confianza es primordial en esta empresa.»

4.8. INDICADORES PARA LA DIRECCIÓN DE RECURSOS HUMANOS

La necesidad de cuantificar la función de recursos humanos y su contribución al desarrollo global de las organizaciones ha impulsado la generación de indicadores que atiendan a estos fines. A continuación, señalamos los más utilizados.

Indicadores del efecto de los RRHH sobre los resultados financieros

Son indicadores que reflejan resultados de la gestión llevada a cabo. Destacamos:

Beneficio por empleado = BAII/Número de empleados

Eficiencia del coste de personal = BAII/Costes laborales totales

Indicadores del efecto de las políticas de RRHH sobre los empleados

Para medir la satisfacción laboral se suelen utilizar cuestionarios que garanticen el anonimato y, a través de medias globales, por sección o departamento, se calculan los índices.

Índice de satisfacción = Puntuación conseguida/Máxima puntuación

El **índice de rotación** mide el flujo de personal entre la organización y su ambiente:

$$I_{R\ \text{general}} = \frac{\frac{\text{Admisiones} + \text{Desvinculaciones}}{2} \times 100}{\text{Promedio efectivo del período } (PE)}$$

$$PE = \frac{\text{n.º de empleados } (t_0) + \text{n.º empleados } (t_1)}{2}$$

$$I_{R\ \text{pérdidas}} = \frac{\text{Desvinculaciones} \times 100}{PE} \qquad I_{R\ \text{pérdidas voluntarias}} = \frac{\text{Desvinculaciones voluntarias} \times 100}{PE}$$

El índice de absentismo mide la suma de los períodos que los empleados no asisten o llegan tarde al trabajo.

Índice de absentismo mensual:

$$I_a = \frac{\text{Total de horas/hombre perdidas al mes}}{\text{Total de horas/hombre trabajadas al mes}} \times 100$$

EJEMPLO

Uso de indicadores en la gestión de Recursos Humanos

Aunque el grupo pastelero industrial Dulcesol ha registrado un incremento en sus ventas en los últimos años, el Departamento de Recursos Humanos podría estar en entredicho porque la plantilla ha crecido mucho y esto complica la estructura de costes de la compañía. A la vista de los siguientes datos, ¿ha sido rentable este aumento de plantilla?

Año	Ventas en millones de euros*	Plantilla (n.º de empleados)*
1997	69	850
1998	82	900
1999	87	1.015
2000	101	1.125
2001	108	1.215
2002	134	1.340
2003	139	1.440
2004	156	1.540

* Datos obtenidos de *El País*, domingo, 13 de noviembre de 2005.

Solución

Calculando un indicador de ventas por empleado, dividiendo año a año las ventas entre el número de empleados, obtenemos una medida cuantitativa que nos ayuda a responder a la cuestión planteada.

Ventas medias por empleado
69.000.000/850 = 81.176
82.000.000/900 = 91.111
87.000.000/1.015 = 85.714
101.000.000/1.125 = 89.777
108.000.000/1.215 = 88.888
134.000.000/1.340 = 100.000
139.000.000/1.440 = 96.527
156.000.000/1.540 = 101.298

Aún con altibajos, el indicador deja claro cómo el aumento de ventas compensa los aumentos de la plantilla porque aumenta el valor medio de ventas por empleado.

ACTIVIDADES DEL CAPÍTULO

ACTIVIDADES INDIVIDUALES

DE COMPRENSIÓN

Responde a las preguntas siguientes:

1. ¿Qué cambios del entorno empresarial han convertido a la Dirección de Recursos Humanos en una función estratégica?
2. ¿El número de puestos descritos y recogidos en el manual de puestos de una organización puede coincidir con el número de empleados de la misma?
3. ¿Puede haber Políticas de Recursos Humanos incompatibles entre sí? ¿Por qué?

DE AUTOEVALUACIÓN

1. Según las ideas de Herzberg en relación a la motivación:

   a) Los factores que provocan insatisfacción coinciden con los que generan satisfacción.
   b) El principal factor motivador es el salario.
   c) Los factores higiénicos son los que generan satisfacción.
   d) Los factores motivadores están directamente relacionados con el propio trabajo.

2. Cuando se contratan servicios de *outplacement*:

a) Se contratan servicios de consultoría para potenciar la movilidad geográfica en la plantilla.
b) Se espera que una consultora forme y recicle a los empleados para evitar tener que despedirlos.
c) Se confía en desvincular efectivos con medidas de acompañamiento que suavicen el proceso.
d) Se intenta evitar la reducción de la plantilla.

3. Entre los factores de especificación que forman el análisis de un cargo está:

a) La constitución física necesaria.
b) Las responsabilidades por dinero o documentos.
c) La experiencia requerida.
d) Todas son ciertas.

4. Las múltiples técnicas de reclutamiento que pueden ser utilizadas en un proceso de provisión de recursos humanos:

a) Son necesariamente excluyentes.
b) Se deben elegir siempre varias técnicas simultáneas.
c) Su elección depende de su coste y del tiempo que consuman.
d) Su elección viene determinada en la descripción del cargo.

5. La descripción del puesto incluye:

a) La exposición de los factores intrínsecos y extrínsecos del contenido del puesto.
b) Las tareas diarias o esporádicas contenidas en el puesto.
c) La identificación de los requisitos exigidos para poder adaptarse al puesto.
d) El esfuerzo físico mínimo necesario para desempeñar el puesto.

6. Si varias personas van a realizar el mismo trabajo, ¿sería necesario redactar distintos análisis para cada una de las personas que van a desempeñar ese puesto?:

a) Sí, se aconseja una descripción por empleado aunque no es obligatorio.
b) Sí, debe realizarse obligatoriamente una descripción por cada individuo.
c) No, debe realizarse una descripción general para todos los empleados de la empresa.
d) No, debe realizarse una descripción para cada puesto de la empresa.

7. Uno de los principios de la evaluación del rendimiento es:

a) Favorecer el desarrollo de los empleados.
b) Modificar la política salarial.
c) Conseguir información relevante para los ajustes de plantilla.
d) Ninguna es cierta.

8. Optamos por el reclutamiento interno cuando captamos:

a) Candidatos con experiencia.
b) Candidatos de nuestro sector de actividad empresarial.

c) Candidatos procedentes de contactos personales (amigos, familia, clientes).
d) Ninguna es cierta.

9. Juan acaba de ser contratado como Auxiliar de enfermería en una clínica privada. Dado que tiene terminados estudios de protésico dental:

a) Podemos incluir ese dato en el manual de puestos.
b) Debemos incluir ese dato en el análisis de su puesto.
c) Tendremos ese dato en cuenta para posteriores promociones.
d) Todas son ciertas.

10. El INEM, como fuente de reclutamiento externo es:

a) Muy eficaz.
b) De gran difusión.
c) Muy rápido.
d) De alto coste.

11. Los mejores entrevistadores para llevar a cabo entrevistas de selección son aquellos profesionales que:

a) Llevan muchos años en la organización.
b) Pertenecen al equipo de dirección de la organización.
c) Han sido formados adecuadamente para desempeñar estas funciones.
d) Tienen rasgos personales adecuados para la función.

ACTIVIDADES DE GRUPO PEQUEÑO

1. La actividad que se propone consiste en analizar el puesto de trabajo de alguna persona que resulte accesible al grupo de alumnos que la desarrollan (familiares o amigos). En primer lugar se deberá confeccionar un guión de preguntas relevantes para después, en un segundo momento, entrevistar al ocupante del cargo con la finalidad de extraer toda la información requerida para realizar un informe final y consensuado entre todos los miembros del grupo que recoja la descripción y el análisis del puesto elegido.

2. Leer la siguiente frase:

> *«Las compensaciones económicas carecen de importancia. No motivan ni estimulan a los empleados.»*

¿Es ésta afirmación correcta? Justificar la respuesta.

ACTIVIDADES DE GRUPO GRANDE

A continuación tenemos el artículo titulado «Aena moderniza su gestión» de Juan Fajardo, aparecido en *Expansión & Empleo* el 11 y 12 de octubre de 2003. Vamos a leerlo con atención.

A pesar de ser una empresa pública, Aena (Aeropuertos españoles y Navegación Aérea) ha modernizado su gestión de recursos humanos —selección, formación, evaluación, retribución— con un sistema de competencias. Para desarrollarlo, han trabajado mano a mano con los sindicatos y se ha incluido en el convenio.

No son demasiadas las empresas españolas que pueden presumir de gestionar sus recursos humanos con un sistema de competencias, y menos las que lo tienen incluido en el convenio. En Aena, las políticas de selección, evaluación del desempeño, formación, retribución y desarrollo de carrera las realizan en función de las competencias —técnicas y conductuales— que definieron previamente. «Cuando llegué a Aena en el año 2000 para modernizar su gestión de recursos humanos, coincidió que se estaba preparando el tercer convenio colectivo del ente público. Yo venía de Unión Fenosa, donde el sistema de competencias está incluido en el convenio, y decidí hacer algo parecido», explica Carlos Espinosa, Director de Organización y Recursos Humanos de Aena.

La base del proceso fue definir las competencias estratégicas de la organización

Antes de empezar a negociar el convenio, la empresa organizó talleres de formación para que los sindicatos viesen qué era la gestión por competencias y cómo funcionaba en otras compañías. Luego, el primer paso, y la base de todo el proceso, fue definir el directorio de competencias estratégicas de la organización. Expertos de Aena de cada área, apoyados por consultores de Bearing Point —que colaboró en el desarrollo e implantación del sistema—, definieron más de cien competencias técnicas y de habilidades. Durante los seis primeros meses de 2001, miembros de los sindicatos y consultores externos convirtieron las categorías profesionales en ocupaciones. «Antes estaban ligadas a la titulación y no reflejaban la realidad del negocio. Eran categorías muy amplias que incluían perfiles muy distintos», explica Cristina Hebreros, gerente de Bearing Point. «Describimos más de ochenta ocupaciones con la misión del puesto, sus funciones, ubicación organizativa, interrelaciones en la empresa y con las competencias técnicas y de habilidades requeridas», añade. En el segundo semestre de 2001, se negoció con los sindicatos el nuevo sistema y se incluyó en el convenio colectivo. Según Espinosa, «darle participación a los sindicatos y permitirles trabajar mano a mano con los consultores desde el principio ha sido fundamental para el éxito del proceso». El sistema de competencias del convenio, que afecta a siete mil empleados, no incluye a los controladores aéreos —tienen uno particular— ni a los mandos y directivos. «Estos tienen un sistema similar pero más flexible, al no estar en el convenio», añade.

Formación y desarrollo

Las primeras áreas donde se aplicó la gestión por competencias fue en el desarrollo de carrera y en la formación de los profesionales de Aena. «Ahora, los empleados pueden saber dónde están en la organización —ocupación— y, si quieren cambiar de puesto, el sistema les indica la formación que tienen que realizar por las competencias requeridas», explica Espinosa. Hay cambios que precisan formación en el nuevo puesto, otros en los que es necesario formarse antes, e incluso algunos que implican un cambio total en la trayectoria del trabajador. La dificultad y la preferencia para acceder a ellos está marcada por colores —verde, naranja y rojo, respectivamente—.

La compañía no tiene un plan de formación, cada empleado tiene uno particular

En materia de formación, la compañía ya no tiene un plan general. Cada trabajador tiene uno particular. «Se compara la situación real del empleado con las competencias de su puesto y se diseña un programa a medida», destaca Hebrero. El 70 por 100 depende de esta comparación, el 20 por 100 es de carrera —competencias que no están en la ficha del profesional pero que desean adquirir para cambiar de puesto—, y el 10 por 100 es formación corporativa, es igual para todos.

El sistema de competencias se gestiona a través de una pieza clave: su intranet

Todo el sistema de gestión por competencias en Aena se realiza a través de la intranet de la compañía. «Los empleados tienen simuladores donde pueden ver el perfil de su ocupación, cómo cambiar de puesto, en qué situación se encuentra su plan de formación, consultar su nómina o pedir las vacaciones», explica Carlos Espinosa de Aena. «Si no fuese a través de la red, gestionar todo esto sería imposible. Antes, cuando alguien pedía un día de vacaciones, la solicitud llegaba a recursos humanos firmada por tres intermediarios», añade. Aunque el sistema está respaldado por la base de datos SAP, la mayoría de las aplicaciones las han realizado internamente.

Retribución variable para todos

Las novedades que se han puesto en marcha en 2003 son la evaluación del desempeño y la retribución variable para todos. «En junio, se realizó una entrevista de desempeño para revisar cómo marchaban los empleados y para retocar los objetivos», resalta Espinosa. «En diciembre realizaremos la primera evaluación, que incidirá en la formación, en promoción y en la retribución», añade. Respecto a las políticas de remuneración, poco tienen que ver con las de antes —salario por titulación más complementos—. «Ahora, se divide en tres: nivel formativo, ocupación y una parte variable ligada al desempeño, que depende de los resultados individuales, de equipo y de la compañía», explica. Este año, además, se está extendiendo el nuevo sistema de selección de personal al resto de España, el cual permite realizar pruebas en función de los perfiles demandados.

Aunque Aena es un monopolio público, Espinosa reconoce que «ahora somos más competitivos y tenemos una cultura más orientada al cliente».

Después de analizar la experiencia de AENA se pide:

1. Generar una relación de los aspectos más importantes a la hora de poner en funcionamiento un programa de gestión por competencias.
2. ¿Cuáles pueden ser las ventajas y posibles desventajas de su implantación?
3. Buscar información sobre otras empresas que hayan implantando o estén implantando sistemas de gestión de recursos humanos por competencias.

BIBLIOGRAFÍA BÁSICA

Albizu, E. y Landeta, J. (coord.) (2001): *Dirección estratégica de recursos humanos. Teoría y práctica,* Pirámide, Madrid.

Ariza, J. A., Morales, A. C. y Morales, E. (2004): *Dirección y administración integrada de personas,* McGraw-Hill, Madrid.

Chiavenato, I. (1999): *Administración de recursos humanos*, McGraw-Hill, Santa Fe de Bogotá.

Chiavenato, I. (2000): *Recursos humanos*, Atlas, Sao Paulo.

Chiavenato, I. (2002): *Gestión del talento humano*, McGraw-Hill, Bogotá.

Da Camara, P., Balreira, P. y Vicente, J. (1997): *Humanator*, Publicaçoes Dom Quixote, Lisboa.

Dolan, S., Valle, R., Jackson, S. y Schuler, R. (2003): *La gestión de los recursos humanos. Preparando profesionales para el S. XXI*, McGraw-Hill, Madrid.

García-Tenorio, J. y Sabater, R. (coord.) (2004): *Fundamentos de dirección y gestión de recursos humanos*, Thomson, Madrid.

Jiménez, A. (1999): *Creando valor a través de las personas*, Díaz de Santos, Madrid.

Milkovich, G. T. y Boudreau, J. W. (1997): *Human Resource Management*, Irwin, Chicago.

Pereda, S. y Berrocal, F. (2001). *Técnicas de gestión de recursos humanos por competencias*, Centro de Estudios Ramón Areces, Madrid.

Peretti, J. M. (coord.) (2003): *Todos somos directores de recursos humanos*, Gestión 2000, Barcelona.

Puchol, L. (2000): *Dirección y gestión de recursos humanos*, Díaz de Santos, Madrid.

Puchol, L. (coord.) (2000): *Casos y supuestos en dirección y gestión de recursos humanos*, Díaz de Santos, Madrid.

Sastre, M. A. y Aguilar E. M. (2003): *Dirección de recursos humanos. Un enfoque estratégico*, McGraw-Hill, Madrid.

Smart, B. (2001): *El valor del capital humano*, Paidós, Barcelona.

Torres, S. (coord.) (2005): *La dirección y el desarrollo de personas. Un reto para el S. XXI*, Pearson Education, Madrid.

Valero, J. A., Fernández, J. y Mateo, M. (2002): *Casos de recursos humanos y relaciones laborales*, Madrid, Pirámide.

Werther, J. y Davis, K. (2000): *Administración de personal y recursos humanos*, McGraw-Hill, México.

ENLACES DE INTERÉS

Asociación Española de Dirección y Desarrollo de Personas: www.aedipe.es.
Magazines especializados en Recursos Humanos:

www.rrhhmagazine.com.
www.losrecursoshumanos.com.
www.arearh.com.
www.capitalhumano.es.

BIBLIOGRAFÍA REFERENCIADA

[1] Porter, M. (1982): *Estrategia competitiva*, CECSA, México.

[2] Prahalad, C. y Hamel, G. (1990): «The core competente of the corporation», *Harvard Business Review*, vol. 68 (3), 79-91.

[3] Penrose, E. T. (1959): *The theory of the growth of the firm*, Wiley, Nueva York: Wiley.

[4] Cook, M. (1999): *Externalización de las funciones de recursos humanos*, Gestión 2000-Aedipe, Barcelona.

[5] Pereda, S. y Berrocal, F. (2001): *Técnicas de gestión de recursos humanos por competencias*, Centro de Estudios Ramón Areces, Madrid.

[6] Hay Group (2000): *Factbook de Recursos Humanos*, Aranzadi y Thomson, Navarra.

[7] Chiavenato, I. (1999): *Administración de recursos humanos*, McGraw-Hill, Santafé de Bogotá.

[8] Chiavenato, I. (1999): *Op. cit.*

[9] Dolan, S., Valle, R., Jackson, S. y Schuler, R. (2003): *La gestión de los recursos humanos. Preparando profesionales para el S. XXI,* McGraw-Hill, Madrid.

[10] Albizu, E. y Landeta, J. (coord.) (2001): *Dirección estratégica de recursos humanos. Teoría y práctica*, Pirámide, Madrid.

[11] Hay Group (2000): *Op. cit.*

[12] Pereda, S. y Berrocal, F. (2001): *Técnicas de gestión de recursos humanos por competencias*, Centro de Estudios Ramón Areces, Madrid.

[13] Puchol, L. (2000): *Dirección y gestión de recursos humanos*, Díaz de Santos, Madrid.

[14] Pereda, S. y Berrocal, F. (2001): *Gestión de recursos humanos por competencias*, Centro de Estudios Ramón Areces, Madrid.

[15] Maslow, A. (1943): «A theory of human motivation», *Psychological Review*, julio, pp. 370-396.

[16] Herzberg, F. (1966): *Work and nature of man*, The world publishing, Cleveland.

[17] Jericó, P. (2001): *Gestión del talento*, Prentice Hall, Madrid.

[18] Chiavenato, I. (1999): *Administración de recursos humanos*, McGraw-Hill, Santafé de Bogotá.

Capítulo 5

Introducción a la dirección financiera de la empresa

M.ª Pilar Maynar Mariño
M.ª Cristina Barriuso Iglesias

5.1. INTRODUCCIÓN

Una empresa necesita continuamente financiación para poder cumplir con las obligaciones que contrae y con ello alcanzar sus objetivos.

La dirección financiera será la responsable de dotar a la empresa de los recursos necesarios para asegurar su funcionamiento, de proporcionar información actualizada y fiable de su situación, y de facilitarle las herramientas que le permitan analizar las cuentas que elaboran periódicamente para obtener los resultados globales alcanzados. Estos resultados proceden de las diferentes tareas realizadas en las distintas áreas funcionales y determinan la posibilidad de supervivencia y crecimiento de la empresa.

En el presente capítulo, estudiaremos una serie de conceptos básicos de la dirección financiera como: el patrimonio y el balance, la estructura económica y financiera, el fondo de rotación, los ciclos de la actividad de la empresa. Por último, analizamos mediante ratios la situación económica y financiera de la empresa.

5.2. EL PATRIMONIO Y EL BALANCE DE LA EMPRESA

El **patrimonio** es el conjunto de bienes, derechos y obligaciones que en un momento determinado tiene una empresa, debidamente valorados en términos monetarios, en donde (véase la Figura 5.1):

— Los **bienes** representan el conjunto de elementos propiedad de una empresa que sirven para satisfacer una necesidad o para desarrollarla, por ejemplo, un local comercial, un camión, artículos para la venta, dinero en caja, mobiliario, un equipo informático, etc.

— Los **derechos** representan lo que terceros deben a la empresa, como por ejemplo, el dinero que le deben los clientes, letras de cambio que no hemos cobrado, etc.

— Las **obligaciones** representan lo que la empresa debe a terceros, como por ejemplo, deudas contraídas con suministradores, deudas contraídas con bancos que

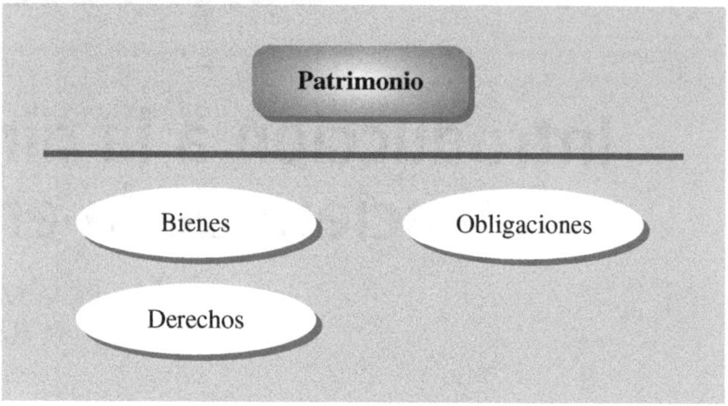

Figura 5.1. El patrimonio de una empresa.

nos hayan prestado dinero, letras de cambio pendientes de pago, deudas con Hacienda, etc.

EJEMPLO

La empresa Peris, S. L., a 1 de enero de 2003 posee los elementos que se relacionan a continuación, valorados en euros:

Un local comercial	180.304
Un camión para el reparto	32.455
Dinero en efectivo	902
Un ordenador	3.005
Dinero en el banco	32.106
Debe a los proveedores	4.357
Mobiliarios para el local	7.212
Existencias de materiales	30.051
Debe al banco un préstamo	15.025
Derecho de cobro sobre clientes	14.124
Debe a sus proveedores	4.357

¿Cuál será el patrimonio de la empresa Peris, S. L.?

En el ejemplo anterior, si la relación comprende todos los elementos que tiene la empresa, diremos que dicha relación nos indica el patrimonio de la misma. En nuestro ejemplo, el patrimonio de la empresa está formado por diez elementos patrimoniales, de los cuales seis son bienes propiedad de la empresa (el local comercial, el camión para el reparto, el dinero en efectivo, el ordenador, el mobiliario y las existencias de materiales), dos son derechos que tiene la empresa (los derechos de cobros sobre clientes y el dinero que tiene en el banco) y dos son obligaciones de pago que tiene la empresa (deuda con los proveedores y deuda con el banco por un préstamo).

El valor del patrimonio se calcula sumando el valor de los bienes y derechos y restando el valor de las obligaciones que tiene la empresa, lo que se conoce como Neto. Por tanto,

$$\text{Neto} = \text{Bienes} + \text{Derechos} - \text{Obligaciones}$$

En nuestro ejemplo, el valor del patrimonio de la empresa Peris, S. L., será el siguiente:

Bienes y derechos		Obligaciones	
Local comercial	180.304	Proveedores	4.357
Camión	32.455	Préstamo bancario	15.025
Ordenador	3.005		
Mobiliario	7.212	Total obligaciones	19.382
Materiales	30.051		
Derechos de cobro	14.124		
Dinero en efectivo	902		
Dinero en c/c bancaria	32.106		
Total bienes y derechos	300.159		

Por tanto, el NETO será igual al total de bienes y derechos (300.159 euros) menos el total de las obligaciones (19.382 euros), lo que arroja un valor de 280.777 euros.

El **balance** es un documento contable que refleja con claridad y exactitud el patrimonio de la empresa, debidamente valorado, en un momento determinado, así como los beneficios obtenidos o las pérdidas sufridas al cierre del ejercicio. De su análisis podemos extraer una información de gran importancia, lo que tiene y lo que debe la empresa y conocer su capacidad para hacer frente a sus deudas. Por tanto, es un documento de gran importancia para el análisis económico y financiero de la empresa.

Para separar el balance, se divide en dos partes: en la parte de la izquierda se agrupan los bienes y derechos de propiedad de la empresa, a la que se denomina **activo** y en la parte derecha se relacionan las obligaciones y el neto patrimonial (todo lo que la empresa debe a sus socios o propietarios), a la que se denomina **pasivo**, lo cual representamos en la Figura 5.2.

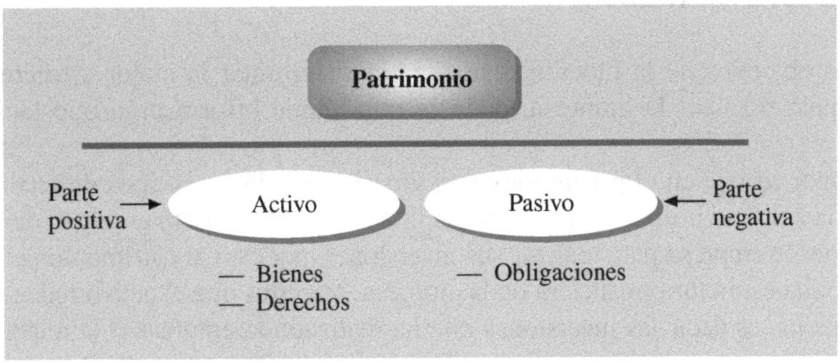

Figura 5.2. El Balance de una empresa.

Los bienes y derechos representan la parte positiva del patrimonio (Activo) y las obligaciones representan la parte negativa del mismo (Pasivo).

Siguiendo con nuestro ejemplo, podríamos presentar el balance de la empresa Peris, S. L., de la forma siguiente:

Activo		Patrimonio neto y pasivo	
Bienes y derechos		**Obligaciones**	
Local comercial	180.304	Proveedores	4.357
Camión	32.455	Préstamo bancario	15.025
Ordenador	3.005		
Mobiliario	7.212	Neto	280.777
Materiales	30.051		
Derechos de cobro	14.124		
Dinero en caja	902		
Dinero en c/c bancaria	32.106		
Total Activo	300.159	Total Pasivo	300.159

Del cual podemos conocer que el valor de los bienes y derechos de la empresa Peris, S. L., ascienden a 300.159 euros, mientras que el valor de las deudas con proveedores y bancos es de 19.382 euros y con los propietarios es de 280.777 euros.

Como norma general, se debe cumplir en todo balance que «el valor de todo lo que la empresa tiene ha de ser igual al valor de todo lo que debe más las aportaciones de los socios», por lo que el valor del Activo ha de ser siempre igual a la suma de los valores del Pasivo y del Neto. Dicha igualdad se conoce con el nombre de **ecuación fundamental del patrimonio**, de donde se deduce que el Activo menos el Pasivo es igual al Neto.

$$\text{Activo} = \text{Pasivo} + \text{Neto}$$

$$\text{Neto} = \text{Activo} - \text{Pasivo}$$

5.3. LA ESTRUCTURA ECONÓMICA Y FINANCIERA DE LA EMPRESA

Uno de los objetivos de la función financiera es determinar la mejor estructura económica y financiera para la empresa, dada la importante información que facilita de la misma.

El balance recoge en el patrimonio neto y pasivo los distintos tipos de recursos financieros que la empresa utiliza, es decir, nos facilita información sobre el origen de los fondos utilizados por la empresa para realizar sus inversiones, por esto al patrimonio neto y pasivo se le denomina estructura financiera de la empresa, mientras que el activo recoge el uso de dichos recursos, es decir las inversiones que ha realizado la empresa o la relación de elementos patrimoniales que la empresa ha ido adquiriendo para poder llevar a cabo su actividad empresarial, de aquí que al activo se le denomine estructura económica.

Los elementos del patrimonio neto y pasivo están ordenados de menor a mayor exigibilidad. La exigibilidad de un elemento de pasivo depende del tiempo en que éste ha de ser devuelto a sus titulares. Por ejemplo, una deuda a corto plazo con los proveedores de la empresa es más exigible que una deuda a largo plazo con una entidad bancaria.

En el patrimonio neto y pasivo distinguimos entre:

1. Patrimonio neto y pasivo no corriente

Está formado por las aportaciones del empresario individual o los socios, más las obligaciones de pago a las que ha de hacer frente la empresa a largo plazo. Comprende los elementos menos exigibles. Por tanto, está constituido por:

— *Patrimonio neto*: son los recursos que la empresa no debe a ningún acreedor, como las aportaciones de los propietarios, los beneficios no distribuidos (reservas) y los beneficios o pérdidas del ejercicio anterior, pendientes de aplicación.

— *Pasivo no corriente*: formado por los recursos sobre los que existe un compromiso de devolución en un plazo superior al año. Por ejemplo, deudas a largo plazo con proveedores, préstamos bancarios a largo plazo, etc.

2. Pasivo corriente

Está formado por el conjunto de elementos que significan obligaciones a las que ha de hacer frente la empresa a corto plazo. Está constituido por el **exigible a corto plazo** o conjunto de deudas de vencimiento igual o inferior al año. Por ejemplo: deudas a corto plazo, proveedores, efectos a pagar a corto plazo, acreedores a corto plazo, etc.

Por lo que, **la estructura financiera de una empresa viene determinada por el pasivo fijo y el pasivo circulante**.

Los elementos que forman el activo están ordenados de menor a mayor liquidez. Un activo es líquido cuando se puede convertir fácilmente en dinero sin perder valor. Por ejemplo, es más líquido el dinero en la caja de la empresa que una mercancía en el almacén, y ésta lo es más que el mobiliario de la empresa.

Según lo anterior, distinguimos entre:

1. Activo no corriente

Formado por el conjunto de elementos patrimoniales cuya función es asegurar la vida de la empresa. Su permanencia en el seno de la empresa es indefinida, es decir, están vinculados a la empresa de forma permanente. Por esto, el activo fijo se denomina también **inmovilizado**. Distinguimos entre:

— *Inmovilizado material*: conjunto de elementos tangibles de uso duradero que no están destinados a la venta ni a ser transformados en otros productos, sino utilizados para desarrollar su actividad. Por ejemplo: maquinaria, inmuebles, mobiliario, elementos de transporte, terrenos, etc.

— *Inmovilizado inmaterial*: conjunto de elementos intangibles constituidos por derechos susceptibles de valoración económica. Por ejemplo: patentes, marcas comerciales, derechos de traspaso, programas informáticos, propiedad industrial, etcétera.

2. Activo corriente

Formado por el conjunto de elementos patrimoniales cuya función es asegurar la actividad de la empresa. Son valores que están sujetos a un continuo proceso de renovación, ligado al ciclo productivo y comercial de la empresa. Distinguimos entre:

— *Existencias*: elementos existentes en el almacén de la empresa y cuya conversión en liquidez depende de la realización o venta de los mismos. Por ejemplo: existencias de mercaderías, productos terminados, etc.
— *Deudores*: conjunto de elementos que recogen derechos de cobro inmediatos o a corto plazo, que la empresa pueda exigir transcurrido el plazo de vencimiento. Por ejemplo: clientes, efectos comerciales a cobrar, deudores, créditos a corto plazo, etc.
— *Disponible*: elementos cuya disponibilidad en dinero es instantánea o inmediata. Por ejemplo: dinero en la caja de la empresa y en cuentas corrientes bancarias.

Por tanto, **la estructura económica de una empresa viene determinada por el activo no corriente y el activo corriente**.

En la Figura 5.3 representamos gráficamente los componentes de la estructura económica y financiera de la empresa.

Una vez analizado lo anterior y considerando que el neto lo forman 200.000 euros de aportaciones de los socios y 80.777 euros de beneficios no distribuidos, podemos presentar el balance de nuestro ejemplo debidamente organizado y clasificado de la forma siguiente:

ACTIVO		PATRIMONIO NETO Y PASIVO	
Activo no corriente	**222.976**	**Patrimonio neto y pasivo no corriente**	**280.777**
Inmovilizado material	222.976	*Neto*	280.777
Local	180.304	Capital social	200.00
Camión	32.455	Reservas	80.777
Ordenador	3.005		
Mobiliario	7.212		
Activo corriente	**77.183**	**Pasivo corriente**	**19.382**
Existencias	30.051	*Exigible a c/plazo*	19.382
Mercaderías	30.051	Proveedores	4.357
Deudores	14.124	Préstamos	15.025
Clientes	14.124		
Disponible	33.008		
Caja	902		
Bancos	32.106		
Total Activo	**300.159**	**Total Patrimonio neto y pasivo**	**300.159**

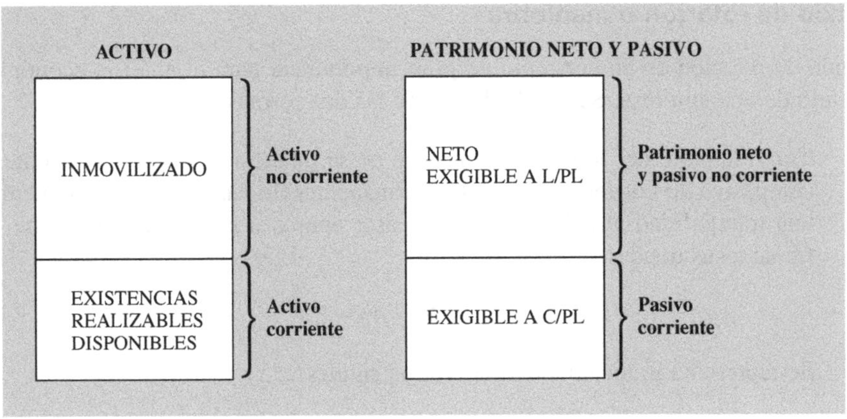

Figura 5.3. Estructura económico-financiera.

5.4. PRINCIPIO DE EQUILIBRIO ECONOMICO-FINANCIERO: FONDO DE ROTACIÓN

Partiendo de que el activo representa las inversiones realizadas por la empresa y el pasivo los recursos financieros empleados para financiar dichas inversiones, es necesario tener en cuenta que a la hora de invertir en cualquier elemento del activo tenemos que tener presente el plazo estimado de conversión de dicho activo en dinero, con el fin de establecer la relación más estrecha posible entre el plazo temporal y el que se necesite para madurar la fuente financiera que se haya utilizado para financiar su adquisición. Por ejemplo, si una empresa compra un elemento de transporte, con una vida útil estimada de cuatro años, que financia con los fondos procedentes de un crédito bancario que tiene que devolver a los seis meses, es obvio que entre la inversión y la financiación llevada a cabo por la empresa no hay equilibrio, puesto que la empresa tiene que pagar el elemento de transporte mucho antes que los rendimientos de su trabajo se convierta en dinero. En general, debe procurarse que los pagos relativos a la financiación utilizada puedan hacerse frente con los cobros derivados de los activos adquiridos.

Por esto, para que exista correspondencia entre las inversiones y las fuentes de financiación, el activo no corriente debe ser financiado por el pasivo no corriente, y el activo corriente por el pasivo corriente. Desde el punto de vista financiero es peligroso financiar todo el activo corriente con pasivo corriente, dado que cualquier desfase entre los cobros y los pagos podría llevar a la empresa a la suspensión de pagos, situación nada apetecible para la misma.

El principio de equilibrio financiero establece que debe existir equilibrio entre la estructura económica y la estructura financiera de la empresa, es decir, entre el activo y el pasivo o entre las inversiones y las fuentes de financiación, por tanto, siempre se debe cumplir que: la Estructura económica debe ser igual a la Estructura financiera o que el activo sea igual al pasivo más el patrimonio neto.

Estructura económica = Estructura financiera

El fondo de rotación o maniobra

El fondo de rotación es un concepto de gran importancia para el análisis económico y financiero de una empresa. Se puede definir de las dos formas siguientes:

1. Como la parte del activo corriente que no se financia con pasivo corriente, sino con pasivo no corriente o capitales permanentes, lo cual supone para la empresa una tranquilidad al evitar tener que pasar apuros a la hora de tener que hacer frente a sus deudas.

$$FM = A_C - P_C$$

Se representa gráficamente de la forma siguiente:

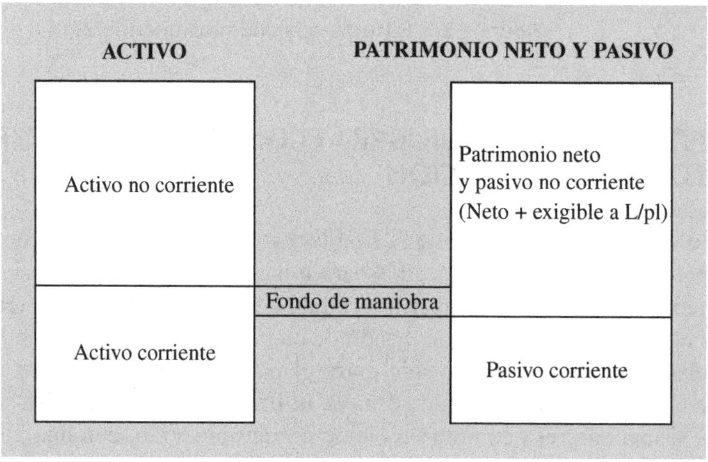

2. Como la parte del pasivo no corriente que no financia al activo no corriente, sino que financia al activo corriente:

$$FM = P_{NC} - A_{NC}$$

El Fondo de maniobra para una empresa será lo que le quede, después de haber pagado las deudas que tenga a corto plazo. Cuanto mayor sea el fondo de maniobra mejor estará preparada la empresa para hacer frente a sus deudas. El fondo de maniobra puede ser:

— **Positivo:** indica que la empresa tiene suficientes recursos a corto plazo para hacer frente a sus deudas a corto plazo. Los recursos proceden del dinero que tiene en la cuenta de tesorería, de la venta de las mercaderías y del cobro de las deudas de sus clientes. En esta situación la empresa se encuentra en **equilibrio financiero.** Gráficamente se representa como en el cuadro de la página siguiente.

— **Negativo**: indica que la empresa no podrá devolver sus deudas a corto plazo, al ser mayores que sus disponibilidades líquidas, lo cual le puede llevar a la

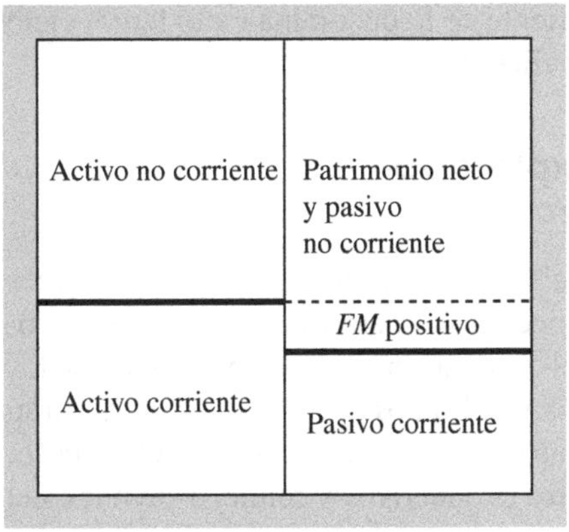

Fondo de maniobra positivo

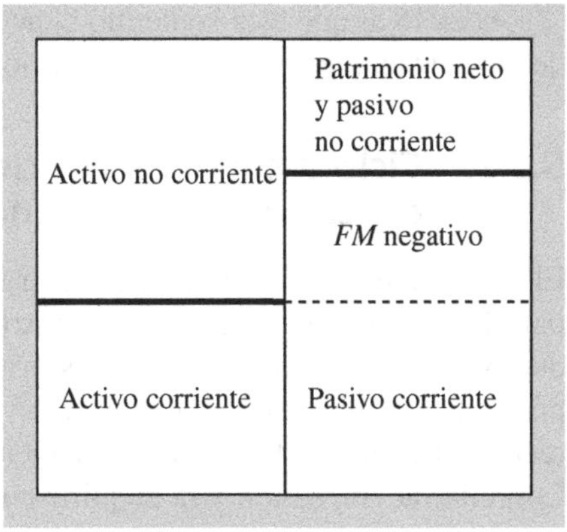

Fondo de maniobra negativo

suspensión de pagos. Ante esta situación, la empresa se encuentra en **desequilibrio financiero.** Véase el cuadro mostrado arriba.

Siguiendo con nuestro ejemplo, el fondo de rotación será igual a:

$$FM = \text{Activo corriente} - \text{Pasivo corriente} = 77.183 - 19.382 = 57.801 \text{ euros}$$

El resultado obtenido al ser mayor que cero nos indica que la empresa se encuentra en equilibrio financiero.

5.5. LOS CICLOS DE LA ACTIVIDAD DE LA EMPRESA Y EL PERÍODO MEDIO DE MADURACIÓN

Un ciclo es una sucesión de hechos o sucesos que se repiten con cierta frecuencia a lo largo del tiempo. En la actividad de la empresa encontramos diferenciados dos ciclos:

5.5.1. Ciclo a largo plazo, ciclo de amortización o ciclo de renovación del inmovilizado

La mayoría de los elementos del activo no corriente están sometidos a un proceso de desgaste debido a su utilización en el proceso productivo o por el mero paso del tiempo, lo que les hace ir perdiendo capacidad productiva hasta el momento en que deberán ser reemplazados por otros para poder mantener la actividad de la empresa. Por ejemplo, los elementos de transportes, las máquinas, etc., a medida que se van utilizando van perdiendo de forma progresiva su capacidad productiva hasta que llega un momento en el que si la empresa quiere mantener su actividad debe sustituirlas por otras. Existen algunos elementos del activo no corriente que, debido a su naturaleza, no están sometidos a este ciclo por no consumirse o perder capacidad productiva con el desarrollo de su actividad empresarial, por ejemplo: los solares y otros bienes parecidos.

Al ciclo al que está sometido el activo no corriente se le denomina ciclo largo, ciclo de amortizaciones o ciclo de renovación del inmovilizado.

5.5.2. Ciclo a corto plazo, ciclo de explotación o ciclo dinero-mercancia-dinero

El ciclo de explotación se inicia con la salida de tesorería de los recursos financieros para la adquisición de los **factores productivos** necesarios para iniciar el proceso productivo. Estos factores serán transformados en el proceso productivo para obtener los productos terminados, los cuales una vez vendidos y cobrados a los clientes, permitirán recuperar de nuevo los recursos financieros invertidos e iniciar de nuevo todo el proceso. Con ello, la empresa podrá adquirir nuevos factores productivos y reiniciar de nuevo el proceso de forma continua mientras la empresa permanezca en funcionamiento. La duración media de este ciclo se denomina **período medio de maduración**, por ser el tiempo que, por término medio, se tarda en recuperar el dinero invertido en el proceso productivo.

El ciclo de explotación es distinto según nos encontremos ante una empresa industrial o una empresa comercial, lo cual representamos en la Figura 5.4.

En la figura se recogen las distintas **fases o períodos que se dan en el ciclo de explotación** de una empresa industrial, que son:

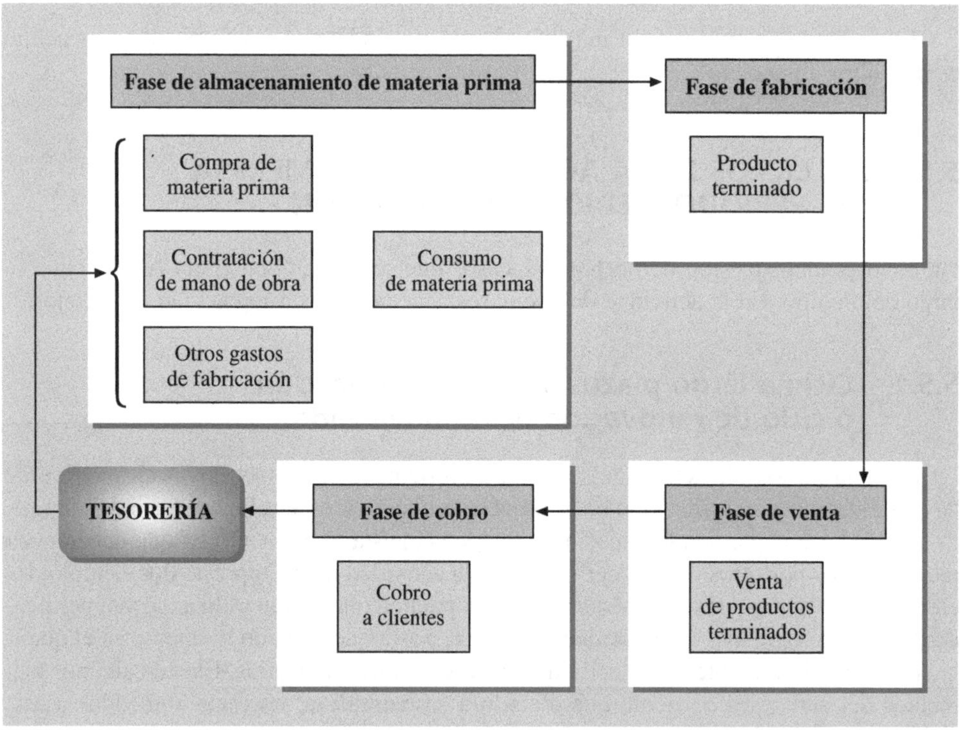

figura 5.4. ciclo de explotación de una empresa industrial.

— *Fase de almacenamiento de las materias primas*: representa el número de días que, por término medio, están las materias primas en el almacén a la espera de ser utilizadas. Se representa por *PMA*.
— *Fase de fabricación o producción*: nos indica el número de días que, por término medio, se tarda en fabricar los productos, desde que se incorporan las materias primas. Se representa por *PMF*.
— *Fase de venta*: nos indica el número de días que, por término medio, se tarda en vender los productos una vez fabricados. Se representa por *PMV*.
— *Fase de cobro*: indica el número de días que, por término medio, tarda la empresa en cobrar a los clientes sus deudas. Se representa por *PMC*.

En la Figura 5.5 se recogen las fases o períodos de almacenamiento y cobro, que son las fases que se dan en una empresa comercial dado que estas empresas carecen de proceso productivo, entendido en un sentido estricto de transformación física de unas materias primas en productos elaborados.

Para calcular el **período medio de maduración** hay que tener en cuenta que todas las materias primas no tardan el mismo tiempo en ser vendidas y que se trabaja con valores medios.

En dicho cálculo nos podemos encontrar ante las dos situaciones mencionadas, que la empresa sea industrial o la empresa sea comercial, lo que dará lugar a las expresiones siguientes:

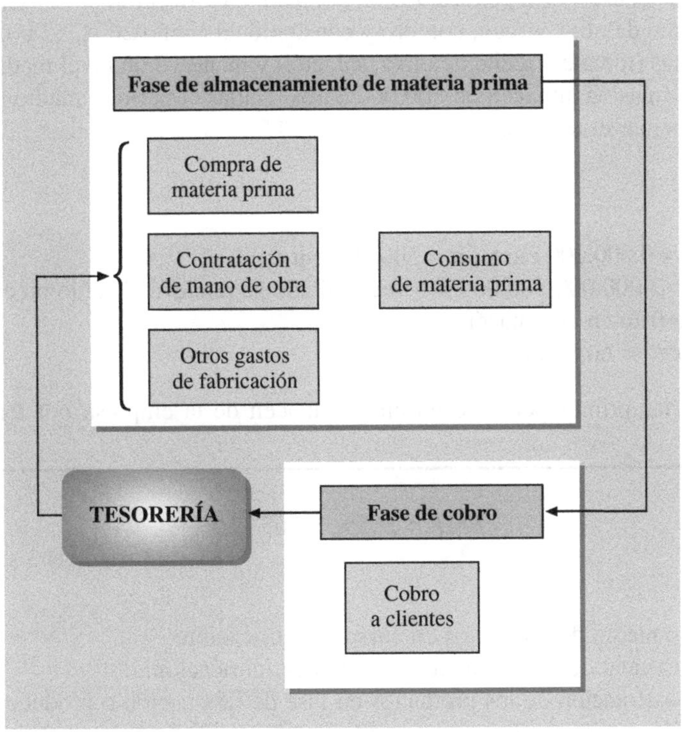

Figura 5.5. Ciclo de explotación de una empresa comercial.

— Caso de una empresa industrial:

a) *Cálculo del período medio de maduración económico*, se representa por *PME* y está formado por el período medio de almacenamiento de materias primas, *PMA*; por el período medio de fabricación, *PMF*; por el período medio de venta, *PMV* y por el período medio de cobro a los clientes, *PMC*. O sea que:

$$PME = PMA + PMF + PMV + PMC$$

Para conocerlo, es preciso calcular cada unos de los períodos o fases mencionadas anteriormente, lo cual haremos de la forma siguiente:

$$PMA = 365/n_a = 365 \cdot a/A$$

donde:

$a =$ Saldo medio de las existencias en el almacén.
$A =$ Consumo anual de las materias primas.
$n_a = A/a \rightarrow$ Rotación de las materias primas que hay en el almacén: indica el número de veces que las materias primas se renuevan a lo largo del año.

EJEMPLO

La empresa, de conservas vegetales, ZZ, S. A., para la fabricación de conservas de tomate frito en aceite de oliva virgen, compró y consumió en el año 2004, 3.000.000 euros de materias primas (tomates, aceite de oliva, sal, etc.) y mantuvo un nivel medio de existencias de las mismas en almacén de 500.000 euros. Hallar el período medio de almacenamiento y comentar el resultado obtenido.

Solución

Como: $A = 3.000.000$ euros, $a = 500.000$ euros;
$n_a = A/a = 3.000.000/500.000 = 6$ veces al año se renueva el saldo medio de conservas de tomate frito en el almacén.
$PM_a = 365/6 = 60,83$ días.

Las materias primas permanecen en el almacén de la empresa por término medio 60,83 días.

$$PMF = 365/n_f = 365 \cdot f/F$$

donde:

$f =$ Saldo medio de productos en curso de fabricación.
$F =$ Coste anual de los productos en curso de fabricación.
$n_f = F/f \rightarrow$ Rotación de los productos en fase de fabricación o producción: indica el número de veces que se renuevan los productos en fase de fabricación a lo largo del año.

EJEMPLO

Si el coste de la producción anual de la empresa ZZ, S. A., es de 8 millones de euros y el saldo medio de productos en curso de fabricación es de 400.000 euros. Hallar el período medio de fabricación y comentar el resultado obtenido.

Solución

Dado que $f = 400.000$ euros y $F = 8.000.000$ euros;

$n_f = F/f = 8.000.000/400.000 = 20$ veces al año se renueva el saldo medio de productos en cursos de fabricación.

$PM_f = 365/n_f = 365/20 = 18,25$ días.

El resultado obtenido nos indica que las conservas de tomate frito se tardan en fabricar 18,25 días.

$$PMV = 365/n_v = 365 \cdot v/V$$

donde:

$v =$ Saldo medio de productos terminados en el almacén.

$V =$ Volumen anual de ventas, valorado a precio de coste.

$n_v = V/v \rightarrow$ Rotación de productos fabricados o ventas: indica el número de veces que se renuevan los productos terminados a lo largo del año.

EJEMPLO

Si la venta de conservas de tomate frito de la empresa ZZ, a precio de coste, es de 15 millones de euros y el saldo medio de los productos terminados es de 500.000 euros. Hallar el período medio de venta y comentar el resultado.

Solución

Como: $V = 15.000.000$ euros, $v = 500.000$ euros;

$n_v = V/v = 15.000.000/500.000 = 30$ veces en un año se renuevan las existencias de productos terminados.

$PM_v = 365/n_v = 365/30 = 12,17$ días.

El resultado nos indica que la empresa tarda en vender las conservas de tomate frito 12,17 días.

$$PMC = 365/n_c = 365 \cdot c/C$$

donde:

$c =$ Saldo medio de la deuda que los clientes tienen con la empresa.

$C =$ Volumen anual de ventas, valorado a precio de venta.

$n_c = C/c \rightarrow$ Rotación de cobro: indica el número de veces que los clientes pagan su deuda a la empresa a lo largo del año.

Por tanto, el período medio de maduración económico de la empresa ZZ, S. A., será igual a:

SOLUCIÓN FINAL

$$PME = 60,83 + 18,25 + 12,17 + 14,6 = 105,85 \text{ días}$$

Lo que nos indica que la empresa ZZ, S. A. tarda 105,85 días en recuperar los euros que ha invertido en la fabricación de las conservas de tomate frito.

b) *Cálculo del período medio de maduración financiero*

Cuando la empresa no paga al contado sus compras, durante unos días puede trabajar sin que haya salida de dinero; es decir, la empresa recibe financiación de los proveedores mientras dura el período medio de pago. Se denomina **período medio de maduración financiero (*PMF*)** al tiempo que pasa desde que la empresa paga las materias primas a los proveedores y cobra a sus clientes el importe de las ventas. La fórmula para calcular el período medio de maduración financiera será la siguiente:

$$PMF = PME - PMP$$

donde:

$PMP = 365\ p/P \rightarrow$ Período medio de pago (*PMP*): Número de días que se tarda en pagar a los proveedores.
$p =$ Saldo medio de deudas con los proveedores.
$P =$ Compras de materias primas.
$n_P = P/p \rightarrow$ Número de veces que, en un año, se renueva la deuda que la empresa mantiene con sus proveedores.

EJEMPLO

Si la empresa de conservas vegetales ZZ, S. A. no paga al contado a sus proveedores y compra materias primas por valor de 3 millones de euros y mantiene un saldo medio con los proveedores por valor de 300.000 euros. Hallar el período medio de pago y comentar el resultado obtenido.

Solución

Como: $P = 3.000.000$ euros y $p = 300.000$ euros.

$n_p = P/p = 3.000.000/300.000 = 10$ veces en un año se renueva la deuda de la empresa con los proveedores.

$PM_p = 365/10 = 36,5$ días.

La empresa tarda en cobrar a sus clientes, por término medio, 36,5 días.

— Caso de una empresa comercial

Al no tener proceso productivo sólo tienen las fases o períodos de almacenamiento y cobro. Por tanto:

a) Período medio de maduración económico:

$$PME = PMA + PMC$$

b) Período medio de maduración financiero:

$$PMF = PME - PMP$$

EJEMPLO

La empresa López, S. L., dedicada a la compraventa de televisores plasmas, nos facilita la siguiente información: consumo de televisores de plasmas: 400.000 euros/año; saldo medio de televisores en el almacén de la empresa: 20.000 euros; ventas totales de televisores, a precio de venta: 1 millón de euros; saldo medio de clientes: 200.000 euros; compras de televisores: 400.000 euros/año; saldo medio de la deuda que la empresa tiene con los proveedores: 40.000 euros. A la vista de los datos anteriores, se desea conocer el período medio de maduración económico y el período medio financiero de la citada empresa.

Solución

a) $PME = PM_a + PM_c = 18{,}25 + 73 = 91{,}25$ días tarda la empresa en recuperar el dinero invertido.

$$PM_a = 365 \cdot a/A = 365 \cdot 20.000/400.000 = 18{,}25 \text{ días.}$$
$$PM_c = 365 \cdot c/C = 365 \cdot 200.000/1.000.000 = 73 \text{ días.}$$

b) $PMF = PME - PMP = 91{,}25 - 36{,}5 = 54{,}75$ días tarda la empresa en cobrar a los clientes y pagar a los proveedores.

$$PMP = 365 \cdot p/P = 365 \cdot 40.000/400.000 = 36{,}5 \text{ días.}$$

5.6. ANÁLISIS DE LA SITUACIÓN ECONÓMICA Y FINANCIERA DE LA EMPRESA MEDIANTE RATIOS

Realizar un análisis económico y financiero de la empresa es un hecho importante, ya que proporciona información de gran utilidad a la hora de realizar un diagnóstico de cuál es su situación actual y con ello poder determinar los puntos fuertes y débiles de la misma. La forma más objetiva de realizar dicho análisis, desde nuestro punto de vista, es a través de ratios.

Un ratio expresa numéricamente la relación que existe entre una magnitud y otra de la misma clase.

Para realizar el análisis económico-financiero de la empresa seguiremos el esquema que exponemos en la Figura 5.6, es decir, comenzaremos por el estudio de la rentabilidad para terminar con el estudio del riesgo.

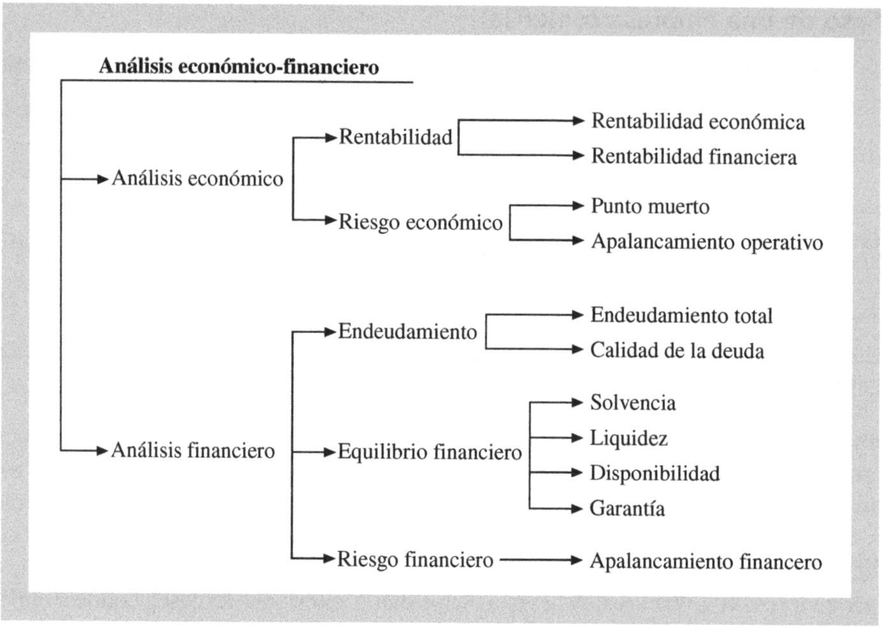

Figura 5.6. Análisis de la estructura económica y financiera de la empresa.

5.6.1. Análisis económico

El documento que vamos a utilizar para realizar el estudio de la rentabilidad es la cuenta de pérdidas y ganancias, ya que nos permite conocer si la empresa es o no rentable para sus propietarios. Los ratios económicos que vamos a estudiar dependen de cuatro variables: beneficio, activo, recursos propios y ventas. A partir de dichas variables, obtendremos los ratios de rentabilidad económica y rentabilidad financiera.

La rentabilidad de una empresa representa la proporción de beneficio total obtenido con respecto al capital invertido. En definitiva, mide la capacidad de la empresa para remunerar los capitales aportados por los propietarios. Por tanto, la rentabilidad nos informa sobre el rendimiento obtenido por la empresa a sus inversiones. Para realizar un análisis más profundo de dicho rendimiento vamos a utilizar los dos ratios siguientes:

— Rentabilidad económica (*RE*)

Mide el beneficio de las inversiones realizadas por la empresa, con independencia de quién financia dichas inversiones. Es decir, la relación entre el beneficio antes de intereses e impuestos (*BAIT*) y el total de inversiones realizadas (activo). Para su cálculo se utiliza la expresión siguiente:

$$RE = BAIT/A$$

BAIT = Beneficio antes de intereses e impuestos.
A = Activo total.

EJEMPLO

La empresa Lagos, S. L. tiene unos activos valorados en 5.500 euros que le proporcionaron, en el ejercicio anterior, un beneficio antes de intereses e impuestos de 600 euros. ¿Cuál es la rentabilidad económica obtenida por la citada empresa? Comentar el resultado.

Solución

$$RE = BAIT/A = 600/5.500 = 0{,}1091 \text{ por } 1 = 10{,}91 \text{ por } 100$$

Por cada 100 euros invertidos la empresa ha obtenido un beneficio de 10,91 euros.

Si multiplicamos y dividimos el ratio anterior por la cifra de ventas (*V*) observamos que la rentabilidad económica es el producto de dos factores:

$$RE = BAIT/A \cdot V/V = BAIT/V \cdot V/A$$

a) *BAIT/V* = **Margen de beneficio bruto sobre las ventas o rentabilidad comercial:** indica el beneficio obtenido por unidad vendida. Por tanto, si aumenta el beneficio por cada unidad vendida, también lo hará la rentabilidad económica.

b) *V/A* = **Rotación de las ventas sobre el activo o rotación de activos:** indica las unidades monetarias de ventas que se pueden obtener por cada unidad monetaria invertida.

La rentabilidad económica de la empresa se puede aumentar:

— Aumentando las ventas para el mismo nivel de activo.
— Disminuyendo el activo para el mismo nivel de ventas.
— Combinando ambos términos.

EJEMPLO

La empresa Cairo, S. A., dedicada a fabricar latas para conservas, cuenta con un activo valorado en 44.000 euros, el cual le proporcionó un beneficio antes de intereses e impuestos de 3.790 euros. Sabiendo que las ventas del ejercicio alcanzaron un valor de 15.000 euros, se pide: *a*) rentabilidad económica, margen de beneficio y rotación de las ventas; *b*) comentar los resultados obtenidos.

Solución

a) $RE = BAIT/A = 3.790/44.000 = 0{,}0861$ por 1 = 8,61 por 100.
Margen = $BAIT/V = 3.790/15.000 = 0{,}2527$ por 1 = 25,27 por 100.
Rotación = $V/A = 15.000/44.000 = 0{,}3409$ por 1 = 34,09 por 100.

b) Los resultados anteriores indican:

Rentabilidad económica, que por cada 100 euros invertidos se ha obtenido un beneficio de 8,61 euros.
Margen de beneficio, que cada 100 euros de venta generan un beneficio de 25,27 euros.
Rotación, que cada 100 euros de inversión en activos generan 34,09 euros de ventas.

— Rentabilidad financiera (*RF*)

Mide la rentabilidad obtenida por los propietarios de la empresa en función del capital aportado. Para su cálculo utilizaremos la expresión siguiente:

$$RF = BN/RP$$

BN = Beneficio neto.
RP = Recursos propios.

Beneficio neto es el beneficio a percibir una vez se han pagado las deudas (I) y el impuesto de sociedades (T).

$$BN = BAIT - I - T = BAIT - RA \cdot k - t \cdot BAT$$

siendo:

$I = RA \cdot k$ en donde: RA = deudas, recursos ajenos o exigible total, y k = coste de las deudas.
$T = t \cdot BAT$ en donde: t = tanto por ciento del impuesto, y BAT = beneficio antes de impuestos.
$BAT = BAIT - RA \cdot k$.

— Relación entre rentabilidad económica y rentabilidad financiera

La podemos obtener a partir de la expresión siguiente:

$$\mathbf{RF} = BAIT - I/RP = RE \cdot A - RA \cdot k/RP = RE\ (RP + RA) - RA \cdot k/RP =$$
$$= RE \cdot RP/RP + RA/RP\ (RE - k).$$

$$\mathbf{RF = RE + RA/RP\ (RE - k)} \qquad (1)$$

siendo:

$BAIT$ = Beneficio antes de intereses e impuestos o beneficio económico = $RE \cdot A$, ya que $RE = BAIT/A$.
I = Cargas financieras.
RP = Recursos propios.
RA = Recursos ajenos o deudas.
k = Coste medio de las deudas de la empresa.
A = Activo = Pasivo = $RP + RA$.

Conocer el cociente RA/RP es de gran importancia para la empresa al permitirnos conocer el grado de endeudamiento de la misma.

De la expresión anterior podemos decir que:

— Cuando la rentabilidad económica es mayor que el coste medio de las deudas de la empresa, cuanto mayor sea el endeudamiento de la empresa mayor serán las ganancias de los propietarios de la misma (rentabilidad financiera).
— Cuando la rentabilidad económica es menor que el coste medio de las deudas de la empresa, cuanto mayor sea el endeudamiento de la empresa mayores pérdidas obtendrán los propietarios de la misma (rentabilidad financiera).

La rentabilidad financiera, como podemos apreciar en la fórmula (1), depende de los tres factores siguientes:

a) RE = Rentabilidad económica. Un incremento en la rentabilidad económica proporciona un incremento en la rentabilidad financiera, como se desprende de la fórmula.

b) k = Coste medio de las deudas de la empresa. Incide de forma directa en la rentabilidad financiera, de tal forma que, cuanto mayor es el coste medio de las deudas menor será la rentabilidad financiera.

c) RA/RP = Coeficiente de endeudamiento. Es una variable importante pues en algunos casos puede multiplicar las ganancias y en otras multiplicar las pérdidas (es lo que se conoce como efecto apalancamiento), dependiendo de la expresión $(RE - k)$.

El *riesgo económico* mide cómo varían los beneficios de la empresa sin tener en cuenta la forma de financiación. Su análisis lo realizaremos a través del estudio del punto muerto y del apalancamiento operativo.

EJEMPLO

Si la empresa Lagos nos indica que sus activos han sido financiados el 40 por 100 por recursos propios y el resto mediante un préstamo a un tipo de interés del 12 por 100, ¿cuál es la rentabilidad financiera de la empresa? Comentar el resultado.

Solución

$$RF = BN/RP = 132{,}6/2.200 = 0{,}0603 \text{ por } 1 = 6{,}03 \text{ por } 100$$

$$RP = 0{,}40 \cdot 5.500 = 2.200 \text{ euros}$$

Activo = 5.500 euros.

$$RA = 0{,}60 \cdot 5.500 = 3.300 \text{ euros}$$

Por cada 100 euros aportados por los propietarios han obtenido un beneficio neto de 6,03 euros.

Para calcular el beneficio neto procederemos de la forma siguiente:

BAIT	$BAIT = 600$
– Intereses	$-I = 0{,}12 \cdot 3.300 = 396$
BAT	$BAT = 204$
– Impuestos	$-T = 0{,}35 \cdot 204 = 71{,}4$
BN	$BN = 132{,}6$

donde:

Intereses de la deuda = I = Tipo de interés (i) · Recursos ajenos (RA).

Impuestos = T = Impuesto de sociedades (t = 35%) · Beneficio antes de impuestos (BAT).

— Punto muerto o umbral de rentabilidad o punto de equilibrio

El punto muerto analiza la relación existente entre las ventas y la rentabilidad de la empresa. Por tanto, su estudio nos permite conocer, por una parte, el momento en el que las ventas cubren la totalidad de los costes (punto de equilibrio o umbral de rentabilidad), y por otra parte, el volumen de ganancias o pérdidas cuando las ventas toman otro valor distinto al de equilibrio.

En la empresa hay que distinguir dos tipos de costes:

a) Costes fijos: son aquellos que no dependen del volumen de producción. Por ejemplo, el alquiler del local, los impuestos municipales, los gastos de la empresa, etc.
b) Costes variables: son aquellos que varían con el volumen de producción. Por ejemplo, la harina y la luz en una panificadora, etc.

Esta distinción sólo es válida a corto plazo, ya que a largo plazo todos los costes son variables.

Teniendo en cuenta que el punto muerto depende de los costes de la empresa, su cálculo lo determinaremos de la forma siguiente:

$$B = I - C;\ \text{en el punto muerto: } B = 0 \rightarrow I = C$$

donde:

B = Beneficio.
I = Ingresos totales.
C = Vostes totales.

Como

$$I = p \cdot Q \qquad \text{y} \qquad C = C_F + C_v\, Q$$

donde:

p = Precio de venta.
Q = Cantidad vendida.
C_F = Costes fijos.
C_v = Coste variable unitario.

entonces:

$$p \cdot Q = C_F + C_v \cdot Q; \qquad p \cdot Q - C_v \cdot Q = C_F; \qquad C_F = Q(p - C_v)$$

despejando Q, obtendremos el punto muerto Q_0 (unidades vendidas en el punto de equilibrio), para el cual los beneficios son nulos:

$$Q_0 = C_F/p - C_v = C_F/m$$

Siendo m el margen unitario obtenido en la venta del producto.

Los elementos del punto muerto se encuentran representados en la Figura 5.7.

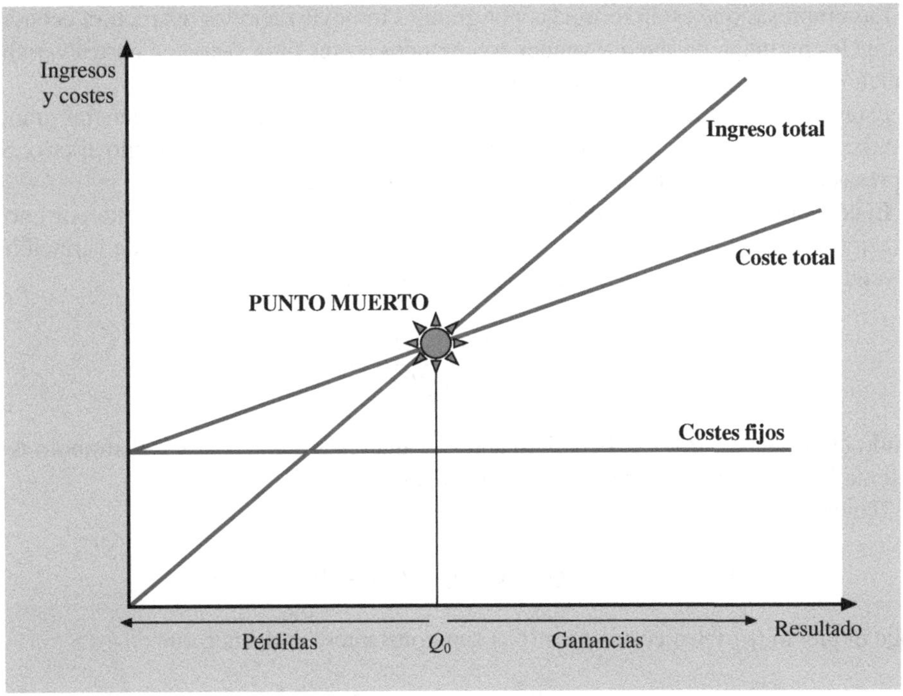

Figura 5.7. Punto muerto.

En abscisas se representan las unidades vendidas, que deben coincidir con las unidades producidas, y en ordenadas se representan los costes y los ingresos.

Al ser los costes fijos independientes del volumen de ventas están representados por una recta paralela al eje de abscisas. Los costes totales coinciden con los costes fijos para un nivel de ventas igual a cero, ya que para ese volumen no hay costes variables, y a medida que las ventas aumentan, también aumentarán los costes totales.

La recta de ingresos parte del origen de ordenadas, ya que para unas ventas iguales a cero, los ingresos son también cero y, a medida que las ventas vayan aumentando, los ingresos también lo harán en relación directa.

En la Figura 5.7 podemos ver que el punto muerto es la intersección entre la recta que representa los ingresos totales en función de la cantidad vendida y la recta que representa los costes totales en función de la cantidad producida. Para un volumen de ventas superior a Q_0 la empresa empieza a obtener beneficio y para un volumen de ventas inferior a Q_0 la empresa obtiene pérdidas.

— Apalancamiento operativo

El apalancamiento operativo mide la variación experimentada por el beneficio como consecuencia de la variación en las unidades vendidas. Un apalancamiento alto significa que una variación pequeña en las ventas, manteniéndose constante los demás componentes, provocaría un una variación en el beneficio.

Las empresas que están formadas por grandes inmovilizaciones (estructura económica) que les permiten producir y vender con grandes costes fijos, pero con costes variables pequeños, se dice que tienen mucho **apalancamiento operativo**.

Estas empresas pueden pasar de tener en un año muchos beneficios a generar grandes pérdidas al año siguiente, sin que se modifiquen mucho las ventas de un año al otro. Son empresas que se encuentran sometidas a un gran **riesgo económico**.

El **coeficiente de apalancamiento operativo** es el cociente entre el tanto por uno de variación del beneficio antes de intereses e impuestos, y el tanto por uno de variación de las ventas, lo cual indicamos en la expresión siguiente:

$$A_0 = \frac{\Delta BAIT/BAIT}{\Delta Q/Q}$$

Siendo Q las ventas, *BAIT* el beneficio antes de intereses e impuestos y el símbolo Δ representa la variación del beneficio o de las ventas.

Teniendo en cuenta que:

$$B = I - C = p \cdot Q - (C_v \cdot Q + C_F) = Q(p - C_v) - C_F$$

y que el precio (p) y los costes fijos (C_F) son constantes, se deduce que:

$$\Delta BAIT = \Delta Q(p - C_v)$$

Sustituyendo este valor en A_0 obtendremos la expresión siguiente:

$$A_0 = \frac{\Delta Q(p - C_v)/Q(p - C_v) - C_F}{\Delta Q/Q} = \frac{\Delta Q(p - C_v)Q}{[Q(p - C_v) - C_F]\Delta Q} = \frac{Q(p - C_v)}{Q(p - C_v) - C_F}$$

Si, en la expresión anterior, dividimos el numerador y el denominador por $(p - C_v)$, obtendremos:

$$A_0 = \frac{Q(p - C_v)}{Q(p - C_v) - C_F} = \frac{Q}{Q - C_F/p - C_v}$$

como

$$C_F/p - C_v = Q_0$$

$$A_0 = \frac{Q}{Q - Q_0}$$

Podemos decir que, el coeficiente de apalancamiento varía con Q y será tanto mayor cuanto más próximo esté al punto muerto y tanto menor cuanto mayor sea Q, en relación al punto muerto.

Este coeficiente no puede ser menor que la unidad y cuanto mayor sea su valor más elevado es el riesgo económico.

EJEMPLO

La empresa X, S. L. se dedica a la producción y venta de conservas a un precio unitario de 20 u.m. Sabiendo que los costes variables unitarios son 15 u.m. y los costes fijos anuales son 400.000 u.m., calcular el coeficiente de apalancamiento operativo para un volumen de 90.000, 160.000 y 40.000 conservas.

Solución

$$A_0 = \frac{Q(p - C_v)}{Q(p - C_v) - C_F}$$

— Para un volumen de 90.000 conservas, el apalancamiento operativo será:

$$A_0 = \frac{90.000(20 - 15)}{90.000(20 - 15) - 400.000} = 9$$

El resultado obtenido nos indica que, para un volumen de ventas de 90.000 conservas, un incremento del 10 por 100 de las ventas supone un incremento del 90 por 100 en los beneficios.

— Para un volumen de ventas de 160.000 conservas, el apalancamiento operativo será:

$$A_0 = \frac{180.000(20 - 15)}{180.000(20 - 15) - 400.000} = 1,8$$

El resultado nos indica que para un volumen de ventas de 180.000 conservas, un incremento del 10 por 100 de las ventas implica un incremento del 18 por 100 de los beneficios.

Podemos observar en el ejemplo que, a medida que aumenta el volumen de ventas, el coeficiente de apalancamiento es menor.

— Para un volumen de ventas (por debajo del punto muerto) de 40.000 conservas, el apalancamiento operativo será:

$$A_0 = \frac{40.000(20 - 15)}{40.000(20 - 15) - 400.000} = \frac{200.000}{200.000 - 400.000} = -1$$

El resultado nos indica que cuando las ventas disminuyen en un 10 por 100, los beneficios disminuyen en un 10 por 100 (o aumentan las pérdidas en un 10 por 100).

En el ejemplo anterior podemos ver con claridad cómo, cuanto más próximo se encuentra la cifra de ventas al punto muerto, mayor es el coeficiente de apalancamiento.

5.6.2. Análisis financiero del balance

El objetivo del análisis financiero es analizar si la empresa dispone de fondos suficientes para su normal desenvolvimiento y si están adecuadamente distribuidos. Se realiza a través del balance de situación, para ello hay que analizar la composición del activo y del pasivo, lo cual haremos mediante diversos ratios financieros. El *ratio financiero* es un instrumento eficaz que estudia la liquidez y la solvencia de la empresa y comprueba si son suficientes para pagar sus deudas.

— **Liquidez:** es el dinero efectivo, el depositado en las cuentas bancarias disponibles a la vista y el convertible en liquidez a corto plazo. Desde el punto de vista financiero es la capacidad que tiene la empresa para convertir sus inversiones en liquidez inmediata.
— **Solvencia:** es la capacidad de una empresa para hacer frente a sus deudas, con la garantía de sus inversiones.

Es difícil determinar el valor óptimo de un **ratio**, ya que depende del tipo de empresa y del sector económico en el que desarrolla su actividad empresarial.

— Principales ratios financieros

1. *Ratios de endeudamiento*

Los ratios de endeudamiento estudian la relación que existe entre la financiación ajena y los recursos propios, es decir, estudian la composición del pasivo de la empresa. Existen diversos ratios, entre los que destacamos:

— *Endeudamiento total*: analiza la deuda general de la empresa. A medida que la deuda es menor, mejor es la situación financiera de la empresa. El valor de este ratio debe encontrarse en torno al 0,5; a medida que sea mayor de este valor, la empresa podría encontrarse excesivamente endeuda.

Endeudamiento total = Pasivo/Patrimonio neto + pasivo

— *Calidad de la deuda*: indica qué parte de las deudas son a corto plazo. Se dice que el endeudamiento es de buena calidad cuando el pasivo circulante es bastante menor que el total de pasivo exigible. El valor de este ratio debe ser menor que la unidad.

Calidad de la deuda = Pasivo corriente/Pasivo

2. *Ratios de equilibrio financiero*

Como ya dijimos anteriormente, una empresa se encuentra en equilibrio financiero cuando tiene capacidad para hacer frente a sus deudas. Los principales ratios de equilibrio financiero son:

— *Solvencia*: indica la capacidad de la empresa de generar recursos financieros líquidos, que le permitan hacer frente a las obligaciones a corto plazo. Así, nos indica si la empresa se encuentra en una situación normal o tiende a la suspensión de pagos o a la quiebra. Los valores aceptables de este ratio se encuentran entre 1 y 2, en previsión de que parte del activo circulante (realizable y existencias) no pueda ser utilizado para hacer frente a las deudas a corto plazo por diversas razones, como los impagados de clientes o la dificultad de vender los productos terminados. Si es igual a la unidad la situación de la empresa es peligrosa, porque está situada en el límite inferior antes de entrar en suspensión de pagos. Si su valor es inferior a la unidad, el fondo de maniobra es negativo y la empresa tiende a la suspensión de pagos.

Solvencia = Activo corriente/Pasivo corriente

— *Liquidez o tesorería*: indica cuál es la capacidad de la empresa para devolver sus deudas en el supuesto de que la empresa no consiga vender sus existencias. También se le conoce con el nombre de *acid test* = coeficiente ácido. Se consideran resultados aceptables y buenos los valores iguales a la unidad. No es bueno que este ratio sea muy superior a la unidad, lo cual indicaría que pueden existir recursos ociosos, improductivos o mal empleados. Cuando es menor que la unidad se acerca a la suspensión de pagos.

Liquidez = Disponible + Deudores / Pasivo corriente

— *Tesorería inmediata o disponibilidad*: indica la capacidad que tiene la empresa para hacer frente a las deudas más inmediatas. El valor no debe ser ni demasiado bajo, para evitar problemas con acreedores a corto plazo, ni demasiado alto, ya que hay deudas que vencen a lo largo del año. En todo caso, nunca debería ser superior a la unidad.

Disponibilidad = Disponible/Pasivo corriente

— *Garantía*: representa la capacidad de los activos de la empresa para hacer frente a todas las deudas de la misma. Supone una garantía de que todos los acreedores cobrarán sus deudas. Si el ratio es igual a la unidad, nos indica que el valor del activo real (activo) es igual a todas las deudas de la empresa. Un valor inferior a uno indica suspensión de pagos.

Garantía = Activo real/Pasivo total

EJEMPLO

Continuando con el caso de la empresa Peris, S. L., calculamos los ratios de endeudamiento y de equilibrio financiero

Ratios de endeudamiento:

Endeudamiento = Pasivo total/Patrimonio neto + pasivo = 19.382/300.159 = 0,0645

Calidad de la deuda = Pasivo corriente/Pasivo = 19.382/19.382 = 1

Ratios de equilibrio financiero:

Solvencia = Activo corriente/Pasivo corriente = 77.183/19.382 = 3,9821

Liquidez = (Disponible + Derechos de cobro)/Pasivo corriente =
= (33.008+14.124)/19.382 = 2,4317

Disponibilidad = Disponible/Pasivo corriente = 33.008/19.382 = 1,7030

Garantía = Activo real/Pasivo = 300.159/19.382 = 15,4864

A la vista de los resultados obtenidos, la empresa Peris, S. L. no tiene problemas para hacer frente a todas sus obligaciones de pago frente a terceros.

Del análisis realizado no podemos deducir que la situación de la empresa sea buena o mala, dado que dicho análisis sólo tiene sentido si se realiza comparativamente (una empresa en relación a su sector o una empresa en dos momentos diferentes del tiempo).

El ***riesgo financiero*** se analiza mediante el apalancamiento financiero, el cual mide la variación porcentual que se produce en el beneficio neto ante una variación porcentual en el beneficio antes de intereses e impuestos como consecuencia del endeudamiento.

El **coeficiente de apalancamiento financiero** es el cociente entre el tanto por uno de variación del beneficio neto (*BN*), y el tanto por uno de variación del beneficio antes de intereses e impuestos (*BAIT*), lo cual indicamos en la expresión siguiente:

Si:

$BAIT = Q(p - C_v) - C_F$
I = Cargas financieras anuales o intereses anuales de las deudas.
$BN = BAIT - I$

El coeficiente de apalancamiento financiero será:

$$A_f = \frac{\Delta BN/BN}{\Delta BAIT/BAIT}$$

El coeficiente de apalancamiento financiero será tanto mayor cuanto mayor sea la carga financiera de la empresa.

Para variaciones infinitesimales del *BAIT*, se puede sustituir $\Delta BAIT$ por su diferencial, es decir:

$$\text{Si } dB \to 0 \to A_f = \frac{\Delta BN/BN}{\Delta BAIT/BAIT} = \frac{BAIT}{BN} \cdot \frac{d\,BN}{d\,BAIT}$$

Como los intereses son constantes, las derivadas del *BAIT* y del *BN* son iguales:

$$\Delta BAIT = \Delta BN$$

Por tanto, el coeficiente de apalancamiento financiero será:

$$A_f = \frac{BAIT}{BN} \cdot \frac{d\,BN}{d\,BAIT} = \frac{BAIT}{BN} = \frac{Q(p - C_v) - C_F}{Q(p - C_v) - C_F - I}$$

El coeficiente de apalancamiento financiero será negativo cuando los beneficios obtenidos no sean suficientes para pagar los intereses de las deudas.

Si el apalancamiento financiero es igual a 2, significa que si el *BAIT* se incrementa en un 10 por 100, el *BN* se incrementará en un 20 por 100. Cuando no haya riesgo financiero (la empresa no tenga financiación ajena) no tendrá que pagar intereses la empresa, entonces el apalancamiento financiero será igual a 1. Esto nos permite afirmar que el apalancamiento financiero cuanto más se aproxime a 1 menor será el riesgo financiero de la empresa.

EJEMPLO

Conocidos los siguientes datos de la Empresa XX, S. A., se desea conocer el apalancamiento financiero:

Volumen de ventas (Q) = 2.000 unidades
Precio de venta (p) = 20 u.m.
Costes variables unitarios = 12 u.m.
Costes fijos anuales = 6.000 u.m.
Intereses de la deuda = 400 u.m.

Solución

$$A_f = \frac{Q(p - C_v) - C_F}{Q(p - C_v) - C_F - I} = \frac{2.000(20 - 12) - 6.000}{2.000(20 - 12) - 6.000 - 400} = \frac{10.000}{9.600} = 1{,}042$$

El resultado obtenido nos indica que si el beneficio antes de intereses e impuestos se incrementa en un 10 por 100, el beneficio neto se incrementará en un 10,42 por 100.

ACTIVIDADES DEL CAPÍTULO

ACTIVIDADES INDIVIDUALES

DE COMPRENSIÓN

Responde a las preguntas siguientes:

1. ¿Qué diferencia existe entre la rentabilidad económica y la rentabilidad financiera de una empresa?
2. ¿Cuándo una empresa se encuentra en equilibrio financiero? Pon un ejemplo.
3. ¿Qué indica que una empresa tenga un ratio de liquidez por debajo de uno? Razona la respuesta.

DE AUTOEVALUACIÓN

1. La rentabilidad bruta de las ventas nos indica:

   a) El número de veces que el capital total está comprendido en las ventas.
   b) El beneficio económico obtenido por la empresa a sus capitales.
   c) El beneficio bruto obtenido por cada unidad monetaria ingresada por las ventas.
   d) Ninguna de las respuestas anteriores es correcta.

2. El número de días que transcurre desde que una empresa paga a los proveedores y cobra a los clientes nos indica:

   a) El período medio de maduración económico.
   b) El fondo de maniobra.
   c) El período medio de pago.
   d) El período medio de maduración financiero.

3. Partiendo de los datos siguientes, extraídos del balance de situación de una empresa de juguetes:

   activo: 200 millones de euros; volumen de producción y ventas alcanzados: 100 millones de euros; financiación del activo: 60 por 100 mediante recursos propios; beneficio bruto: 80 millones de euros; coste del capital: 12 por 100; impuestos de sociedades: 35 por 100.
   ¿qué rentabilidad obtendrá la citada empresa a las inversiones realizadas?

   a) 59 por 100.
   b) 40 por 100.
   c) 38,13 por 100.
   d) 28,17 por 100.

4. Una empresa de muebles metálicos se dedica a comprar y vender mamparas de baño, la información disponible de la misma es la siguiente: compras de mamparas: 20 millones de u.m.; stock medio de mamparas: 10 millones de u.m.; ventas de mamparas (a precio de coste): 50 millones de u.m.; ventas de mamparas: 80 millones de u.m.; stock medio de clientes: 5 millones de u.m.; stock medio de proveedores: 1 millón de u.m.
   Si las compras y las ventas se hacen al contado, ¿cuántos días tarda en volver a caja el dinero que salió de ella?

   a) 205,5 días.
   b) 182,5 días.
   c) 200,5 días.
   d) 198,4 días.

5. El período medio de maduración de la empresa hace referencia a:

   a) La duración del ciclo de explotación.
   b) La duración del ciclo de amortizaciones.

c) La duración media de un proyecto de inversión.
d) Todas las anteriores son correctas.

6. Las aportaciones de los socios y propietarios de la empresa se encuadran en la masa patrimonial de:

a) Pasivo no corriente.
b) Pasivo corriente.
c) Patrimonio neto.
d) Existencias.

ACTIVIDADES DE GRUPO PEQUEÑO

La empresa extremeña López-Caro, S. A., ubicada en la ciudad de Mérida y dedicada a la fabricación de conservas vegetales, está estudiando la posibilidad de iniciar su actividad en el mercado brasileño fabricando nuevas modalidades de conservas vegetales. Para que le resulte más fácil su introducción decide comprar una empresa brasileña que está en venta debido a sus problemas de liquidez (empresa Da costa, S. L.).

La empresa Da Costa, S. L. es una empresa de tamaño pequeño y con una larga historia, dado que lleva funcionando unos 40 años. Los datos que conocemos de su balance de situación al 31 de diciembre de 2004 son los siguientes, valorados en euros:

ACTIVO		PATRIMONIO NETO Y PASIVO	
Inmovilizado	34.000	Patrimonio neto	20.000
Existencias	15.000	Pasivo no corriente	12.000
Deudores	12.000	Pasivo corriente	32.000
Disponible	3.000		
Total Activo	64.000	Total Patrimonio neto y pasivo	64.000

A la vista de los datos anteriores, la empresa López-Caro, S. A. ha encargado a una consultoría que realice un análisis financiero de la empresa Da Costa, S. L., para que, en función de los resultados obtenidos, informe sobre la conveniencia o no de su adquisición.

ACTIVIDADES DE GRUPO GRANDE

1. La actividad a desarrollar consistirá en comprobar qué empresas ponen su información contable en la red y seleccionar una de ellas para analizar por el grupo las cuestiones siguientes: Actividad de la empresa, ¿Quiénes son sus socios?, ¿Cuál es su situación económica-financiera?, ¿Cotiza en Bolsa? Finalmente se emitirá por todos los miembros del grupo un informe sobre la situación de la empresa seleccionada.

2. Lee las frases siguientes y di si son correctas o no. Justifica la respuesta.

«El objetivo de la función financiera es la maximización del valor de la empresa para sus propietarios.»

«El coeficiente de apalancamiento operativo es la elasticidad del beneficio operativo respecto a las ventas.»

«El beneficio que obtienen los propietarios de la empresa por cada euro de capital que han aportado a la misma nos define la rentabilidad económica.»

BIBLIOGRAFÍA BÁSICA

Adsera, X. y Viñolas, P. (2003): *Principios de valoración de empresas*, Deusto, Bilbao.

Aguirre Sádaba, A. (1992): *Fundamentos de economía y organización de empresas*, Pirámide, Madrid.

Amat Salas, O. (2004): *Análisis económico-financiero*. Gestión 2000.

Arroyo, A. y Prat, M. (2003): *Dirección financiera*, Deusto, Bilbao.

Brealey, R. A. y Myers, S. C. (2000): *Fundamentos de financiación empresarial*, McGraw-Hill Interamericana, Madrid.

Bueno Campos, E. (2001): *Curso básico de economía de la empresa: un enfoque de organización*, Pirámide, Madrid

Castillo Clavero, A. M. y otros: *Introducción a la economía y administración de empresas*, Pirámide, Madrid.

Cristóbal Zubizarreta, J. M. (1994): *Fundamentos de financiación de la empresa*, Centro de Estudios Ramón Areces, S. A., Madrid.

De Pablo López, A.; Ferruz Agudo, L. y Santamaría, R. (1960): *Análisis práctico de decisiones de inversión y financiación en la empresa*, Ariel, Barcelona.

Díez de Castro, E. y otros (1995): *Introducción a la economía de la empresa I y II*, Pirámide, Madrid.

Díez de Castro E. y otros (2001): *Dirección financiera: planificación, gestión y control*, Prentice Hall, Pearson, Madrid.

Durán Herrera, J. J. (1992): *Economía y dirección financiera de la empresa*, Pirámide, Madrid.

Ernst and Young, (2002): *Factbook Finanzas*, Aranzadi, Navarra.

Fernández Álvarez, A. I. (1994): *Introducción a las finanzas*, Civitas, Madrid.

Fernández Álvarez, A. I. y García Olalla, M. (1997): *Las decisiones financieras de la empresa*, Ariel Economía, Barcelona.

Fernández Blanco, M. (1992): *Dirección financiera de la empresa*, Pirámide, Madrid.

Ferruz Agudo, L. (2002): *Dirección financiera*, Gestión 2000.

García del Junco, J. y otros (1999): *Gestión de empresas: enfoques y técnicas en la práctica*, Pirámide, Madrid.

García del Junco, J. y otros. (2000): *Fundamentos de gestión empresarial*, Pirámide, Madrid.

González Pascual, J. (2003): *Análisis de la empresa a través de su información económico-financiera: fundamentos teóricos y aplicaciones*, Pirámide, Madrid.

González Pascual, J. (2002): *Análisis de la empresa a través de su información económico-financiera: aplicaciones prácticas*, Pirámide, Madrid.

Pérez Gorostegui, E. (2000): *Introducción a la administración de empresas*, Centro de Estudios Ramón Areces, Madrid

Pérez Gorostegui, E. (2002): *Economía de la empresa aplicada*, Pirámide, Madrid.

Pérez López, C. y otros (2003): *Gestión financiera de la empresa*, Pirámide, Madrid.

Pisón Fernández, I. (2001): *Dirección y gestión financiera de la empresa*, Pirámide, Madrid.

Rodrigo Illera, C. I. y Rufín Moreno, R. (2001): *Curso básico de administración y dirección de empresas*, 3.ª reimpresión, UNED.
Ruiz Martínez, R. J. y Gil Corral, A. M. (2006): *Introducción a la Dirección Financiera*, Síntesis, Madrid.
Ross, S. A., Westerfield, R. W. y Jaffe, J. F. (2000): *Finanzas corporativas*, Irwin, México.
Sesto Pedreira, M. (2003): *Introducción a las finanzas*, Centro de Estudios Ramón Areces, S. A., Madrid.
Suárez Suárez, A. S. (2003): *Decisiones óptimas de inversión y financiación en la empresa,* Pirámide, Madrid.
Termes, R. (1998): *Inversión y coste de capital*, McGraw-Hill Interamericana, Madrid.
Westen, J. F. y Copeland, T. E. (1995): *Finanzas en administración*, McGraw-Hill, México.

BIBLIOGRAFÍA BÁSICA PARA PRÁCTICAS

Arroyo, A. M., Prat, M., Coronado, M., Morán, R. y Robles, F. (1996): *Doscientos ejercicios resueltos de dirección financiera*, Deusto, Bilbao.
Castillo Clavero, A. M. y otros (1992): *Prácticas de gestión de empresas*, Pirámide, Madrid.
Contreras, J. I., Durbán, S., Palacín, M. J. y Ruiz, R. J. (1995): *Casos prácticos de finanzas corporativas*, McGraw-Hill, Madrid.
Fuente Sánchez, D. (2002): *Manual práctico de Dirección Financiera*, Centro de Estudios Ramón Areces, Madrid.
García Gutiérrez, C., Mascareñas J. y Pérez Gorostegui, E. (1998): *Casos prácticos de inversión y financiación en la empresa*, 6.ª ed., Pirámide, Madrid.
Gómez Ansón y otros (2000): *Problemas de Dirección Financiera*, Civitas, Madrid.
Martín Fernández, M. y otros (2000): *Casos prácticos de Dirección Financiera*, Pirámide, Madrid.
Ortigueira Bobillo, J. M. (2004): *Casos prácticos sobre análisis de inversiones y financiación PYMES*, Pirámide, Madrid.
Revelló, J. M. (2004): *Valoración de negocios: una guía teórico-práctica para valorar empresas*, Ariel Economía, Barcelona.
Vallelado, E. y Azofra, V. (2002): *Práctica de Dirección Financiera*, Pirámide, Madrid.

ENLACES DE INTERÉS

Banco Central Europeo: www.ecb.int.
Banco de España: www.bde.es.
Banco Mundial: www.worldbank.org.
CECA: www.ceca.es.
Ministerio de Economía: www.mineco.es.
Bolsa española: www.infobolsa.com.
Bolsa de Madrid: www.bolsamadrid.es.
Latibex: www.latibex.com.
Comisión Nacional del Mercado de Valores: www.cnmv.es.
Revista Actualidad Financiera: www.laley.net.
Revista Banca y Finanzas: www.iberfinanzas.com.
Revista Estrategia Financiera: www.estrategiafinanciera.es.
Revista Española de Financiación y Contabilidad: www.aeca.es.
Revista Harvard Business Review: www.hbsp.harvard.edu.
Estadísticas Financieras Internacionales: www.imf.org.

Capítulo 6

Introducción a las decisiones de inversión-financiación en la empresa

M.ª Cristina Barriuso Iglesias
M.ª Pilar Maynar Mariño

6.1. INTRODUCCIÓN

Abordando el concepto de organización desde el enfoque sistémico, presente a lo largo de las páginas de este manual, podemos considerar que el subsistema financiero (función financiera o dirección financiera) se ocupa esencialmente de la planificación adecuada del proceso de captación de recursos financieros (proceso de financiación) y su correcta aplicación en los elementos del activo o estructura económica (proceso de inversión), así como del mantenimiento de un equilibrio sostenido en el ciclo continuo de financiación-inversión, tanto en el corto como en el largo plazo. Este subsistema, de importancia esencial en la estructuración del resto de subsistemas empresariales, baraja multitud de posibilidades, tanto desde la perspectiva de la inversión, como de la financiación, debido al desarrollo espectacular experimentado por los mercados financieros en los últimos tiempos, así como por el surgimiento de innovadores sistemas de financiación bancarios y no bancarios específicos del segmento empresarial.

Así, en la primera parte del capítulo, se aborda el subsistema financiero desde la perspectiva de la inversión, con un análisis de los principales criterios de selección de inversiones, con especial alusión a los conocidos como **criterios dinámicos**, para continuar en la segunda parte, con el estudio de las principales fuentes de financiación empresarial.

6.2. INVERSIÓN: CONCEPTO Y CLASES

Las empresas, para poder llevar a cabo su actividad, necesitan disponer de bienes de equipo, materiales, terrenos, locales, etc., es decir, han de invertir en una serie de elementos o factores que combinarán para ofrecer sus productos o servicios al mercado. La adquisición de estos elementos supone la realización de ciertas inversiones que requieren una financiación. Sin embargo, los recursos financieros necesarios para acometer las inversiones tienen un coste, bien sea explícito, bien de oportunidad, por lo que la empresa ha de conseguir que la rentabilidad que proporcionen las inversiones realizadas sea superior al coste del capital aplicado a las mismas (financiación). Esto explica que las decisiones de inversión y de financiación estén íntimamente ligadas.

A lo largo de los años han sido múltiples las definiciones proporcionadas del término inversión, pero no se ha llegado a un consenso sobre la delimitación conceptual del término.

Por este motivo, a continuación se abordan una serie de acepciones clásicas de distintos autores, los cuales aportan diferentes matices y nos conducen a un concepto unificado y muy operativo que recoge lo que debemos entender por inversión.

Una definición bastante amplia y aceptada en el mundo académico es la de Massé (1963)[1]. Para este autor: *«la inversión es un acto mediante el cual se produce el cambio de una satisfacción inmediata y cierta a la que se renuncia, contra una esperanza que se adquiere y de la cual el bien invertido es el soporte».*

De esta definición, podemos extraer los elementos básicos que se tienen que dar en el **acto de invertir** que son los siguientes:

— Un **sujeto que invierte**, ya sea persona física o jurídica.
— Un **objeto** en el que se invierta, que puede ser de naturaleza muy diversa.
— Un **coste** derivado de la renuncia a una satisfacción inmediata.
— Una **esperanza** o expectativa de recompensa en el futuro.

Como podemos observar, hay una íntima relación entre el acto de invertir, la inversión y el bien soporte de la misma, en el sentido de que para que pueda darse una inversión es necesario adquirir la titularidad del bien en la cual se concreta. Basándonos en estos elementos y siguiendo a Suárez (1998)[2], podemos contemplar la inversión desde tantas perspectivas diferentes como seamos capaces de contemplar el bien que se adquiere. En concreto, podemos hablar de una perspectiva jurídica, de una perspectiva financiera y de una perspectiva económica.

La *inversión **jurídica*** se produce cuando una persona física o jurídica adquiere la propiedad de un determinado bien, pasando éste a formar parte de su patrimonio; por ejemplo, la adquisición de una vivienda, automóvil, etc.

La *inversión **financiera*** se produce cuando una persona, física o jurídica, decide ahorrar una parte de sus ingresos, de modo que con el dinero ahorrado compra activos financieros (acciones, obligaciones, depósitos bancarios...) con objeto de obtener una renta en el futuro.

La *inversión **económica*** se produce cuando se adquieren bienes de producción con el fin de producir otros bienes; incluye, por tanto, la adquisición de activos fijos (instalaciones técnicas, maquinaria, edificaciones...) y de activos circulantes (materia prima, mercaderías, productos terminados...).

Por otra parte, Tarragó (1986)[3] considera que *«la inversión consiste en la aplicación de recursos financieros a la creación, renovación, ampliación o mejora de la capacidad operativa de la empresa»*. Por tanto, serán decisiones de inversión todas aquellas que originan una aplicación de medios financieros con la esperanza de obtener un rendimiento a medio o largo plazo.

Desde nuestra perspectiva, la verdadera inversión es la inversión en **sentido económico** dado que es la que permite el mantenimiento e incremento de la capacidad productiva de la empresa, objetivo esencial de la actividad empresarial. Así, ***invertir es*** adquirir factores de producción con el fin de generar bienes o servicios que posibiliten a la empresa el crecimiento económico.

Las inversiones se clasifican en función de diversos criterios. Señalamos los más relevantes:

1. Según el **soporte físico** de la inversión, éstas pueden ser físicas o inmateriales:

   — **Inversiones físicas:** son aquellas que se materializan en un bien tangible tal como, por ejemplo, mobiliario, máquinas, inmuebles, etc.
   — **Inversiones inmateriales:** son aquellas inversiones orientadas a la constitución de activos intangibles como, por ejemplo, una marca, una patente, una imagen, etc.

2. Según la **función que desempeñan** en la empresa destacamos:

   — **Inversiones de renovación o de reemplazo:** son las que se realizan para sustituir aquellos elementos del activo fijo que, por diversas causas, han perdido capacidad productiva y son necesarios para continuar la producción. La renovación de la flota de autocares de la empresa Alsa, S. A., es un buen ejemplo de la necesidad de reemplazo de activos.
   — **Inversiones de expansión o ampliación (de la capacidad productiva, a nuevos productos o a nuevos mercados):** se realizan para añadir nuevos equipos a los ya existentes con el fin de incrementar la capacidad productiva de la empresa, aumentar la gama de productos o servicios ofertados o extender la oferta a nuevos mercados. Así por ejemplo, INDRA aborda anualmente proyectos de inversión millonarios para su expansión en nuevos mercados (www.indra.es).
   — **Inversiones de modernización o innovación:** con ellas se busca sustituir equipos obsoletos por otros que añaden mejoras tecnológicas y con los que se pretenden reducir costes o mejorar la calidad de los productos o servicios. Por ejemplo, RENFE está sustituyendo o adaptando los antiguos trenes y vías por equipos de alta velocidad (www.renfe.es).
   — **Inversiones estratégicas:** son las que tienen por objeto facilitar el acoplamiento de la empresa a su entorno, dotando a ésta de la capacidad necesaria para hacer frente a las amenazas derivadas de la propia evolución del entorno. Por ejemplo, la adquisición o renovación de software para afrontar el reto del comercio electrónico en importantes entidades financieras como BBVA.
   — **Inversiones impuestas o por motivos legales:** son las realizadas para cumplir con una determinada norma, acuerdos sindicales, legislación laboral (inversiones en materia de seguridad y salud laboral). Por ejemplo, la empresa Ferrovial necesitó realizar importantes inversiones para garantizar el cumplimiento de la Ley 31/1995 de Prevención de Riesgos Laborales, especialmente en las áreas de negocio de construcción e infraestructuras.

3. Según la **temporalidad**:

   — **Inversiones de funcionamiento o a corto plazo:** son las realizadas por la empresa para adquirir los elementos necesarios (materias primas, combustibles, etc.) en su proceso productivo. Estas inversiones se renuevan periódicamente y aparecen recogidas en el activo corriente, por lo que se llaman inversiones corrientes o a corto plazo. Por ejemplo, la inversión realizada por Telepizza en los ingredientes necesarios para elaborar sus productos.

— **Inversiones permanentes o a largo plazo:** son las efectuadas por la empresa para adquirir activos fijos que se van a utilizar durante más de un ejercicio económico (edificios, maquinarias, etc.). Este tipo de inversiones tienen un carácter de permanencia, por lo que se trata de inversiones a largo plazo, también llamadas inversiones en capital no corriente o inmovilizado. Por ejemplo, la inversión realizada por Telepizza en un horno más rápido y eficiente.

El nacimiento de la teoría de la inversión surge, según Suárez[4], con la publicación en 1944 de *Teoría de la Inversión* de Erich Scheiner, obra que recogía los modelos de decisión de inversiones más importantes que existían entonces. Las técnicas y métodos se han ido depurando y ampliando pero, a grandes rasgos, podemos afirmar que la teoría de la inversión proporciona criterios de racionalidad para llevar a cabo proyectos de inversión privados y el análisis del coste-beneficio, para llevar a cabo los proyectos de inversión pública, bajo la premisa de que existe disparidad entre el beneficio neto privado y el beneficio neto social (dada la incapacidad del mercado para valorar servicios públicos fundamentales, como defensa, seguridad, sanidad, educación...).

6.3. CARACTERÍSTICAS FINANCIERAS QUE DEFINEN A UNA INVERSIÓN

Para poder analizar y seleccionar un proyecto de inversión es necesario utilizar una serie de criterios o métodos que permitan aconsejar sobre su viabilidad económica o conveniencia. Para ello, es necesario conocer una serie de características definitorias de la inversión, que van a ser los elementos sobre los que se basarán los cálculos conducentes a concluir si es o no rentable. Estas características financieras son:

1. *El desembolso o pago inicial* (A): Realizar una inversión exige inmovilizar una determinada cantidad de dinero en la adquisición de una serie de bienes, fijos o circulantes, para obtener con su uso unos beneficios futuros. Por tanto, el desembolso (o los desembolsos) que exige la inversión será la principal característica definitoria de su dimensión. El desembolso es la cuantía total de recursos comprometidos en una inversión, es decir, el capital invertido. El desembolso o pago inicial es la cantidad desembolsada en el momento de iniciar la inversión, momento cero.
2. *El horizonte temporal, duración temporal de la inversión o vida económica* (n): Tiempo que transcurre desde el inicio o momento del primer desembolso de la inversión hasta que ésta deja de generar entradas y/o salidas de fondos; es decir, el número de años durante los cuales se van a estar produciendo en la empresa movimientos de fondos (cobros y/o pagos) como consecuencia de la realización del proyecto de inversión.
3. *Las entradas y salidas de fondos*: La inversión productiva implicará una corriente de pagos (salidas de dinero) correspondientes a las compras de factores pro-

ductivos o servicios, y una corriente de cobros (entradas de dinero), expresiva de los ingresos provenientes de la venta de productos o servicios; en el momento en el que se analiza la conveniencia de realizar o no la inversión, estos movimientos de dinero no se han efectuado todavía, por lo que se trata de **cobros y pagos esperados**, ya que el objetivo es obtener información que ayude a decidir si interesa o no realizar la inversión.

Los **pagos** serán las *salidas de caja* por compras de materias primas, energía, pago de salarios, gastos diversos, etc.

Los **cobros** serán las *entradas de caja* por los ingresos que genere la realización de la actividad a la que se destina la inversión, a través de los cuales recuperamos el coste de los factores incorporados, la amortización de la propia inversión y finalmente los posibles valores residuales de los bienes correspondientes.

La diferencia entre la corriente de cobros y pagos en un ejercicio se denomina **flujo neto de caja (*FNC*), cuasirrentas o cash-flow**. Esta magnitud es la que utilizan todos los criterios de análisis y selección de inversiones, tanto estáticos (excepto la tasa de rendimiento contable) como dinámicos, que posteriormente analizaremos.

El flujo neto de caja representa la diferencia entre la corriente de cobros y de pagos producidos en un ejercicio determinado; el ***FNC*** refleja la capacidad de autofinanciación empresarial en la medida en que es el resultado de añadir las amortizaciones practicadas al beneficio neto empresarial.

En algunos casos, la estimación de los flujos de caja es sencilla mientras que en otros es una tarea compleja y diferente en cada uno de los proyectos.

De cualquier modo, es necesario distinguir entre ***FNC* y beneficio** (véase la Figura 6.1). Las decisiones de selección de proyectos de inversión deben basarse en los *FNC* y no en los beneficios (que son diferencias entre ingresos y gastos).

Estos movimientos de fondos se consideran **referidos a períodos anuales**, es decir, se trata de calcular entradas y salidas de dinero que se han producido a lo largo del año. Hay que tener en cuenta que para simplificar los cálculos financieros, los flujos de caja estimados se refieren **siempre al final del año** (independientemente de que los diversos movimientos de caja que han dado lugar a ese flujo monetario resumen se hayan producido en distintos meses del año).

+ Total de ingresos previstos **– Total de gastos previstos** (costes de producción, gastos diversos, amortizaciones)
+ *BAT* (Beneficio antes de impuestos) **– *T* (Impuesto sobre beneficios: $T = t * BAT$)**
+ *BN* (Beneficio neto: beneficio después de impuestos) **+ Amortizaciones**
***FNC* (Flujo neto de caja, cash-flow o movimiento de fondos: Q_t**

FUENTE: Elaboración propia a partir de Castillo *et al*, 2003.

Figura 6.1. Esquema de relación entre ingresos/ gastos y cobros/ pagos.

Por ejemplo, si una empresa industrial vende a crédito en el año 2005 productos por un importe de un millón de euros a cobrar dentro de cuatro años, se trata de un ingreso del año actual, que será incluido al calcular el beneficio de 2005 y que formará parte del flujo de caja del año 2009, cuando se produzca el cobro.

El *esquema básico de una inversión,* en el que podemos representar todas sus características señaladas y con el que vamos a trabajar en este tema, es el siguiente:

$-A$	Q_1	Q_2	Q_3	...	Q_n
0	1	2	3	...	n

donde:

A = Desembolso inicial.
Q_t = Flujo neto de caja o cash-flow o cuasirrenta del momento t.
n = Duración de la inversión (horizonte temporal de la inversión).

$$Q_t = C_t - P_t$$

Los pagos (P_t) representan la salida de dinero para la empresa y llevan signo negativo, mientras que los cobros (C_t) representan entradas de dinero y tienen signo positivo.

De forma simplificada, la inversión también se puede representar del modo siguiente:

$$-A \,/\, Q_1 \,/\, Q_2 \,/\, ... \,/\, Q_n$$

6.4. MÉTODOS ESTÁTICOS DE ANÁLISIS DE INVERSIONES

6.4.1. Concepto

Cuando una empresa realiza una inversión lo hace con la esperanza de conseguir un beneficio futuro que supere el sacrificio que la inversión exige. Por eso resulta razonable pensar que antes de llevar a la práctica cualquier inversión, la empresa quiera tener elementos de referencia que le permitan estimar el beneficio que espera conseguir. Para este fin existen diversos métodos, más o menos precisos, tendentes a estimar los posibles resultados y capaces, por tanto, de determinar la viabilidad de una inversión, así como de discriminar entre inversiones sustitutivas cuál es la más aconsejable y de jerarquizar, en su caso, un conjunto de inversiones viables.

Los métodos estáticos son aquéllos que omiten la consideración del factor tiempo, por lo que trabajan con magnitudes monetarias correspondientes a distintos años (y, por tanto, heterogéneas) como si fuesen homogéneas. Consideran, pues, que los flujos de caja tienen el mismo valor aunque se hayan producido en diferentes momentos del tiempo.

6.4.2. Principales métodos estáticos

1. Plazo de recuperación o *pay-back*

Este criterio consiste en calcular el tiempo que tarda la empresa en recuperar el desembolso inicial que exige una inversión mediante los flujos netos de caja.

Pueden presentarse dos situaciones:

— *Que los flujos de caja sean constantes:*

Si los flujos de caja son constantes, el plazo de recuperación será:

$$P = A / Q$$

donde:

P = Plazo de recuperación.
A = Desembolso inicial.
$Q = Q_1 = Q_2 = Q_3 = ... = Q_n$ = Flujo neto de caja.

EJEMPLO

Una inversión que dura más de tres años, requiere un desembolso inicial de 1.500 u.m. y cada año genera un flujo de caja de 500 u.m. ¿Cuál es su plazo de recuperación?

$$P = 1.500 / 500 = 3 \text{ años.}$$

Si la inversión durara menos de tres años no tendría plazo de recuperación, es decir, el desembolso inicial no se recuperaría nunca.

— *Que los flujos de caja no sean constantes:*

Si los flujos de caja no son constantes, el plazo de recuperación es el tiempo necesario para que la suma de los flujos de caja iguale al desembolso inicial.

EJEMPLO

Supongamos una inversión que requiere un desembolso inicial de 10.000 u.m. y que dura cuatro años, a lo largo de los cuales genera unos flujos de caja de 7.000, 2.000, 1.000, 2.000 u.m., respectivamente. ¿Cuál es el plazo de recuperación de esta inversión?

Inicialmente se han de desembolsar 10.000 u.m.; el primer año se recuperan 7.000, el segundo 2.000 (con lo que ya sólo quedan 1.000 por recuperar), y el tercero se recuperan otras 1.000, con lo que, en ese momento, se ha recuperado todo el desembolso inicial. Por tanto, el plazo de recuperación de esta inversión es de tres años.

Este criterio da preferencia a aquellas inversiones cuyo **plazo de recuperación sea menor**.

Es un método muy utilizado, y especialmente útil en situaciones de inestabilidad política y económica, donde la incertidumbre y el riesgo crecen exponencialmente conforme se aleja el horizonte temporal. También ofrece una estimación aproximada de los beneficios de la inversión, ya que los flujos de caja posteriores a la recuperación son las ganancias que proporcionará la inversión una vez reembolsado el capital inicial.

Este método presenta dos graves inconvenientes:

- No considera el valor del dinero en el tiempo, aunque esta carencia se puede obviar operando con el denominado *pay-back* actualizado.
- No considera los flujos de caja posteriores al plazo de recuperación.

2. Criterio del flujo neto de caja total por unidad monetaria comprometida (*FNT*)

Este criterio indica la cantidad de u.m. que la inversión genera por cada u.m. invertida durante toda la duración del proyecto. Consiste en dividir la suma de los flujos de caja que genera cada inversión entre el desembolso inicial que exige la misma.

$$FNT = (Q_1 + Q_2 + \ldots + Q_n)/A$$

Según este criterio, cuando:

- $FNT > 1$, la inversión se realizará.
- $FNT = 1$, es indiferente realizar la inversión.
- $FNT < 1$, no efectuar la inversión ya que no se recupera el desembolso inicial.

Según este criterio, una inversión es tanto **mejor cuanto mayor sea el valor de** *FNT*.

EJEMPLO

Continuando con el proyecto de inversión anterior, cuyos elementos definitorios son −10.000/7.000/2.000/1.000/2.000, determinar el *FNT*.

$$FNT = (7.000 + 2.000 + 1.000 + 2.000)/10.000 = 1{,}2 > 1$$

El proyecto es realizable, ya que los flujos de caja exceden en un 20 por 100 el desembolso inicial.

Los inconvenientes de este método son:

- Que no tiene en cuenta en qué momento del tiempo se consiguen los flujos de caja, puesto que se están sumando unidades monetarias correspondientes a distintos años.
- Que el resultado va referido a la duración total de la inversión, por lo que sería absurdo utilizarlo para comparar inversiones con muy distinta duración.
- Que favorece a las inversiones con mayor duración, lo que no siempre es razonable, y máxime cuando los retornos más importantes se producen más tardíamente en el tiempo.

Para tratar de paliar algunos de los inconvenientes de este método puede usarse una variante del mismo que es el flujo de caja medio anual por unidad monetaria comprometida.

3. Flujo de caja medio anual por unidad monetaria comprometida (*FMA*)

El *FMA* refleja la cantidad de u.m. que, por término medio, genera la inversión anualmente por cada u.m. invertida. Este criterio consiste en calcular la media de los flujos de caja y dividirlo por el desembolso inicial de la inversión. Una inversión será considerada mayor cuanto mayor sea su *FMA*.

$$\bar{Q} = (Q_1 + Q_2 + \ldots + Q_n)/n$$

$$FMA = \bar{Q}/A$$

EJEMPLO

Para el proyecto: –10.000/7.000/2.000/1.000/2.000, el *FMA* = 3.000/10.000 = 0,3; es decir, cada año se recupera, por término medio, un 30 por 100 del desembolso inicial. Observamos, además, que multiplicando el *FMA* por el número de años que dura el proyecto, obtenemos como resultado *FNT*.

Este criterio plantea los mismos inconvenientes que el anterior; sólo consigue evaluar anualmente el proyecto.

4. Criterio de la tasa de rendimiento contable o rentabilidad media (*TRC*)

Este criterio no es específico para el análisis de inversiones, ya que se basa en los beneficios y no en los flujos de caja (basado en la información proporcionada por la contabilidad). El resultado proporcionado es una medida de la rentabilidad económica media del proyecto.

Es la relación, por cociente, entre el beneficio medio anual esperado del proyecto de inversión y la inversión media requerida en activo fijo y activo circulante.

$$TRC = \text{Beneficio neto medio/Inversión media}$$

EJEMPLO

Sea un proyecto de inversión cuyo desembolso inicial asciende a 10.000 u.m.; el valor residual del activo es de 2.000.000 u.m. y se utiliza el método lineal para la amortización del mismo; los flujos netos de caja son 7.000, 2.000, 1.000 y 2.000 u.m. respectivamente para cada uno de los años de duración del proyecto. Determinar su *TRC*.

Para determinar los beneficios a partir de los *FNC*, calculamos en primer lugar la cuota anual de amortización (*a*).

$$a = \text{(valor adquisición − valor residual)/vida útil} =$$
$$= (10.000 - 2.000)/4 = 2.000 \text{ u.m.}$$

Por otra parte, debemos calcular los beneficios a partir de los *FNC*:

FNC:	7.000/2.000/1.000/2.000
− *a*:	2.000/2.000/2.000/2.000
*B*º:	5.000/0 / −1.000/0

Beneficio medio = 4.000/4 = 1.000 u.m.

Inversión media = (Inversión inicial + Inversión final)/2 = 6.000

$$TRC = 1.000/6.000 = 16{,}6\,\%$$

Cuando tengamos varios proyectos de inversión elegiremos aquel cuya **tasa de rendimiento contable sea mayor**.

A pesar de los inconvenientes (derivados de su condición de estático) de este método como criterio de selección de inversiones, se utiliza con relativa frecuencia debido al ajuste de las magnitudes utilizadas con la información contable y, por tanto, su fácil cálculo.

6.5. MÉTODOS DINÁMICOS DE ANÁLISIS DE INVERSIONES

6.5.1. El valor del dinero en el tiempo

Como sabemos, el valor del dinero varía con el tiempo: si a una persona se le ofreciera la alternativa de obtener una cantidad de dinero en el momento actual o bien recibirlo dentro de cinco años, es obvio que todos diríamos que preferimos cobrar el dinero hoy, debido, entre otras razones, a la preferencia por la liquidez y a la progresiva pérdida de valor del dinero por el efecto de la inflación. Es evidente que disponiendo de los fondos inmediatamente, éstos se pueden invertir, por ejemplo, en activos financieros de renta fija en una entidad financiera, lo que permitiría obtener unos intereses que en cinco años pueden ascender a una cantidad considerable.

Los métodos dinámicos de selección de inversiones tienen en cuenta este hecho y evitan comparar u operar con cantidades de dinero referentes a distintos períodos del tiempo. De este modo, es necesario homogeneizar las magnitudes monetarias de los proyectos de inversión refiriéndolas todas a un mismo instante del tiempo, es decir, tomar un año concreto de referencia para el análisis (habitualmente, el momento cero) y trasladar a dicho año todas las cantidades, lo que implica operar sobre estas cantidades según proceda llevarlas al futuro o acercarlas al presente. De este modo, podemos hablar de dos tipos diferentes de operaciones:

— **Capitalización:** consiste en calcular el valor que tendría una cantidad de dinero en un momento posterior o futuro del tiempo.
— **Descuento o actualización:** consiste en trasladar unas cantidades que se van a producir en el futuro a un momento más cercano al momento actual.

En las operaciones de capitalización y descuento es necesario contar con un elemento importante como es el **coste del capital** (k) o precio del dinero. El coste de capital es la tasa de rentabilidad que se podría conseguir al invertir esos recursos en el mercado de capitales, o análogamente, el tipo de interés que habría que pagar por la utilización de recursos ajenos.

Si llamamos $\boldsymbol{k}$ al precio del dinero y $\boldsymbol{C_0}$ al capital disponible en el momento actual, expresado en unidades monetarias, ¿qué valor alcanzará dentro de un año dicho capital?

Si el banco o el mercado están dispuestos a pagarnos un interés $\boldsymbol{k}$ por usar nuestro dinero, la cantidad $\boldsymbol{C_0}$ se habrá convertido en un año en:

$$C_1 = C_0 + C_0 k = C_0\,(1 + k)$$

Y dentro de un año más, será:

$$C_2 = C_1 + C_1 k = C_1(1 + k) = C_0(1 + k)(1 + k) = C_0(1 + k)^2$$

Y, sucesivamente:

$$C_3 = C_2 + C_2 k = C_2(1 + k) = C_0(1 + k)^2(1 + k) = C_0(1 + k)^3$$

Por lo que, generalizando, podemos llegar a la siguiente expresión:

$$C_i = C_0(1 + k)^n$$

El proceso de conocer el equivalente futuro a un capital actual se llama **capitalización a interés compuesto** y consiste en llevar unas cantidades a un momento del tiempo posterior, como podemos ver en la figura siguiente:

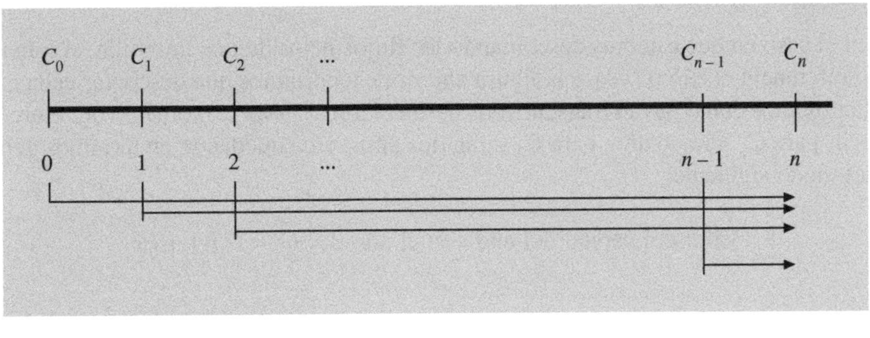

En toda inversión se suele tomar como referencia el año n, lo que implica considerar para cada cantidad C_i el número de años que transcurren desde ese año (i) hasta el que se toma como referencia (n), es decir:

— Valor del capital del año 0 en el año $n = C_0(1 + k)^n$
— Valor del capital del año 1 en el año $n = C_1(1 + k)^{n-1}$
— Valor del capital del año 2 en el año $n = C_2(1 + k)^{n-2}$
— ....
— Valor del capital del año $n - 1$ en el año $n = C_{n-1}(1 + k)$
— Valor del capital del año n en el año $n = C_n$

En general, podemos afirmar que:

$$\text{Valor del capital del año } i \text{ en el año } n = C_i(1 + k)^{n-i}$$

La operación contraria a la anterior consistiría en calcular el valor actual de un capital futuro; esta operación se denomina **descuento**, como puede observarse en el siguiente esquema:

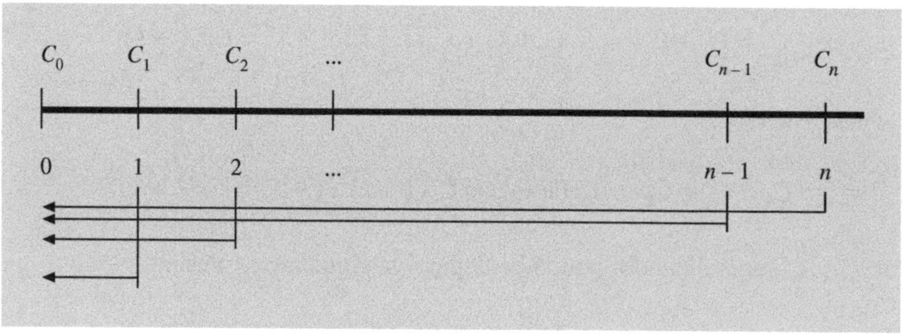

De este modo, despejando de la fórmula general de la capitalización C_0 podemos conocer la cantidad que hay que colocar a un determinado tipo de interés k en el momento actual para obtener un capital C_n dentro de n años

$$C_n = C_0(1 + k)^n;\ C_0 = C_n/(1 + k)^n = C_n(1 + k)^{-n}$$

En el caso en que estemos descontando los flujos netos de una inversión, si tomamos como referencia el año 0 (véase la figura anterior), tendríamos que descontar cada cantidad tantos años como hayan transcurridos desde el inicio hasta el momento de referencia; es decir, para C_1 será un año, para C_2 serán dos años, etc., quedando en términos generales del modo siguiente:

$$\text{Valor del capital del año } i \text{ en el año } 0 = C_0 = C_i/(1 + k)^i$$

6.5.2. Principales métodos dinámicos

Los criterios dinámicos de selección de inversiones son aquellos que exigen que las magnitudes monetarias estén referidas a un único momento del tiempo, con el objeto de operar con cantidades homogéneas. A diferencia de los estáticos, incorporan el factor tiempo y tienen en cuenta el hecho de que los capitales tienen distinto valor en función del momento en el que se generan.

Una vez conocido el proceso de homogeneización de cantidades, podemos comenzar a analizar los métodos dinámicos, que son fundamentalmente dos: el valor actualizado neto (*VAN*) y la tasa interna de rendimiento (*TIR*), análisis que completaremos comentando el plazo de recuperación actualizado. En todos ellos, consideraremos que los flujos de caja son anuales y que cada uno de ellos se genera al final del año que corresponda.

1. Valor actual neto (*VAN*)

El valor actual neto de una inversión se define como la diferencia entre el valor actual de sus cobros y el valor actual de sus pagos.

La expresión para su cálculo es la siguiente:

$$VAN = VA - A = -A + VA = -A + Q_1/(1 + k) + Q_2/(1 + k)^2 + \ldots + Q_n/(1 + k)^n$$

donde:

A = indica el valor del desembolso inicial requerido por la inversión; al ser un pago, aparece con signo negativo.

Q_t = expresa los flujos de caja de cada período (aparecen con signo positivo cuando representa una entrada de dinero si los cobros son mayores que los pagos; en caso contrario, serían negativos).

K = es el tipo de actualización o de descuento aplicable a la inversión; representa el coste del dinero o tipo de interés, y lo determina el empresario para cada inversión concreta, teniendo en cuenta lo que le cuesta el dinero a la empresa y el grado de riesgo de cada inversión.

Para calcular el *VAN* es preciso conocer, por tanto, el desembolso inicial, los flujos de caja, la duración de la inversión y la tasa de actualización.

De acuerdo con la expresión anterior, una inversión es:

— **Efectuable:** $VAN > 0 \rightarrow$ porque significa que se espera obtener unos rendimientos actualizados mayores que el coste de la misma.
— **No efectuable:** $VAN < 0 \rightarrow$ ya que supone un coste mayor de lo que se recupera.
— **Indiferente:** $VAN = 0 \rightarrow$ porque el coste iguala a lo que se recupera.

EJEMPLO

Una S. L. necesita realizar una inversión tecnológica para prestar sus servicios a través de Internet. El desembolso inicial, así como los *FNC* del proyecto a emprender se representan de forma esquemática del siguiente modo: –18.000/3.000/8.000/17.000/30.000/5.000 a lo largo de los cinco años de duración del contrato con el proveedor tecnológico para un tipo de descuento del 6 por 100. Determinar el *VAN* de este proyecto.

$$VAN = -18.000 + [3.000/1{,}06] + [8.000/(1{,}06)^2] +$$
$$+ [17.000/(1{,}06)^3] + [30.000/(1{,}06)^4 +$$
$$+ [5.000/(1{,}06)^5] \approx 33.722 \text{ u.m.}$$

El proyecto será realizable ya que supone una ganancia neta aproximada de 33.722 u.m.

Casos particulares

a) Cuando el coste de capital es distinto en cada uno de los años considerados ($k_1, k_2, ..., k_n$), la fórmula para calcular el *VAN* sería la siguiente:

$$VAN = -A + Q_1/(1 + k_1) + Q_2/(1 + k_1)(1 + k_2) + ...$$
$$... + Q_n/(1 + k_1)(1 + k_2) ... (1 + k_n)$$

b) Cuando los flujos de caja y el coste de capital son constantes y la duración de la inversión es limitada, el *VAN* sería:

$$VAN = -A + Q/(1 + k) + Q/(1 + k)^2 + ... + Q/(1 + k)^n =$$
$$= -A + Q\,[1/(1 + k) + 1/(1 + k)^2 + ... + 1/(1 + k)^n]$$

Teniendo en cuenta que los términos que se encuentran dentro del corchete constituyen la suma de los términos de una razón geométrica de razón $1/(1 + k)$, podemos simplificar la expresión anterior del modo siguiente:

$$VAN = -\mathrm{A} + Q \cdot [1 - 1/(1 + k)^n]k$$

c) Cuando los flujos de caja y el coste del capital son constantes y la duración de la inversión tiende a infinito, el *VAN* de la inversión será el límite para n tendiendo a infinito de:

$$VAN = -A + Q \cdot [1 - 1/(1 + k)^n]k =$$
$$= -A + Q \cdot \text{lím}_{\,n \to \alpha} [1 - 1/(1 + k)^n]k \quad \Rightarrow$$

$$VAN = -A + Q/K$$

Cuando existen alternativas para elegir, será preferible la inversión que presente un *VAN* mayor, porque eso significa que se obtiene un mayor rendimiento.

La ventaja de este criterio con respecto a los anteriores es que refleja que es más valiosa una u.m. actual (ya que puede ser invertida y generar beneficios) que una u.m. futura, no sólo por la disponibilidad, sino además por los riesgos que entrañan las cantidades futuras (expectativas) que no tienen la garantía de cantidades actuales (reales).

Los inconvenientes que presenta este criterio son:

— La dificultad de estimar el coste de capital con el que homogeneizar las cantidades, dado que en el mercado financiero se ofrecen tipos de interés distintos para modalidades financieras diferentes, precios que vienen afectados también por el nivel de riesgo económico y financiero de la empresa.

— Es poco realista considerar que la empresa puede conseguir fondos en el mercado financiero al tipo de interés k y obtener la misma rentabilidad k en caso de invertir fondos en el mercado, asumiendo la hipótesis de perfección en el mercado financiero, que no es muy realista.

Podemos eliminar el segundo de los inconvenientes considerando la existencia de una tasa de reinversión (tr) que puede ser distinta al coste de capital (k): la primera (tr) para reinvertir los flujos obtenidos en el mercado y la segunda (k) para descontar los capitales. En la anterior fórmula del *VAN* se ha considerado que los flujos netos de caja no se reinvertían, sino que quedaban en la empresa hasta el fin de la inversión; pero si consideramos que se reinvierten en **condiciones de perfección del mercado financiero**, o sea, a la **misma tasa** k, ($tr = k$), la fórmula del *VAN* quedaría:

$$VAN = -A + [Q_1(1+k)^{n-1} + Q_2(1+k)^{n-2} + ... + Q_n]/(1+k)^n =$$
$$= -A + [\sum Q_i/(1+k)^{n-i}]/(1+k)^n \quad \Rightarrow$$
$$VAN = -A + \sum Q_i/(1+k)^i$$

Si estimamos de forma mucho más realista una **tasa de reinversión distinta al coste de capital** ($tr \neq k$), y obviamos el segundo inconveniente mencionado, la expresión anterior quedará como:

$$VAN = -A + [Q_1(1+tr)^{n-1} + Q_2(1+tr)^{n-2} + ... + Q_n]/(1+k)^n =$$
$$= -A + \sum Q_i(1+tr)^{n-i}/(1+k)^n$$

2. Tasa interna de rentabilidad o tipo interno de rendimiento (*TIR*)

Este método consiste en calcular la tasa (r) que hace que el valor actualizado neto sea igual a cero, o lo que es lo mismo, la tasa para la cual la inversión no generará beneficios ni pérdidas, ya que iguala el valor de los flujos generados durante la vida útil de la inversión con el valor de los desembolsos necesarios para realizarla. En consecuencia, nos indica cuál es el interés que conseguimos al llevar a la práctica el proyecto o **rentabilidad de la inversión**, interés que para resultar atractivo deberá ser superior al del mercado financiero.

Esta tasa interna nos indica la rentabilidad intrínseca del proyecto en términos relativos o porcentuales, mientras que el *VAN* estima la rentabilidad en términos absolutos, es decir, en su cuantía total. Existe por tanto, una relación entre ambos criterios, que podemos esquematizar en el cuadro siguiente:

Inversión	*VAN*	*TIR*
Rentable	$VAN > 0$	$r > k$
Indiferente	$VAN = 0$	$r = k$
No rentable	$VAN < 0$	$r < k$

La fórmula para la obtención de la tasa interna de rendimiento será:

$$VAN = -A + Q_1/(1 + r) + Q_2/(1 + r)^2 + ... + Q_n/(1 + r)^n = 0$$

Si hay que seleccionar uno de entre varios proyectos, se elegirá aquel **que presente una *TIR* mayor**.

EJEMPLO

Determinar la tasa interna de rentabilidad de un proyecto de inversión que requiere un desembolso inicial de 120 u.m. y genera unos flujos de caja de 100 u.m y 200 u.m. el primer y segundo año de duración respectivamente.

Sabemos que la *TIR* es la tasa que hace el *VAN* cero, por tanto.

$$VAN = -120 + [100/(1 + r)] + [200/(1 + r)^2] = 0$$

Haciendo $(1 + r) = x$ y operando $120x^2 - 100x - 200 = 0 \rightarrow x1 = 1{,}77$ y $x2 = -0{,}93$.

La solución negativa no tiene sentido desde el punto de vista económico; por tanto, $r = 77$ por 100.

El inconveniente de este criterio se pone de manifiesto cuando el número de flujos de caja es superior a dos, ya que deben resolverse ecuaciones de tercer y ulterior grado. La solución puede encontrarse mediante el procedimiento de prueba y error hasta encontrar un valor de r que, por aproximación, iguale ambos miembros de la ecuación, lo cual hace que su cálculo sea complicado.

Cuando en los flujos netos de caja de un proyecto de inversión se produce un solo cambio de signo, estamos ante una inversión simple; por tanto, e independientemente de su horizonte temporal, según la regla de Descartes, al producirse en la ecuación un único cambio de signo, sólo una de las n-soluciones que hacen el *VAN* cero de la inversión será real y positiva (esta solución será la *TIR*). Cuando se pretende evaluar proyectos de inversión no simples (cuyos flujos netos de caja presentan más de un cambio de signo) la resolución de la *TIR* dará lugar a la obtención de tantas soluciones positivas como cambios de signo existan en su horizonte temporal; por tanto, esta situación, que es correcta desde el punto de vista matemático, origina inconsistencia desde el punto de vista económico[5], ya que significaría la existencia de más de una tasa de rendimiento para un mismo proyecto. Por tanto, este método no debe utilizarse a priori en el caso de proyectos de inversión no simples.

Caso particular

a) Cuando los flujos de caja son constantes y la duración de la inversión tiende a infinito:

$$VAN = -A + Q/r = 0; \text{ de donde: } r = Q/A$$

3. Plazo de recuperación o *pay-back* actualizado

Se trata de calcular el plazo de recuperación del capital tomando en consideración el valor del dinero en el tiempo, es decir, descontando las cantidades al momento inicial para trabajar con datos homogéneos; si se aplica a un mismo caso el plazo de recuperación sin actualizar y el actualizado se obtendrán distintos resultados, pero el segundo será mucho más preciso que el primero.

4. El efecto de la inflación en los proyectos de inversión

Un elemento importante que puede influir significativamente en la rentabilidad de una inversión es la **inflación**. En efecto, si el coste de capital k refleja el precio del dinero, el efecto de la inflación podría reducir o incluso neutralizar totalmente esta remuneración si los precios suben un porcentaje próximo al coste de capital. De ahí surge la necesidad de incorporar el efecto de la inflación al cálculo del valor actualizado neto, y, si llamamos g a la tasa acumulativa de inflación, dado que dicha tasa de inflación reduce el valor del dinero, se incorpora en el denominador de la fórmula del *VAN*, que, de esta forma resultará:

$$VAN = -A + Q_1/(1+k)(1+g) + Q_2/(1+k)^2(1+g)^2 + \dots$$

$$\dots + Q_n/(1+k)^n(1+g)^n \quad \Rightarrow$$

$$VAN = -A + \sum Q_i/(1+k)^i(1+g)^i$$

En esta fórmula se consideran los flujos netos de caja independientes del grado de inflación, pero si suponemos que el nivel de inflación va a afectar al precio de los productos ofertados por la empresa, y en consecuencia, a los flujos netos de caja de los distintos años del estudio, el cálculo del *VAN* quedaría del siguiente modo (llamando f al tanto por uno en que se incremente el valor nominal de los flujos netos de caja por efecto de la inflación):

$$VAN = -A + Q_1(1+f)/(1+k)(1+g) + Q_2(1+f)^2/(1+k)^2(1+g)^2 + \dots$$

$$\dots + Q_n(1+f)^n/(1+k)^n(1+g)^n \rightarrow VAN = -A + \sum Q_i(1+f)^i/(1+k)^i(1+g)^i$$

6.6. RELACIÓN ENTRE *VAN* Y *TIR*

Generalmente, los criterios *VAN* y *TIR* llevan a conclusiones análogas cuando las características de las inversiones analizadas son similares. Sin embargo, cuando los proyectos de inversión presentan características diferentes (ya sea en su duración temporal, en la existencia de flujos de caja negativos —inversiones no simples— y/ o en diferencias sustanciales en el desembolso inicial) pueden plantearse discrepancias entre ambos criterios de selección de inversiones. Estas discrepancias pueden generar problemas a la hora de abordar proyectos de inversión mutuamente excluyentes. En dichas circunstancias, ¿a qué criterio atenderemos? Aunque los analistas financieros suelen preferir la *TIR*, Sesto[6] (2003) aconseja guiarse siempre por la información proporcionada por el criterio *VAN*, ya que, la utilización de técnicas más depuradas como *VAN* global y *TIR* global que pretenden unificar criterios y comparar inversiones no homogéneas, conducen siempre a la misma ordenación de inversiones que la derivada de la aplicación del criterio *VAN*.

Debemos considerar que la información proporcionada por ambos criterios y, por tanto, la interpretación de los mismos, es diferente. El *VAN* informa sobre la rentabilidad absoluta del proyecto, es decir, la ganancia o pérdida neta que reporta el acometer dicho proyecto de inversión; la *TIR*, por su parte, informa sobre la rentabilidad relativa del mismo.

6.7. LAS FUENTES FINANCIERAS DE LA EMPRESA

Las fuentes financieras de la empresa aluden a los distintos orígenes de los que ésta consigue captar los recursos necesarios para aplicar en su estructura económica o del activo; así, es posible establecer diferentes clasificaciones de las fuentes financieras, que se corresponden con las clasificaciones aplicadas a la estructura financiera o pasivo del balance empresarial. Los principales criterios de clasificación son los siguientes:

a) Criterio de **permanencia** de los recursos en la empresa:

- **Recursos a largo plazo o capitales permanentes,** que son los que constituyen el pasivo fijo, como aportaciones de los socios, los préstamos y empréstitos, otras formas de endeudamiento a largo plazo, así como las reservas generadas en la empresa o autofinanciación.
- **Recursos financieros a corto plazo,** que son los que integran el pasivo corriente, como proveedores y préstamos y créditos a corto plazo.

b) Criterio de **propiedad** de los recursos:

- **Financiación propia:** la constituyen los recursos financieros que son propiedad de la empresa y que no son susceptibles de devolución (no exigible o neto patrimonial). Estos recursos son el capital aportado por los socios o propietarios de la empresa, tanto en la constitución del capital inicial como en sus posteriores ampliaciones, y los beneficios obtenidos que no se distribuyen entre los propietarios, y que, por tanto, quedan en la empresa en forma de reservas para cubrir sus potenciales necesidades financieras.
- **Financiación ajena:** constituida por aquellos recursos financieros susceptibles de devolución, cuya propiedad no es de la empresa, como créditos, préstamos y empréstitos.

c) Criterio de **procedencia** de los recursos financieros:

- **Financiación interna o autofinanciación:** constituida por los recursos financieros generados y ahorrados por la propia empresa para financiar su actividad; sus modalidades más representativas son los fondos de amortización y las reservas (retención de beneficios o beneficios no distribuidos).
- **Financiación externa:** entendida como las nuevas aportaciones que hacen los socios de la empresa (ampliaciones de capital) y cualquier forma de endeudamiento (préstamos bancarios, créditos de proveedores, etc.).

Tabla 6.1. Clasificación de las fuentes de financiación

Propiedad / Procedencia	Propias		Ajenas	
Fuentes financieras internas	Autofinanciación Reservas Remanentes	Crecimiento		
	Amortizaciones Provisiones	Mantenimiento		
Fuentes financieras externas	Capital social Subvenciones Primas de emisión Ampliación de capital		Créditos de provisión Descuento comercial Factoring Préstamos y créditos a c/p	**Corto plazo**
			Préstamos y créditos a l/p Leasing Renting Empréstitos de obligaciones	**Medio y largo plazo**

FUENTE: Elaboración propia.

La Tabla 6.1 muestra las distintas fuentes financieras analizadas en el capítulo basándonos en los criterios anteriormente enunciados.

6.7.1. La financiación interna o autofinanciación

La financiación interna o autofinanciación de una empresa está formada por los fondos que ha ido obteniendo a lo largo del tiempo y que no se han repartido, sino que se han ido reteniendo para el crecimiento o el mantenimiento de la capacidad productiva de la misma.

Durante un ejercicio económico, la empresa ha generado una determinada cantidad de efectivo del que podrá disponer. Este efectivo tiene tres orígenes posibles:

— El **resultado** obtenido a lo largo del ejercicio en forma de beneficio neto, una vez descontadas las cargas financieras y los impuestos. Si parte de este resultado neto se distribuye entre los socios en cuantía proporcional a la aportación realizada a la sociedad, sólo constituirá autofinanciación, el resultado restante de tal reparto.
— Las **amortizaciones** practicadas, que son unos fondos de los que la empresa puede disponer hasta que no haya que sustituir el equipamiento productivo amortizado (maquinaria, elementos de transporte, etc.).
— Las **provisiones**, que son dotaciones contables arbitradas para cubrir contingencias previsibles pero cuya cuantía no se conoce en el momento de su dotación.

La suma de estas magnitudes representa el **cash-flow** o **flujo neto de caja**.

Podemos distinguir dos tipos de autofinanciación en función del carácter enriquecedor o de mantenimiento de la capacidad productiva que generan en la empresa tales partidas. De este modo:

a) Autofinanciación de mantenimiento: amortizaciones y provisiones.

Los equipos de producción de la empresa, que integran parte de su activo fijo, están sometidos a un proceso de desgaste o **consumo** debido a su utilización en el proceso productivo (ciclo largo o ciclo de amortización). Si este proceso no se controla, conducirá a una pérdida de la capacidad productiva de la empresa; por ello y para evitarlo, la empresa deberá realizar inversiones de mantenimiento que suponen la renovación de los activos afectados. La financiación de estas inversiones requiere que la empresa utilice recursos financieros generados con su propia actividad a través de un mecanismo que se conoce con el nombre de amortización.

La **amortización** supone la valoración en términos monetarios de ese desgaste o depreciación que experimenta el equipo productivo en un período determinado. La empresa debe detraer de los ingresos del período una cantidad de dinero (cuota de amortización) que le permita cubrir el valor de la depreciación estimada para cada bien del inmovilizado. Las sucesivas cuotas de amortización irán integrando, período tras período, un fondo de recursos financieros que, en su momento, debe hacer posible la renovación del equipo considerado y mantener así la capacidad productiva de la empresa. La utilización de dichos recursos en la financiación de los proyectos de inversión que se le vayan presentando permite, por una parte, disponer de autonomía financiera y, por otra, renovar los equipos considerados cuando finalicen su vida útil o período de prestación de servicios en la empresa.

Atendiendo a la situación económico-patrimonial que atraviese la empresa, la inversión de tales fondos será diferente: así, cuando la empresa se encuentre en fase de **expansión**, lo normal será invertir los fondos en proyectos que permitan el crecimiento de la misma; cuando el mercado se encuentre en situación de **estabilidad** o de **recesión**, los recursos financieros procedentes de los fondos de amortización pueden ser utilizados para atender las obligaciones de pago derivadas de las deudas que la empresa tiene contraídas; por otra parte, estos fondos también, pueden emplearse en la adquisición de activos financieros que, generando una cierta rentabilidad, permitan disponer de los recursos en el momento en que se requieran. Esta forma de utilizar los recursos financieros que la empresa retiene a través del proceso de amortización constituye la **función financiera de los fondos de amortización**.

Por tanto, l**a autofinanciación de mantenimiento** tiene por objeto mantener la capacidad productiva de la empresa. Se recoge en las cuentas de amortizaciones y provisiones.

b) Autofinanciación de enriquecimiento: reservas y remanentes.

La empresa, a través de su actividad, genera un resultado reflejado en la cuenta de pérdidas y ganancias o cuenta de resultados. Si dicha cantidad es positiva (beneficio), el destino de la misma es el siguiente:

— Una parte es para la Hacienda Pública en concepto de **impuestos**, que gravan la renta resultante de la actividad empresarial.
— Otra parte es para los propietarios: se conoce generalmente con el nombre de **dividendo** (en el caso de la S. A. y, por afinidad, en otras formas societarias) y es el modo en que la empresa retribuye a los propietarios del capital.
— La tercera parte puede quedar en la empresa; es lo que se conoce con el nombre de **reservas**, y son, por tanto, beneficios no distribuidos. Las reservas suelen per-

manecer de forma prolongada en la empresa para financiar, junto con el capital, el inmovilizado de la empresa y parte del activo corriente.

Los tipos de reservas más habituales son:

1. Reservas legales: deben constituirse por imperativo legal y afectan a las sociedades anónimas. La Ley de Sociedades Anónimas determina que estas empresas tienen que destinar un 10 por 100 de sus beneficios a reserva legal, hasta que esta cuenta alcance el volumen del 20 por 100 de su capital social.
2. Reservas estatutarias: se constituyen para cumplir lo establecido en los estatutos de constitución de la sociedad.
3. Reservas voluntarias: se dotan de forma voluntaria, una vez realizadas las anteriores.
4. Reserva por prima de emisión: aparece en caso de que se realice una emisión de acciones por un precio superior a su valor nominal.

Los reservas expresivas de la autofinanciación son las legales, voluntarias y estatutarias, ya que las reservas por prima de emisión proceden de operaciones derivadas de ampliación de capital, no constituyendo, por tanto, autofinanciación de enriquecimiento.

La **autofinanciación de enriquecimiento o expansión**, tiene como fin lograr la ampliación y crecimiento de la empresa reflejándose contablemente en las cuentas de reservas y remanentes (beneficio que no ha sido repartido ni aplicado).

Como cualquier otra fórmula financiera, la autofinanciación plantea ventajas e inconvenientes; entre las ventajas, podemos destacar (Castillo, 2003)[7]:

— Evita que el accionista tenga que pagar impuestos directos por esos dividendos.
— Genera autonomía financiera a la empresa.
— Garantiza la reinversión productiva de los beneficios, porque el accionista podría optar por dedicarlos al consumo.
— Reduce los costes de transacción, tanto para la empresa si tuviera que emitir títulos, como para el inversor si reinvirtiera en el mercado (aunque incrementa los costes de gestión).

Por otra parte, entre los inconvenientes o consecuencias negativas destacamos:

— Perjuicio potencial para la imagen empresarial, ya que se pierde el referente que para el mercado supone la información proporcionada por el reparto de dividendos.
— La lentitud y carácter gradual en la forma de generar autofinanciación puede ocasionar la pérdida de oportunidades rentables de inversión cuando esta forma de financiación se contempla como exclusiva o cuasiexclusiva.
— La práctica de la autofinanciación supone la utilización de beneficios que corresponden a los socios o propietarios, lo cual es contrario al espíritu del contrato de la sociedad, según el cual se ponen en común capitales para obtener beneficios y distribuirlos.
— Dificultad de determinación del coste de oportunidad que supone esta fuente de financiación.
— La generación de una liquidez excesiva puede propiciar la realización de inversiones poco meditadas.

6.7.2. Fuentes financieras externas y propias

Como puede observarse en la Tabla 6.1, estas fuentes financieras forman parte de los recursos propios de la organización, pero no han sido generados como consecuencia de su propia actividad, sino que proceden de aportaciones externas.

La primera de estas partidas financiadoras de la actividad empresarial está constituida por el capital social o conjunto de recursos aportados por los propietarios del negocio, bien cuando se constituye la empresa, momento en que es preciso crear el capital inicial, o bien en momentos posteriores, como consecuencia de ampliaciones de capital.

a) Ampliación de capital.

La empresa comienza a funcionar con las aportaciones iniciales de los socios (capital inicial). Si con el tiempo estos recursos resultan insuficientes, habrá que buscar nuevas formas de financiación.

Si la empresa crece, necesita ir ampliando su potencial productivo, lo que exigirá nuevas inversiones en activos no corrientes y activos corrientes. Necesita, por tanto, nuevos fondos para financiar estas inversiones. Estos fondos pueden proceder de nuevas aportaciones de los socios mediante una ampliación de capital con la emisión de nuevas acciones.

Las ampliaciones de capital se pueden producir en cualquier tipo de empresa, pero es en las sociedades anónimas, especialmente en las que cotizan en Bolsa, donde adquiere mayor importancia; por esto nuestro análisis se centra en este tipo de empresas.

Tomando como referente la **acción** de una sociedad anónima que, como sabemos, representa una parte alícuota del capital social, podemos diferenciar, en relación a sus valores más habituales, entre:

— **Valor nominal:** valor otorgado al título en el momento de la emisión. Se calcula dividiendo el capital social entre el número de acciones.
— **Valor contable o teórico:** representa la parte que le corresponde a cada acción del neto patrimonial de la entidad, es decir, de la aportación realizada por los accionistas más los beneficios no distribuidos y que se han ido acumulando en forma de reservas; su cálculo se obtiene dividiendo los recursos propios (capital + reservas) entre el número de acciones existentes.
— **Valor de cotización o efectivo:** es el precio que se paga por la adquisición en Bolsa de una acción; evidentemente, no tiene por qué coincidir con los anteriores valores, ya que, no sólo está en función del valor contable de ese momento sino también en función de la oferta y la demanda de cada momento. A partir de este dato, podemos definir el valor de la empresa en el mercado o capitalización bursátil, como el valor que tiene en Bolsa el conjunto de sus acciones, o valor en Bolsa de esa empresa.

Todas las acciones de una sociedad anónima deben tener el mismo nominal, que es el importe que aparece en la cuenta de Capital Social y que es el resultado del producto del número de acciones por el valor nominal de cada una de ellas.

Cuando se realiza una ampliación de capital, se produce un fenómeno que afecta a los accionistas existentes antes del momento del anuncio de la ampliación y que consiste en una pérdida de parte del valor de sus acciones (fenómeno conocido como dilución), pérdida que puede ser reparada mediante la adopción de dos medidas posibles:

— Arbitrando derechos de suscripción preferente de adquisición de nuevas acciones, susceptibles de valoración económica y de enajenación durante el período asignado a la operación de ampliación. De hecho, el artículo 158 de la Ley de Sociedades Anónimas establece que «en los aumentos de capital social con emisión de nuevas acciones... los antiguos accionistas... podrán ejercitar... el derecho a suscribir un número de acciones proporcional al valor nominal de las acciones que posean».
— Emitiendo las nuevas acciones por un precio superior a su nominal (emisión con prima o sobre la par).

Independientemente de que se trate de la constitución del capital inicial o de la ampliación del mismo, todo proceso de formalización del capital de una sociedad debe incluir información referente a los siguientes aspectos:

— El número de acciones y el valor nominal de cada título.
— El precio de emisión, o precio al que vende los títulos la sociedad que los emite, y que puede ser:
  - A la par, es decir, al 100 por 100 de su valor nominal.
  - Sobre la par, es decir, superior al 100 por 100 de su valor nominal. La prima suele expresarse como porcentaje del valor nominal.

EJEMPLO

Sea una sociedad anónima que realiza una ampliación de capital. Su capital social es de 100.000 u.m. y decide ampliar en 50.000 u.m.; las reservas totales ascienden a 40.000 u.m.; el valor nominal de sus acciones es de 50 u.m. y la emisión de las nuevas acciones se realiza sobre la par en un 140 por 100. Determinar cómo quedaría la estructura financiera de dicha sociedad anónima tras la ampliación.

El precio de las acciones nuevas será de 70 u.m. (50 · 140 %); como desea ampliar en 50.000 u.m. el Capital social, deberá realizar una emisión de 1.000 nuevas acciones. El importe del nominal de cada una de esas acciones (50 u.m.) por el número de acciones emitidas (1.000 acciones) representa la ampliación de capital. La parte del precio que excede del nominal se contabilizará en una partida de reservas conocida como Reserva por Prima de Emisión (que contribuirá a incrementar el neto patrimonial de la sociedad pero no su capital social).

Estructura financiera tras la ampliación:

Capital social:	150.000 u.m.
Reservas (legal, voluntaria, estatutaria y por prima de emisión):	60.000 u.m.
Neto patrimonial:	**210.000 u.m.**

- A la par, pero parcialmente liberadas; es decir, que el accionista aportará una cantidad inferior al nominal de los títulos, porque una parte la integra la empresa con cargo a sus reservas.

EJEMPLO

Si la ampliación del ejercicio anterior se hiciera a la par pero liberada en un 30 por 100, los accionistas deberían desembolsar el 70 por 100 del valor nominal de las acciones (35 u.m.) y el 30 por 100 restante (15 u.m.) procederían de las reservas de la sociedad, de forma que la estructura financiera tras la ampliación quedaría:

Capital social:	150.000 u.m.
Reservas (40.000 u.m. – 15.000 u.m.):	25.000 u.m.
Neto patrimonial:	**175.000 u.m.**

La emisión de acciones bajo la par está prohibida por la Ley de Sociedades Anónimas, ya que no se corresponden con un incremento efectivo del neto patrimonial.

— La proporción de la ampliación, que es la relación entre el número de acciones nuevas y el número de acciones antiguas ($P = N/A$).

6.7.3. Derechos de suscripción preferente

Cuando se realiza una ampliación de capital, si no se adopta ninguna medida, el valor teórico de las acciones antiguas cae en la misma proporción en que se ve aumentado el de las acciones nuevas; para evitar esta circunstancia, que beneficiaría a los nuevos accionistas en perjuicio de los antiguos y mantener una situación de equidad, es posible adoptar dos medidas, como mencionamos anteriormente:

— Realizar una emisión de acciones con prima, de forma que la Reserva por Prima de Emisión permita incrementar el neto patrimonial en una cantidad que, al menos sirva para cubrir la pérdida de valor teórico o contable experimentada en principio por las acciones antiguas, o bien

— Arbitrar derechos de suscripción preferente (*DSP*).

Nos centramos en esta última medida, que tiene una doble finalidad[8], política y económica; desde el punto de vista político, esta medida trata de preservar la proporcionalidad en la propiedad de la empresa y, por tanto, la proporcionalidad de los votos. Desde la perspectiva económica, el *DSP* consigue que las reservas que se habían constituido antes de la ampliación, no se distribuyan entra los nuevos accionistas sin contraprestación. El *DSP* trata de compensar al antiguo accionista por la pérdida del valor de sus acciones tras la ampliación. De hecho, el valor teórico del *DSP* es la diferencia entre el valor de una acción antes de la ampliación y el valor de esa acción después de la ampliación.

Llamando:

P_0 = Precio de las acciones antes de la ampliación.
P_1 = Precio de emisión de la ampliación.
P_2 = Precio de las acciones tras la ampliación.
A = Número de acciones antiguas (las que había antes de la ampliación).
N = Número de acciones nuevas (las que se emiten en la ampliación).
$VTDSP$ = Valor teórico de los derechos de suscripción preferente.

De tal forma que las acciones antiguas por su precio más las acciones nuevas por el precio de emisión resultarán en un conjunto de acciones ($A + N$) con un precio unificado $P2$:

$$A \cdot P_0 + N \cdot P_1 = (A + N) \cdot P_2$$

Por otra parte:

$$VTDSP = P_0 - P_2$$

despejando P_2 de la primera expresión

$$P_2 = (A \cdot P_0 + N \cdot P_1)/(A + N)$$

y sustituyendo en la segunda:

$$VTDSP = P_0 - (A \cdot P_0 + N \cdot P_1)/(A + N)$$

$$VTDSP = (P_0 \cdot A + P_0 \cdot N - A \cdot P_0 - N \cdot P_1)/A + N = (P_0 \cdot N - N \cdot P_1)/(A + N)$$

$$VTDSP = [N(P_0 - P_1)]/(A + N)]$$

expresión que permite calcular el valor teórico de los derechos de suscripción.

Como en algunas ocasiones no se especifica el número de acciones nuevas y/o antiguas existentes, dado que sólo se conoce la proporción de la ampliación (p), es posible transformar la anterior expresión en otra equivalente que incluya p, sin más que multiplicarla y dividirla por N.

$$VTDSP = [N \cdot (P_0 - P_1)]/(A + N) \cdot N/N = (P_0 - P_1) / [1 + (A/N)]$$

EJEMPLO

Una sociedad anónima, cuyas acciones tienen un nominal de 500 u.m., está cotizando en Bolsa a 2.500 u.m. Si dicha sociedad decide realizar una ampliación de capital en la proporción de 2 a 5 (2 acciones nuevas por cada 5 antiguas) con una prima de emisión del 20 por 100, se pide: *a*) ¿cuál es el valor de cotización o bursátil de una acción?; *b*) ¿cuál es el *VTDSP* que lleva incorporado cada acción antigua?; *c*) ¿cuál es el precio de las acciones después de la ampliación?

a) Valor de cotización o bursátil = 2.500 u.m. Es el precio al que se intercambian las acciones de dicha sociedad antes de la ampliación.

b) $VTDSP = (2.500 - 600)/[1 + (5/2)] = 542,85$ u.m.
c) $P_2 = P_0 - VTDSP = 2500 - 542,85 = 1.957,15$ u.m.

6.7.4. Fuentes financieras externas y ajenas

Son aquellas fuentes financieras que componen el exigible del pasivo, tanto a largo como a corto plazo. Veamos las más habituales.

a) A corto plazo

1. *Créditos de provisión (cuenta de proveedores-acreedores)*

La función financiera de proveedores es puesta de manifiesto por su propia esencia: el aplazamiento del pago en la adquisición de bienes y servicios necesarios para desarrollar el proceso productivo es una de las fuentes de financiación más habituales, conocida también como financiación de funcionamiento de la empresa, ya que el objetivo es mantener en los niveles adecuados los ratios de liquidez y solvencia de la empresa. La concesión de dichos créditos es característica y habitual en cada sector de actividad así como en cada zona geográfica, de forma que lo que se configura como costumbre habitual en un sector o ámbito geográfico no tiene por qué serlo en otro sector o zona comercial. Generalmente, son créditos a muy corto plazo (duración no superior a los tres meses), concedidos de una forma espontánea (en el sentido de no negociada) y se configura como una fórmula financiera gratuita en la medida en que no lleva asociado un coste explícito en términos de tipo de interés; no obstante, la existencia de descuentos por pronto pago o similares pueden implicar la existencia de costes implícitos cuyas condiciones conviene estudiar.

2. *Descuento bancario simple*

Consiste en el anticipo o descuento por parte del banco de los efectos comerciales a favor de la empresa en un momento anterior a su vencimiento. La utilización de esta fuente de financiación implica la necesidad de que la empresa disponga de una línea de descuento con la entidad financiera, de forma que el adelanto de las cantidades a las que tiene derecho la empresa implicarán el cobro de un interés simple explícito, además de una comisión sobre el nominal del título-valor y de unos gastos (generalmente fijos) inherentes a la operación. De este modo, la cantidad que la empresa recibe, llamada valor líquido o efectivo será el resultado de descontar al nominal los siguientes conceptos constitutivos del coste de la operación: intereses, comisiones y gastos.

$$VL = VN - I - C - G$$

siendo,

VL = Valor líquido o efectivo ingresado por la entidad financiera en la cuenta de la empresa.
VN = Valor nominal de los títulos o remesa de efectos.

I = Interés descontado por la entidad financiera, resultado de aplicar el tipo i al valor nominal durante el período que media entre el anticipo del cobro y el vencimiento del título.

$$I = VN \cdot i \cdot n/B$$

siendo:

i = Tipo de interés simple aplicado a la operación.
n = Período de tiempo existente entre el anticipo y el vencimiento.
B = Base temporal a aplicar (está en función de n).
Si n aparece expresado en días, B = 360 días (año comercial).
Si n aparece expresado en meses, B = 12 meses.
Si n aparece expresado en años, B = 1 año.

C = Comisión cobrada por la realización de la operación (generalmente calculada sobre el nominal del título).
G = Gastos inherentes a la operación (suelen tener carácter fijo).

EJEMPLO

Una empresa dispone de una letra de cambio por un valor nominal de 25.000 euros y vencimiento a 120 días. Dicha empresa atraviesa un período de dificultades de liquidez, por lo que decide descontar la letra en su banco 60 días antes de su vencimiento. El banco cobra un 5,5 por 100 anual de interés simple por el descuento de efectos comerciales, además de un 0,5 por 100 en concepto de comisión bancaria y 1 euro de gastos de gestión. Determinar el efectivo que recibe la empresa al descontar la letra.

Las cantidades cobradas por el banco serán:

I = 25.000 · 0,055 · 60/360 = 229,16 euros de intereses.
C = 0,005 · 25.000 = 125 euros en concepto de comisión.
G = 1 euro en concepto de gastos de administración o gestión.
VL = 25.000 – 229,16 – 125 – 1 = 24.644,84 euros es la cantidad líquida o efectiva percibida por la empresa en esta operación.

3. *Factoring*

Consiste en la venta de los derechos de cobro a una empresa especializada en la prestación de servicios de gestión de cobros, denominada factor, que asume el riesgo de insolvencia de su empresa cliente. Es una fórmula bastante interesante para empresas con gran variedad de tipología de clientes y/o productos, ya que la gestión de las cuentas queda reducida a una sola operación, además de que el factor asume el riesgo de la insolvencia de los clientes (es el conocido como «factor sin recurso»; otra modalidad conocida como «factor con recurso» implica que el factor no asume el riesgo de insolvencia). Por tanto, se perfila como una fuente de financiación adecuada para la obtención de recursos circulantes.

Las principales ventajas atribuibles a esta modalidad de financiación pueden concretarse en:

— Ahorro de tiempo, gastos y precisión en la obtención de informes.
— Simplifica la gestión contable, ya que mediante el contrato de *factoring*, es como si el usuario tuviera un solo cliente que paga al contado.
— Garantiza la máxima movilización de la cartera de cuentas a cobrar y garantiza el cobro de todas ellas (saneamiento de la cartera).
— Reduce el período medio de maduración de la empresa cliente.

Inconvenientes:

— Coste elevado: el tipo de interés suele ser superior al de descuento comercial convencional (la comisión de la gestión de las facturas suele oscilar entre el 1 y el 3 por 100 del importe nominal de la factura).
— Posible exclusión de operaciones relativas a productos perecederos y a largo plazo.
— El factor se reserva el derecho de aceptar alguno de los documentos de su cliente.

4. *Préstamos y créditos a corto plazo*

La empresa solicita fondos a una entidad financiera por una cantidad cierta para cubrir sus necesidades a corto plazo; transcurrido un período no superior a doce meses, tendrá que hacer frente a la devolución del principal más los intereses pactados.

La modalidad de créditos a corto plazo suele plantearse cuando la organización tiene necesidades transitorias de liquidez sin poderse precisar el importe de dicha necesidad. En esos casos, es frecuente que la empresa solicite la apertura de una cuenta de crédito o línea de crédito, mediante la que el banco abre una cuenta corriente de la que la empresa pueda disponer, mediante cheques ordinarios, según vaya necesitando fondos hasta un cierto límite; sólo habrá que pagar intereses por la cantidad efectivamente utilizada, si bien tendrá que pagar comisiones por la cantidad dispuesta y no utilizada.

5. *Confirming*

En realidad, no se trata de una modalidad propia de financiación a la empresa, si no de un servicio prestado por una entidad financiera (previa firma de un contrato de confirming entre la empresa y la entidad financiera) a los proveedores de la empresa, consistente en que la entidad financiera gestiona el pago a los proveedores (nacionales, generalmente), ofreciéndoles a éstos la posibilidad de cobrar el importe de las facturas antes de su vencimiento.

Es un servicio que agiliza el pago a proveedores y reduce la gestión administrativa, ya que evita los costes de emisión de cheques/pagarés o de manipulación de letras. Adicionalmente, se genera una fuente de financiación para los proveedores, que también puede redundar en beneficio de la empresa.

b) A medio y largo plazo

1. *Préstamos y créditos a medio y largo plazo*

Las empresas recurren a la solicitud de préstamos y créditos a medio y largo plazo con instituciones financieras para asegurar la estructura financiera de la empresa a largo plazo y garantizar un fondo de maniobra consecuente. Una vez la entidad financiera ha aprobado la concesión del préstamo, su concesión es inmediata, debiendo ser devuelto el principal con los intereses pactados en los plazos acordados.

2. *Leasing*

Consiste en el ejercicio de un contrato de arrendamiento de un bien mueble o inmueble con la particularidad de que es posible ejercer el derecho a la opción de compra sobre el bien, al término del contrato de leasing.

En este proceso intervienen tres agentes: la empresa-cliente que necesita un determinado bien; la empresa fabricante o proveedora del bien y la sociedad leasing (suele estar asociada a una institución financiera) que financia la adquisición del bien y lo pone a disposición de la empresa-cliente como si de un alquiler se tratara.

Una vez alcanzado el plazo de arrendamiento establecido, la empresa-cliente puede ejercer tres opciones diferentes:

- Ejercer la opción de compra del bien objeto de leasing mediante el pago de la última cuota de valor residual, previamente establecida.
- Renovar el contrato de arrendamiento, tomando como valor del bien su valor residual.
- No ejercer la opción de compra, devolviendo el bien a la sociedad leasing.

Por otra parte, es posible establecer múltiples modalidades de leasing, entre ellas:

- Leasing financiero: la sociedad leasing se compromete a la entrega del bien pero no a su mantenimiento o reparación, quedando el cliente obligado al pago del importe de alquiler durante toda la vida del contrato, sin posibilidad de rescisión unilateral.
- Leasing operativo: la sociedad leasing se compromete a la entrega del bien, así como a su mantenimiento o reparación, pudiendo revocar el arrendatario el contrato en cualquier momento, previo aviso. Su función principal es operativa, es decir, poner a disposición del arrendatario el bien reponiéndolo a medida que surjan modelos tecnológicamente más avanzados.
- Lease-back: el arrendatario es, en primer lugar, propietario del bien, que se lo vende al arrendador, para que éste de nuevo se lo ceda en arrendamiento. Esta modalidad es utilizada para bienes inmuebles, como solares o instalaciones y puede tener una doble finalidad[9].
    - Generar financiación, dado que el propietario del bien recibe dinero en virtud del contrato de compraventa.
    - Generar ocultación de dominio de bienes a efectos fiscales durante un determinado período de tiempo (finalidad fraudulenta).

Entre las ventajas de esta modalidad de financiación destacan:

— La amortización acelerada del bien según los intereses de la empresa y no de acuerdo con la Ley del Impuesto de Sociedades; ello es especialmente útil para empresas usuarias de bienes de fuerte innovación tecnológica, ya que al poder adecuarse el período de financiación a la vida económica, se reduce el riesgo de obsolescencia tecnológica.
— Las cuotas son consideradas en buena parte como gasto deducible (ventaja fiscal), además de permitirse la financiación del 100 por 100 del importe del bien. Al no aparecer el bien en balance, se mantiene la rentabilidad de los activos y no se modifica el ratio de endeudamiento del arrendatario.

3. *Renting*

Consiste en el arrendamiento de un bien mueble por un tiempo determinado a cambio del pago de una renta periódica que incluye el derecho al uso del equipo, el mantenimiento del mismo y un seguro de siniestros del equipo. La empresa de renting abre un espacio entre fabricante/proveedor y el cliente final gracias a los descuentos a escala que logra con su intermediación. A diferencia del leasing, no se contempla la opción de compra al finalizar el contrato.

Las principales ventajas del usuario de esta modalidad de financiación son las siguientes:

— No inmovilización de recursos empresariales en bienes que requieren continua renovación, pudiendo disfrutarse de los mismos sin necesidad de realizar desembolso ni inversión.
— Perfecta adaptación tecnológica entre los equipos existentes en el mercado y las necesidades empresariales.
— No incorporación del bien en el balance de la sociedad, administración sencilla y reducción del número de documentos y de proveedores necesarios para su gestión.
— Desde el punto de vista fiscal, las cuotas de arrendamiento son gastos fiscalmente deducibles.

En la siguiente tabla pueden observarse cuáles son las principales diferencias entre las dos principales modalidades de arrendamiento de bienes del inmovilizado empresarial:

	Finalidad	**Servicios**	**Duración**	**Opciones finales**
Leasing	Financiación del bien.	No servicios adicionales.	Mínima 2 años para bienes muebles.	— Devolución. — Prórroga. — Opción de compra.
Renting	Funcionalidad y movilidad.	Seguro, asistencia, mantenimiento…	No períodos mínimos.	— Devolución. — Prórroga.

4. *Empréstitos de obligaciones*

Consiste en la emisión de títulos de créditos (obligaciones, cédulas, bonos, pagarés...) con un vencimiento a muy largo plazo (generalmente superior a cinco años) que emiten las empresas para el mercado de particulares y otras empresas a cambio de un interés. El objetivo esencial es la captación de un gran volumen de recursos que no es posible obtener de los intermediarios financieros (bien porque las condiciones del préstamo no interesan a la empresa o porque las necesidades de financiación son ingentes y sólo es posible conseguirlas a través de un préstamo bancario sindicado).

Los títulos emitidos (todos de igual cuantía y condiciones) representan la fracción o parte alícuota de la deuda que la empresa adquiere con los adquirentes de los mismos (generalmente particulares y otras empresas). La empresa emisora ofrece incentivos variados para atraer el interés de los inversores; el principal incentivo es el tipo de interés periódico anual con el que se remuneran los títulos.

Los siguientes elementos son esenciales en la consideración de una emisión de empréstitos:

— *Valor nominal*: importe de la deuda adquirida por la empresa con el adquirente, sobre el que se calcularán los intereses y que será objeto de la devolución al vencimiento del título.
— *Tipo de interés*: rendimiento que percibirá el inversor.
— *Precio de la emisión*: precio por el que se pone a la venta el título (si coincide con el nominal, la emisión es a la par; si es superior al nominal, la emisión es sobre la par y si la emisión se realiza por debajo de la par, hablamos de quebranto de emisión, en cuyo caso, el inversor adquiere el título a un precio inferior al nominal aunque los intereses y la devolución se calculan sobre el nominal).
— *Plazo de amortización*: período de tiempo en el que la empresa tiene que devolver al inversor el nominal del título; adicionalmente y, con carácter anual, la empresa hará frente a la liquidación de los intereses correspondientes.
— *Precio de reembolso*: importe que recibe el inversor en el momento de la amortización; puede ser a la par (por un importe exacto al nominal) o con prima de reembolso (devolución de una cantidad superior al nominal).

La emisión de un empréstito con quebranto de emisión y prima de reembolso consiste en simultanear dos condiciones atractivas para el inversor: pagar menos del nominal en el momento de la adquisición del título y obtener más del nominal a su reembolso.

Por otra parte, podemos considerar la existencia de diferentes tipos de obligaciones en función de sus características intrínsecas; de este modo[10]:

— *Obligaciones convertibles*: son aquéllas que es posible convertir en acciones ordinarias de la empresa emisora, a un determinado valor de conversión, bajo determinadas condiciones previamente establecidas y tras un período de tiempo posterior a la emisión del empréstito.
— *Obligaciones participativas*: son aquéllas que dan derecho a una participación en los potenciales beneficios que genere la empresa emisora, con carácter adicional, evidentemente, a la retribución de intereses fijos y periódicos establecida inicialmente.

— *Obligaciones indiciadas*: en épocas de inestabilidad cambiaria e inflacionista fue necesario arbitrar medidas que garantizasen a los inversores una minimización del riesgo con el que se enfrentaban a largo plazo; por ello, surgió la posibilidad de emitir obligaciones indiciadas, es decir, la entidad emisora va ajustando periódicamente el interés inicial a un índice de precios (generalmente el IPC como valor oficial de medición de la inflación); de forma análoga, el valor nominal del título también se actualiza con el mismo índice utilizado en el tipo de interés.

La colocación de empréstitos en el mercado se realiza con la participación de intermediarios, generalmente bancos u otras instituciones financieras, que realizan la labor de búsqueda de inversores de títulos; además, es necesaria la supervisión y participación de la Comisión Nacional del Mercado de Valores (CNMV), en cuya página web, www.cnmv.es, puede comprobarse la existencia de empresas que tienen abierto el período de suscripción de títulos.

ACTIVIDADES DEL CAPÍTULO

ACTIVIDADES INDIVIDUALES

DE COMPRENSIÓN

Responde a las preguntas siguientes:

1. ¿Son las categorías de inversión analizadas excluyentes? Por ejemplo, ¿una inversión podría ser considerada según la función que desempeña en la empresa como inversión de reemplazo, al mismo tiempo que se la clasifica como inversión impuesta por la legislación? Responde razonadamente y da ejemplos de su contexto empresarial.
2. ¿Qué entiendes por flujo neto de caja? ¿Por qué los flujos netos de caja tienen distinto valor según el momento en el que se generan?

DE AUTOEVALUACIÓN

1. Sean dos proyectos de inversión X e Y que requieren unos desembolsos iniciales de 2.000 y 1.000 u.m. respectivamente, y que generan ilimitadamente unos flujos de caja anuales constantes iguales a 1.000 u.m. la inversión X, y 600 u.m. la inversión Y. Se sabe que el tipo de descuento de ambos proyectos es del 10 por 100 anual. ¿Cuál es el *VAN* de ambos proyectos?

   a) *VAN X* = 4.326,45 u.m.; *VAN Y* = 2.834,74 u.m.
   b) *VAN X* = –1.091 u.m.; *VAN Y* = –454,54 u.m.
   c) *VAN X* = 8.000 u.m.; *VAN Y* = 5.000 u.m.
   d) *VAN X* = –2.834,74 u.m.; *VAN Y* = –4.326,45 u.m.

2. ¿Cuál es la Tasa de Rentabilidad Interna del Proyecto *X* del ejercicio anterior?

   a) 2 por uno anual.
   b) −0,5 por uno anual.
   c) 0,5 por uno anual.
   d) 1 por uno anual.

3. La empresa Vaca, S. L. analiza una oportunidad de inversión que le generaría unos beneficios de 90/120/105/150 millones de u.m. para cado uno de los 4 años de duración de la inversión. Se sabe que la inversión inicial que debe efectuar la empresa es de 375 millones de u.m. y que la amortización practicada es de 45 millones de u.m. ¿Qué tanto por ciento de beneficio medio obtendrá la empresa a la inversión media realizada?

   a) 81,58 por 100.
   b) 40,79 por 100.
   c) 62 por 100.
   d) 56,58 por 100.

4. Un proyecto de inversión que requiere un desembolso inicial de 20 millones de euros dura dos años, en el primero de los cuales genera un cobro de 30 millones de euros y de 40 millones en el segundo. Además precisa un pago de 10 millones de euros en el primer año y otro de 20 millones en el segundo. El coste del capital es del 12 por 100. ¿Cuál es la rentabilidad relativa del citado proyecto?

   a) 41,42 por 100 anual.
   b) 50 por 100 anual.
   c) 61,80 por 100 anual.
   d) 12,25 por 100 anual.

5. Una empresa está analizando la conveniencia de emprender un proyecto de inversión que exige un desembolso inicial de 60 millones de u.m.; el proyecto tiene una duración estimada de cuatro años y los beneficios previstos son de 10,20, 25 y 20 millones de u.m. sucesivamente para cada uno de los años de duración del proyecto. Se sabe que el valor residual de la inversión es nulo y que se ha utilizado el método de amortización lineal. El flujo de caja total por unidad monetaria comprometida para dicho proyecto es:

   a) 6,25.
   b) 2,25.
   c) 4,25.
   d) Ninguna de las respuestas anteriores es correcta.

6. La diferencia entre una acción y una obligación es:

   a) Una acción representa una parte alícuota del capital social de una empresa, mientras que una obligación representa lo mismo pero cuando el capital no está totalmente desembolsado.
   b) Una acción representa una parte alícuota del capital social de una empresa, mientras que una obligación representa una parte alícuota de un préstamo concedido a una empresa.

c) Una acción representa una parte alícuota de un préstamo concedido a una empresa, mientras que una obligación representa una parte alícuota del capital social de una empresa.
d) Una acción representa una parte alícuota del capital social de una empresa, mientras que una obligación supone la cesión de los derechos de cobro a la empresa factor.

7. La empresa A, cuyas acciones tienen un nominal de 1.000 u.m., está cotizando en Bolsa a 5.000 u.m. Si esta empresa realiza una ampliación de capital en la proporción de 1 a 5 (una nueva por cada cinco antiguas) con una prima del 40 por 100, el valor del derecho de suscripción será:

a) 900 u.m.
b) 1.166 u.m.
c) 600 u.m.
d) 666,6 u.m.

8. El *leasing* es una fuente de financiación consistente en:

a) Arrendar un bien mediante el pago de un alquiler, y el posible ejercicio de la opción de compra al final del contrato.
b) La emisión de una deuda fraccionada en partes pequeñas llamadas obligaciones.
c) La cesión de los derechos de cobro sobre clientes a una empresa que provea ese servicio.
d) La aplicación de beneficios no distribuidos en la financiación de proyectos de inversión.

9. Para conseguir que la emisión de un empréstito de obligaciones sea una opción interesante para los potenciales inversores conviene:

a) Emitir el empréstito con prima de emisión y realizar un reembolso bajo la par.
b) Emitir el empréstito con quebranto de emisión y realizar un reembolso con prima.
c) Emitir el empréstito a la par y realizar el reembolso bajo la par.
d) Emitir el empréstito con quebranto de emisión y realizar el reembolso bajo la par.

10. En el caso de una inversión con duración ilimitada, que requiere un desembolso inicial de 35.000 euros y cuyos flujos netos de caja son constantes e iguales a 2.000 euros, se desea saber cuál es la rentabilidad relativa del proyecto:

a) 17,5 por 100.
b) 7,51 por 100.
c) 5,71 por 100.
d) 57,14 por 100.

ACTIVIDADES DE GRUPO PEQUEÑO

El desarrollo de un negocio de prestación de servicios de jardinería a domicilio necesita, para el inicio de su actividad, de una serie de inversiones como:

— Alquiler local: 1.000 euros.
— Maquinaria: 3.000 euros.
— Mobiliario: 2.000 euros.
— Furgoneta: 12.000 euros.
— Equipo informático: 2.000 euros.
— Existencias varias: 3.000 euros.
— Necesidad de tesorería estimada: 2.000 euros.

La financiación del proyecto parte de distintas fuentes:

— El promotor del negocio dispone de un capital propio de 8.000 euros.
— El pago de la maquinaria es financiado por el proveedor en 18 meses.
— Las existencias se abonan en 90 días.
— Reciben un préstamo en condiciones favorables por creación de nueva empresa de 10.000 euros a cuatro años al 2 por 100 de interés anual y amortizable linealmente.
— El resto de financiación es soportada por un préstamo a 3 años al 6 por 100 de interés anual y amortizable linealmente.

Asimismo, el promotor del negocio necesita contratar a dos peones jardineros, que recibirán un sueldo de 900 euros mensuales cada uno. Los gastos generales se estiman en 400 euros al mes y los gastos medios en existencias imputables a cada trabajo realizado en 60 euros. La amortización anual practicada asciende a 2.000 euros.

El precio medio estimado por servicio prestado es de 180 por 100, importe que incrementará un 2,5 por 100 anual.

El primer año se prestaron 250 servicios y se espera un incremento anual del 10 por 100 a lo largo de los cinco próximos años.

Nota: Todos los gastos y los ingresos se suponen pagados y cobrados al contado.

CUESTIONES DE DISCUSIÓN

— Constituir el balance inicial y, a partir de él, determinar el fondo de maniobra y determinar si la empresa se encuentra inicialmente en equilibrio financiero.
— Según la clasificación planteada en el texto sobre las inversiones, decidir de qué tipo son cada una de las propuestas en el supuesto.
— Estimar el umbral de rentabilidad o punto muerto del negocio para el primer año.
— Determinar el número de servicios que debe prestar para obtener un beneficio de 5.000 euros durante el primer año.

— Analizar la viabilidad del proyecto de inversión mediante los métodos estáticos o aproximados expuestos en el tema; comentar las diferencias entre ellos.
— Analizar la rentabilidad absoluta del proyecto para una tasa de actualización del 5 por 100.
— Analizar la rentabilidad relativa del proyecto.

ACTIVIDADES DE GRUPO GRANDE

1. A la empresa *X* se le plantean cuatro alternativas de inversión, que suponen los pagos que se indican en el momento cero y los flujos netos esperados de cada año que aparecen en la siguiente tabla:

	Año 0	Año 1	Año 2	Año 3	Año 4
	Q_1	Q_1	Q_2	Q_3	Q_4
Proyecto A	20.000	6.000	7.000	15.000	10.000
Proyecto B	15.000	17.000	9.000	10.000	—
Proyecto C	3.000	5.000	7.000	3.000	—
Proyecto D	25.000	20.000	60.000	25.000	20.000

Se pide: *a*) Flujo neto de caja total. *b*) Flujo neto medio de caja. *c*) Plazo de recuperación de la inversión o pay-back. *d*) Comentar los resultados obtenidos anteriormente. e) ¿Qué proyecto seleccionará la empresa?

2. La empresa ZZ, S. L. ha realizado inversiones que le han supuesto un desembolso inicial de 6.000 euros. Con dichas inversiones la empresa puede obtener alternativamente tres productos distintos que le generarían los siguientes cash-flow.

	Año 1	Año 2	Año 3	Año 4	Año 5
	Q_1	Q_2	Q_3	Q_4	Q_5
Producto1	—	3.000	3.000	—	—
Producto 2	3.000	1.500	1.500	1.000	—
Producto 3	2.000	—	–1.000	6.000	1.000

Se desea conocer: *a*) El plazo de recuperación. *b*) Flujo neto de caja total. *c*) Flujo de caja medio. *d*) *VAN*, sabiendo que el coste del capital es del 8 por 100 anual. e) *TIR*. *f*) Comentar los resultados obtenidos e indicar cuál sería el producto seleccionado por la empresa.

3. Una inversión supone el pago hoy de 16.000 euros y se espera que genere unos flujos netos de 8.000 euros en cada uno de los dos años. Hallar: *a*) *VAN*, para un valor de $k = 3\,\%$. *b*) *VAN*, para un valor de $k = 7\,\%$. *c*) Tanto de rendimiento interno. *d*) Comentar los resultados obtenidos.
4. La empresa *X* se está planteando renovar sus maquinarias, para ello cuenta con dos opciones: 1.ª) le supone un desembolso inicial de 45.000 u.m. Con dicha inversión se estima que, durante los tres años que tendrán de vida útil las nuevas máquinas, se obtendrán unas cuasi-rentas netas de 20.000 u.m. en el primer año, de 17.500 en el segundo y de 15.000 en el tercero. 2.ª) le supone un desembolso inicial de 100.000 u.m. y unos flujos netos de caja de 25.000 u.m. para cada uno de los cuatro años que tendrá de vida útil la nueva maquinaria. Se sabe que el coste del capital es del 8 por 100 anual. Se desea conocer cuál de las dos opciones es la mejor para la empresa según el *VAN* y el *TIR*.
5. La empresa ZZ ha de realizar una inversión en programas informáticos que supone 25 millones de u.m., cuya vida útil se estima en cinco años. Una vez transcurridos, el equipamiento tendrá un valor residual nulo y el desgaste del mismo se habrá producido de forma uniforme cada año, por lo que se practicará una amortización lineal. La tasa del impuesto de sociedades correspondiente a esta empresa es del 35 por 100. Los ingresos y gastos previstos para esos cinco años son los siguientes (dados en u.m.):

Años	2001	2002	2003	2004	2005
Ingresos	120	122	125	115	124
Gastos	90	88	98	75	100

Se pide: *a*) Flujo de caja total. *b*) Tasa de rendimiento contable. *c*) Plazo de recuperación.

6. Supongamos una empresa que se enfrenta a dos posibles proyectos de inversión: el primero exige un desembolso de 750 euros, y proporcionará en cada uno de los cinco años de su vida útil unos flujos netos de 300 euros. El segundo, con un desembolso de 600 euros, rendiría unos flujos de 200, 300 y 400 euros, respectivamente en los tres años de duración estimada. El coste del capital es del 5 por 100. Se desea conocer cuál de los dos proyectos es el mejor para la empresa, según los métodos del valor absoluto y valor relativo de la inversión.
7. Una empresa manufacturera desea realizar una inversión en maquinaria por un valor de 40 millones de u.m., cuya vida útil se estima en cuatro años, con valor residual nulo y amortización lineal. Los ingresos y los gastos previstos para los cuatro años que dura la inversión (en u.m.) son los siguientes:

Años	2001	2002	2003	2004
Ingresos	40	44	42	46
Gastos	22	26	16	20

Se sabe que el coste del capital es del 15 por 100 y la tasa del impuesto de sociedades del 33 por 100, se pide: 1) Tasa de rendimiento contable. 2) Plazo de recuperación. 3) Valor absoluto de la inversión. 4) Valor relativo de la inversión. 5) Comentar los resultados obtenidos.

8. Una empresa está analizando la conveniencia de efectuar un proyecto de inversión que exige un desembolso inicial de 120 millones de u.m. El citado proyecto se le estima una duración de cuatro años, siendo los beneficios previstos de 20, 40, 50 y 40 millones de u.m. para cada uno de los años de duración de la inversión, respectivamente. El valor final de la inversión es nulo y la amortización ha sido lineal. Calcular: 1) Plazo de recuperación. 2) Flujo de caja total. 3) Tasa de rendimiento contable.

BIBLIOGRAFÍA BÁSICA

Aguirre Sádaba, A (1992): *Fundamentos de economía y organización de empresas*, Pirámide, Madrid.

Bueno Campos, E. (1990): *Economía de la empresa. Análisis de las decisiones empresariales*, Pirámide, Madrid.

Bueno Campos, E. (2001): *Curso básico de economía de la empresa. Un enfoque de organización*, Pirámide, Madrid.

Castillo Clavero, A. M. (dir. y coord.), Abad Guerrero, I. M., Agurire de Mena, J. M., García Mestanza, J., Moreno Lorente, F. de A. y Rastrollo Horrillo, M.ª A. (2003): *Introducción a la economía y administración de empresas,* Pirámide, Madrid.

Castillo Clavero A. M. y otros (1992): *Prácticas de gestión de empresas*, Pirámide, Madrid.

Díez de Castro, E. y otros (1995): *Introducción a la economía de la empresa I y II*, Pirámide, Madrid.

García del Junco, J. y otros (2000): *Fundamentos de gestión empresarial*, Pirámide, Madrid

García del Junco, J. y otros (1999): *Gestión de empresas. Enfoques y técnicas en la práctica*, Pirámide, Madrid.

González Pascual, J. (2003): *Análisis de la empresa a través de su información económico-financiera,* Pirámide, Madrid.

Iborra, M., Dasí, A., Dolz, C. y Ferrer, C. (2007): *Fundamentos de dirección de empresas, Conceptos y habilidades directivas*, Thomson.

Isabel Dopacio, C. (2004): *Fundamentos y aplicación de la economía de la empresa*, EAT Ediciones, Madrid.

Luque de la Torre, M. A. y otros (2001): *Curso práctico de economía de la empresa*, Pirámide, Madrid.

Pérez Gorostegui, E. (2000): *Introducción a la administración de empresas*, Centro de Estudios Ramón Areces, Madrid.

Pérez Gorostegui, E. (1991): *Economía de la empresa aplicada*, Pirámide, Madrid.

Suárez Suárez, A (1996): *Curso de introducción a la economía de la empresa,* Pirámide, Madrid.

Suárez Suárez, A. (2005): *Decisiones óptimas de inversión y financiación en la empresa,* 21.ª ed., Pirámide, Madrid.

ENLACES DE INTERÉS

Banco Central Europeo www.ecb.int.
Banco de España www.bde.es.

Comisión Nacional del mercado de valores www.cnmv.es.
Ministerio de Economía y Hacienda www.meh.es.

BIBLIOGRAFÍA REFERENCIADA

[1] Massé, P. (1963): *La elección de las inversiones,* Sagitario, Barcelona.

[2] Suárez Suárez, A. (1998): *Decisiones óptimas de inversión y financiación en la empresa*, Pirámide, Madrid.

[3] Tarragó Sabaté, F. (1978): *Decisiones de inversión en la empresa*, Hispano Europea, S. A., Barcelona.

[4] Suárez Suárez, A. (2005): *Decisiones óptimas de inversión y financiación en la empresa*, 21.ª ed., Pirámide, Madrid.

[5] Blanco *et al.* (2005): *Dirección financiera I. Selección de inversiones*, Pirámide, Madrid.

[6] Sesto Pedreira, M. (2003): *Introducción a las finanzas*, Centro de Estudios Ramón Areces, Madrid.

[7] Castillo Clavero, A. M. y otros (2003): *Introducción a la economía y administración de empresas*, Pirámide, Madrid.

[8] Sesto Pedreira (2003): *Op. cit.*

[9] Sesto Pedreira (2003): *Op. cit.*

[10] Rodrigo Illera, C (2002): *Elementos de Administración y Dirección de Empresas,* Centro de Estudios Ramón Areces, Madrid.

Capítulo 7

La dirección de operaciones: decisiones estratégicas

FRANCISCO JAVIER MIRANDA GONZÁLEZ
M.ª SOLEDAD JANITA MUÑOZ

7.1. INTRODUCCIÓN

En todas las organizaciones existen actividades de producción de bienes y servicios, no sólo en las empresas industriales, como la industria química, sino también en empresas de servicios como hospitales, universidades, etc. En los últimos años, los directivos de muchas empresas han descubierto cómo una dirección de operaciones efectiva y eficiente puede incrementar el valor del producto, convirtiéndose en un factor crítico para el éxito de la organización.

En el presente capítulo, estudiaremos el concepto y objetivos básicos de la dirección de operaciones y analizaremos las principales decisiones de carácter estratégico que debe tomar el director de operaciones.

7.2. CONCEPTO Y OBJETIVOS DE LA DIRECCIÓN DE OPERACIONES

7.2.1. Concepto

Siguiendo a Bueno[1] podemos definir la producción como el *conjunto de procesos, procedimientos, métodos y técnicas que permiten la obtención de bienes y servicios, gracias a la aplicación sistemática de unas decisiones que tienen como función incrementar el valor de dichos productos para poder satisfacer unas necesidades.*

De todas estas decisiones referentes al subsistema productivo se encarga la Dirección de la Producción o Dirección de Operaciones, que podemos definir como la gestión del sistema de producción que se encarga de transformar los recursos productivos (inputs) de una organización en productos y servicios finales (outputs). Inicialmente se empleaba el término *Dirección de la Producción*, pero en la actualidad cada vez es más empleado el término *Dirección de Operaciones*, para hacer hincapié en su aplicabilidad tanto a empresas fabricantes de productos tangibles (bienes) como a empresas de servicios.

7.2.2. Objetivos

Desde la aparición de la Organización Científica del Trabajo de Taylor a principios del siglo XX, el objetivo tradicional de la dirección de operaciones ha sido incrementar la productividad del trabajo. La ***productividad*** es la forma de medir la eficiencia de la función de producción y puede definirse como la *relación entre la producción de un período y la cantidad de recursos consumidos para alcanzarla*. Se trata de un concepto de carácter técnico y no financiero, por lo que debe medirse en unidades físicas. Por tanto, a la hora de mejorar la productividad caben dos opciones: reducir los inputs mientras los outputs permanecen constantes o aumentar los outputs mientras los inputs se mantienen constantes.

$$\text{PRODUCTIVIDAD} = \frac{OUTPUTS}{INPUTS}$$

Cuando se estudia la evolución de la productividad de un factor ha de suponerse que la de los otros factores se mantiene constante (*caeteris paribus*). Tomemos, por ejemplo, el caso de la empresa PC Box, S. A., que el pasado año tenía una plantilla de 50 trabajadores, cada uno de los cuales trabajó 1.760 horas, alcanzándose un volumen de producción de 440.000 ordenadores. Por ello, la productividad de su mano de obra fue de 5 ordenadores (440.000/1.760 · 50) por cada hora-hombre.

Si al año siguiente la plantilla se ha reducido en 25 empleados y se ha trabajado el mismo número de horas, siendo la producción de 528.000 ordenadores, la nueva productividad se habrá elevado a 12 ordenadores (528.000/1.760 · 25) por hora-hombre, es decir, un incremento del 140 por 100.

Si la productividad ha sido el objetivo clásico de la dirección de operaciones, las nuevas características del entorno competitivo actual han hecho que aparezcan nuevos objetivos o prioridades competitivas en la dirección de operaciones. Por ello, en la actualidad suelen señalarse como objetivos básicos de la dirección de operaciones los cuatro siguientes: el coste, la calidad, el tiempo y la flexibilidad.

a) Coste

El coste de producir cualquier bien o servicio viene representado por el valor de los factores consumidos para su obtención. Como unidad económica la empresa tiene asignada la función genérica de creación de valor y es precisamente el análisis de los costes el que puede poner de relieve en qué medida cumple la empresa esta función, al comparar en términos monetarios el valor de lo producido con el valor de los factores utilizados para ello.

Según su relación con el volumen de producción podemos distinguir, en primer lugar, entre costes fijos y costes variables.

— ***Costes fijos***: permanecen invariables respecto al volumen producido.
— ***Costes variables***: varían en función del volumen producido o del tiempo de transformación.

Según la certeza de imputación se distingue entre:

— ***Costes directos:*** son aquellos que se vinculan a la actividad del proceso de transformación de productos de forma cierta y precisa, sin necesidad de aplicar criterio alguno de reparto o asignación. Esto es así porque se conoce a qué producto o productos concretos se incorporan los factores y en qué medida.
— ***Costes indirectos:*** son aquellos que afectan al proceso productivo en su conjunto, sin que sea fácil de determinar en qué medida participan en cada producto. Su imputación al coste debe estimarse partiendo de unos criterios de distribución o prorrateo, más o menos arbitrarios.

COSTES EN UNA PANADERÍA

Supongamos una panadería que elabora distintos tipos de pan (integral, roscas, bollos, baguettes y chapata). Al frente de cada modalidad hay un encargado de producto que controla su calidad. En esta empresa:

— El coste de la harina es un coste directo (se conoce cuántos kilos se utilizan en la elaboración de cada tipo de pan) y es también un coste variable (si aumenta la producción se consume más harina).
— El salario de los encargados de cada producto es un coste directo (su salario se puede asignar como coste del pan correspondiente), pero no es un coste variable sino que es fijo (a estos encargados hay que pagarles con independencia del volumen de pan producido).
— El consumo de gasoil de la flota de camiones es un coste variable (si se vende más habrá que transportar más pan), pero no es un coste directo (no se puede saber objetivamente qué parte de este gasto corresponde a cada tipo de pan).

Para el cálculo del coste total de un producto la contabilidad de costes utiliza diferentes métodos, entre los que podemos destacar el full-cost, el direct-cost o el sistema de costes basado en actividades (ABC)[2]. En la Figura 7.1 se muestra el esquema clásico del proceso de formación del coste en una empresa.

El objetivo coste ha sido el prioritario desde la segunda guerra mundial hasta los años setenta, de manera que aquellas empresas que ofertaban sus productos a menores precios, gracias a su reducido coste de fabricación, lograban las mayores cuotas de mercado. Sin embargo, esta situación cambió cuando las empresas japonesas comenzaron a centrar su estrategia competitiva en productos de elevada calidad y en su bajo tiempo de entrega, sin que ello repercutiera significativamente en el coste de producción. No obstante, en la actualidad siguen existiendo empresas y segmentos del mercado en los que el coste se convierte en el factor prioritario. Los productos que se venden en estos segmentos suelen ser productos primarios no diferenciados (por ejemplo, la leche, el azúcar, el arroz, etc.). Estos segmentos del mercado suelen ser bastante amplios, por lo que la competencia suele ser muy fuerte y ello conlleva también un elevado índice de fracasos por problemas financieros.

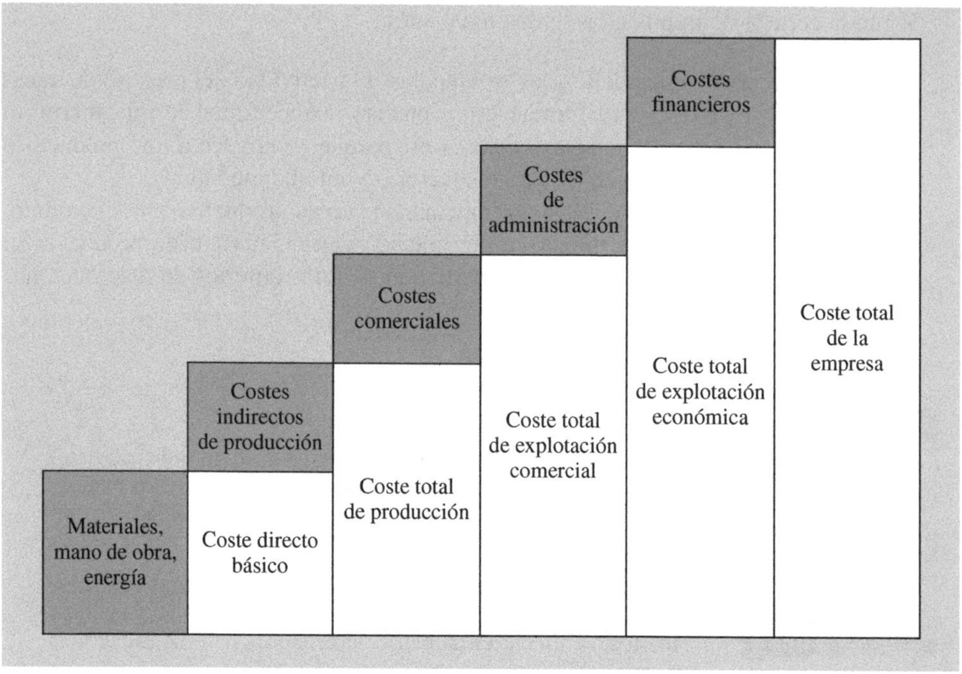

Figura 7.1. El proceso de formación del coste.

b) Calidad

La definición del concepto de calidad es muy compleja. Las definiciones más aceptadas en la actualidad son las que entienden por calidad los atributos de un producto que hacen que el mismo satisfaga las necesidades de los clientes, es decir, que un producto es de calidad si el cliente lo considera como tal.

A mediados de los cincuenta, comienza en Japón una auténtica revolución de la calidad. Los directivos de numerosas empresas japonesas observan que la mejora de la calidad produce, de manera natural, una mejora de la productividad, incrementos en la cuota de mercado e incrementos en los precios que el mercado está dispuesto a pagar por productos de mayor calidad. Como resultado de esta preocupación por la calidad muchas empresas japonesas aumentan su participación en el mercado norteamericano en esta época gracias a la calidad de sus productos, lo que obliga a las empresas occidentales a reaccionar tratando de copiar las prácticas de gestión de operaciones de sus competidores japoneses. Sin embargo, este énfasis en la calidad no supone que el coste deje de ser importante, ya que las empresas japonesas demuestran que es posible lograr elevados niveles de calidad, sin que ello suponga un incremento en los costes de fabricación del producto.

c) Tiempo

La capacidad para dar respuesta inmediata a las demandas de los clientes se convierte en una fuente básica de ventaja competitiva. En la actualidad surge una competencia basada en el tiempo que, en primer lugar, hace referencia a la *velocidad de las entregas*, de forma que las empresas que sean capaces de servir el producto más rápidamente que la competencia tendrán una notable ventaja.

Pero, en segundo lugar, adquiere especial relevancia la *fiabilidad de las entregas*, es decir, el cumplimiento de los plazos establecidos; no se trata sólo de ser más rápidos que la competencia, sino de cumplir lo prometido a nuestros clientes. Se trata de reducir en lo posible la variabilidad en el tiempo de entrega. Así, por ejemplo, SEUR se compromete a entregar cualquier envío a cualquier capital europea en 24 horas y a cualquier lugar del mundo en menos de 96 horas, facilitando el seguimiento del envío en todo momento por parte del cliente.

Por último, el factor tiempo también adquiere un papel relevante en lo referido al *tiempo de desarrollo de nuevos productos* o tiempo de mercado (*time-to-market*), es decir, el tiempo que se tarda desde que surge la idea de un nuevo producto hasta que dicho producto se lanza al mercado[3].

d) Flexibilidad

Hace referencia a la habilidad de la empresa para responder de forma rápida a los cambios en las necesidades del mercado y a las características del entorno competitivo. En los últimos años, el tiempo necesario para cambiar las maquinarias para producir un lote distinto se ha reducido de horas a minutos, el tiempo de desarrollo de un producto se ha acortado de años a meses, etc. Todos estos cambios garantizan una mayor capacidad de adaptación de las instalaciones a los continuos cambios en la demanda. Esta flexibilidad de la organización tendrá una manifestación clara en la capacidad de la misma para personalizar su oferta de productos, adaptándolas a las necesidades individuales de cada cliente.

Coste, calidad, tiempo y flexibilidad se convierten así en las prioridades competitivas de la dirección de operaciones del nuevo milenio. Sin embargo, las organizaciones deberán optar entre estos objetivos, ya que, aunque lo ideal sería contar con bajos niveles de costes y tiempo y elevados niveles de calidad y flexibilidad, lo habitual suele ser que dichos objetivos sean incompatibles. Así, por ejemplo, Ferrari o Rolls-Royce fabrican automóviles con una calidad insuperable, personalizados para cada cliente, pero ello implica que sus precios y tiempos de entrega sean mucho más elevados que los de otros fabricantes de automóviles.

En el futuro próximo es posible que aparezcan nuevas prioridades competitivas que servirán para diferenciar los productos en el mercado. Un ejemplo de estas nuevas prioridades serían los atributos ecológicos del producto, que están adquiriendo un creciente protagonismo al incrementarse la concienciación medioambiental en los países desarrollados y a la responsabilidad social de las empresas.

7.2.3. Decisiones del director de operaciones

Con la mente puesta en alcanzar estos objetivos el director de operaciones debe adoptar una serie de decisiones que vamos a dividir en dos grandes grupos: decisiones estratégicas o a largo plazo y decisiones tácticas o a corto plazo.

1. Decisiones estratégicas

Se trata de decisiones, generalmente poco estructuradas, sobre productos, procesos e instalaciones que tienen efectos a largo plazo sobre la actividad de la organización. Una vez tomadas, su corrección en el corto plazo es prácticamente imposible o muy costosa debido a la gran cantidad de recursos que supone su ejecución. Su importancia es tal que deben tomarse de forma coordinada con el resto de áreas funcionales.

Entre las principales decisiones estratégicas se encuentran las siguientes: seleccionar el producto o servicio que se va a producir y a continuación elegir el diseño más adecuado para el mismo; elegir el proceso productivo y la tecnología; planificación estratégica del sistema de operaciones; determinar la capacidad productiva de las instalaciones; seleccionar su localización; decidir la distribución en planta de las máquinas y los trabajadores; decisiones relativas a los recursos humanos; y establecer las directrices generales de gestión de calidad en la organización.

2. Decisiones tácticas

Se trata de decisiones más estructuradas, rutinarias y repetitivas. El objetivo es planificar la producción para satisfacer la demanda del mercado y, de este modo, maximizar los beneficios de la organización. En este grupo de decisiones también se incluyen las relativas al control de la planificación, con objeto de detectar desviaciones entre la realidad y lo planificado y poder tomar las oportunas acciones correctoras, tanto sobre los planes como sobre la ejecución de los mismos.

Entre las principales decisiones tácticas suelen señalarse las siguientes: planificación a medio plazo y programación de la producción; decisiones sobre el nivel de inventario necesario; desarrollo de procedimientos estándares y medida de tiempos; decisiones que garanticen el nivel de calidad de los productos; decisiones relativas a las tareas de mantenimiento preventivo de nuestra maquinaria.

Hemos de señalar que la clasificación de una decisión como estratégica o táctica no es absoluta. Así, por ejemplo, dentro de las decisiones relativas a la calidad de los productos podemos encontrar decisiones de carácter estratégico como la decisión sobre la implantación de un modelo de gestión de calidad total en la organización y otras de carácter táctico como las inspecciones de calidad o las medidas para solucionar los problemas de calidad detectados en la organización. Además, el concepto de largo y corto plazo dependerá de la actividad que se desarrolle.

7.3. EL DISEÑO Y DESARROLLO DE PRODUCTOS

Los bienes y servicios que una empresa puede producir son muy variados y de su naturaleza dependerá en gran medida el diseño del proceso productivo que se debe emplear. Si el producto de la empresa reúne las características necesarias para satisfacer las necesidades de los consumidores, tanto en calidad como en funcionalidad, la empresa verá incrementada su cifra de negocios. Por ello, la elección del producto se convierte en clave para el éxito de cualquier organización. Una vez seleccionado el producto a fabricar, el siguiente paso será diseñar el mismo, de forma que se adapte a los requisitos demandados por el mercado, a las limitaciones del entorno y cumpla los criterios de viabilidad establecidos por la organización.

El proceso de diseño y desarrollo de nuevos productos conlleva la realización de un conjunto complejo de actividades, en las que deben intervenir la mayoría de las áreas funcionales de la organización. Generalmente este proceso se suele dividir en las siguientes fases o etapas:

1. Identificación de oportunidades

En esta primera fase se obtiene información sobre las necesidades y exigencias del mercado, identificando las oportunidades existentes, a partir de un análisis de los movimientos y reacciones de la competencia, de las posibilidades técnicas y de las necesidades del mercado. Esta información se combina para establecer el boceto del nuevo producto. Entre las principales fuentes de ideas para este proceso podemos señalar: clientes, diseñadores, competidores, alta dirección, empleados de la organización, universidades y centros públicos de investigación, proveedores, etc.

2. Evaluación y selección de ideas

En la segunda fase se seleccionan aquellas ideas que presentan mayores posibilidades de éxito. Este proceso de evaluación implica un análisis de la viabilidad del producto desde diferentes puntos de vista que deben estudiarse de forma coordinada:

- *Viabilidad comercial*: consiste en realizar un estudio para saber si habría un mercado para ese producto.
- *Viabilidad económica*: se realiza un análisis coste-beneficio que nos permita estimar si ese producto proporcionará un margen adecuado, teniendo en consideración su coste estimado de producción, así como el precio al que podrían venderse.
- *Viabilidad técnica*: es necesario comprobar que la empresa cuenta con la capacidad técnica y tecnológica adecuada para la fabricación en serie del producto o, en caso de no contar con ella en la actualidad, si se disponen de los recursos financieros necesarios para adquirirla.
- *Valoración de las reacciones de la competencia*: se hace necesario valorar la posible reacción de la competencia ante nuestro lanzamiento, ya que en algunas ocasiones nuestra empresa no contará con los recursos suficientes para una «guerra abierta» con nuestros competidores, por lo que, en estos casos, quizá la estrategia más adecuada sea no continuar con el proceso de diseño.
- *Ajuste a los objetivos de la organización*: habrá que comprobar la compatibilidad de la idea con los objetivos de la organización, ya que los nuevos productos deben respetar la estrategia de la organización, contribuyendo de forma significativa a alcanzar los objetivos establecidos.

3. Especificación del nuevo producto

Previamente a cualquier proceso de diseño, es necesario dejar constancia clara de cuáles son las características básicas que ha de tener el nuevo producto, es decir, hay que fijar la base a partir de la cual se va a desarrollar el proceso de diseño. Para poder definir cla-

ESPECIFICACIONES DEL EUROFIGHTER 2000

Las especificaciones iniciales del caza europeo Eurofighter fueron establecidas mediante un contrato firmado por Alemania, Italia, España y Reino Unido, donde se describe al Eurofighter como: «Un avión de combate polivalente, monoplaza, birreactor, extremadamente manejable y optimizado para la superioridad aérea a corta y larga distancia y con capacidad para misiones aire-tierra».

El documento de especificaciones no sólo establece las dimensiones y el peso del Eurofighter, sino también los sistemas del avión y las prestaciones de las misiones, las cargas externas que se deben utilizar, las condiciones para el funcionamiento óptimo de vuelo y mantenimiento y para el funcionamiento prácticamente autónomo, bajo cualquier condición atmosférica, así como en pistas cortas de aterrizaje y despegue.

ramente estas características será necesario acudir al mercado y preguntarle al potencial cliente qué espera del nuevo producto y, una vez hecho esto, preguntar al equipo de fabricación si se pueden satisfacer dichos deseos con la tecnología existente. No bastará con tener en mente cuáles son esas características o especificaciones básicas del producto, sino que es necesario dejar constancia por escrito de las mismas, para que cualquier miembro del equipo de desarrollo pueda consultarlas durante el proceso de diseño y desarrollo. Una especificación no es más que eso, una descripción escrita de un producto, que se realiza previamente a su diseño, para guiar el proceso de desarrollo del mismo.

4. Desarrollo e ingeniería de producto y de proceso

Una vez aprobado, el proyecto pasa a la ingeniería del producto y del proceso. En esta cuarta fase se realizan la mayoría de las actividades de diseño de detalle y de desarrollo del producto, así como de los procesos productivos necesarios para la fabricación y posterior lanzamiento al mercado.

5. Pruebas y evaluación de los diseños

En muchas ocasiones, de forma paralela o simultánea a la fase anterior, comienza la quinta fase, en la que se realizan las pruebas y evaluación correspondiente a los diseños resultantes de la cuarta fase, para lo cual se procede a la ***fabricación de prototipos*** y a la ***simulación del proceso de fabricación***, tratando de detectar posibles deficiencias tanto del nuevo producto como de su proceso de fabricación.

El denominado ***test de producto*** consiste en entregar gratuitamente unidades del prototipo y de productos competidores a una muestra de clientes potenciales, para conocer la opinión de éstos en relación a los principales atributos de nuestro producto. Posteriormente se procede a la realización de pruebas o ***test de mercado*** que permiten simular las condiciones reales de mercado, bien sea en un laboratorio (pretest de mercado) o bien en una pequeña zona del mercado al que se va a dirigir el producto (pruebas alfa de mercado), con objeto de seleccionar la estrategia de lanzamiento más adecuada y realizar una previsión de la cifra de ventas en función del grado de satisfacción previsto.

6. Fabricación y distribución del producto

Por último, si la evaluación realizada en la fase anterior es favorable, el producto pasa a la última fase en la que se inicia la fabricación a gran escala, se produce el lanzamiento al mercado del nuevo producto, su distribución inicial y las operaciones de apoyo al mismo. Si el producto resultante es susceptible de ser patentado en esta fase se procede a su inscripción en el registro correspondiente[4].

7.4. SELECCIÓN Y DISEÑO DEL PROCESO Y LA TECNOLOGÍA

Para fabricar y entregar los productos diseñados por la empresa se hace necesario definir un proceso de fabricación que nos permita que el flujo de información y materiales sea fluido y eficiente. De nada serviría tener un proceso de diseño y desarrollo de nuevos productos muy eficiente si no contamos con un proceso de fabricación igualmente eficiente que nos permita fabricar el producto a un bajo coste, en poco tiempo y satisfaciendo los niveles de calidad demandados por el mercado.

Además, la elección de un determinado proceso productivo condicionará la configuración de los equipos productivos, la capacidad productiva de las instalaciones, la plantilla necesaria y su grado de cualificación, así como un porcentaje importante de las inversiones en activo fijo necesarias. El proceso seleccionado tendrá, por tanto, un efecto a largo plazo sobre la eficiencia productiva, la flexibilidad, el coste y la calidad de los bienes y servicios producidos.

Esta decisión vendrá determinada por la estrategia de operaciones de la organización y se tomará siempre que se ofrezca un producto nuevo, se produzca un cambio en las prioridades competitivas o cuando el rendimiento actual del proceso sea inadecuado, bien en lo que se refiere a tiempo o a calidad. Para profundizar en esta importante decisión estratégica, analizaremos los distintos tipos de diseño de procesos que suelen aparecer en la práctica empresarial: procesos por proyecto, talleres de trabajo, procesos por lotes, línea de ensamblaje y producción continua.

Procesos por proyecto

Suponen la fabricación de un único producto exclusivo, adaptado plenamente a las necesidades específicas del cliente, lo que obliga a diseñar una secuencia de operaciones única para cada proyecto. Ejemplos claros de este tipo de procesos los tenemos en la construcción de un edificio, la fabricación de un petrolero o la publicación de un libro. En este tipo de procesos se requiere la presencia de personal altamente cualificado y polivalente, que pueda adaptarse a las distintas necesidades de cada proyecto. Los procesos por proyecto suelen ser complejos y necesitar un largo período de tiempo para su realización.

Talleres de trabajo

Se caracterizan por fabricar lotes pequeños de una gran variedad de productos, que son adaptados particularmente a las necesidades de cada cliente. Este tipo de procesos también se conocen como *producción intermitente*, dado que el ritmo de producción es variable, y también como *producción tipo job-shop*, ya que el producto se mueve de un departamento a otro en pequeños lotes determinados por los pedidos del cliente. Cada lote requiere una secuencia distinta de operaciones, por lo que se requiere una fuerza de trabajo y equipo de carácter flexible.

Este tipo de proceso se caracteriza por una escasa automatización, debido al bajo grado de especialización de las distintas actividades a realizar, por lo que el factor clave son los conocimientos y habilidades de los trabajadores. Por ello, los costes variables unitarios de fabricación son muy elevados, mientras que la inversión inicial es relativamente baja. Este tipo de procesos es habitual, por ejemplo, en talleres de reparación de automóviles y hospitales.

Procesos por lotes

Este tipo de proceso puede considerarse como una variante del taller de trabajo, donde existe cierto grado de estandarización. Suele aparecer cuando existe una línea estable de productos como una producción periódica y los distintos pedidos siguen un flujo similar a lo largo de la planta. Cada lote llega a un centro de trabajo para efectuar una operación y, cuando ésta se completa sobre todas las unidades que forman el lote, se traslada el lote al siguiente centro según indique su hoja de ruta o a un almacén, si éste está ocupado.

El volumen de producción de cada artículo es superior que en los talleres, dado que los pedidos tienen un carácter periódico y el grado de automatización también es mayor, por lo que también lo es la inversión inicial necesaria. Sin embargo, este mayor grado de especialización permite una notable reducción del coste variable en relación a los talleres. Este tipo de proceso aparece de forma habitual en la fabricación de dispositivos electrónicos y en la industria química.

Línea de ensamblaje

Aparece en la fabricación de productos estandarizados, que pasan de forma secuencial por las distintas etapas de su proceso de fabricación, siguiendo un ritmo controlado y manteniendo un escaso nivel de inventario entre cada operación. Suele recurrirse a mano de obra con baja cualificación, dado que se trata de realizar tareas repetitivas y apoyadas de una fuerte automatización. Como inconveniente podemos señalar que el grado de flexibilidad de este proceso es mucho menor que en los casos anteriores, ya que se hace necesario modificar o reprogramar los equipos para producir un producto diferente. En este tipo de proceso los costes fijos son elevados, pero, sin embargo, el coste variable es muy reducido. El ejemplo más claro lo tenemos en la fabricación de automóviles.

Flujo continuo

Este tipo de procesos se conocen como producción continua y son habituales en la industria de bebidas, en la industria química, refinado de petróleo, plástico, centrales eléctricas, etcétera. Se caracterizan por la existencia de un flujo de materiales sin pausa alguna y sin transición entre operación y operación. El producto va pasando por una serie de operaciones distintas de forma continua, sin apenas paradas en el proceso de producción. A diferencia de la línea de ensamblaje donde el flujo de producción era discreto, en este caso es continuo. Suelen requerir una elevada automatización y deben estar en funcionamiento 24 horas al día para evitar paradas y puestas en funcionamiento muy costosas.

Hayes y Wheelwright[5] desarrollaron una matriz (véase la Figura 7.2) en la que se aprecia de forma clara la correlación entre el tipo de producto y el tipo de proceso productivo a emplear, así como su relación con el grado de flexibilidad y el nivel de coste unitario de cada producto.

Una vez seleccionado el tipo de proceso productivo a utilizar, debemos tratar de optimizar su diseño para adaptarlo a las características particulares de nuestra organización. Para ello, periódicamente se debe efectuar un proceso de análisis y rediseño del flujo de proceso, que se centrará en analizar el flujo que siguen las materias primas, componentes y productos terminados a lo largo de la planta con objeto de lograr una mejora del mismo.

La elección del proceso productivo está estrechamente relacionada con el ***grado de automatización*** que deseemos aplicar en nuestras instalaciones. El término automatización se acuñó a mediados de 1940 en la industria automotriz norteamericana, siendo consecuencia de la introducción de las modernas tecnologías de la información en la fábrica y suponiendo una sustitución de mano de obra por maquinaria automática contro-

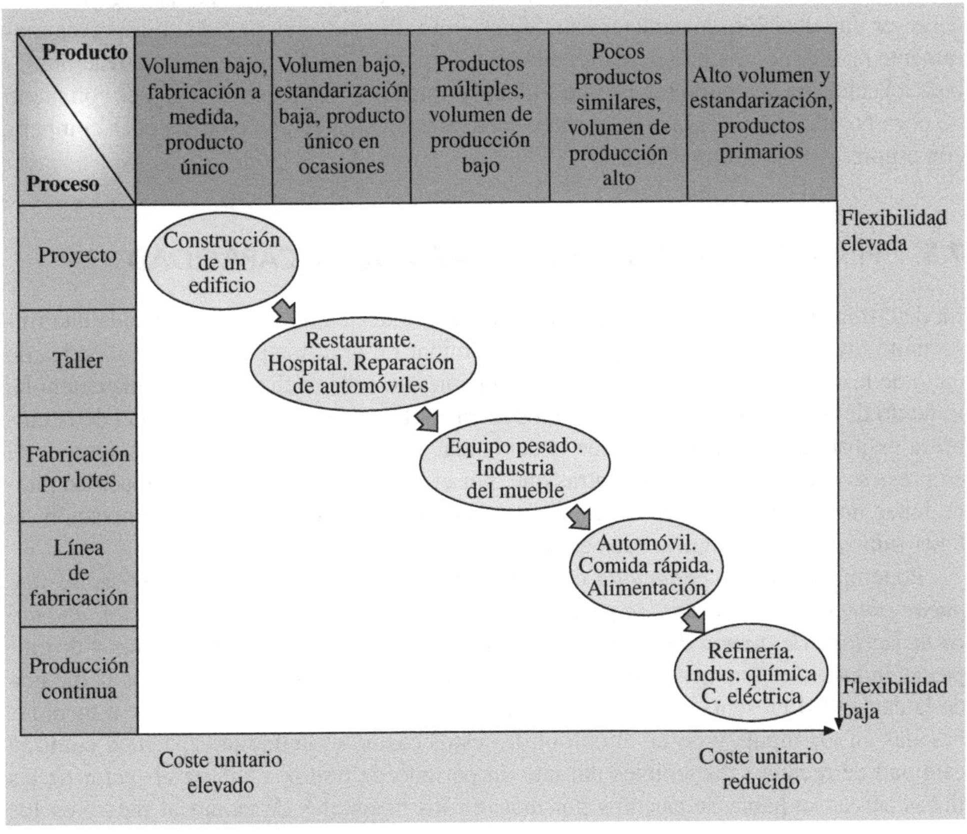

FUENTE: Adaptado de Hayes y Wheelwright (1979).

Figura 7.2. Relación entre el tipo de producto y el tipo de proceso.

lada por ordenador. El notable desarrollo de la automatización en los últimos años ha resultado en un gran número de máquinas automáticas que realizan diversas funciones. Si bien alguno de los últimos avances tecnológicos son exclusivos de un determinado sector (por ejemplo, los avances en superconductores tienen una aplicación directa en la industria electrónica), otras han tenido un impacto significativo y generalizado sobre distintos sectores. Entre las principales aplicaciones de equipos automáticos en la fabricación de bienes y en la prestación de servicios podemos señalar las siguientes: máquinas de control numérico, robots industriales, sistemas de inspección automática de la calidad, sistemas de identificación automática, sistemas automatizados de almacenamiento y recuperación, sistemas de fabricación flexible (FMS), fabricación asistida por ordenador (CAM), fabricación integrada por ordenador (CIM), etc.

Pero la automatización de un proceso no conlleva directamente a una mejora del mismo, sino que en muchas ocasiones ha provocado resultados no deseados, que han generado graves problemas en las empresas que optaron por esta automatización. La tecnología no soluciona los problemas de gestión de la organización. Suele afirmarse que «*tecnología más ineficiencia es igual a ineficiencia automatizada*». Por ello, previamente a la automatización se deben mejorar los procesos ineficientes.

La decisión de invertir en la automatización de las operaciones de una organización debe ser una decisión de carácter estratégico y no directamente basada en aspectos meramente económicos. En la actualidad muchas empresas rechazan la automatización debido a la elevada inversión inicial que supone y optan por instalarse en regiones con mano de obra barata, lo que les permite obtener bajos costes de producción y poder competir con empresas más automatizadas.

7.5. PLANIFICACIÓN A LARGO PLAZO DE LA CAPACIDAD

La determinación de la capacidad productiva es una decisión que lleva asociada una importante inversión de capital y que va a determinar en gran medida las posibilidades de éxito de la organización. Por ello, es una decisión que debe analizarse de forma detenida, tratando de optimizar la utilización de los recursos financieros. Si la capacidad de la empresa es insuficiente para satisfacer la demanda, se perderán clientes y la imagen de la empresa se verá perjudicada, mientras que, por el contrario, un exceso de capacidad puede tener importantes repercusiones sobre la estructura de costes de la organización, al tener inmovilizados e inutilizados esos recursos.

Podemos definir la ***capacidad*** como la *máxima cantidad de bienes o servicios que puede obtenerse en una unidad productiva en condiciones normales de funcionamiento en un período de tiempo determinado.* En el caso de las empresas de servicios y de empresas industriales que producen una amplia gama de productos heterogéneos la medida de la capacidad presenta especiales dificultades, recurriéndose habitualmente a medidas basadas en los inputs y no en el output. En estos casos, se define la capacidad como la cantidad de recursos disponibles durante un período de tiempo. Así, en el sector de las líneas aéreas se habla de asientos por mes, en los hospitales de camas al mes y en los hoteles de habitaciones al mes.

Sin embargo, a la hora de hablar de la capacidad productiva suelen cometerse varios errores que conviene evitar. En primer lugar, es un error *emplear medidas de la capacidad que no tengan en cuenta el factor tiempo.* Así, en ocasiones se habla de que la capacidad de una refinería es de 2.000 barriles, cuando en realidad dicha medida no nos dice nada si no se añade una referencia al período de tiempo durante el cual se obtienen esos barriles. No sería lo mismo, 2.000 barriles diarios que 2.000 barriles anuales.

Un segundo error es *confundir capacidad de producción con volumen de producción.* El volumen de producción es la cantidad realmente producida por la organización, mientras que la capacidad es el máximo que puede llegar a producirse. Puede definirse una ratio que nos determinará el grado de utilización de la capacidad productiva instalada como cociente entre el volumen de producción o capacidad utilizada y la capacidad productiva instalada. Así, podemos decir que estamos utilizando la capacidad instalada en un 90 por 100 o en un 95 por 100.

Por último, *suelen confundirse los conceptos de capacidad punta y capacidad sostenible.* La capacidad punta se refiere al máximo volumen de producción que puede obtenerse durante un período limitado de tiempo, en condiciones ideales, es decir, empleando horas extraordinarias e incluso utilizando la maquinaria por encima de su capacidad recomendada. Mientras que la capacidad sostenible es a la que hemos hecho referencia hasta ahora, el volumen máximo de producción que puede mantenerse de forma sostenida o continuada a lo largo del tiempo en condiciones normales de funcionamiento.

Una vez definido el concepto de capacidad productiva y establecida su forma de medida, podemos pasar a analizar las distintas fases que se deben seguir en el proceso de determinación de la capacidad productiva de una organización.

a) Previsión de la demanda

El inicio del proceso de decisión sobre la capacidad productiva comienza con una estimación de la demanda total del producto en el sector. A continuación se estima la cuota de mercado de nuestra empresa, es decir, el porcentaje de esa demanda total que prevemos conseguir. El producto de esa cuota de mercado y la demanda total estimada del sector nos permitirá calcular la demanda para los productos de la organización. Evidentemente la fiabilidad de las estimaciones disminuirá a medida que se amplía el horizonte de planificación, siendo los responsables de la investigación comercial de la organización los encargados de realizarlas.

b) Determinación de la capacidad necesaria

A partir de la anterior previsión de la demanda determinaremos las necesidades de capacidad de nuestra empresa. La capacidad puede no coincidir con la demanda estimada por diversas razones. Así, por ejemplo, puede suceder que no dispongamos de recursos financieros suficientes como para instalar una capacidad capaz de satisfacer la demanda y decidamos renunciar a parte de esa demanda, con los efectos negativos que ello puede conllevar. Por el contrario, puede que, dada la falta de exactitud de las previsiones de la demanda, decidamos instalar una capacidad superior a la demanda estimada para tener un margen ante una demanda real por encima de la prevista y tratando de aprovechar las ventajas de las economías de escala. A esta última opción es a lo que se denomina «colchón» de capacidad. En todo caso, la determinación de la capacidad necesaria también debe tener en cuenta la capacidad instalada por la competencia.

Además, a la hora de determinar la capacidad necesaria en el futuro, deberemos tener en cuenta la reducción de capacidad que se produce por el envejecimiento de las instalaciones y los equipos, ya que, a medida que pasa el tiempo, los equipos sufren más averías, generan más productos defectuosos y tienen un ritmo de producción inferior. Por otro lado, habrá que tener presente el incremento de capacidad generado por el efecto aprendizaje, que supone una reducción del tiempo de proceso a medida que se incrementa la experiencia en la realización de las distintas actividades que conforman el proceso productivo.

c) Establecimiento de alternativas

En caso de que la capacidad necesaria sea superior a la capacidad existente en la organización se puede recurrir a subcontratar parte de la producción a otras empresas, adquirir instalaciones de otras empresas, construir nuevas instalaciones, ampliar las instalaciones existentes, adquirir nuevos equipamientos, reabrir instalaciones que estén inactivas, etc. Por el contrario, si la capacidad existente supera a la capacidad necesaria, se puede optar por vender parte de nuestras instalaciones, reducir la plantilla, introducir nuevos productos o expandirse a nuevos mercados, mantener la capacidad ociosa en espera de futuros incrementos de la demanda, etc.

d) Evaluación y selección

Dicha evaluación tendrá en cuenta aspectos cualitativos, como el ajuste a los objetivos globales de la organización, el grado de compatibilidad con el personal existente, la capacidad de reacción de la competencia, etc., y aspectos cuantitativos referidos a los resultados del análisis financiero de cada una de las alternativas establecidas en la fase anterior.

7.6. LOCALIZACIÓN DE INSTALACIONES

La selección de la localización de las instalaciones de una empresa se ha complicado en los últimos años con la globalización de los mercados, al ampliarse de forma notable el número de opciones a analizar. Así, la selección de la localización supone en la mayor parte de ocasiones una secuencia de decisiones: selección del país de localización, de la región, de la población y de la ubicación concreta dentro de la población.

La primera decisión se refiere a si queremos localizar la nueva instalación en nuestro ***país*** de origen o en el extranjero. La creciente globalización e internacionalización de los mercados está llevando a que muchas empresas localicen sus nuevas instalaciones en distintos países. Así, el grupo Inditex ha abierto recientemente sus primeras tiendas en Puerto Rico y la República Checa, con lo que eleva a 39 el número de países en los que tiene presencia.

Una vez elegido el país en que vamos a localizar nuestra instalación, debemos plantearnos en qué ***región*** del país vamos a situarnos. Para ello se analizarán las ventajas e inconvenientes que cada una de las regiones nos ofrecen.

FACTORES DE LOCALIZACIÓN PARA FORD

Entre los proyectos de expansión del gigante automovilístico norteamericano se encuentran la apertura de nuevos centros en Alemania, España, Brasil, México, Holanda y Rusia.

Jay Gardner, directivo de Ford, responsable de los proyectos de expansión en Europa afirma que el primer factor de localización y el más importante en la mayoría de ocasiones es la proximidad al mercado.

«Si miráis un mapa, estamos localizados en la mayoría de los principales mercados europeos», dice Gardner. «Estamos en Alemania, en el Reino Unido, en España y Europa del Este. Pero también, debemos considerar el precio de entrar en el mercado.»

Ahí es donde los incentivos de los gobiernos entran en juego y pueden hacernos aceptar o descartar una posible localización. «Por ejemplo, en Europa del Este hemos tenido éxito, porque el gobierno nos ha eximido del cumplimiento de ciertas normativas y del pago de impuestos.» «Los incentivos gubernamentales son en ocasiones decisivos.»

Igualmente importantes, añade Gardner, es la proximidad a bolsas de mano de obra y el acceso a una amplia base de proveedores. Los parques de proveedores, poco comunes en Estados Unidos, son habituales en Europa. «Los parques de proveedores no son nuevos en Europa. De hecho, nuestro mayor parque de proveedores y el más antiguo está en Valencia, donde Ford invirtió 16 millones de dólares, en una superficie de 20.000 metros cuadrados. Sin este parque este proyecto no hubiera concluido con éxito.»

FUENTE: *Site SelectionMagazine,* noviembre 2001

El siguiente paso sería seleccionar la ***población*** en la que vamos a localizar la instalación. Para ello tendremos en cuenta los impuestos existentes, los incentivos a la instalación de nuevas empresas, el impacto ambiental de la instalación, los servicios existentes en cada población, etc.

Finalmente, habrá que elegir dentro de la población los ***terrenos*** más adecuados para nuestra empresa, teniendo en cuenta el coste del suelo, la proximidad a los medios de transporte y de las empresas que prestan servicios auxiliares, la disponibilidad de suministros, la normativa local respecto a localización industrial, etc. En los últimos años, en las principales ciudades se han creado determinadas zonas denominadas polígonos industriales, parques tecnológicos o semilleros de empresas que tratan de favorecer la instalación de empresas en las mismas.

Un ***parque*** o ***polígono industrial*** es un área debidamente acondicionada y dotada de construcciones industriales, en las que conviven diversos tipos de industrias atraídas por las políticas estatales y municipales, para lograr cierto orden y equilibrio territorial. Se habla de ***parque tecnológico*** cuando dicha zona se destina a la ubicación de empresas altamente innovadoras o de tecnología punta, facilitando las instalaciones los contactos con las universidades y centros públicos de investigación. Finalmente, se define el ***vivero*** o ***semillero de empresas*** como un lugar de acogida colectivo y temporal para jóvenes empresas, que ofrece servicios adaptados a las necesidades de éstas.

Los factores que influyen en la decisión de localización ya han sido analizados con anterioridad en el Capítulo 3.

7.7. DISTRIBUCIÓN FÍSICA DE LAS INSTALACIONES

La decisión de distribución física de las instalaciones o distribución en planta es continuación de la selección y diseño del proceso productivo. Así, durante el diseño del proceso productivo se determinan las características de los materiales y productos, y se seleccionan las tecnologías a emplear. A continuación entra en acción la distribución en planta para determinar la localización adecuada de cada proceso dentro de las instalaciones de la empresa, el espacio requerido por cada proceso y el espacio necesario para las distintas operaciones de apoyo.

Podemos definir la distribución en planta como la ubicación de las distintas máquinas, puestos de trabajo, áreas de servicio al cliente, almacenes, oficinas, zonas de descanso, pasillos, flujos de materiales y personas, dentro de los edificios de la empresa, de forma que se consiga el mejor funcionamiento de las instalaciones y se logren alcanzar los objetivos establecidos por la organización.

Se suelen identificar cuatro tipos diferentes de distribuciones en planta: distribución por procesos, distribución por productos, distribución celular y distribución de punto fijo.

1. Distribución por procesos

La distribución por procesos, también conocida como distribución funcional o tipo *job-shop*, se emplea cuando se trata de fabricar pequeños lotes de productos, escasamente estandarizados. El personal y las máquinas se agrupan según el tipo de función que realizan, de modo que en un taller mecánico los tornos se colocarán en un área, las fresadoras en otra, los taladros en una zona separada, y así sucesivamente. Se suele emplear maquinaria genérica, poco especializada, que puede ser rápidamente adaptada para fabricar distintos tipos de producto.

Cada producto a fabricar realiza un recorrido distinto por la planta en función de las operaciones que requiera para su fabricación, por lo que se generan diferentes flujos de materiales entre los diferentes talleres. Los trabajadores, altamente cualificados, deben trasladarse para realizar las distintas actividades que requiere la fabricación de cada lote de productos, que suele permanecer en la planta un período de tiempo más o menos largo, siendo habitual, por tanto, la presencia de un elevado inventario en curso.

Ejemplos de este tipo de distribución son algunas plantas industriales de productos de pequeño tamaño con proceso de fabricación intermitente (talleres de carpintería, talleres mecánicos, fábricas de tejidos) o un hospital.

2. Distribución por productos

Se emplea cuando se trata de fabricar un reducido número de productos diferentes, altamente estandarizados y, habitualmente, en grandes lotes. El ejemplo más claro lo encontramos en la fabricación de automóviles.

Este tipo de distribución se caracteriza por agrupar en un departamento todas las operaciones necesarias para fabricar un producto o servicio, de forma que se trata de colocar cada operación tan cerca como sea posible de su predecesora. El producto sigue de este modo una secuencia establecida, recorriendo la línea de producción de un puesto

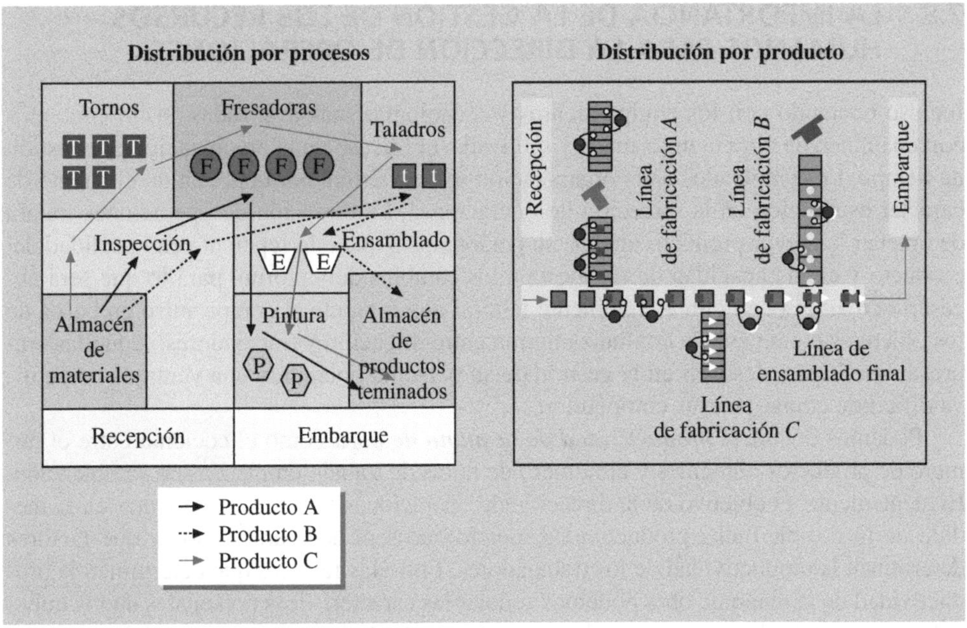

FUENTE: Miranda y otros (2004).

Figura 7.3. Distribución por procesos frente a distribución por productos.

a otro, a medida que se realizan las operaciones necesarias hasta finalizar su proceso productivo.

Las formas más habituales de este tipo de distribución son: en línea, en L, en U, en O y en S. En todas ellas se utiliza maquinaria altamente especializada, que requiere habitualmente un largo tiempo de adaptación para pasar a fabricar un producto diferente.

3. Distribución celular

Las máquinas se agrupan en células que funcionan como islas de distribución por productos en medio de una distribución por procesos de toda la planta. Cada célula se encarga de la fabricación de una única familia de componentes que requiere operaciones similares. Se utiliza la expresión célula o celda de fabricación debido a que generalmente se procura que estos agrupamientos de máquinas tengan formas cerradas (normalmente, U, C o L) a fin de minimizar los recorridos y movimientos.

4. Distribución de punto fijo

En algunos sectores las características del producto (elevado tamaño o peso) recomiendan localizar el producto en una posición fija, siendo los trabajadores, máquinas, herramientas y materiales los que se mueven alrededor del producto. Los astilleros o la construcción de un edificio son ejemplos de este tipo de distribución.

7.8. LA IMPORTANCIA DE LA GESTIÓN DE LOS RECURSOS HUMANOS PARA LA DIRECCIÓN DE OPERACIONES

Incluso contando con los equipamientos y tecnologías más avanzadas, si no contamos con una mano de obra bien formada y motivada, el fracaso de la organización es cuestión de tiempo. Los empleados de la organización se convierten, por tanto, en un elemento de carácter estratégico en la dirección de operaciones. La dirección de operaciones tratará de obtener la mayor productividad de su personal, sin que ello repercuta en la calidad del producto y en la capacidad de respuesta a los cambios del entorno, para lo que será necesario crear un buen clima o ambiente laboral que fomente el compromiso en busca de los objetivos comunes y la confianza mutua entre dirección y trabajadores. Aquellas empresas que logren destacar en la gestión de su personal obtendrán una ventaja competitiva difícil de copiar por sus competidores.

Podemos definir la ***productividad de la mano de obra*** como el cociente entre el número de productos obtenidos y el número de horas de trabajo empleadas en su obtención. Evidentemente, el objetivo de la dirección de operaciones será lograr aumentar en la medida de lo posible dicha productividad, por lo que será necesario conocer qué factores determinan la productividad de los trabajadores. Entre los factores que determinan la productividad de la mano de obra podemos señalar las características personales de los trabajadores, su grado de motivación, el entorno físico del trabajo y la calidad del producto[9].

Métodos de trabajo y medida de tiempos

Uno de los factores determinantes de la productividad son precisamente los métodos o procedimientos de trabajo empleados en la organización, es decir, la forma en que se realizan las diferentes tareas que integran el proceso productivo.

La mejora de los métodos y procedimientos de trabajo para incrementar la productividad debe partir de un análisis de los procedimientos actuales. A continuación el analista debe plantearse si todas las etapas del proceso son necesarias, si la forma de realizar cada actividad es la más adecuada, si la secuencia de operaciones es la correcta, si es posible combinar etapas del proceso para reducir el tiempo de ciclo, etc.

Para realizar dicho análisis de métodos de trabajo suelen emplearse diagramas de flujo, gráficos de proceso, diagramas hombre-máquina, diagramas simo, etc.[9]. Estos diagramas representan de forma esquemática el procedimiento de trabajo existente, lo que facilita su mejora al identificar etapas innecesarias, combinar actividades, reducir tiempos muertos, etc.

Una vez efectuado el análisis de los métodos de trabajo es importante que se elabore el correspondiente ***manual de procedimientos***, reflejando por escrito el nuevo método, y se ponga en práctica el método mejorado tan pronto como sea posible, siendo seguido en detalle por todos los operarios a los que corresponda. El supervisor, junto con el responsable de métodos, debe comprobar periódicamente cada operación, para estar seguro de que se sigue el procedimiento establecido.

Por regla general, la ***medida del trabajo*** hace referencia al tiempo requerido para generar una unidad de output. El objetivo de los distintos métodos de medida del trabajo es determinar estándares de trabajo que puedan emplearse en el proceso de planificación de operaciones y en el diseño de los puestos de trabajo (véase el Capítulo 4). Un *estándar* *de trabajo* es el tiempo necesario para realizar un elemento, operación o producto en condiciones de trabajo consideradas como normales; entendiendo por condiciones normales una situación promedio en lo referido a habilidad del trabajador, su velocidad, su nivel de motivación, condiciones de las máquinas, etc.

Una vez calculados, los estándares de trabajo pueden utilizarse para determinar el número de trabajadores necesarios para cada puesto de trabajo, para controlar el rendimiento de cada puesto comparando el tiempo real empleado con el estándar, para ser la base del proceso de presupuestación o para servir de base en un sistema de incentivos salariales que premien a aquellos trabajadores más eficientes que el estándar establecido.

La fijación de estándares de trabajo ha recibido numerosas críticas desde comienzos del siglo XX con los trabajos pioneros de Taylor y Frank y Lillian Gilbreth. Así, por ejemplo, Deming defiende que la fijación de estándares numéricos inhibe el proceso de mejora continua, por lo que no resultan admisibles. Sin embargo, y pese a estas críticas, la fijación de estándares sigue utilizándose en el mundo empresarial y resultan especialmente efectivos en trabajos repetitivos, donde la creatividad del trabajador no es un elemento necesario.

Las decisiones relativas a los recursos humanos están directamente relacionadas con el resto de decisiones tácticas y estratégicas de la dirección de operaciones dado que en todas ellas (localización, distribución de puestos, calidad, diseño de productos y procesos, etcétera) el personal juega un papel primordial. En la actualidad estas decisiones adquieren una relevancia tal que en muchas organizaciones existe un departamento independiente encargado de fijar las distintas políticas o líneas de actuación relativas a los recursos humanos. Dichas políticas han sido analizadas en el Capítulo 4.

7.9. GESTIÓN DE LA CALIDAD

Antes de hablar de calidad es imprescindible conocer a qué nos estamos refiriendo con dicho concepto, ya que las propuestas de definición del mismo son muy diversas. De las múltiples definiciones del término ninguna puede considerarse como la mejor, sino que más bien cada definición se adapta mejor a diferentes objetivos estratégicos de la empresa. Siguiendo a Garvin[6] vamos a agrupar las diferentes definiciones de calidad en cinco categorías básicas:

a) **Enfoque trascendente.** El concepto más antiguo y utilizado de calidad es el de «excelencia», es decir, «lo mejor», remontándose ya a los filósofos griegos (para Platón la excelencia era algo absoluto, la más alta idea de todo). Este concepto es el más genérico, ya que puede aplicarse a productos, procesos, empresas, etc. La calidad como excelencia supone lograr el compromiso de todos los integrantes de la organización para lograr un producto y servicio lo mejor posible, empleando los mejores componentes, la mejor gestión y los mejores procesos posibles.

b) **Enfoque basado en el producto.** Otro grupo de definiciones afirman que la calidad es función de una variable específica y medible, de forma que las diferencias en calidad reflejan diferencias en la cantidad de algún ingrediente o atributo del producto. Así, por ejemplo, la resolución de un monitor o los quilates de un anillo de oro reflejan diferencias en la calidad, de forma que cuanto mayor sea el nivel de estas características mayor será la calidad del producto. Vuelve a tratarse de una aproximación a la calidad de carácter subjetivo, dado que la opinión sobre los atributos del producto variará de una persona a otra.

c) **Enfoque basado en el cliente.** Un tercer enfoque se basa en que un producto será de calidad si satisface o excede las expectativas del cliente. En esta línea, Juran define la calidad como la adecuación para el uso, satisfaciendo las necesidades del cliente. Esta aptitud para el uso se refiere tanto a las características del producto, como a la ausencia de deficiencias. Así, tanto un BMW serie 5 como un Kia Sorento son adecuados para el uso, sin embargo atienden a necesidades bien distintas y a grupos diferentes de clientes, por lo que dependiendo de cuáles sean esas necesidades del cliente se valorará la calidad de cada producto.

d) **Enfoque basado en la producción.** La calidad es la conformidad con los requerimientos, con las especificaciones de fabricación. Se entiende por especificaciones a las tolerancias u objetivos determinados por los diseñadores del producto, así por ejemplo, la longitud de una determinada pieza se puede especificar como «0,3 ± 0,01 cm», lo que indicaría que 0,3 cm es la longitud ideal para la misma, si bien longitudes entre 0,29 cm y 0,31 cm se consideran aceptables. Esta definición proviene del mundo de la fabricación y resulta muy útil en mercados de productos industriales al permitir la medida de la calidad con indicadores cuantitativos.

e) **Enfoque basado en el valor.** Los autores que defienden esta definición indican que tanto precio como calidad deben ser tenidos en cuenta en un mercado competitivo. La calidad de un producto no se puede deslindar de su coste y su precio.

¿Qué producto es de mayor calidad un bolígrafo Montblanc de oro con incrustaciones de brillantes o un bolígrafo BIC cristal? La respuesta a esta pregunta no resulta tan simple como puede parecer a primera vista, ya que para dar una contestación a la misma habría que comenzar definiendo qué se entiende por calidad del producto.

Si partimos del enfoque basado en el cliente que define la calidad como adecuación para el uso, nuevamente habría que conocer cuál es el uso que se pretende dar al producto en cuestión. Si la finalidad es escribir una carta, la calidad de escritura del BIC es equiparable a la del Montblanc, por lo que ambos productos serían de calidad similar. Ahora bien, si el uso que se pretende dar al Montblanc implica emplearlo como elemento decorativo o para demostrar el status social de quien la utiliza, la respuesta cambiaría.

Por tanto, para poder comparar la calidad de dos productos es necesario que ambos se dirijan al mismo segmento de consumidores, es decir, a consumidores con las mismas necesidades y que pretendan el mismo uso para el producto. No es posible comparar la calidad de un Boeing 747 con la de un Renault Clio dado que no satisfacen necesidades idénticas. Del mismo modo, no podemos comparar la calidad de un BMW serie 5 con la de un Kia Sorento, dado que ambos no van a competir por el mismo tipo de cliente, ya que se sitúan en niveles de precio muy diferentes. Evidentemente si a un cliente le dan a elegir de forma gratuita entre uno y otro elegirá el BMW, pero dicha comparación resulta poco práctica ya que en la realidad existe una diferencia de precio superior a los 20.000 euros.

Así, un producto será de calidad si es tan útil como los productos de la competencia y tiene un precio inferior, o bien, si teniendo un precio comparable, ofrece mayores ventajas.

Normalización y certificación

En el entorno actual, de creciente competitividad y complejidad, los expertos en calidad pusieron de manifiesto la necesidad de normalizar la calidad. Para poder ejercer un control eficaz sobre los procesos y resultados de la organización es imprescindible realizar en primer lugar una ***normalización*** de conceptos, de procesos, de indicadores e instrumentos de evaluación. En 1947 se crea la Organización Internacional de Normalización (International Standard Organization), más conocida por su acrónimo, ISO, encargado de la coordinación y unificación de las normas industriales, abarcando todos los campos, a excepción del eléctrico y electrónico, que quedan bajo la responsabilidad de la Comisión Eléctrica y Electrónica Internacional (CEI).

En muchas ocasiones las empresas, por razones de prestigio, cláusulas contractuales, etcétera, tienen que demostrar la calidad que poseen. Para ello, necesitan que un organismo con credibilidad garantice que sus productos, procesos o trabajadores tienen la calidad esperada. Entendemos aquí la calidad de forma amplia, tal y como la define la norma ISO 8402, como el conjunto de características de una entidad (producto, persona o empresa) que le confieren aptitud para satisfacer unas determinadas necesidades (explícitas o implícitas).

Éste es precisamente el objetivo de las certificaciones que tan ampliamente se han extendido en el mundo empresarial. Podemos definir la ***certificación*** como una actividad de carácter voluntario que permite establecer la conformidad de una entidad (empresa, producto o persona) con los requisitos definidos en una determinada norma, mediante la emisión por una tercera parte independiente (entidad certificadora) de un documento fiable que así lo demuestre.

En función de la naturaleza de la entidad certificada podemos distinguir tres grandes categorías principales de certificación: empresas, productos y personas. Como se observa en la clasificación de la Figura 7.4 dentro de las certificaciones de empresas podemos destacar por su importancia cuantitativa *la certificación del sistema de gestión de calidad* (SGC). La certificación de un SGC consiste en la emisión de un documento por un organismo que atestigua que el sistema de calidad de una empresa es conforme con la norma de referencia. Las normas de referencia más utilizadas para la certificación de un SGC es la serie de normas ISO 9000. A finales de diciembre de 2003 se habían concedido en España 33.215 certificaciones ISO 9000, lo que representa un 5,85 por 100 del total mundial.

Gestión de la calidad total

Se trata de una filosofía de gestión mucho más extensa basada en la concienciación de que no es posible conseguir objetivos excelentes si, paralelamente, las técnicas de organización, planificación, gestión y control no lo son también.

El concepto de calidad, tradicionalmente relacionado con la calidad del producto, se identifica en la actualidad como aplicable a toda la actividad empresarial y a todo tipo de organizaciones. La calidad se extiende a las diferentes funciones empresariales, a todas

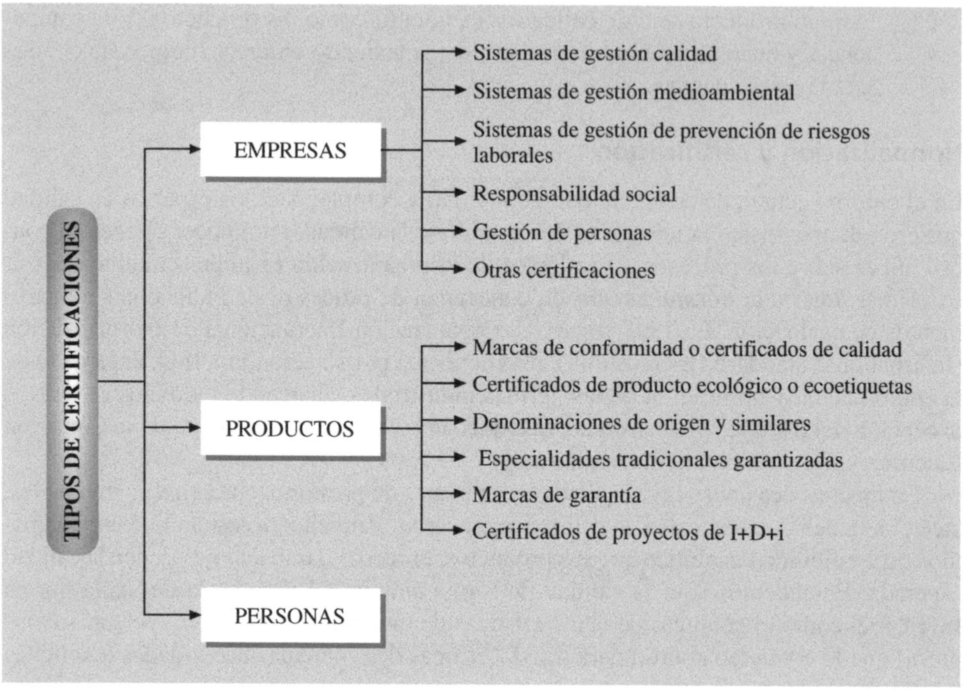

FUENTE: Miranda, Chamorro y Rubio (2004)[7].

Figura 7.4. Clasificación de las certificaciones en función de la naturaleza de la entidad certificada.

las organizaciones y también a todos los servicios, los productos intermedios y a todos los clientes, tanto externos como internos.

Como consecuencia de ello, aparece un nuevo concepto más integrador y evolucionado denominado ***calidad total***. La calidad total tiene su origen en Japón, como ampliación del control de calidad, y ha permitido homogeneizar el concepto tradicional de calidad definiéndola en función del cliente. La calidad adquiere una dimensión total debido a las ideas de Deming y Juran. Así, Juran entiende la empresa como una cadena de suministradores-clientes, de forma que cada individuo es cliente de la persona que le suministra información o material para realizar su trabajo y suministrador de la persona a quien entrega este trabajo realizado. Si logramos satisfacer a los diferentes clientes internos, el resultado será una satisfacción del cliente externo.

Son muchos los autores que han tratado de identificar los principios básicos en los que se fundamenta la Gestión de la Calidad Total (GCT). En nuestro caso, y partiendo de la propuesta de Moreno-Luzón y otros (2000)[8], hemos identificado los siguientes principios (véase la Figura 7.5).

Premios a la excelencia

Las organizaciones verdaderamente excelentes se miden por su capacidad para alcanzar y sostener en el tiempo resultados sobresalientes para sus grupos de interés. Con el fin

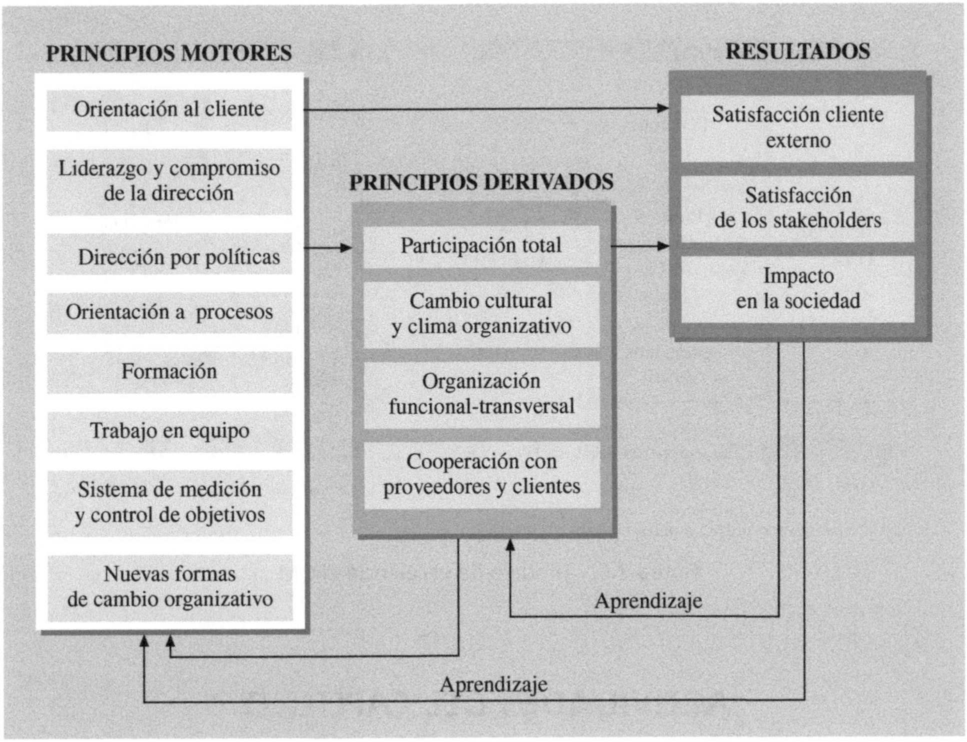

FUENTE: Miranda y otros (2005)[9].

Figura 7.5. Principios del modelo de Gestión de la Calidad Total.

de fomentar enfoques de gestión que condujeran a una excelencia sostenida para las organizaciones se han ido creando sucesivamente diferentes premios a la calidad. Estos premios establecen unos estándares de calidad global en los ámbitos en los que actúan, convirtiéndose en modelos de gestión para aquellas empresas que buscan implantar la gestión de la calidad total.

El **Premio Europeo a la Calidad** fue presentado por la EFQM (Fundación Europea para la Gestión de la Calidad) en París durante su foro anual en octubre de 1991 con el apoyo de la Comisión Europea y de la Organización Europea para la Calidad (EOQ). Tras las últimas modificaciones de los criterios llevadas a cabo en 1997, el modelo europeo ha pasado a denominarse Modelo de Excelencia EFQM (véase la Figura 7.6).

A nivel nacional los ***Premios Príncipe Felipe a la Excelencia Empresarial*** se convocan desde 1993, siendo los Ministerios de Economía y de Ciencia y Tecnología los encargados en la actualidad de su convocatoria. Su finalidad es reconocer el mérito y avalar el prestigio de las empresas españolas que han realizado un esfuerzo importante para mejorar su competitividad y animar a otras empresas a seguir trabajando en el camino de la excelencia empresarial. El proceso de selección de las empresas participantes es muy similar al utilizado en el Premio Europeo y los criterios de evaluación están basados en el modelo EFQM.

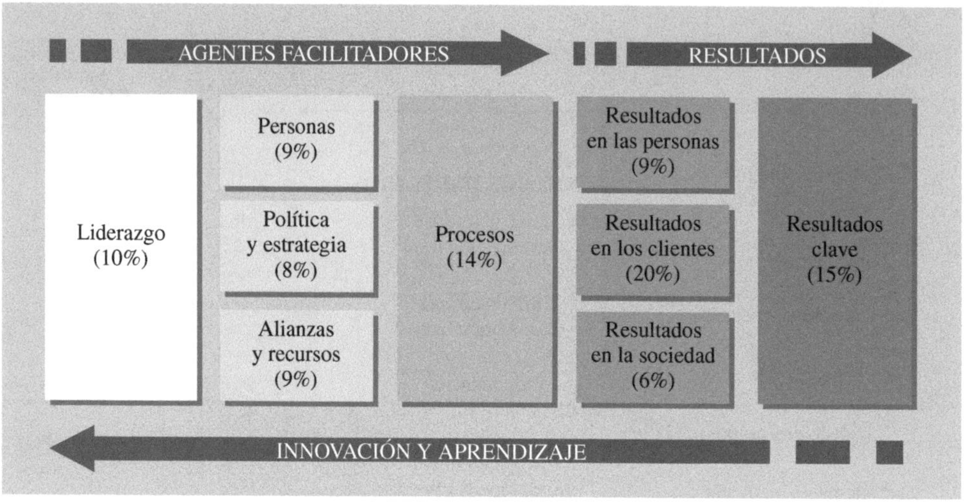

FUENTE: Elaboración propia a partir de http://www.efqm.org.

Figura 7.6. Modelo de excelencia EFQM.

ACTIVIDADES DEL CAPÍTULO

ACTIVIDADES INDIVIDUALES

DE COMPRENSIÓN

1. ¿Cuáles son las principales decisiones estratégicas responsabilidad del director de operaciones?, ¿qué relaciones pueden establecerse entre las mismas?
2. ¿Qué diferencias existen entre una distribución por producto y una distribución por proceso?
3. ¿Qué producto tiene mayor calidad, unas zapatillas Adidas Predator valoradas en cerca de 200 euros o unas zapatillas sin marca compradas en el mercadillo del domingo a un precio de 12 euros? Razona tu respuesta.
4. ¿Qué factores de localización consideras más relevantes a la hora de localizar una fábrica de automóviles en tu localidad de origen?

DE AUTOEVALUACIÓN

1. La creación de un nuevo producto requiere una primera etapa de «generación de ideas». Las ideas sobre posibles nuevos productos pueden proceder de diversas fuentes, entre ellas:

   a) Los competidores.
   b) Los clientes.

c) Son correctas las respuestas *a* y *b*.
d) Las respuestas *a* y *b* son incorrectas.

2. La máxima cantidad de bienes o servicios que puede obtenerse en una unidad productiva en condiciones normales de funcionamiento en un período de tiempo determinado se conoce como:

a) Nivel óptimo de producción.
b) Punto muerto de fabricación.
c) Capacidad productiva.
d) Productividad de la planta.

3. Una empresa fabrica pequeños lotes de productos, escasamente estandarizados, por lo que decide que tanto su personal como las máquinas se agrupen según el tipo de función que realizan. La empresa está optando por una distribución:

a) Por proyecto.
b) Por producto.
c) Por procesos.
d) Celular.

4. Si la ampliación de trabajo supone una extensión horizontal de las tareas a realizar en cada puesto de trabajo, a la ampliación vertical se la denomina:

a) Rotación de tareas.
b) División del trabajo.
c) Especialización.
d) Enriquecimiento del puesto.

5. Si definimos la calidad de un producto como la conformidad del mismo con los requerimientos, con las especificaciones de fabricación, estamos utilizando:

a) Un enfoque trascendente.
b) Un enfoque basado en el cliente.
c) Un enfoque basado en la producción.
d) Un enfoque basado en el producto.

6. En la etapa de evaluación y selección de ideas dentro del proceso de diseño y desarrollo de un nuevo producto se incluye:

a) Un análisis de la viabilidad económica del producto.
b) Un test de producto y de mercado.
c) Fabricación de prototipos.
d) Especificación del producto.

7. La actividad de carácter voluntario que permite establecer la conformidad de una entidad con los requisitos definidos en una determinada norma, mediante la emisión por parte de una tercera parte de un documento fiable que así lo demuestre, se denomina:

a) Normalización.
b) Auditoría.

c) Conformidad.
d) Certificación.

8. Indica cuál de las siguientes afirmaciones es correcta:

a) La capacidad punta de la empresa es de 12.000 unidades/día y su capacidad sostenida de 10.000 unidades/día.
b) La capacidad punta de la empresa es de 10.000 unidades y su capacidad sostenida de 12.000 unidades.
c) La capacidad de producción de nuestra empresa es de 1.000 barriles.
d) Pueden ser correctas *a* y *c*.

ACTIVIDADES DE GRUPO PEQUEÑO

DECISIONES DE CAPACIDAD EN SEAT

La fabricación de vehículos y componentes es la primera industria nacional, tan sólo superada en ingresos por el turismo y la construcción. En el año 2001, representaba un 6,3 por 100 del PIB, el 26,6 por 100 del total de exportaciones españolas y daba empleo (directo o indirecto) a un 10,9 por 100 de la población activa. Por ello, no es de extrañar que cualquier crisis en el sector tenga una notable repercusión sobre la economía nacional.

Uno de los problemas a los que se enfrentan las fábricas nacionales de automoción es que están especializadas en turismos de clase media-baja, que por su escasa complicación tecnológica pueden ser fácilmente fabricados en las instalaciones de los países del este, donde la mano de obra es mucho más económica.

Así, Renault fabrica los modelos Clio y Megane; Ford el Ka, el Focus y el Fiesta; Opel el Corsa; PSA el Citröen Xsara y el C-3; Peugeot el 306; Seat el Arosa, León, Ibiza y Toledo; Volkswagen, el Polo; y Nissan el Tino.

A finales del 2002 el grupo Volkwagen solicitó a los empleados de la planta de Martorell convertir cinco días festivos en laborables para cubrir la producción de 22.000 modelos de Ibiza que demandaba el mercado europeo.

Ante la negativa incondicional de los sindicatos, la empresa advirtió a los trabajadores de la posibilidad de realizar esa producción en otra planta del grupo y realizó un sondeo entre la plantilla para ver qué trabajadores estarían dispuestos a trabajar los días extra. Ante la escasa aceptación de esta propuesta, sólo un 25 por 100 de los trabajadores aceptó la misma, Volkswagen decidió trasladar la producción de 20.000 unidades del Seat Ibiza a la planta de Skoda en Bratislava (Eslovaquia).

Dentro de su plan de reconversión y reducción de costes, el grupo Volkswagen pretende reducir el número de plataformas y trasladar de manera progresiva la producción de sus modelos más sencillos como el Ibiza a las plantas de los países con mano de obra barata y la de los modelos de construcción más compleja a las plantas más avanzadas tecnológicamente.

Ante esta estrategia del grupo, la planta de Martorell parece tener su futuro garantizado, sobre todo si tenemos en cuenta que el nivel de productividad de la planta es de las más elevadas del grupo si consideramos la variable vehículos fabricados por trabajador. Ahora bien, deben solucionarse los problemas de absentismo denunciados por el grupo.

Además, cada vez se hace más probable la posibilidad de que Martorell puede fabricar a medio plazo modelos de Audi e incrementará su oferta con la inmediata producción del nuevo Córdoba, con el incremento de la producción del último Ibiza, la probable comercialización del Seat Tango y el proyecto en fase avanzado de un nuevo monovolumen.

FUENTE: Elaboración propia a partir de Segura, C., *Actualidad Económica*, octubre 2002.

CUESTIONES

1. ¿Cuáles son las principales ventajas e inconvenientes de la planta de Martorell en relación a la estrategia del grupo Volkswagen?
2. ¿A qué crees que se debe la elevada productividad de la planta de Martorell?
3. ¿Qué medidas podrían ayudar a reducir la tasa de absentismo de la planta?

ACTIVIDADES DE GRUPO GRANDE

DALE SALUDOS A BEIJING

Mientras todos mueren por China, Cemex le baja la persiana y se concentra en Estados Unidos. Lorenzo Zambrano da sus razones. Hacerse de información sobre el mercado chino es costoso, pero participar en él podría serlo aún más. Lorenzo Zambrano, el presidente y director general de Cemex, puede hablar de lo primero. Su compañía conoce puntos finos del comportamiento del mercado de cemento del país asiático, quiénes participan y cómo se mueven los precios porque ha invertido en ello. Pero por nada del mundo la tercera cementera del orbe quiere ilustrar lo segundo. Zambrano quiere estar ahí y en India, pero no ahora. «*Hemos dicho que no a muchos proyectos posibles*», dice:

¿Por qué Cemex se resiste a la fiebre global por China, un país que en 2002 ya consumía casi un tercio del cemento mundial y que podría aumentar su demanda un 40 por 100 para 2010? Zambrano, además, dice tener información de que 300 de los 700 millones de chinos que viven en el campo se mudarán en los próximos 15 años a ciudades medianas y pequeñas del interior.

Si eso obligará a desarrollar infraestructura —pues China construye sus carreteras con cemento— y viviendas, ¿qué espera para echarle el diente? «Bueno, Cemex sí tiene interés por estar en China y en Asia en general», dice Carlos González Tavares, analista de Casa de Bolsa Ixe, en Ciudad de México. «El problema es que no son mercados fáciles.»

Y es cierto. Pese al esfuerzo del gobierno chino por atraer inversión extranjera, grandes jugadores como la francesa Lafarge y la suiza Holcim, uno y dos del mundo, apenas han realizado inversiones marginales. Sólo cementeras japonesas, coreanas, francesas y taiwanesas han asumido más riesgo. El plan oficial para que la inversión foránea represente el 20 por 100 del total producido no ha cuajado, pues el gobierno chino aún no ha conseguido acelerar la consolidación del sector por diversas barreras. En el plano político, por ejemplo, si un gobierno provincial ordena cerrar una planta deficiente, autoridades locales pueden ignorar la instrucción para proteger sus inversiones en ella. Con todo, en los últimos cuatro años, fueron cerradas 3.000 de las 8.500 cementeras del país —de propiedad estatal y colectiva—, pero una mayor limpieza recién será visible en cinco años, según ejecutivos de Lafarge.

Mientras, Cemex no morderá el anzuelo y no moverá su estrategia histórica de comprar plantas para rentabilizarlas en poco tiempo. Zambrano, además, ha detectado que las cementeras chinas tienen tecnologías de producción vetustas. Eso, en una industria inmadura y pulverizada que, tarde o temprano, deberá basar su competencia en el precio, traba cualquier idea. «Así no hay nada que comprar», dice Carlos Perezalonso, analista de BBVA Bancomer, en Ciudad de México.

La otra opción de Cemex sería construir una planta y sistema de operación propios, pero, en ese caso, sin socio local, deberá conocer al detalle las reglas contables y fiscales hasta las prácticas comerciales y de negocios en general. Pero ocurre que, además, China tiene exceso de capacidad productiva. Según un estudio del Consejo Mundial de Negocios para el Desarrollo Sustentable, un grupo con sede en Ginebra integrado por 170 compañías que promueven la gestión ambientalmente responsable, esa sobreproducción derribó precios y márgenes antes de la explosión de la demanda de los últimos años y llevó a la industria de un período de rentabilidad a otro de pérdidas a mediados de los noventa.

Zambrano dice haber visto a muchas empresas naufragar en la aventura asiática tras perder dinero en una batalla demasiado anticipada. Él mismo ya cometió su propio error. En Indonesia, Cemex se enfrenta legalmente al gobierno para rescindir un contrato por el que completaría la compra de la cementera Gresik, en vista de que perdió el control operacional y financiero a manos de la empresa controladora, Semen Padang. Zambrano ahora acepta que se equivocó al no comprar la holding y no está dispuesto a repetir el error.

FUENTE: Zacarías Ramírez Tamayo (Monterrey), *América Economía*, n.º 280/281.

CUESTIONES

1. ¿Cuáles son las principales opciones para entrar en el mercado chino que está valorando Cemex?, ¿qué ventajas e inconvenientes tiene cada opción?
2. ¿Cuáles son los principales factores que hacen de China una adecuada localización para una industria cementera?

BIBLIOGRAFÍA BÁSICA

Chase, R. B., Aquilano, N. J. y Jacobs, F. R. (2000): *Administración de producción y operaciones. Manufactura y Servicios*, McGraw-Hill, Santa Fé de Bogotá.

Domínguez Machuca, J. A., García, S., Domínguez Machuca, M. A., Ruiz, A. y Álvarez, M. J. (1995): *Dirección de operaciones*, McGraw-Hill, Madrid.

Fernández, E., Avella, L. y Fernández, M. (2003): *Estrategia de producción*, McGraw-Hill, Madrid.
Gaither, N. y Frazier, G. (2000): *Administración de producción y operaciones*, Internation Thompson Learning, México.
Haizer, J. y Render, B. (2001): *Dirección de la producción: decisiones estratégicas*, Prentice-Hall, Madrid.
Haizer, J. y Render, B. (2001): *Dirección de la producción: decisiones tácticas*, Prentice-Hall, Madrid.
Miranda, F. J., Rubio, S., Chamorro, A. y Bañegil, T. M. (2004): *Manual de dirección de operaciones*, Thomson, Madrid.

ENLACES DE INTERÉS

Product Development and Management Association (PDMA): http://www.pdma.org.
Prototipos rápidos y moldes: http://www.protorapid.com.
Asociación Española de Robótica y Automatización de la Tecnología de Producción: http://www.aeratp.com.
Site Selection Magazine (Revista sobre la decisión de localización de nuevas instalaciones): http://www.siteselection.com.
Tutorial sobre distribución en planta de instalaciones: http://quantum.ucting.udg.mx/tutorial/planta/indice.htm.
Asociación MTM Española: http://www.asocmtmesp.com.
AENOR (Asociación Española de Normalización): http://www.aenor.es.
International Standard Organization (ISO): http://www.iso.ch.
European Foundation for Quality Management (EFQM): http://www.efqm.org.
Club Español de la Calidad: http://www.clubcalidad.es.
Asociación Española de la Calidad: http://www.aec.es.
Instituto Juran: http://www.juran.com

BIBLIOGRAFÍA REFERENCIADA

[1] Bueno, E. (1993): *Curso básico de economía de la empresa*, Pirámide, Madrid.
[2] Sáez Torrecilla, A., Fernández, A. y Gutiérrez, G. (2004): *Contabilidad de costes y contabilidad de gestión*, 2.ª ed., McGraw-Hill, Madrid.
[3] Bañegil, T. M. y Miranda, F. J. (2001): *La gestión del tiempo: Un factor competitivo en el desarrollo de nuevos productos*, Pirámide, Madrid.
[4] La patente de invención o el certificado de modelo de utilidad es un título otorgado por el Estado, que confiere a su propietario el monopolio en la explotación industrial y comercial de la invención patentada, durante 20 años para las patentes o 10 para los modelos de utilidad.
[5] Hayes, R. H. y Wheelwright, S. C. (1979): «Link Manufacturing Process and Product Life Cycles», *Harvard Business Review*, enero-febrero, pp. 133-140.
[6] Garvin, D. A. (1988): *Managing Quality: The Strategic and Competitive Edge*, Free Press, Nueva York.
[7] Miranda, F. J., Chamorro, A. y Rubio, S. (2004): «Clarificando el concepto de certificación: El caso español», *Boletín Económico ICE*, n.º 2825, noviembre.
[8] Moreno-Luzón, M. D., Peris, F. J. y González, T. (2000): *Gestión de la calidad y diseño de organizaciones: Teoría y estudio de casos*, Prentice-Hall, Madrid.
[9] Miranda, F. J., Rubio, S., Chamorro, A. y Bañegil, T. M. (2005): *Manual de dirección de operaciones*, Thomson, Madrid.

Capítulo 8

Las decisiones del director de operaciones: decisiones tácticas

M.ª Soledad Janita Muñoz
Francisco Javier Miranda González

8.1. INTRODUCCIÓN

Además de las decisiones estratégicas, vistas en el capítulo anterior, el director de operaciones tiene que tomar decisiones a medio y a corto plazo con las que pondrá en práctica todo lo decidido para un horizonte de planificación superior. En el presente capítulo, presentamos algunas de las principales decisiones tácticas que debe tomar un director de operaciones y para ello abordaremos las siguientes cuestiones:

1. Planificación de las operaciones a medio y a corto plazo.
2. Gestión de los inventarios.
3. Planificación y control de proyectos.
4. Gestión del mantenimiento.

8.2. PLANIFICACIÓN DE LAS OPERACIONES A MEDIO Y CORTO PLAZO

El proceso de planificación y control de la producción debe seguir un enfoque jerárquico, en el que se logre una integración vertical entre los objetivos estratégicos y tácticos del sistema productivo y además se establezca su relación horizontal con el resto de áreas funcionales de la empresa[1].

Tenemos que considerar que existen distintos niveles jerárquicos a la hora de realizar la planificación de nuestra organización dependiendo del horizonte temporal considerado, si bien éste viene condicionado por el sector de actividad económica en el que operamos, en general, comenzamos en el nivel superior con la **planificación estratégica o a largo plazo** que abarca un horizonte temporal superior al año. En este nivel se determina la capacidad instalada (instalaciones, maquinaria, proveedores, procesos productivos, etc.), que se convierte en restricciones para los planes de orden inferior. Ya en el campo de las decisiones tácticas, el siguiente nivel lo constituye la **planificación agregada o a medio plazo**, que con un horizonte temporal de entre 6 y 18 meses, determina la mano de obra necesaria, el nivel de inventario, contratos de suministro a medio plazo, etc.

En el horizonte temporal a corto plazo, destaca el **Plan maestro de producción**, que partiendo de las restricciones establecidas en el plan agregado, determina la cantidad a fabricar de cada artículo, así como el plazo en que se debe iniciar dicha producción. La jerarquía de planes finaliza con la **planificación y control de la producción a muy corto plazo** o gestión de talleres, en la que se procede a asignar la producción planificada a cada centro de trabajo, controlando el correcto cumplimiento de los plazos de entrega.

La finalidad principal de la **planificación agregada** es determinar la combinación de ritmo de producción, mano de obra y nivel de existencias, que minimiza costes y logra satisfacer la demanda prevista[2].

Por tanto, el proceso de planificación agregada se inicia con la estimación de las necesidades futuras de productos finales, a partir de los pedidos ya realizados por nuestros clientes o de la previsión de demanda realizada por el departamento de marketing, basándose en la información obtenida de las investigaciones de mercado realizadas. Dicha demanda es agregada, es decir, no se refiere a cada tipo de producto de forma individual, sino que los agrupa en familias de productos. A partir de esta estimación se determinarán las necesidades de recursos, materiales, mano de obra, horas máquina, etc.

La empresa desearía establecer un plan agregado estable con un ritmo de producción similar en todos los períodos. Sin embargo, la demanda generalmente no es estable, sino que puede presentar importantes altibajos, con períodos de elevada demanda, seguidos de descensos importantes de la misma. Por ello, un plan agregado bien elaborado debe lograr adaptar la producción a las oscilaciones de la demanda o tratar de reducir la intensidad de dichas oscilaciones, a la vez que conseguir una eficiente utilización de la capacidad productiva de la empresa (mano de obra, maquinaria, etc.).

La información proporcionada por el plan agregado de la producción no es suficiente para el funcionamiento adecuado de la organización, dado que se requiere conocer los productos específicos a fabricar en cada fecha concreta. Ese será el objetivo del Plan maestro de producción.

El **Plan maestro de producción (*PMP*)** nos indica, para un horizonte de tiempo de varias semanas, la cantidad que debemos fabricar de cada artículo en función de las necesidades del mercado. Se trata de un plan detallado, que establece la cantidad específica y las fechas exactas de fabricación de cada uno de los productos finales, sirviendo, por tanto, de enlace entre el plan agregado y la planificación a muy corto plazo.

Su objetivo es determinar el calendario de producción para cada tipo de producto, de forma que se respeten los plazos de entrega establecidos y se respeten las restricciones de capacidad existentes, tratando de aprovechar de forma eficiente la capacidad productiva instalada (evitando situaciones de capacidad ociosa y sobrecarga de capacidad). Para ello el director de operaciones debe revisar semanalmente las previsiones de demanda, los pedidos de clientes, niveles de inventario, capacidad ociosa de cada puesto de trabajo, etcétera.

La mayoría de los autores coinciden en que el horizonte de planificación del *PMP* puede ser variable y que, dependiendo del tipo de producto, del volumen de producción y del tiempo de entrega, éste puede ir desde unas horas hasta varias semanas y meses, con revisiones, generalmente, semanales. Así, por ejemplo, el plan agregado de producción de una empresa del sector del tomate establecerá el volumen total de toneladas de tomate a fabricar en los próximos meses, mientras que el Plan maestro de producción (*PMP*) baja al nivel siguiente identificando las toneladas de cada variedad de tomate a fabricar en cada una de las semanas que componen el horizonte de planificación (véase la Figura 8.1).

El **Plan de producción a corto plazo** tiene un horizonte de planificación inferior a los tres meses e incluye una serie de actividades relativas a la planificación de los programas de producción, la asignación de trabajo a los distintos puestos, la organización de las entregas de materiales y de los pedidos de productos terminados.

A esta planificación a corto plazo se la conoce en las empresas industriales como *gestión de talleres* y se encarga de programar, controlar y evaluar las operaciones de producción a muy corto plazo, para lograr el cumplimiento del Programa maestro con la capacidad disponible y con la mayor eficiencia posible. Entre las principales funciones que se realizan en dicha gestión de talleres cabe señalar las siguientes[1]:

- Evaluación y control de los pedidos a fabricar.
- Establecer las prioridades entre los pedidos o trabajos a realizar, ordenándolos por centro de trabajo y asignándoselos a cada uno de ellos. Es lo que se conoce como *Programación de operaciones.*
- Rastrear la evolución de los pedidos en curso.
- Controlar el desarrollo de las operaciones.
- Controlar la capacidad de cada centro de trabajo.
- Proporcionar realimentación al sistema de planificación y control de capacidad.

Una de las herramientas cuantitativas más extendidas para programar la producción a corto plazo es la **programación lineal** (*PL*) siendo habitual su uso en empresas y organizaciones de todo el mundo.

Plan agregado

Mes	Agosto	Septiembre
Producción tomate (TN)	100.000	150.000

Semana	1	2	3	4	5	6	7	8
Frito	1.200	3.000	8.000	15.000	25.000	30.000	10.000	2.000
Natural	1.500	2.000	16.500	21.000	20.000	16.000	7.000	5.000
Ketchup		1.300	14.500	16.000	17.000	15.500	2.500	

Plan maestro de producción

Figura 8.1. Ejemplo de Plan agregado de producción y Plan maestro de producción.

La *PL* estudia los problemas relativos a la asignación de recursos limitados entre actividades competitivas de forma óptima. Para ello, la *PL* emplea un modelo matemático que describe el problema a tratar. El adjetivo *lineal* indica que todas las relaciones funcionales matemáticas del modelo deben ser de carácter lineal. En cuanto al término *programación*, éste tiene el sentido de planificación, de formulación de un plan o programa que debe realizarse de manera óptima. Aunque de forma genérica un problema de *PL* suele estudiarse a través de un problema de asignación, en general, todo problema susceptible de ser expresado a través de un modelo matemático de *PL* se considera como tal. El éxito de la *PL* tiene mucho que ver con la existencia de un algoritmo de resolución realmente eficiente: el método SIMPLEX.

El **objetivo** que persigue la **programación lineal** es conocer qué productos han de obtenerse y en qué cuantía para que, sin sobrepasar los recursos limitados, se obtenga el máximo rendimiento.

Para mejorar el seguimiento de este tema vamos a realizar un planteamiento del problema mediante un ejemplo práctico.

EJEMPLO

Almendralia es una empresa dedicada a la fabricación de tres tipos de almendra: marcona, largueta y comuna. Estas variedades se comercializan descascaradas y peladas. En la planta de descascarado se tratan las variedades marcona y comuna. En la nave de repelado se tratan las variedades largueta y comuna. La máquina utilizada en el descascarado puede trabajar un máximo de 140 horas semanales y la utilizada en el repelado un máximo de 120 horas semanales. El descascarado y repelado de 1.000 kilogramos de almendra requieren la utilización del siguiente número de horas de trabajo en cada sección:

	Marcona	Largueta	Comuna	Disponibilidad
Descascarado	1		0,5	140
Repelado		2	1,5	120

La variedad marcona se comercializa para fabricar mazapán obteniendo un beneficio de 2 €/kg. El beneficio obtenido en la variedad largueta, que se comercializa para la fabricación de barras de chocolate, es de 1,75 €/kg y para la variedad comuna, utilizada en la elaboración de harina de almendra, el beneficio asciende 0,8 €/kg.

Almendralia destina 0,5 horas de operario a la producción de cada 1.000 kg. de marcona y 0,3 y 0,2 horas por cada 1.000 kg de las variedades largueta y comuna respectivamente. La disponibilidad máxima de horas de operario para esta semana es un 20 por 100 inferior que la utilizada la semana anterior que ascendía a 300 horas semanales.

Solución

La formulación de un problema de *PL* significa plantear algebraicamente el modelo, para lo cual será necesario determinar las siguientes cuestiones:

1. Las *variables de decisión* del modelo, es decir aquéllas que señalan la decisión que se debe tomar. En nuestro ejemplo, el número de kilogramos de marcona, largueta y comuna que vamos a producir.

2. Las *limitaciones o restricciones* que se imponen sobre dichas variables. En el ejemplo, los recursos escasos son tanto la capacidad de las secciones de descascarado y repelado como el número limitado de horas de operario.
3. La *función objetivo*, de manera que obtengamos una expresión matemática del objetivo que se pretende optimizar. En nuestro ejemplo, deseamos maximizar el beneficio semanal.

De esta forma:

1. **Variables de decisión:** número de kilogramos de almendra que se someterán al descascarado y repelado.

X_1: Miles de kg de marcona
X_2: Miles de kg de largueta
X_3: Miles de kg de comuna

2. **Restricciones:** capacidad de las secciones de descascarado y repelado así como la capacidad limitada de trabajo de los operarios:

a) Para la fabricación de 1.000 kg de marcona se requiere 1 hora en la sección de descarado, mientras que la fabricación de 1.000 kg de comuna necesita de 0,5 hora en dicha sección, cuya capacidad máxima es de 140 horas semanales.

$$1X_1 + 0{,}5X_2 \leq 140 \qquad (a)$$

b) Para la fabricación de 1.000 kg de largueta se requieren 2 horas en la sección de repelado, mientras que la fabricación de 1.000 kg de comuna necesita de 1,5 horas en esta sección, cuya capacidad máxima es de 120 horas semanales.

$$2X_2 + 1{,}5X_3 \leq 120 \qquad (b)$$

c) Los operarios que trabajan las distintas variedades pueden trabajar un máximo de 240 horas semanales (300 – 300 · 0,20).

$$0{,}5X_1 + 0{,}3X_2 + 0{,}2X_3 \leq 240 \qquad (c)$$

3. **Función objetivo:** maximizar el beneficio semanal de la empresa. La producción de 1.000 kg de marcona genera un beneficio de 2.000 € mientras que 1.000 kg de largueta y comuna proporcionan un margen de 1.750 y 800 € respectivamente, por lo que el beneficio semanal (*Z*) será:

$$Z = 2.000X_1 + 1.750X_2 + 800X_3$$

Por tanto, el problema de *PL* se puede formular como sigue:

$$\text{Máx } Z = 2.000X_1 + 1.750X_2 + 800X_3$$

Sujeto a:

$$1X_1 + 0{,}5X_2 \leq 140 \quad (a)$$
$$2X_2 + 1{,}5X_3 \leq 120 \quad (b)$$
$$0{,}5X_1 + 0{,}3X_2 + 0{,}2X_3 \leq 240 \quad (c)$$
$$X_1, X_2, X_3 \geq 0 \quad (d)$$

Las restricciones expresadas en (*d*) se denominan **condiciones de no negatividad** y aparecen en todo programa de *PL*, debido a que la resolución del mismo a través del algoritmo SIMPLEX requiere que las variables de decisión del problema tomen valores en el conjunto de los reales positivos (R^+). El conjunto formado por las restricciones del problema constituye el denominado **conjunto de soluciones factibles del problema** o **región factible**. Al vector (X_1, X_2, X_3) se le denomina **Plan o programa de producción**, de manera que un plan de producción será factible si satisface simultáneamente todas las restricciones del problema lineal, es decir, si dicho vector pertenece a la región factible. Aquel programa factible que optimice el valor de la función objetivo será el **Plan o programa óptimo**.

Habitualmente la solución a los problemas de *PL* se obtiene a través de uno de los algoritmos más eficientes que existen en la Investigación operativa: **el algoritmo SIMPLEX**. El SIMPLEX es un procedimiento iterativo de búsqueda de la solución óptima en problemas de *PL*, ideado por George Dantzig en 1947 y es, sin duda, uno de los algoritmos más conocidos y utilizados debido a su simplicidad y efectividad.

El tremendo éxito de las técnicas de investigación operativa y en particular de la *PL* se debe en buena parte al extraordinario avance de la tecnología a partir de la segunda mitad del siglo XX. Hoy en día, la resolución de problemas de *PL* se realiza utilizando alguno de los muchos paquetes informáticos disponibles*. Además, las principales hojas de cálculo incorporan rutinas específicas para el tratamiento y resolución de problemas de *PL* (un ejemplo es la función **SOLVER de Microsoft Excel**).

8.3. GESTIÓN DE LOS INVENTARIOS

Una segunda decisión táctica que debe abordar el director de operaciones es la gestión de los inventarios. Realmente, las existencias (materias primas, productos en curso, productos semiterminados, productos terminados, envases, etc.) suponen en torno al 20 por 100 del total del activo de las empresas nacionales españolas. Esta cifra es todavía más significativa, si tenemos en cuenta que en el promedio se incluyen empresas del sector servicios de la economía, las cuales apenas tienen inventarios reflejados en sus balances. Por tanto, las existencias constituyen un activo circulante crítico para la mayor parte de las empresas, que debe ser cuidadosamente planificado y controlado por las repercusiones que puede tener para la rentabilidad, liquidez y fiscalidad de la empresa[3].

* La página web http://merkado.unex.es/operaciones es un portal de operaciones donde aparece el SDP que permite resolver estos problemas de programación lineal.

La importancia de las decisiones relativas al inventario se deriva de la necesidad de coordinar las necesidades de producción, marketing y finanzas en lo que se refiere a la cantidad óptima de inventario. La dificultad de las mismas reside en que de forma habitual dichas necesidades son totalmente contrapuestas, lo que obliga a adoptar una solución de equilibrio.

Podemos definir el **inventario** como un conjunto de artículos acumulados o almacenados en espera de una posterior utilización, es decir, de una posterior demanda.

La principal función del inventario, también conocida como stocks o existencias, es adecuar un flujo de producción y un flujo de demanda de diferente frecuencia temporal.

Según su *naturaleza* podemos distinguir entre inventario de productos terminados, de materias primas, de productos en curso de fabricación o semiterminados, de material de envasado y embalaje, etc. Y de acuerdo con su *categoría funcional* es habitual distinguir entre[4]:

a) **Inventarios de ciclo.** En la mayoría de las ocasiones no tiene sentido producir o comprar artículos a medida que van siendo demandados, sino que lo habitual es lanzar órdenes de pedido de un tamaño superior a las necesidades del momento, dando así lugar a un inventario que es consumido a lo largo del tiempo. Este inventario recibe el nombre de inventario de ciclo, ya que se presenta periódicamente, dando lugar a una pauta de comportamiento cíclica.

b) **Stocks de seguridad.** Constituidos como protección frente a la incertidumbre de la demanda y del plazo de entrega del pedido, tratando de evitar la inexistencia de inventarios en un momento dado y la consiguiente parada del proceso productivo o insatisfacción de la demanda del cliente.

c) **Inventarios estacionales.** Su objeto es hacer frente a un aumento esperado de las ventas, por ejemplo, en un supermercado se observa un incremento de la demanda de helados en verano o de turrones en navidades.

d) **Inventarios en tránsito.** Se denomina así a los artículos que están circulando entre las diferentes fases de producción y de distribución, como, por ejemplo, entre el almacén de productos terminados y un almacén regional de distribución, o entre distintas fases del montaje.

Evidentemente, en la mayoría de las ocasiones, un mismo artículo presentará situaciones de inventarios que corresponden a varias de estas categorías funcionales, puesto que un inventario de ciclo también puede serlo estacional y además de seguridad, etc.

8.3.1. Naturaleza de los inventarios

Las dos cuestiones básicas a las que debe responder la gestión de inventarios son:

— ¿*Cuánto* pedir de cada material y/o producto?
— ¿*Cuándo* realizar dicho pedido?

Para responder a estas cuestiones se deben tener en cuenta una serie de factores entre los que podemos señalar[5]: la naturaleza de la demanda, el tiempo de suministro y los costes asociados al inventario.

Naturaleza de la demanda

En primer lugar habrá que tener en cuenta si la demanda puede ser conocida con certeza o si debe considerarse como una variable aleatoria, sujeta a una determinada distribución de probabilidad. En la realidad, la demanda sólo puede considerarse como cierta en empresas que trabajen exclusivamente bajo pedido. Sin embargo, veremos cómo en algunas ocasiones se supone que la demanda es conocida con objeto de simplificar el proceso de decisión.

En segundo lugar, habrá que diferenciar entre artículos de demanda independiente, cuya demanda no depende del resto de artículos que forman parte del inventario de la empresa, y artículos de demanda dependiente, en los cuales dicha dependencia sí existe. Así, por ejemplo, si una empresa se dedica a la fabricación de bicicletas, resulta evidente que la demanda de ruedas dependerá de la demanda de bicicletas y la demanda de radios dependerá de la demanda de ruedas.

Tiempo de suministro

Se define como el tiempo que transcurre desde que se realiza el pedido al proveedor o desde que se emite la orden de fabricación, hasta que se recibe el pedido. Dicho tiempo puede también ser conocido con certeza o ser considerado como aleatorio.

Costes de inventarios

Como ya hemos comentado, la existencia de inventarios en la empresa implica una serie de costes entre los que podemos señalar: costes de adquisición, costes de almacenamiento, costes de ruptura y coste de emisión.

1. **Coste de adquisición.** Se refiere al coste en que se incurre al adquirir los artículos a nuestro proveedor o el coste de fabricar dichos artículos en el caso de que la fabricación de los mismos se realice en el interior de la empresa. Dependerá de la demanda anual del artículo o cantidad que compramos (D) y de su precio o coste unitario (P).

$$C_A = D \cdot P$$

2. **Coste de emisión o renovación.** Se trata del conjunto de costes necesarios para realizar cada pedido a nuestro proveedor o para emitir la correspondiente orden de fabricación. El coste total de emisión sería igual al coste unitario de emitir un pedido por el número de pedidos realizados. Por lo que, si denominamos E al coste unitario de emisión de cada pedido y Q a la cantidad de pedido o tamaño del lote, es decir, el número de unidades que componen cada pedido, tendríamos que:

$$C_E = E \cdot D/Q$$

Siendo $n = D/Q$ el número de pedidos o reaprovisionamientos a realizar.

Si, por ejemplo, necesitáramos comprar 1.000 unidades de un producto (D) y cada pedido se compone de lotes de 250 unidades (Q), el número de pedidos a realizar sería de cuatro, 1.000/250 = 4.

3. **Coste de posesión o almacenamiento.** Incluye en primer lugar el coste de almacenamiento físico o coste en el que se incurre por mantener los artículos en el almacén: costes de alquiler, mantenimiento, seguros, etc. Pero también incluye el denominado coste de almacenamiento financiero o coste de los recursos financieros inmovilizados en el inventario. Por ello, si denominamos *A* al coste anual de almacenamiento de cada artículo, *i* a la rentabilidad media de la empresa o tipo de interés del mercado y consideramos que la cantidad almacenada por término medio en el almacén o stock medio es *Q*/2, tendríamos que:

$$C_p = A \cdot Q/2 + i \cdot P \cdot Q/2$$

4. **Costes de ruptura.** Se refiere a los costes en que la empresa incurre cuando no dispone de artículos suficientes para satisfacer su demanda: costes de inactividad, pérdida de ventas, pérdida de imagen, etc.

De acuerdo con lo anterior, podemos distinguir dos tipos de costes: los que aumentan al incrementar la cantidad de pedido (*Q*), como el coste de almacenamiento, y los que disminuyen al aumentar la cantidad de pedido, como el coste de emisión y el de ruptura. Si representamos gráficamente estos costes (Figura 8.2) observamos cómo existe una cantidad *Q**, que minimiza los costes totales asociados al inventario. A esa cantidad se la denomina **cantidad económica de pedido** (*EOQ, Economic Order Quantity*).

A continuación trataremos de dar respuesta a las cuestiones de cuánto y cuándo pedir en el caso de artículos de demanda independiente y conocida con certeza, analizando el modelo de cantidad fija de pedido.

8.3.2. Gestión de inventarios con demanda independiente: modelo de cantidad fija de pedido

Esta serie de modelos considera que la cantidad de pedido (*Q*) debe ser siempre la misma en los diferentes pedidos, alterándose, sin embargo, el momento en que se realiza cada pedido. Se denomina *punto de pedido* (P_p) a la cantidad de artículos que hay en el almacén

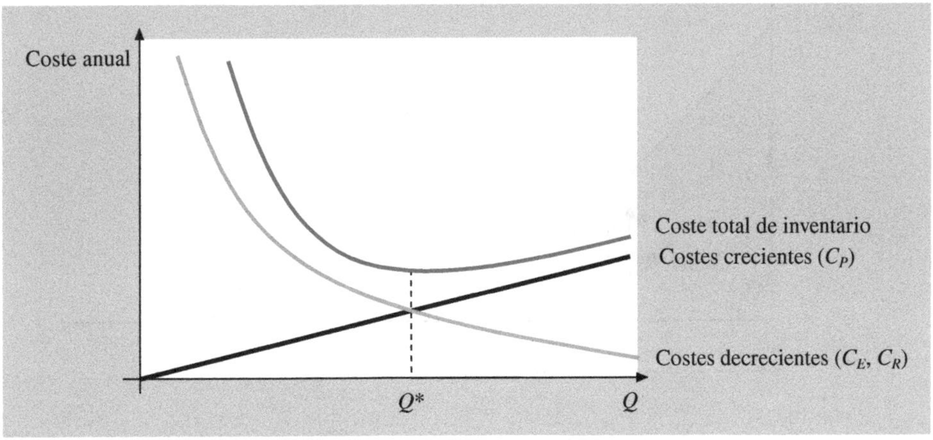

Figura 8.2. Costes de inventario.

en el momento en que se realiza el pedido. Esa cantidad debe ser suficiente para servir la demanda esperada desde el momento de realizar el pedido hasta la recepción del mismo por parte del proveedor o hasta la culminación de su fabricación (en caso de que la fabricación se realice en el interior de la empresa). Al tiempo que trascurre entre la emisión del pedido y su recepción se denomina *tiempo de suministro* (T_S) y al tiempo que transcurre entre dos pedidos consecutivos se le denomina *tiempo o período de reaprovisionamiento* (T_R).

No existe un modelo válido para cualquier circunstancia, sino que se hace necesario adaptarlos a las circunstancias particulares de cada caso concreto. En este apartado analizaremos uno de los modelos más empleados, como el modelo de cantidad económica de pedido (*CEP*) simple.

Modelo de la cantidad económica de pedido simple

También conocido como modelo de Wilson, parte de una situación como la representada en la Figura 8.3, en la que se considera que tanto la demanda, como los tiempos de suministros y los costes unitarios son conocidos con certeza. Se supone que no existen costes de ruptura y que el consumo de artículos es uniforme, agotándose el inventario justo en el momento en que se recibe el siguiente pedido, no existiendo por tanto stock de seguridad[6].

La presencia en la realidad de estas características no suele ser habitual, pero, sin embargo, este modelo es bastante utilizado dada su sencillez y el escaso error que se comete en ocasiones con estos supuestos restrictivos. En esta situación el coste total de inventarios sería la suma de los costes de adquisición, costes de emisión y costes de posesión o almacenamiento:

$$CT = DP + E\frac{D}{Q} + (A + Pi)\frac{Q}{2}$$

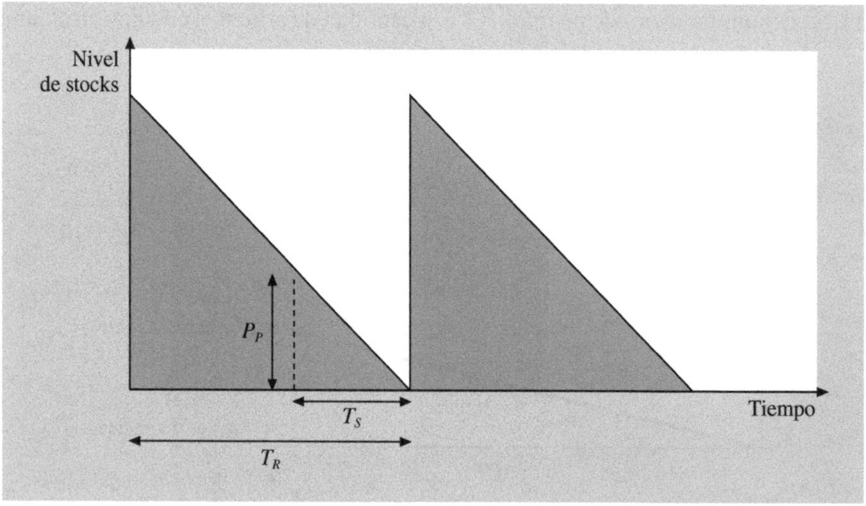

Figura 8.3. Nivel de inventario en el modelo *CEP* simple.

Para calcular la cantidad que minimiza el coste total de inventario o cantidad económica de pedido bastará con derivar la expresión anterior con respecto a la cantidad (Q) e igualar a cero:

$$\frac{dCT}{dQ} = -E\frac{D}{Q^2} + \frac{(A + Pi)}{2} = 0$$

$$\frac{(A + Pi)}{2} = E\frac{D}{Q^2}$$

$$Q^2 = \frac{2ED}{(A + Pi)}$$

Por tanto, la expresión final para calcular la cantidad económica de pedido en el modelo de Wilson sería:

$$Q^* = \sqrt{\frac{2ED}{A + Pi}}$$

Para mejorar la comprensión del modelo vamos a exponer un ejemplo práctico.

EJEMPLO

La empresa Mueblalia, S. A. adquiere tablones de madera a un coste unitario de 50 euros por m^3 a un proveedor de la zona donde está ubicada. Las necesidades anuales de dicha materia prima son de 160.000 m^3. Por cada pedido realizado se incurren en unos gastos administrativos, de transportes y descarga de 700 euros, el tiempo promedio de recibir un pedido desde que se efectúa es de 20 días. Sabemos que por cada metro cúbico almacenado supone un coste anual de 0,05 euros. Sabiendo que el coste anual del capital es del 8 por 100, se desea conocer el volumen económico de pedido, cada cuánto tiempo se debe realizar un nuevo pedido y cuál es el punto de pedido.

Solución

1. Para calcular el volumen o cantidad económica de pedido aplicamos la fórmula deducida anteriormente del modelo de Wilson:

$$Q^* = \sqrt{\frac{2ED}{A + Pi}} = \sqrt{\frac{2 \cdot 700 \cdot 160.000}{0{,}05 + 50 \cdot 0{,}08}} = 7.436{,}98 \text{ m}^3$$

Por tanto, en cada pedido que se realice se pedirá una cantidad de 7.436,98 m^3.

2. En segundo lugar nos piden que calculemos cada cuánto tiempo tenemos que emitir un nuevo pedido o, lo que es lo mismo, el tiempo de reaprovisionamiento. Para ello, nos interesa conocer n o el número de pedidos que la empresa realizará en un año:

$$n = \frac{D}{Q} = \frac{160.000}{7.436{,}98} = 21{,}51 = 22 \text{ pedidos}$$

Si suponemos que el año tiene 300 días laborables, podemos calcular el tiempo entre dos pedidos consecutivos, o tiempo de reaprovisionamiento, sin más que dividir el número de días laborables al año entre el número de pedidos.

$$T_R = \frac{\theta}{n} = \frac{300}{22} = 14 \text{ días}$$

Esto quiere decir que realizaremos un pedido de 7.436,98 m^3 cada 14 días.

3. Finalmente, hemos de calcular el punto de pedido, el cual nos indica el nivel de stocks que habrá en el almacén cuando se emita un nuevo pedido, para ello, bastará con conocer cuál es el consumo diario de materias primas durante el tiempo de suministro. Para calcular el consumo diario, c, dividiremos la demanda anual, D, entre el número de días laborables anuales, θ.

$$P_p = c \cdot T_s = \frac{D}{\theta} = \frac{160.000}{300} \cdot 20 = 10.666,6 \text{ m}^3$$

Por lo que procederemos a emitir un nuevo pedido cada vez que la cantidad de artículos existentes en nuestro almacén sea de 10.666,6 m^3.

8.3.3. Gestión de inventarios con demanda dependiente

Como comentamos anteriormente, en el apartado de naturaleza de la demanda, muchos de los materiales que fabrican las empresas se caracterizan porque su elaboración depende de otros componentes, en este caso estamos ante inventarios con demanda dependiente.

Para facilitar la planificación y programación de estos productos surgen sistemas entre los que destacan los de **Planificación de las necesidades de materiales**, conocidos por las siglas ***MRP*** (*Material Requeriments Planning*), y los **Sistemas justo a tiempo**, *JIT* (*Just In Time*), que comentamos brevemente a continuación.

Planificación de las necesidades de materiales (*MRP*)

El *MRP* nace como una técnica informatizada de gestión de inventarios y de programación de la producción que partiendo del Programa maestro de producción (*PMP*), calcula la cantidad requerida de las distintas materias primas y componentes necesarios en cada semana del horizonte de planificación. A partir de dicho cálculo desarrollamos una planificación de las órdenes de fabricación y órdenes de pedido a emitir en cada momento del horizonte de planificación. El primer texto sobre *MRP* se debe a J. Orlicky y se publica en 1975*.

De la evolución de estos sistemas surge en los años ochenta los sistemas *MRP II* (*Manufacturing Resource Planning*), cuyo objetivo es incorporar en el proceso de planificación todos los recursos de una empresa industrial, incluyendo aspectos no sólo operacionales sino también financieros.

* Para ampliar información sobre esta materia, véase Miranda, F. J., Rubio, S., Chamorro, A. y Bañegil, T. M. (2005): *Manual de dirección de operaciones*, Thomson, Madrid, Capítulo 11.

Un paso más allá lo constituyen los sistemas integrados de gestión como es el *ERP* (*Enterprise Resources Planning*) que aparece en la década de los noventa y extiende su campo de actuación a las distintas áreas de la empresa, como son distribución, gestión de personal, contabilidad, diseño y desarrollo de nuevos productos, gestión de la calidad, mantenimiento, etc.

Los sistemas Justo a tiempo (*JIT*)

La mayor parte de los autores coinciden a la hora de afirmar que los sistemas *JIT* surgen en Japón, siendo el éxito del sistema de producción de Toyota el verdadero impulsor del sistema *JIT* en todo el mundo, extendiéndose rápidamente por el sector de la automoción y posteriormente al resto de sectores.

Podemos definir el *JIT* como *una filosofía cuyo principal objetivo es que se compre o se produzca el número de unidades que se necesite en el momento en que se necesite para satisfacer la demanda del producto.* Para ello, el sistema *JIT* propone una disminución de los tiempos de fabricación reduciendo de forma drástica el nivel de inventarios de productos en curso[7].

El *JIT* considera los inventarios como la consecuencia de una serie de problemas que son, en realidad, las verdaderas causas, así, si reducimos el nivel de existencias (materias primas, productos en curso y productos terminados) estos problemas ocultos saldrán a la luz y podrán ser solucionados.

Como indican los estudiosos en esta materia, el *JIT* constituye algo más que un método de gestión de los inventarios ya que se trata, como indicamos anteriormente de una filosofía que abarca un conjunto de acciones y medidas que tienen repercusión en las diferentes áreas de la organización y cuyo análisis excede el objetivo introductorio de esta obra[*].

8.4. PLANIFICACIÓN Y CONTROL DE PROYECTOS

La tercera decisión táctica que vamos a abordar en este capítulo está relacionada con la dirección de proyectos.

Podemos definir un **proyecto** como una serie de tareas relacionadas, parcialmente ordenadas y generalmente dirigidas a la obtención de un resultado importante, por lo que requiere un largo período de tiempo para su finalización.

Podemos afirmar que un proyecto habitualmente tiene una justificación específica y se realiza «en una sola vez», teniendo presupuesto, inicio, finalización y fines específicos. A menudo, requiere participación y recursos de diversos departamentos y no suele proporcionar beneficios antes de su finalización.

Por tanto, la **dirección de proyectos** se puede definir como la planificación, programación, ejecución y control de los recursos necesarios para llevar a cabo un proyecto.

Ejemplos de proyectos serían el desarrollo de un nuevo producto, la construcción de una obra civil o de edificación, construir un barco, escribir un libro, etc. En la mayoría

---

[*] Para ampliar información sobre el sistema Just In Time consultar Bañegil, T. M. (1993): *El sistema JIT in time y la flexibilidad en la producción,* Pirámide, Madrid.

de las ocasiones se asocian con productos únicos o no repetitivos, pero esto no siempre es así, ya que muchos proyectos se pueden repetir.

La dirección de proyectos comprende, por tanto, cuatro etapas claramente diferenciadas: planificación, programación, ejecución y control (véase Figura 8.4). En este apartado analizaremos brevemente cada una de dichas etapas y a continuación nos centramos especialmente en las principales técnicas empleadas en la planificación, programación y control de proyectos.

8.4.1. Planificación del proyecto

Previamente al inicio del proyecto se elabora un **plan** que sirve de guía para la correcta finalización del proyecto. Este plan se va modificando conforme se modifican las condiciones del proyecto, desarrollándose mediante la programación de las distintas fases y el control de las mismas. En la etapa de planificación se procede a establecer los objetivos básicos del proyecto, definir sus características básicas, determinar los recursos necesarios para la finalización del mismo y organizar el equipo que va a llevarlo a cabo.

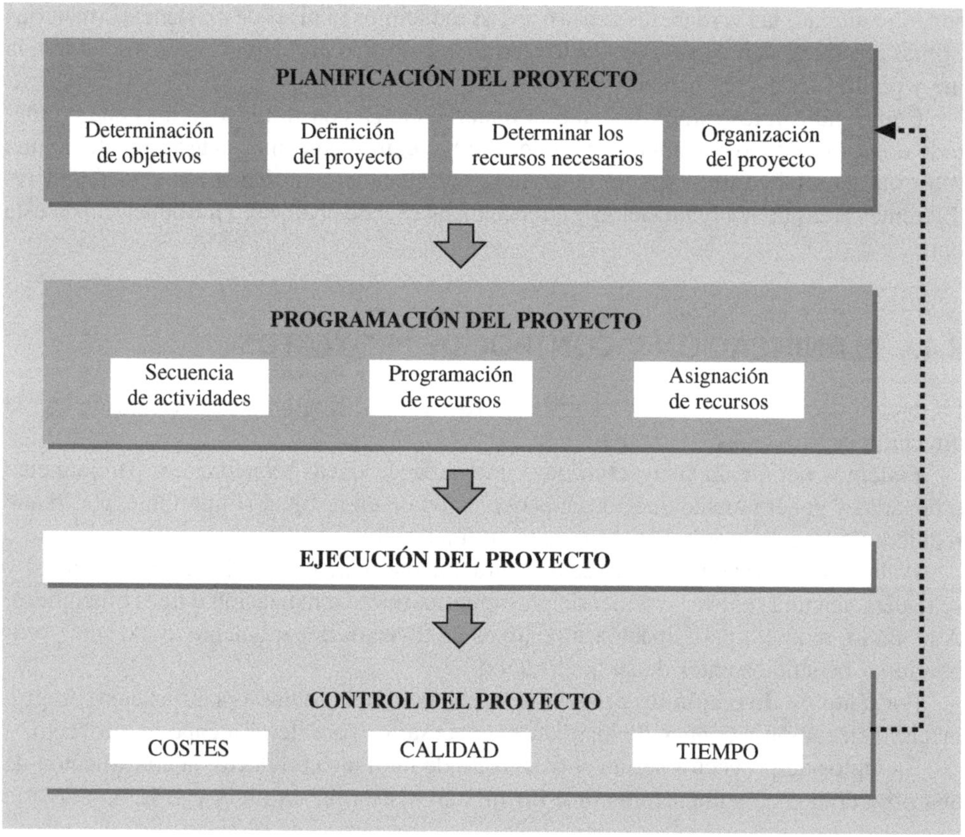

FUENTE: Miranda y otros, 2005, p. 621.

Figura 8.4. Etapas en la dirección de proyectos.

Determinación de objetivos

Es habitual considerar tres objetivos principales en la planificación de un proyecto: resultado, coste y tiempo. El primer objetivo es el ***resultado*** final de proyecto, por ejemplo, la ejecución de una obra que se quiere realizar y que supone el origen y justificación del proyecto, por lo que puede considerarse el objetivo más importante y significativo. La consecución de este objetivo es un requisito necesario para que el proyecto tenga éxito, pero no un requisito suficiente. Imaginemos que las obras de construcción del estadio olímpico de Barcelona se hubiesen finalizado después de las olimpiadas. El resultado, desde un punto de vista técnico, se habría conseguido, pero no se habría cumplido el plazo de entrega especificado, por lo que carecería de utilidad y el proyecto sería considerado como un fracaso.

El segundo objetivo es el ***coste***, que habitualmente viene definido contractualmente en proyectos externos y que debe ser respetado. Cuanto menor sea el coste final del proyecto mayor será la posibilidad de éxito del mismo, por lo que una correcta gestión de proyectos debe ajustarse en todo momento e incluso mejorar el coste establecido inicialmente en el presupuesto asignado para el mismo con la finalidad de mejorar el margen de beneficio del proyecto.

En tercer lugar aparece el ***tiempo*** de ejecución del proyecto, que es una de las variables clave a la hora de determinar la calidad en la realización de un proyecto. En el entorno actual, una gestión eficiente del tiempo se convierte en la clave del éxito de muchos proyectos. De hecho, todas las ejecuciones de obras que se licitan para la Administración Pública indican en el pliego de bases de licitación la fecha prevista de finalización del proyecto, sometiendo a la empresa constructora a importantes penalizaciones económicas por cada día de retraso.

La empresa debe conciliar estos tres objetivos, lo que conlleva en algunas ocasiones cierta complejidad, por lo que se debe buscar una combinación óptima de los mismos. Así, una reducción de costes puede implicar una ampliación del tiempo de ejecución o viceversa. Algunos autores introducen otros elementos como la calidad del proyecto, que se cumplan los requisitos o especificaciones previamente establecidas y un quinto elemento de gran interés, la satisfacción del usuario. Con ello se quiere indicar la importancia de que el proyecto satisfaga las expectativas del cliente. Un proyecto que cumpla las especificaciones, se realice en tiempo y dentro del presupuesto, pero que no deje satisfecho al cliente, no cumple sus objetivos y debe ser considerado un fracaso.

Definición del proyecto

Una vez determinados los objetivos del proyecto el director de proyecto debe determinar las distintas fases y actividades que serán necesarias para llevar a buen fin el proyecto (véase Figura 8.5). Generalmente, la estructura de un plan de proyecto se descompone en una jerarquía de cuatro niveles, donde el primero y máximo corresponde al propio proyecto. Los niveles inferiores reciben distintos nombres como por ejemplo el de hito, sub-hito y actividad. Los hitos o fases principales representan la realización de componentes esenciales para el proyecto en sí. Al finalizar cada fase es el momento de analizar la viabilidad del proyecto, el cumplimiento de los plazos establecidos y la necesidad de asignar nuevos recursos al proyecto o decidir su abandono. En el siguiente nivel aparecen las subfases, también denominadas tareas o eventos, que hacen referencia al conjunto de actividades

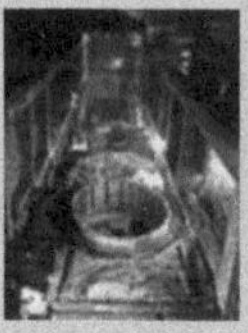

El proyecto realizado por la empresa española de construcción Acciona Infraestructuras, S. A., para el Instituto Ecuatoriano de Electrificación, comprende básicamente la ejecución de la presa Daniel Palacios que permitirá embalsar 120.000.000 de m^3 de agua. Desde la toma, ubicada en el cuerpo de la presa, se conducirá el agua a razón de 100 m^3 por segundo por un túnel de aducción de 6 Km de longitud y 5 m de diámetro. El agua continuará por una tubería de presión inclinada de 820 m de longitud y 3,75 m de diámetro accionando 5 grupos turbina-generador de 116.000 KW cada uno, instalados en una caverna excavada en la roca viva.

FUENTE: Información Corporativa de Acciona Infraestructuras, S. A.

Figura 8.5. Complejo Hidroeléctrico río Paute (Azuay, Ecuador).

necesarias para la realización de cada fase principal. Finalmente, en el nivel más bajo figuran las actividades o tareas específicas necesarias para la realización de cada subfase[8].

Determinación de los recursos necesarios

A continuación, se debe determinar qué tipo de recursos van a ser necesarios, materiales, medios auxiliares, operarios, horas de maquinaria, etc. Habrá que decidir en qué cantidades y durante cuánto tiempo han de utilizarse, esta decisión tiene un carácter trascendental, dado que en función de ella variarán los niveles de cumplimiento de los tres objetivos iniciales: resultado, tiempo y coste.

Organización del proyecto

Para la gestión de proyectos de larga duración, como el desarrollo de un nuevo producto o la construcción de obras públicas, las organizaciones suelen crear ***equipos de proyecto*** responsables del desarrollo del mismo. Estos equipos están encabezados por un ***director de proyecto*** o *project manager*, que coordina las actividades de los distintos departamentos implicados e informa directamente a la alta dirección. El director de proyecto se destaca como la figura clave en la planificación, ejecución y control del proyecto y se convierte en el motor que ha de impulsar el avance del mismo mediante la toma de decisiones tendentes a la consecución de los objetivos. Entre las principales características que debe reunir un buen director de proyecto podemos destacar la capacidad de liderazgo, habilidades organizativas y aptitud para las relaciones personales[9].

Así, por ejemplo, los directores de proyectos en las empresas de construcción suelen distribuir sus proyectos en función de las distintas zonas geográficas asignando a cada una de ellas un responsable dependiente directamente de la alta dirección, a los que se conoce como delegados de zona, estos a su vez nombran a un responsable para cada proyecto concreto, jefes de obra, que suelen ser ingenieros o arquitectos en función de que se trate de una obra civil o una edificación.

8.4.2. Programación del proyecto

En esta fase se procede a asignar los distintos recursos (personas, dinero, materiales, etc.) a las distintas actividades que componen el proyecto, identificando la relación existente entre las distintas actividades para lograr una asignación de recursos óptima.

Para proceder a realizar la secuenciación de las actividades del proyecto y realizar una correcta asignación de recursos se suele recurrir a distintas técnicas, como los gráficos Gantt y los métodos CPM y PERT. A partir de los resultados de estas técnicas se decidirá qué actividades deben acortarse para cumplir el plazo de entrega establecido y qué recursos debemos asignar a las mismas para lograr la reducción de tiempo que se pretende conseguir.

8.4.3. Control del proyecto

Si queremos cumplir los objetivos inicialmente establecidos para el proyecto es necesario realizar una labor de control periódica, que permita detectar posibles desviaciones y adoptar las medidas correctoras oportunas que eviten desviaciones significativas en relación a dichos objetivos iniciales. El control de proyectos centra su atención en los objetivos principales establecidos durante la fase de planificación del proyecto, es decir, resultados, coste, calidad y tiempo. Por supuesto, sin olvidar que debemos satisfacer las necesidades del cliente.

La función de control debe emitir informes periódicos sobre el cumplimiento de los objetivos pretendidos inicialmente, con objeto de facilitar las acciones correctoras oportunas en los casos en que se detecten desviaciones. Estos informes deberán destacar el avance de las distintas actividades que forman parte del proyecto y los retrasos observados. Para realizar esta función de control también son empleados los gráficos Gantt y los métodos CPM y PERT que analizaremos a continuación.

8.4.4. Técnicas de planificación y control de proyectos

En este apartado desarrollaremos algunas de las técnicas de planificación y control de proyectos más utilizadas: los gráficos Gantt, el método CPM y el método PERT.

Gráficos Gantt

Entre los gráficos utilizados para la planificación y control de proyectos probablemente el más conocido sea el gráfico Gantt. Este gráfico se elabora previamente al inicio del proyecto, representando con barras horizontales cada una de las actividades del proyecto, donde la longitud de cada barra representa la duración de cada actividad. De esta forma el gráfico nos permite conocer el orden de realización de las distintas actividades, el calendario previsto para la realización de las mismas, así como la duración prevista para el proyecto.

Conforme el proyecto avanza y se van completando las distintas actividades, el gráfico se modifica sombreando las barras horizontales a medida que van siendo completadas las actividades que representan. Así, si una determinada actividad se encuentra realizada en un 60 por 100, se sombreará un 60 por 100 de la barra correspondiente.

Estos gráficos son periódicamente distribuidos entre los miembros del proyecto, indicando mediante una línea vertical la fecha actual del informe, lo que permite saber en todo momento las actividades que se encuentran retrasadas y si se están cumpliendo los plazos establecidos en la planificación inicial.

Así, si observamos el gráfico de la Figura 8.6, la actividad «Fabricación de prototipos» debía haber finalizado en la fecha actual (15 de julio) y sin embargo todavía no lo

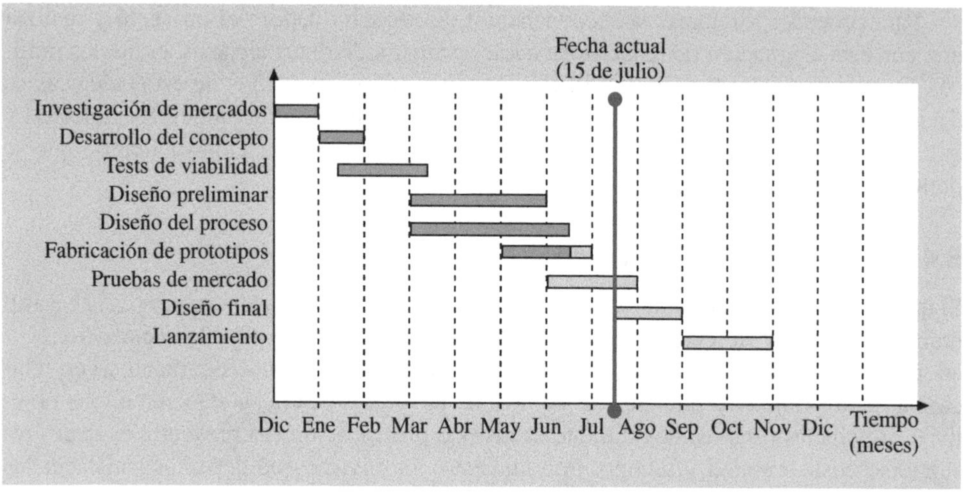

Figura 8.6. Ejemplo de gráfico Gantt.

ha hecho, restando aún 15 días para su finalización. Del mismo modo la actividad «Pruebas de mercado» todavía no ha comenzado, cuando debería haber empezado hace mes y medio, por lo que acumula un retraso importante.

La información contenida en estos gráficos permite a los equipos identificar los problemas en las actividades con retraso y tomar las acciones correctoras necesarias para lograr cumplir la fecha de finalización planificada. Aunque los métodos CPM y PERT presentan importantes ventajas respecto a los gráficos Gantt, éstos siguen siendo muy utilizados para resumir el estado actual del proyecto, complementando la información obtenida de los métodos PERT y CPM.

Método del camino crítico (PERT-CPM)

El método CPM fue desarrollado en 1957 por J. E. Kelly y M. R. Walker para proyectos de mantenimiento en una planta química de la multinacional Du Pont y sigue contando en la actualidad con una gran utilización en la gestión de proyectos. Casi simultáneamente, el método PERT (Program Evaluation and Review Technique) fue desarrollado en 1958 por la Oficina de Proyectos Especiales de la Marina estadounidense y Lockheed Aircraft, en colaboración con la consultora Booz, Allen y Hamilton para planificar el desarrollo del submarino nuclear Polaris y sus misiles balísticos, que implicaba la necesidad de coordinar, controlar y dirigir más de 250 contratistas directos y 9.000 subcontratistas.

Comenzaremos analizando el método CPM, aunque hemos de indicar que todo lo que digamos será totalmente aplicable al método PERT, en muchos casos y dadas las similitudes de ambos métodos, se habla conjuntamente de método PERT-CPM.

El método CPM está desarrollado para planificar proyectos con numerosas actividades donde la duración de cada actividad es considerada determinista, es decir, es conocido con certeza (como veremos más adelante ésta es su principal diferencia en relación al método PERT). Además, se considera que no existen restricciones de recursos y por tanto el coste del proyecto no es un factor limitativo.

El **objetivo** fundamental del método **PERT-CPM** es determinar si el proyecto que vamos a ejecutar podrá finalizar en el plazo previsto, y si no se cumple dicho plazo poder adoptar las correspondientes medidas correctivas para alterar la duración del proyecto.

Así, las etapas que se deben seguir en el análisis CPM son las siguientes:

1. Dibujar el diagrama o grafo que muestre la secuencia de las distintas actividades.
2. Calcular los tiempos de cada actividad.
3. Calcular la holgura de cada actividad.
4. Determinar el camino o caminos críticos.

Dibujo del diagrama o grafo

Para el dibujo del diagrama o grafo se parte de la relación de precedencias entre las distintas actividades que componen el proyecto, que suelen venir representadas en una tabla de precedencias, como la que se recoge en el siguiente ejemplo.

Se denomina ***actividad*** a cada una de las tareas o trabajos necesarios para realizar el proyecto y ***acontecimientos, sucesos o nudos*** al inicio o finalización de cada actividad. Las actividades se representan mediante una flecha recta y los sucesos se representan mediante círculos (originariamente el método CPM representaba las actividades mediante círculos, aunque en la actualidad se ha optado por la flecha, como se proponía en el método PERT). Todo proyecto comienza con un único suceso y finaliza en un único suceso, es decir, nunca puede haber más de un nudo o suceso inicial o final. Las primeras actividades del proyecto parten del nudo o suceso inicial y las últimas actividades del mismo terminan en el nudo o suceso final. Vamos a explicar cómo funciona el método CPM-PERT sirviéndonos del próximo ejemplo.

EJEMPLO

La empresa Construalia, con sede social en México, y dedicada a la construcción de obra civil y edificación le ha sido adjudicada la ejecución de una presa en el estado de Yucatán. La dirección se ha fijado como plazo de finalización del mismo el 15 de octubre del presente año (cuarenta y una semanas). Nos encontramos a comienzos de enero y el equipo de proyecto pretende realizar un análisis CPM para analizar las actividades que se deben realizar hasta la finalización del proyecto. La secuencia de dichas actividades y su duración aparecen reflejadas en la tabla siguiente:

	Actividades precedentes	**Duración (semanas)**
A. Excavación	—	4
B. Cimentación	A	7
C. Juntas y encofrados. Muros	B	5
D. Impermeabilización	C	4
E. Canal de rodadura de decantadores	D	8
F. Nivelación de fondo	D	6
G. Tuberías y arquetas	E, F	8
H. Pretratamiento y terminaciones	G	7

Solución

Para realizar el dibujo del diagrama CPM-PERT comenzamos dibujando el suceso o nudo inicial del que parten las actividades que no tienen ninguna que las preceda, es decir, la actividad A en este caso. A partir de ahí iremos siguiendo la tabla de precedencias, con lo que el diagrama quedaría como sigue:

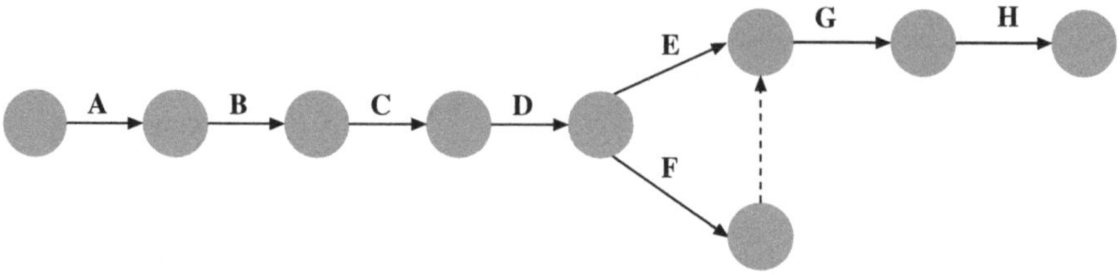

A la actividad G le preceden simultáneamente las actividades E y F, en este caso para facilitar la representación se emplea una actividad ficticia que se representa con trazo discontinuo.

En el caso de que dos actividades, tengan el mismo suceso inicial y el mismo suceso final se emplea una actividad ficticia (que se representa con una flecha discontinua), para evitar dibujar las dos actividades en paralelo. La duración de una actividad ficticia siempre es cero, ya que se emplean exclusivamente para asegurar que el diagrama representa las relaciones de precedencia entre las actividades, no teniendo significado económico alguno y, por tanto, no teniendo influencia sobre la duración final del proyecto. En la Figura 8.7 se observa un caso en el que se debe recurrir a la utilización de actividades ficticias.

Una vez elaborado el diagrama, tenemos una representación esquemática de la relación entre las distintas actividades y el orden de las mismas. El proceso de elaboración del grafo es un proceso de prueba y error hasta conseguir que el diagrama represente exactamente las relaciones de precedencia establecidas entre las actividades.

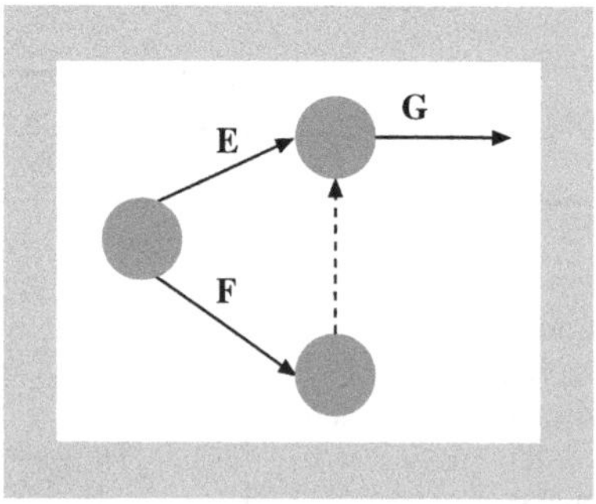

Figura 8.7. Uso de actividades ficticias.

Calcular los tiempos de cada actividad

Para averiguar si el proyecto finalizará en el plazo previsto, la siguiente etapa del análisis será calcular los tiempos de comienzo y finalización de cada actividad.

Para ello, en primer lugar, habrá que **numerar los nudos** o sucesos del grafo CPM. Dicha numeración se comienza de izquierda a derecha, asignando el valor 1 al nudo inicial y siguiendo la secuencia establecida siempre por orden creciente de numeración, de forma que debe cumplirse que ninguna actividad parta de un nudo con numeración superior al nudo donde finaliza, por tanto, para numerar un nudo todas las actividades que finalizan en él deben proceder de nudos que han sido numerados con anterioridad. A continuación vamos a numerar los nudos del ejemplo que estamos siguiendo.

EJEMPLO

Numeración del grafo CPM

Procederemos a realizar la numeración de los distintos nudos que forman el diagrama CPM del ejemplo anterior. A partir de ahora dividiremos cada nudo en tres sectores, colocando la numeración del mismo en el sector superior.

Solución

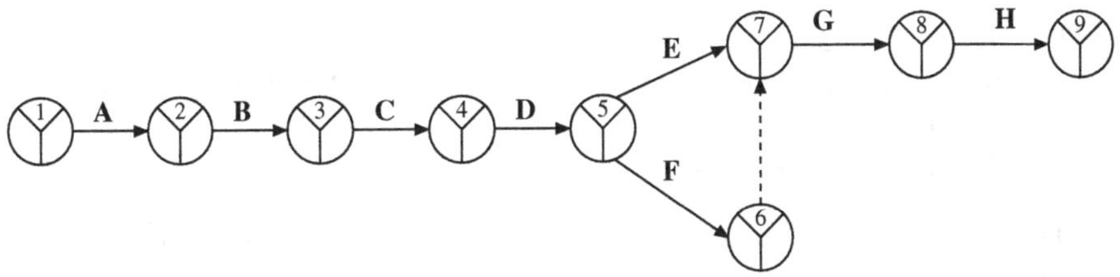

Una vez numerado el grafo procederemos a calcular tanto los *tiempos early* como los *tiempos last*.

Se denomina ***tiempo early*** al menor tiempo desde el inicio del proyecto necesario para finalizar una determinada actividad.

Para calcular el tiempo early de cada nudo se sigue un orden creciente de numeración, comenzando por el nudo inicial al que se le asigna un valor cero, ya que aún no ha desarrollado ninguna actividad. Los tiempos early los vamos a escribir en el sector izquierdo de cada uno de los nudos. El tiempo early de los nudos siguientes lo calcularemos como suma de la duración de la actividad que finaliza en dicho nudo, más el tiempo early del nudo en el que comienza dicha actividad. Cuando en un nudo finalizan más de una actividad, el tiempo early del mismo será el mayor valor correspondiente a la suma de la duración de cada una de las actividades que llegan a él más el tiempo early de sus respectivos nudos de inicio.

Este proceso se repite hasta llegar al nudo final, cuyo tiempo early representará la duración esperada para todo el proyecto y es, por tanto, el tiempo mínimo que se necesita para poder realizar todas las actividades que componen el proyecto. A continuación veremos cómo se calculan los tiempos early en nuestro ejemplo.

EJEMPLO

Cálculo de los tiempos early

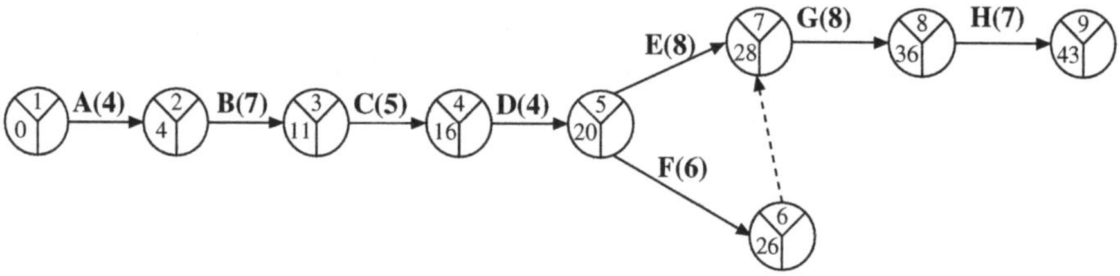

Si llamamos a los tiempos early como *TE* y a la duración de cada actividad como *D*, los cálculos realizados para averiguar cada tiempo early serían:

$$TE_1 = 0$$
$$TE_2 = TE_1 + D_A = 0 + 4 = 4$$
$$TE_3 = TE_2 + D_B = 4 + 7 = 11$$
$$TE_4 = TE_3 + D_C = 11 + 5 = 16$$
$$TE_5 = TE_4 + D_D = 16 + 4 = 20$$
$$TE_6 = TE_5 + D_F = 20 + 6 = 26$$
$$TE_7 = \text{máx}\ (TE_5 + D_E;\ TE_6 + D_{\text{ficticia}}) = \text{máx}\ (20 + 8 = 28;\ 26 + 0 = 26) = 28$$
$$TE_8 = TE_7 + D_G = 28 + 8 = 36$$
$$TE_9 = TE_8 + D_H = 36 + 7 = 43$$

Por tanto, el tiempo esperado para la finalización del proyecto, que coincide con el tiempo early del nudo final, será de 43 semanas.

El siguiente tiempo a calcular es el denominado *tiempo last*.

El ***tiempo last*** se define como el máximo tiempo desde el inicio del proyecto en que puede finalizar una determinada actividad sin que se produzcan retrasos en la fecha prevista para la finalización del proyecto.

El cálculo de los tiempos last se realiza de derecha a izquierda, es decir, en orden decreciente de numeración. Comenzamos, por tanto, a calcular el tiempo last del nudo final y se hace coincidir con el tiempo early de dicho nudo, es decir, con la duración prevista del proyecto. Cada tiempo last se escribe en el sector derecho de cada nudo.

El tiempo last de los nudos anteriores lo calcularemos restando la duración de la actividad que sale de dicho nudo del tiempo last del nudo inmediatamente siguiente. Cuando de un nudo parten más de una actividad, el tiempo last del mismo será el menor valor correspondiente a la diferencia entre el tiempo last del nudo en que finaliza cada actividad que parte del mismo y la duración de dicha la actividad. Este proceso se repite hasta llegar al nudo inicial, cuyo tiempo last debe ser cero. Veamos el cálculo de tiempos last en nuestro ejemplo.

EJEMPLO

Cálculo de los tiempos last

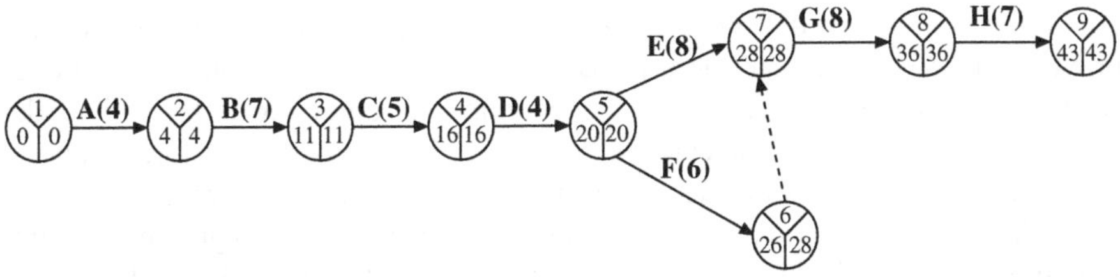

Si llamamos al tiempo last como *TL* y comenzamos por el nudo final, los cálculos realizados para averiguar dichos tiempos en cada nudo serían:

$TL_9 = TE_9 = 43$
$TL_8 = TL_9 - D_H = 43 - 7 = 36$
$TL_7 = TL_8 - D_G = 36 - 8 = 28$
$TL_6 = TL_7 - D_{\text{ficticia}} = 28 - 0 = 28$
$TL_5 = \min\,(TL_7 - D_E;\ TL_6 - D_F) = \min\,(28 - 8 = 20;\ 28 - 6 = 22) = 20$
$TL_4 = TL_5 - D_D = 20 - 4 = 16$
$TL_3 = TL_4 - D_C = 16 - 5 = 11$
$TL_2 = TL_3 - D_B = 11 - 7 = 4$
$TL_1 = TL_2 - D_A = 4 - 4 = 0$

Observemos cómo cuando de un nudo parten varias actividades (flechas), para calcular su tiempo last comparamos la diferencia entre tiempo last y duración de cada una de las actividades inmediatamente siguientes, eligiendo el valor mínimo de estas diferencias (es lo que ocurre en el nudo 5 del ejemplo).

Calcular la holgura de cada actividad

El objetivo del análisis CPM no es sólo calcular la duración final del proyecto y representarlo de forma esquemática, sino que lo que busca es determinar qué medidas podemos adoptar para alterar la duración del proyecto, en caso de que sea necesario. Para ello debemos conocer qué actividades son las que influyen de forma decisiva en la duración final del proyecto, para lo cual debemos introducir el concepto de holgura.

Se denomina ***holgura*** de una actividad al retraso máximo que puede producirse en su realización sin que ello suponga una modificación de la duración final del proyecto.

La holgura de una actividad se calcula como la diferencia entre el tiempo last del nudo en el que finaliza, menos la duración de la actividad y menos el tiempo early del nudo en el que comienza dicha actividad (ver ejemplo: cálculo del camino crítico).

Determinar el camino o caminos críticos

Se denominan ***actividades críticas*** a aquéllas que presentan una holgura cero, es decir, en estas actividades cualquier variación en su duración modifica la duración final del proyecto. A la sucesión de actividades críticas que permiten ir del nudo inicial al nudo final se le denomina ***camino crítico***.

En todo grafo CPM siempre existirá al menos un camino crítico, pudiendo existir más de uno. La suma de la duración de las actividades que forman un camino crítico determinará la duración global del proyecto. Por tanto, si queremos reducir la duración final del proyecto deberemos actuar sobre las actividades críticas, que son las que tienen un efecto directo sobre la misma. Ya que, si reducimos la duración de las actividades no críticas, los efectos no serán apreciables. Al mismo tiempo, podemos afirmar que, cualquier retraso en una actividad crítica retrasará la finalización del proyecto, mientras que si se trata de una actividad no crítica observaremos el valor de su holgura para estimar el efecto que producirá en la duración final del proyecto. Ilustraremos el cálculo del camino crítico con el ejemplo que estamos siguiendo.

EJEMPLO

Cálculo del camino crítico

Comenzaremos calculando las holguras para *cada una de las actividades* que forman el proyecto, restando del tiempo last del nudo en que finaliza la actividad la duración de la actividad y el tiempo early del nudo de inicio de la actividad:

$$H_A = TL_2 - D_A - TE_1 = 4 - 4 - 0 = 0 \text{ (Actividad crítica)}$$
$$H_B = TL_3 - D_B - TE_2 = 11 - 7 - 4 = 0 \text{ (Actividad crítica)}$$
$$H_C = TL_4 - D_C - TE_3 = 16 - 5 - 11 = 0 \text{ (Actividad crítica)}$$
$$H_D = TL_5 - D_D - TE_4 = 20 - 16 - 4 = 0 \text{ (Actividad crítica)}$$
$$H_E = TL_7 - D_E - TE_5 = 28 - 20 - 8 = 0 \text{ (Actividad crítica)}$$
$$H_F = TL_6 - D_F - TE_5 = 28 - 20 - 6 = 2$$
$$H_G = TL_8 - D_G - TE_7 = 36 - 28 - 8 = 0 \text{ (Actividad crítica)}$$
$$H_H = TL_9 - D_H - TE_8 = 43 - 36 - 7 = 0 \text{ (Actividad crítica)}$$

Las actividades críticas serán aquéllas que presentan holgura cero, es decir, la A, B, C, D, E, G y H. Por tanto, en este caso sólo existiría un camino crítico: A-B-C-D-E-G-H, que permite ir del nudo inicial al nudo final pasando exclusivamente por actividades críticas.

Al presentar la actividad F una holgura de 2 nos indica que podríamos retrasarnos hasta dos semanas en esta actividad sin que la duración del proyecto final sufriera ninguna alteración.

Si recordamos, el proyecto tenía una duración deseada de 41 semanas (debía finalizar el 15 de octubre), mientras que el método CPM estima una duración de 43 semanas. Por tanto, la empresa deberá actuar sobre alguna de las actividades críticas, hasta conseguir reducir el plazo de ejecución en dos semanas y así conseguir finalizar la semana 41 la construcción de la presa.

Habitualmente las empresas soportan importantes penalizaciones si se produce un retraso en la fecha de finalización del proyecto, por lo que les interesa tomar las medidas necesarias para reducir la duración de alguna de las actividades del mismo, en el caso de que la fecha prevista supere a la fecha inicialmente establecida o pactada. Entre las opciones que dispone el director de proyecto para reducir la duración de las distintas actividades del proyecto podemos señalar la utilización de horas extraordinarias, la contratación de más personal, la subcontratación de alguna de las actividades del proyecto, etcétera. Sin embargo, no debemos olvidar que la mejor forma de acelerar el desarrollo de un proyecto es definirlo correctamente, es decir, no realizar ninguna actividad innecesaria y secuenciar correctamente las distintas actividades del proyecto.

Método Pert (Program Evaluation And Review Technique)

Como ya hemos indicado, el método PERT surge simultáneamente al análisis CPM presentando grandes semejanzas con el mismo, por lo que todo lo dicho hasta ahora para CPM es válido para el método PERT. Como principal novedad respecto al análisis CPM cabe señalar el método de estimación de la duración de las actividades; mientras que en el análisis CPM la duración de cada actividad se consideraba como conocida con certeza, el método PERT considera dicha duración como una variable aleatoria que debemos estimar.

Actualmente existen paquetes informáticos que nos ayudan a realizar los cálculos de una forma rápida y sencilla como son, por ejemplo, el X-Pert software, PERT-PAC de SoftSearch, software PARADISO, etc.

8.5. GESTIÓN DEL MANTENIMIENTO

El mal funcionamiento de los equipos productivos tiene un impacto directo sobre la capacidad productiva de las instalaciones, los costes de producción, la calidad de los productos y servicios, la seguridad de los trabajadores y la satisfacción del cliente. Por ello, para evitar estos problemas surgen la gestión del mantenimiento y los departamentos de mantenimiento.

Podemos definir, por tanto, el ***mantenimiento*** como el conjunto de actuaciones orientadas a corregir y/o prevenir, mediante la conservación adecuada, el desgaste que por el uso se produce en las instalaciones (equipos productivos, elementos o sistemas).

El principal objetivo del mantenimiento es, por tanto, mantener la capacidad productiva del sistema al mínimo coste, dotando al sistema de un alto grado de fiabilidad que le permita atender a las necesidades cambiantes del mercado.

El director de mantenimiento generalmente depende del director de producción o del director de planta. Los departamentos de mantenimiento se suelen dividir en dos grupos: mantenimiento de instalaciones y mantenimiento de equipos. Los encargados del ***mantenimiento de las instalaciones*** se encargan de mantener la apariencia externa de los edificios, jardines, parking y perímetro de las instalaciones de la empresa. Por su parte, el grupo de ***mantenimiento de equipos*** se encarga de realizar las reparaciones del equipo productivo y establecer programas de mantenimiento preventivo del mismo.

Dentro de las actividades de mantenimiento de equipos se pueden distinguir a su vez dos grandes categorías[10]:

A. Reparaciones o mantenimiento de emergencia. Se trata de una actividad reactiva que vuelve a poner en estado normal de funcionamiento los equipos, cuando se han averiado o sufrido daños de importancia. Se hace necesario reparar un equipo cuando no funciona, funciona a una velocidad inferior a la normal, produce por debajo del estándar de calidad establecido o, incluso, cuando los trabajadores creen que el equipo está a punto de averiarse. Los equipos de reparaciones actúan en colaboración con los operarios para poner en funcionamiento el equipo en el menor tiempo posible y así conseguir minimizar la interrupción del proceso productivo, evitando bajos niveles de calidad del producto o posibles riesgos para los trabajadores.

B. Mantenimiento preventivo. Consiste en realizar inspecciones periódicas de los edificios y equipamiento. La finalidad del mantenimiento en estos casos es realizar ajustes en las máquinas, lubricación de las mismas, cambio de piezas, pintar los edificios, etc. Dichas tareas se realizan antes de que se haya producido una avería y tratan de prevenir su aparición. Suelen realizarse en períodos en que los equipos y edificios no están en funcionamiento. Los programas de mantenimiento preventivo, a diferencia de los de reparaciones, son opcionales, sin embargo, se aconseja su implantación para conseguir reducir la frecuencia y gravedad de las averías en los equipos, incrementar la vida útil de los equipos productivos, reducir el coste total de mantenimiento, incrementar las condiciones de seguridad e higiene en el entorno de trabajo así como incrementar la calidad de los productos y servicios finales consiguiendo una mayor satisfacción de los clientes.

Podemos distinguir dos formas de realizar el mantenimiento preventivo[11]:

— **Revisión de componentes «a potencial fijo».** Las revisiones se realizan periódicamente reemplazando el componente antes de que se produzca el fallo por otro nuevo. Se aplica, por ejemplo, en la industria aeroespacial.
— **Revisión de componentes «según condición».** Los componentes se inspeccionan periódicamente, pero sólo se reemplazan cuando su estado excede de los límites especificados para que puedan garantizar un adecuado funcionamiento. Es un tipo de mantenimiento que se aplica para componentes eléctricos y electrónicos, facilitando su desmontaje y montaje por su configuración modular, como es el caso de los componentes de instrumentación y control modernos.

A partir del concepto de mantenimiento preventivo surge en Japón lo que se conoce como **Mantenimiento productivo total** o TPM (*Total Productive Maintenance*). Dicho sistema pretende lograr cero accidentes, cero defectos y cero averías, contribuyendo a la obtención de productos y servicios de alta calidad, mínimos costes de producción, alta moral en el trabajo y una imagen de empresa excelente. La obtención de las «cero pérdidas» se debe lograr a través de la promoción de trabajo en grupos pequeños, comprometidos y entrenados para lograr los objetivos personales y de la empresa. Los trabajadores son totalmente responsables de prevenir las averías de los equipos, por medio de tareas de mantenimiento preventivo. Los trabajadores están permanentemente atentos al estado de funcionamiento de la máquina y ante cualquier sonido no habitual o cambio en las condiciones normales de funcionamiento intervienen para evitar un futuro fallo de la misma.

Para que los trabajadores puedan realizar estas tareas evidentemente deben ser formados inicialmente en los procedimientos de mantenimiento a seguir. Además, para facilitar su tarea las máquinas se rediseñan para que sean fáciles de mantener y reparar. En Occidente esta polivalencia de los trabajadores a menudo cuenta con la oposición de los sindicatos (que exigen mayores retribuciones a cambio de esta polivalencia), con lo que se dificulta en ocasiones la implantación de este tipo de programas.

ACTIVIDADES DEL CAPÍTULO

ACTIVIDADES INDIVIDUALES

DE COMPRENSIÓN

1. ¿Qué es el Plan maestro de producción? ¿Qué diferencias encuentras entre el Plan agregado de producción y el Plan maestro de producción?
2. Clasifica los inventarios de acuerdo con su naturaleza y con su categoría funcional. Pon un ejemplo de cada uno de ellos.
3. Realiza la deducción matemática, a partir de la función de coste total del inventario, de la cantidad económica de pedido según el modelo de Wilson.
4. ¿Cuál es el objetivo fundamental del método CPM-PERT? Define los conceptos de tiempo early, tiempo last, holgura de una actividad y camino crítico.
5. Realiza una clasificación de los distintos tipos de mantenimiento que existen en las empresas. Pon ejemplos de cada uno de ellos.

DE AUTOEVALUACIÓN

1. En todo problema de programación lineal a la función matemática que persigue maximizar los resultados empresariales, se la conoce como:

   a) Restricciones.
   b) Objetivo.
   c) Variables de decisión.
   d) Limitaciones.

2. En relación con la planificación de las operaciones a medio y corto plazo, cuando la unidad de planificación son las distintas familias de productos con un horizonte de planificación a medio plazo, de 6 a 18 meses, hacemos referencia a la:

   a) Planificación maestra de la producción.
   b) Planificación de la capacidad a corto plazo.
   c) Planificación agregada de la producción.
   d) Planificación estratégica.

3. Una empresa trabaja durante 300 días al año, tiene una demanda anual para sus productos de 100.000 kg; el tamaño del lote económico es de 25.000 kg. El coste de fabricar una unidad de producto es de 20 euros y el tiempo desde la emisión del pedido hasta que se recibe es de 15 días. Con esta información, podemos afirmar que el tiempo de reaprovisionamiento en la empresa es de:

   a) 15 días
   b) 300 días.
   c) 75 días.
   d) No poseemos la información necesaria para su cálculo.

4. Con la información del problema anterior, podemos afirmar que el *punto de pedido* es de:

   a) 15 días.
   b) 5.000 kg.
   c) 375.000 kg.
   d) 300 días.

5. Una empresa desea acortar la duración de un proyecto que está ejecutando, para ello deberá actuar:

   a) Reduciendo la duración de cualquier actividad que compone el mismo.
   b) Reduciendo la duración de actividades que tienen holguras superiores a cero.
   c) Reduciendo la duración de aquellas actividades cuyas holguras sean iguales a cero.
   d) Reduciendo la duración de aquellas actividades con holguras inferiores a cero.

6. Una vez que tenemos confeccionado un grafo PERT observamos que las holguras de cuatro de las actividades del proyecto, expresadas en semanas, son: $H(A) = 4$; $H(B) = 0$; $H(C) = 2$; $H(D) = 1$. Con esta información, indica cuál de las siguientes afirmaciones es correcta:

   a) Si reduzco una semana la duración de la actividad D, conseguiré adelantar en una semana la finalización del proyecto.
   b) Si me retraso dos semanas en la realización de la actividad C, esto retrasará dos semanas la finalización del proyecto.
   c) El proyecto finaliza en siete semanas.
   d) El máximo retraso que puede sufrir la actividad A sin que se retrase la duración final del proyecto es de 4 semanas.

7. Las inspecciones periódicas de los edificios y equipos de la empresa destinadas a realizar ajustes y mejoras en los mismos son una tarea propia del:

   a) Mantenimiento preventivo.
   b) Mantenimiento de emergencia.
   c) Reparaciones.
   d) Ninguna de las anteriores respuestas son correctas.

ACTIVIDADES DE GRUPO PEQUEÑO

1. Leer el siguiente ejemplo. Interpretar y comentar en colaboración con los compañeros:

   A continuación se presenta el planteamiento de un problema de *programación lineal de la producción* de una empresa que fabrica dos tipos de cajas para embalajes, una destinada a embalar bolígrafos y otra destinada a embalar plumas.

$$\text{Max } Z = 650X_1 + 900X_2$$

Sujeto a:

$$
\begin{aligned}
1X_1 + 0{,}3X_2 &\leq 1.200 \quad &(a)\\
3X_1 + 0{,}5X_2 &\leq 700 \quad &(b)\\
X_1 &\geq 2X_2 \quad &(c)\\
X_1, X_2, &\geq 0 \quad &(d)
\end{aligned}
$$

a) ¿Consideráis que este modelo está bien planteado o le falta alguna de las partes fundamentales? Razonar la respuesta.

b) Identificar en el modelo:

- En primer lugar cuáles son las variables de decisión del modelo y qué representan cada una de ellas.
- Cuál es la función objetivo del modelo, interpretar el sentido económico que tiene dicha función.
- ¿Cuántas restricciones presenta el modelo?
- ¿Cuál es la condición de no negatividad?

c) Interpretar el significado económico de la tercera restricción $X_1 \geq 2X_2$.

2. Dado el siguiente grafo PERT, y considerando el tiempo en semanas, en colaboración con tu compañero responde a las siguientes cuestiones:

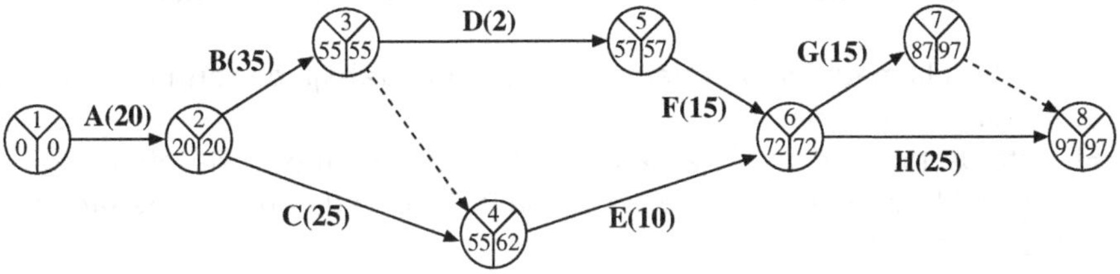

a) ¿Cuál es la duración de este proyecto?

b) ¿Cuáles son los tiempos early y last del nudo 4?

c) Si la empresa decide reducir la duración del proyecto en 2 semanas, ¿sobre qué actividad o actividades actuarías? Razona tu respuesta e indica qué medidas concretas emplearías para llevar a la práctica dicha reducción.

d) Si la empresa decide aumentar la duración del proyecto en 1 semana, sería efectivo modificar la duración de E una semana más. Razonar la respuesta.

e) Especificar cuál o cuáles son los caminos críticos de este proyecto.

ACTIVIDADES DE GRUPO GRANDE

1. Una empresa que utiliza el modelo de Wilson tiene una demanda anual constante de 1.000 unidades de su único artículo comercializado. Dicho artículo se lo suministra un proveedor a un precio de 15 euros. El coste unitario de emitir el pedido es de

60 euros y el coste *mensual* de almacenamiento físico y financiero es de 150 euros. ¿Cuál será el volumen óptimo de pedido? Calcular el coste total óptimo del inventario.

2. La empresa conservera Maribel, S. A. se dedica a la fabricación de latas de atún, latas de sardinas y latas de mejillones. Cada lata se comercializa en el mercado a un precio de 1,25 euros la de atún y de 2,50 y 1,80 euros la lata de mejillones y sardinas respectivamente.

Recientemente la empresa ha invertido 60,5 millones de euros en la renovación de sus instalaciones adquiriendo dos nuevas máquinas. La máquina A es válida para fabricar latas de atún y de sardina, utilizándose la máquina B en la fabricación de latas de atún y de mejillones. Para elaborar una lata de atún la máquina A emplea 2 minutos, empleando esta máquina 1 minuto en la fabricación de una lata de sardinas. La máquina B emplea 1,5 minutos en elaborar una lata de atún y 2 minutos si lo que fabrica es una lata de mejillones.

El número máximo de horas semanales que puede trabajar la máquina A coincide con el número de kilogramos de acero que un proveedor nos suministró la semana pasada. Para determinar el volumen óptimo de pedido hemos aplicado un modelo Wilson. Sabemos que el precio unitario del acero es de 1 euro. La demanda anual es de 10.000 kg. Por cada pedido realizado se incurre en unos gastos administrativos de 150 euros. El coste de tener un kilogramo almacenado durante un año es de 5 euros, en el que se incluye el coste financiero de inmovilización de los recursos.

Respecto a la máquina B podemos afirmar que trabaja de forma ininterrumpida todos los días de la semana.

El coste de fabricar una lata de atún es de 50 céntimos si se fabrica con la máquina A y de 75 céntimos si se fabrica con la B. El coste de una lata de sardinas es de 1,25 euros y de mejillones 1,75 euros.

Maribel, S. A. se ha marcado como objetivo que el número de latas de atún no debe superar el 60 por 100 del número de latas de sardina y que el beneficio procedente del mejillón sea como mínimo el doble del alcanzado en la comercialización del atún.

Teniendo en cuenta todos estos datos, se pide plantear el problema de programación lineal que permita a la empresa optimizar su producción la próxima semana de forma que consiga maximizar sus beneficios.

3. La empresa Zumalia, se dedica a la fabricación de zumos de piña y de melocotón. Ambos se comercializan en envases de 1 litro de plástico y de cartón.

Los zumos de piña se venden en el mercado al precio de 0,60 euro/litro y los de melocotón a 0,75 euros/litro.

Para fabricar estos productos los operarios de esta empresa trabajan 0,1 minutos y 0,2 minutos por litro fabricado de zumo de melocotón y piña respectivamente. El número máximo de minutos que pueden trabajar los operarios durante esta semana coincide con el *VANCc*. La máquina C cuesta 120.000 euros y dura 2 años. En cada uno de esos años genera un flujo neto anual de caja de 75.000 euros. El tipo de interés a aplicar es del 3,5 por 100. Efectuar los cálculos suponiendo que nos encontramos ante una cadena de renovaciones infinita.

La empresa Zumalia utiliza dos máquinas en su proceso de transformación. La máquina A se emplea para fabricar zumos de piña y de melocotón y la máquina B para fabricar exclusivamente zumos de melocotón. Para fabricar un litro de zumo de piña la máquina A emplea 2 minutos, empleando 1,5 minutos si procesa 1 litro de zumo de melocotón. La máquina B emplea 3 minutos si fabrica zumos de melocotón. La máquina A puede trabajar un máximo de 70 horas a la semana y la máquina B un máximo de 58 horas semanales.

Zumalia se ha marcado como objetivo que el número de litros de zumo de piña fabricada debe ser, como mínimo, un 40 por 100 superior a los litros de zumo de melocotón.

Sabemos que un litro de zumo de piña cuesta 0,40 euros si se fabrica con la máquina A y un litro de zumo de melocotón cuesta 0,60 euros si se fabrica con la máquina A y 0,70 euros si se fabrica con la máquina B.

¿Cuántos litros de zumo de piña y de melocotón debe fabricar Zumalia en esta semana para obtener el máximo beneficio?

4. La empresa Textalia, S. A. se dedica a la fabricación de faldas y camisetas (unas de algodón y otras de lycra). En la temporada de verano las faldas se van a comercializar a un precio unitario de 30 euros y las camisetas a un precio unitario de 20 euros si están elaboradas con algodón y 16 euros si están elaboradas con lycra.

Para fabricar sus prendas la empresa utiliza una máquina cortadora de la que dispone a lo largo del próximo mes un máximo de 160 horas y de una máquina de coser de la que dispone de un máximo de 200 horas de trabajo al mes. Por cada camiseta (tanto si son de algodón como de lycra) que se fabrica se requieren 30 minutos de confección (en la máquina de coser) y 10 minutos de corte. Por cada falda fabricada se requieren 7 minutos de corte y 45 de confección.

La empresa dispone de cantidades ilimitadas de lycra. Sin embargo, dispone este mes de 100 m^2 de algodón y sabe que para confeccionar una falda se emplean 0,5 m^2 de algodón y para confeccionar una camiseta de algodón se emplean 0,65 m^2.

Por otra parte, Textalia desea fabricar al menos el doble de camisetas de lycra que de algodón, y que más del 55 por 100 de los beneficios procedan de las faldas.

El coste de fabricar una falda es de 15 euros y el coste de fabricar una camiseta es de 8 euros si se confecciona con lycra y de 10 euros si está confeccionada con algodón.

Teniendo en cuenta los datos anteriores, se pide *plantear el problema* de programación lineal que permita determinar el número faldas y camisetas que Textalia debe fabricar el próximo mes de manera que *minimice sus costes*.

5. La UTE «CONSTRUALIA» tiene que construir un complejo industrial, teniendo que realizar un conjunto de actividades cuya duración en meses son: A(3); B(2); C(2); D(4); E(2); F(1); G(5); H(3); I(3); J(4) y K(1).

Estas actividades se deben realizar según la siguiente tabla de precedencias:

—	—	—	A, B, C	C	A	A, B, C	F, D, G	E, G	F, G, D	E, G
A	B	C	D	E	F	G	H	I	J	K
D, F, G	D, G	D, G, E	J, H	I, K	H, J	J, H, I, K	—	—	—	—

Se pide:

a) Dibujar el grafo y calcular los tiempos early y last y las holguras. Indicar el tiempo mínimo que puede emplearse en construir el complejo industrial.
b) Duración del proyecto si la actividad A durase 4 meses. Razonar la respuesta.
c) Duración del proyecto si la actividad F durase 2 meses. Razonar la respuesta.

6. La UTE «TODOPRESA» tiene que construir una presa sobre el río Guadiana, teniendo que realizar un conjunto de actividades cuya duración en meses son: A(1); B(2); C(2); D(4); E(5); F(1); G(4); H(5); I(3); y J(6).

Estas actividades se deben realizar según la siguiente tabla de precedencias:

—	A	A	B, C	B, C	C	C	D, E, F, G	D	G
A	B	C	D	E	F	G	H	I	J
B, C	D, E	D, E, F, G	I, H	H	H	H, J	—	—	—

Se pide:

a) Dibujar el grafo y calcular los tiempos early y last y las holguras. Indicar el tiempo mínimo que puede emplearse en construir la presa.
b) Duración del proyecto si la actividad A durase 3 meses. Razonar la respuesta.
c) Duración del proyecto si la actividad F durase 2 meses. Razonar la respuesta.

7. La UTE «JEREZ» tiene que construir un complejo industrial, teniendo que realizar un conjunto de actividades cuya duración en meses son: A(3); B(2); C(2); D(4); E(2); F(1); G(5); H(3); I(3); J(4) y K(1).

Estas actividades se deben realizar según la siguiente tabla de precedencias:

—	—	—	A, C	B	A	A	B	G	D, G	E, F, H
A	B	C	D	E	F	G	H	I	J	K
D, F, G	E, H	D	J	K	K	I, J	K	—	—	—

Se pide:

a) Dibujar el grafo y calcular los tiempos early y last y las holguras. Indicar el tiempo mínimo que puede emplearse en construir el complejo industrial.
b) Duración del proyecto si la actividad A durase 4 meses. Razonar la respuesta.
c) Duración del proyecto si la actividad F durase 2 meses. Razonar la respuesta.

BIBLIOGRAFÍA BÁSICA

Anderson, D. R., Sweeny, D. J. y Willians, T. A. (1999): *Métodos cuantitativos para los negocios*, 7.ª ed., Thomson, Madrid.

Bañegil, T. M. (1993): *El sistema JIT in time y la flexibilidad en la producción,* Pirámide, Madrid.

Chase, R. B., Aquilano, N. J. y Jacobs, F. R. (2000): *Administración de producción y operaciones. Manufactura y servicios*, McGraw-Hill, Santa Fé de Bogotá.

Domínguez Machuca, J. A, García S., Domínguez Machuca M., Ruiz A. y Álvarez M. J. (1995): *Dirección de operaciones*, McGraw-Hill, Madrid.

Eppen G. D., Gould, F. J., Schmidt, C. P. Moore, J. H. y Weatherford, L. R. (2000): *Investigación de operaciones en la Ciencia Administrativa*, 5.ª ed., Pearson Prentice-Hall, Madrid.

Fernández, E y Vázquez, C. (1993): *Dirección de la producción*, Civitas, Madrid.

Gaither, N. y Fraizer, G. (2000): *Administración de producción y operaciones*, Thomson Learning, México.

Heizer, J. y Render, B. (2001): *Dirección de la producción: Decisiones tácticas*, Prentice-Hall, Madrid.

Krajewski L. J. y Ritzman, L. P. (2000): *Administración de operaciones: estrategia y análisis*, Prentice-Hall, México.

Miranda, J. M., Rubio, S., Chamorro, A., Bañegil T. M. (2005): *Manual de dirección de operaciones*, Thomson, Madrid.

Nakajima, S. (1991): *Introducción al mantenimiento productivo total*, Tecnología de gerencia y producción, Madrid.

Narasimhan, S., McLeavy, D. W. y Billington, P. (1996): *Planeación de la producción y control de los inventarios*, Prentice-Hall, México.

Romero, C. (1983): *Técnicas de programación y control de proyectos*, Pirámide, Madrid.

Waller, D. L. (1999): *Operations Management: A Supply Chain Approach*, International Thomson Business Press, Londres.

ENLACES DE INTERÉS

Monografías sobre Planificación, Producción y otros temas: http://www.monografias.com.

«Curso de Gestión de almacenes». Federación de Empresarios del Metal de Zaragoza. http://www.femz.es.

«El coste de los materiales y la gestión de stocks en las organizaciones», en 5campus.com, Contabilidad de Costes: http://www5campus.com/leccion/costmat.

Centro Español de Logística: http://www.cel-logistica.org.

Web Gestión de la Tecnología (GETEC): «Gestión de Proyectos». Universidad Politécnica de Madrid: http://www.getec.etsit.upm.es.

Redes y PERT/CPM (El método del camino crítico): http://www.gestiopolis.com/recursos/documentos/fulldocs/ger/pertcpm.htm.

Sociedad Española de Estadística e Investigación Operativa: http://www.seio.es.
Mantenimiento Mundial (el portal del mantenimiento): http://mantenimientomundial.com.

BIBLIOGRAFÍA REFERENCIADA

[1] Domínguez Machuca, J. A., García S., Domínguez Machuca A. M., Ruiz A. y Álvarez M. J. (1995): *Dirección de operaciones*, McGraw-Hill, Madrid.

[2] Miranda, F. J., Rubio, S., Chamorro, A. y Bañegil, T. M. (2005): *Manual de dirección de operaciones*, Thomson, Madrid.

[3] Miranda, F. J. y otros (2005): *Op. cit.*

[4] «Curso de Gestión de almacenes». Federación de Empresarios del Metal de Zaragoza. http://www.femz.es.

[5] Miranda, F. J., Rubio, S., Chamorro, A. y Bañegil, T. M. (2005): *Manual de dirección de operaciones*, Thomson, Madrid.

[6] Castán, J. M., Cabañero, C. y Núñez, A. (2000): *La logística en la empresa*, Pirámide, Madrid.

[7] Bañegil, T. M. (1993): *El sistema JIT in time y la flexibilidad en la producción*, Pirámide, Madrid.

[8] Web Gestión de la Tecnología (GETEC): «Gestión de proyectos», Universidad Politécnica de Madrid, http://www.getec.etsit.upm.es/docencia /gproyectos/gproyectos.htm.

[9] Smith, P. G. y Reinertsen, D. G. (1995): Developing Products in Half the Time. Ed. Van Nostrand Reinhold.

[10] Miranda F. J., Rubio S., Chamorro, A. y Bañegil, T. M. (2005): Manual de dirección de operaciones, Thomson, Madrid.

[11] Cuesta, M. (1987). «Mantenimiento ideal y mantenimiento imperfecto», *Revista de mantenimiento*, n.º 20.

Capítulo 9

Introducción a la dirección comercial

ANTONIO CHAMORRO MERA
ALEJANDRO DEL MORAL AGÚNDEZ

9.1. INTRODUCCIÓN

Salvo en las economías de autoabastecimiento de épocas prehistóricas, donde las poblaciones eran capaces de producir todo lo que necesitaban y de compartirlo entre sus miembros, la actividad comercial está intrínsecamente relacionada con la existencia del ser humano. Las relaciones de intercambio de productos, ya sea a través del trueque o de la compra-venta, son necesarias para nuestra supervivencia. Por tanto, se puede decir que el comercio es una actividad casi tan antigua como el hombre.

Sin embargo, el significado, la forma de llevarla a cabo y la importancia de esta actividad (denominada habitualmente como marketing) ha ido evolucionando con el paso del tiempo. Compare para ello los mercados de las grandes ciudades griegas y romanas, con los gremios de la edad media, con el comercio de especias y oro que existía entre distintos continentes tras el descubrimiento de América, con las transacciones industriales que surgen con la revolución industrial..., o con el comercio electrónico de hoy en día.

Pero aunque siempre ha existido, es en el entorno competitivo actual cuando el conocimiento sobre cómo realizar la actividad de comercialización de la forma más eficaz y eficiente adquiere una importancia vital para el éxito y la supervivencia de las empresas, pues en la actualidad la oferta supera a la demanda en casi todos los mercados. Este hecho justifica la necesidad de que el estudiante que se inicia en el mundo de la gestión empresarial adquiera unos conocimientos básicos sobre la materia. Por esta razón, dedicamos este primer capítulo de esta parte del libro a definir y aclarar el concepto de marketing y a describir brevemente cómo realizar un análisis de la situación del mercado donde compite la empresa. Además, el capítulo acaba con una explicación de la organización y el funcionamiento del denominado *sistema de información de marketing* que facilitará la recogida y el análisis de la información necesaria para la toma de decisiones en marketing. Se deja para el siguiente capítulo la explicación detallada del denominado marketing mix.

9.2. CONCEPTO DE MARKETING Y DIRECCIÓN DE MARKETING

9.2.1. Concepto de marketing

El marketing o sistema comercial de la empresa tiene como finalidad convertir los productos elaborados por el sistema productivo en un flujo de ingresos monetarios a través de la venta de los mismos. En otras palabras, es el encargado de llevar a cabo las relaciones de intercambio entre la empresa y su mercado (conjunto de consumidores), entendiendo por intercambio el acto por el cual una persona (física o jurídica) se pone en contacto con otra para obtener algo que desea ofreciéndole a cambio otra cosa. Bajo esta idea, hay que considerar al sistema de marketing como la última etapa del ciclo de explotación de la empresa (aprovisionamiento-producción-venta).

Sin embargo, esta consideración es sólo parcialmente cierta. Hoy en día, dado el nivel de competencia existente, el éxito de la empresa depende de conseguir fabricar un producto que reúna las características adecuadas para satisfacer de la mejor forma posible las necesidades de los consumidores. Si la empresa no lo hace, el producto acabará por no venderse, pues habrá competidores que oferten otros mejores. Por tanto, el marketing también debe considerarse como la primera etapa del ciclo de explotación, ya que será el encargado de estudiar el mercado para identificar las necesidades de los clientes y comunicárselas a la dirección de producción.

En definitiva, podemos decir que el marketing o sistema comercial es la parte de la empresa encargada de mantener relaciones con el mercado en su doble vertiente: conocer qué demanda y dar salida a la producción. La Amercian Marketing Association (AMA)[1], en la última actualización de su diccionario de términos de marketing (septiembre de 2004), lo define como *una función organizativa y un conjunto de procesos para crear, comunicar y distribuir valor a los consumidores y para gestionar las relaciones con los clientes de forma que beneficie a la organización y a sus grupos de interés.*

De esta concepción del marketing podemos extraer tres consideraciones:

— La parte más importante del marketing no consiste en la venta del producto; ésta es sólo la punta del iceberg[2]. Mientras que la venta es un proceso en sentido único (de la empresa hacia el cliente), el marketing debe ser entendido como un proceso bidireccional, que incluye el flujo físico del producto desde la empresa hasta los clientes y el flujo de información que llega desde los clientes hasta la empresa y que permite conocer sus necesidades (véase el cuadro de la página siguiente).

— A través del intercambio se debe conseguir que todas las partes implicadas en él salgan beneficiadas. En concreto, que la empresa cumpla sus objetivos económicos y que los clientes puedan satisfacer sus necesidades. Por tanto, el intercambio de productos no debe ser entendido como el fin del marketing, sino como el medio para conseguir la satisfacción de las necesidades de los clientes. El estudio de estas necesidades debe guiar todas las decisiones comerciales de la empresa. Tal y como se aprecia en la Figura 9.1, el marketing debe:

1. Identificar las necesidades de las personas, entendidas como las sensaciones, fisiológicas y psicológicas, de carencia de algo: hambre, sed, abrigo, movilidad, entretenimiento, etc.

EL LABORATORIO DEL JUGUETE DE FISHER-PRICE

Desde el primer momento, Herman Fisher tuvo claro que quienes mejor podían juzgar el acierto de un juguete eran los propios niños. Durante muchos años reunió a sus hijos, a los de sus empleados y a los del vecindario para probar los prototipos. La ayuda de los pequeños colaboradores se hizo cada vez más indispensable para desarrollar nuevos juguetes. Por ello, en 1961 Fisher-Price abrió el primer laboratorio de juego del mundo.

El Play Laboratory es un centro de investigación propio en el que diseñadores, ingenieros y maestros pueden observar de cerca la reacción de los niños ante las nuevas ideas de juguetes. En él participan niños de distintas edades, desde recién nacidos hasta niños de 6 años.

Observar cómo juegan, solos o con otros niños, permite aprender cómo piensan, lo que les gusta y lo que no, y qué es importante para ellos. Saber desde qué altura dejará caer el niño el juguete al suelo, qué presión ejercerán sus dientes si se lo lleva a la boca, qué partes son las que estirará con mayor frecuencia o qué peso tendrá que soportar el juguete si el niño se sube encima, son datos importantísimos que permiten hacer productos cada vez mejores y más duraderos.

En el Play Laboratory las sesiones se realizan en grupos de varios niños o individualmente. Suelen ser dirigidas por un maestro, pero los padres siempre están presentes. Los diseñadores de Fisher-Price observan tras un cristal. Su trabajo es verles jugar. Según comentan, «observando las distintas maneras que tienen los niños de utilizar el mismo juguete, aprendemos a innovar, modificar y mejorar los juguetes ya diseñados. También encontramos ideas para crear otros juguetes completamente innovadores, en función de cómo les vemos jugar en cada etapa de su vida». Los propios diseñadores afirman que «ellos, los niños, son mucho más creativos que nosotros».

FUENTE: www.fisher-price.com/es.

2. Orientar los deseos. Un deseo es la forma en que la persona expresa su voluntad de satisfacer una necesidad. Por ejemplo, una persona que realiza muchos viajes semanalmente por razones de trabajo tiene la necesidad de comunicarse con otras personas en cualquier momento y lugar, por lo que seguramente tendrá el deseo de comprarse un teléfono móvil. Debemos re-

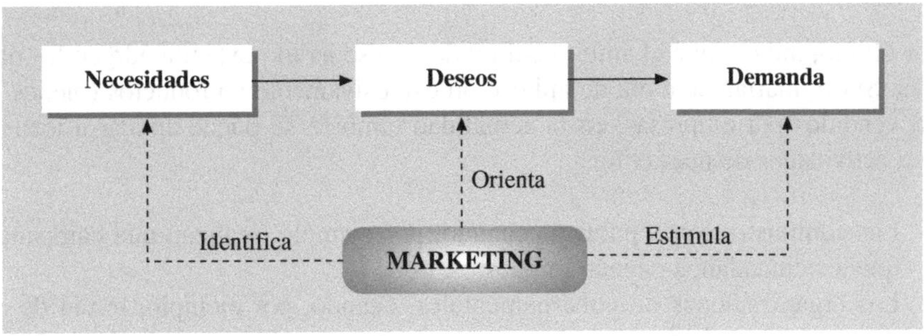

FUENTE: Santesmases (2001)[3].

Figura 9.1. La cadena necesidad-deseo-demanda.

saltar que no puede existir un deseo sin una necesidad, aunque sí a la inversa. Muchas veces se critica al marketing diciendo que crea necesidades artificiales. Sin embargo, el marketing sólo crea deseos, la necesidad debe existir, bien de forma manifiesta o de forma latente. Siguiendo con el ejemplo anterior, las empresas de telefonía móvil no han creado la necesidad de tener uno de sus teléfonos, sino que han identificado la necesidad de gran parte de la sociedad actual de estar continuamente comunicados e informan sobre cómo conseguirlo.

3. Estimular la demanda, entendida como la materialización de un deseo. Una vez generado el deseo, se trata de incentivar o persuadir para que se compre un determinado tipo de producto (el teléfono móvil) y una determinada marca (por ejemplo, Nokia). Pero, para que un deseo se convierta en demanda es imprescindible que la persona tenga la capacidad y recursos económicos suficientes.

— El objetivo del marketing no debe ser conseguir una transacción o venta aislada con el cliente. Puesto que hoy en día suele ser más costoso para las empresas conseguir un nuevo cliente que mantener fiel a uno antiguo, el marketing debe crear y mantener relaciones estables y duraderas con los clientes. En este sentido, se dice que se está evolucionando de un *marketing de transacciones* a un *marketing de relaciones*, definido como el conjunto de actividades encaminadas a crear relaciones a largo plazo, mutuamente satisfactorias, con agentes claves (consumidores, proveedores, distribuidores) con el fin de obtener y conservar las preferencias y los negocios con dichos agentes[4]. Así, algunos instrumentos muy extendidos para conseguir este objetivo son las tarjetas de fidelización (que recompensan con ciertas ventajas a los clientes que la utilizan con más asiduidad), los servicios de atención al cliente (se estima que de aquellos clientes que se quejan y reciben una atención correcta más de la mitad vuelve a hacer negocio con la empresa) y los clubes de clientes (a los que se accede alcanzando un determinado volumen de compras o mediante una cuota de entrada). Por ejemplo, Harley Dadvison tiene su club de propietarios, a través del cual los fanáticos de esta mítica moto reciben las últimas novedades y noticias sobre la marca, compran productos relacionados con la marca a precios inferiores y pueden intercambiar sus opiniones en distintos foros.

Por último, indicar que el ámbito del marketing se ha ido extendiendo en las últimas décadas. Si originariamente era de aplicación exclusivamente a productos (bienes y servicios) vendidos por empresas, en la actualidad también se puede aplicar a ideas. Así, realizan actividades de marketing:

— Las administraciones públicas cuando, por ejemplo, realizan una campaña para que los ciudadanos paguen impuestos.
— Las organizaciones no gubernamentales, cuando, por ejemplo, tratan de captar dinero para apadrinar niños en países subdesarrollados.
— Los partidos políticos, buscando convencer al electorado para obtener su voto.
— Las asociaciones de consumidores, los ecologistas, etc.

9.2.2. La dirección de marketing

Entre las distintas áreas funcionales que pueden existir en una empresa, la dirección de marketing es la encargada de gestionar las actividades comerciales de la misma. De forma resumida, sus funciones se pueden agrupar en las tres siguientes:

1. Definir el mercado donde va a competir la empresa.
2. Analizar la situación de dicho mercado. Para ello, los estudios a realizar se pueden agrupar en cuatro: análisis de la demanda, del comportamiento de los consumidores, de los competidores y del macroentorno. Los resultados de estos análisis pueden dar lugar a que la empresa se replantee el mercado en el que compite.
3. Decidir las estrategias y acciones comerciales a desarrollar. Para ello cuenta con cuatro instrumentos o variables básicas: el producto, el precio, la distribución y la comunicación. Debido a su traducción en inglés, también se les conoce como las 4P del marketing (product, price, place y promotion)[5]. La combinación de todas ellas da lugar al **marketing-mix** de la empresa (véase la Figura 9.2). Para el análisis tanto de la situación del mercado como de las mejores alternativas de marketing mix, la dirección de marketing cuenta con el apoyo de un conjunto de métodos y técnicas que constituyen el *sistema de información de marketing* (SIM).

Como se ha indicado anteriormente, el objetivo que debe perseguir la dirección de marketing es conocer las necesidades de sus clientes y satisfacerla de la mejor manera posible. Pero alcanzar esta satisfacción requiere el compromiso de toda la organización: la dirección general debe suministrar los recursos necesarios, los ingenieros y el departamento de operaciones deben diseñar y fabricar los productos con las características que

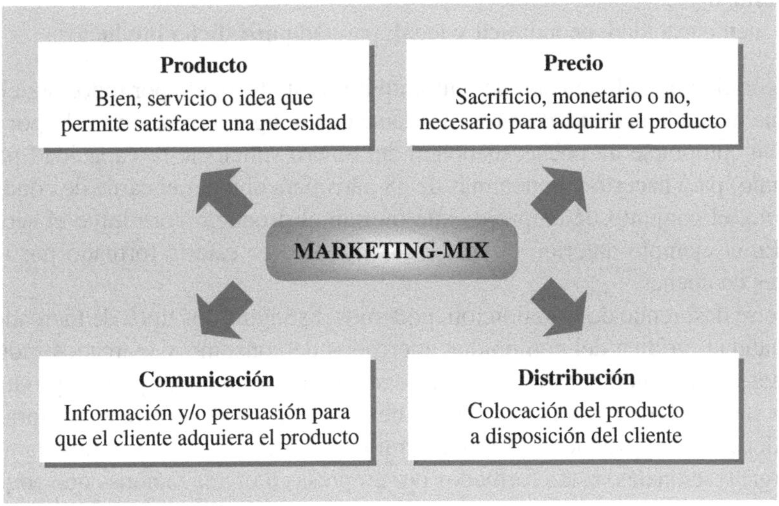

FUENTE: Elaboración propia.

Figura 9.2. El marketing mix.

demandan los clientes, el departamento de recursos humanos debe formar al personal para que atienda correctamente a los clientes... En definitiva, podemos considerar que la finalidad última de la dirección de marketing es contribuir a que la empresa tenga una **orientación al mercado**. Kohli y Jaworski[6] definen la orientación al mercado como *la generación de información del mercado, a lo largo de toda la organización, sobre las necesidades actuales y futuras de los clientes, la diseminación de tal información a los distintos departamentos y la respuesta a la misma de toda la organización*. Según estos autores, una empresa con orientación al mercado posee los siguientes elementos básicos:

- Orientación al cliente. El conocimiento de las necesidades del cliente debe guiar las decisiones que se adopten en la empresa.
- Integración y coordinación interdepartamental. El compromiso de crear valor para el cliente debe ser comprendido y asumido por todos los departamentos, no sólo por el departamento de marketing.
- Orientación al beneficio. Hay que satisfacer al cliente generando, en el largo plazo, el máximo beneficio para la empresa.

9.3. LA DEFINICIÓN DEL MERCADO DE LA EMPRESA

Coloquialmente, se considera que el mercado es un lugar físico en el que se produce una relación de intercambio entre comprador y vendedor. Sin embargo, desde el punto de vista del marketing, este concepto es muy limitado. El mercado debe ser entendido como el conjunto de personas (físicas o jurídicas) de una determinada zona que cumplen los siguientes requisitos:

- desean o pueden llegar a desear un producto para satisfacer una determinada necesidad y
- tienen capacidad, económica y legal, para adquirir dicho producto.

Así, por ejemplo, el mercado del automóvil no está formado por todos aquellos individuos que tienen la necesidad de transportarse de un lugar a otro, sino sólo por aquellos que desean comprarse un coche, disponen del dinero suficiente (o capacidad para pedir un préstamo) para hacerlo y tienen más de 18 años para obtener el carné de conducir. Por el contrario, el conjunto de empresas que ofertan el producto constituye el sector o industria. En el ejemplo anterior, el sector automovilístico estaría formado por todos los fabricantes de coches.

Como se desprende de la definición, podemos distinguir dos tipos de mercados según la personalidad jurídica del comprador: mercados de consumo y mercados industriales. Los primeros son aquéllos formados por personas físicas que compran el producto para satisfacer sus necesidades personales o las de su hogar. En este caso, el comprador es el consumidor final del producto. Por el contrario, los mercados industriales (también llamados organizacionales) están formados por empresas u organizaciones que adquieren el producto para desarrollar una determinada actividad económica, ya sea con ánimo de lucro o sin él. Hay empresas cuyos productos se dirigen exclusivamente a uno de estos dos tipos de mercado, pero otros productos se pueden dirigir tanto al mercado de consumo como al mercado industrial. Por ejemplo, los fabricantes de motores para automóviles venden exclusivamente a los fabricantes de coches, pero los fabricantes de neumáticos pueden venderlos a los fabricantes de coches y a los talleres (mercados industriales) o bien directamente a los consumidores finales (mercado de consumo).

Además, los directivos de la empresa también deben delimitar el mercado geográficamente. En función de dónde comercialice sus productos, se puede decir que la empresa actúa en un mercado local, regional, nacional o internacional. Incluso, en aquellas empresas multinacionales que venden sus productos en casi todos los países desarrollados del mundo se habla de que compiten en un mercado global o mundial.

En lo comentado hasta ahora se ha considerado que los mercados están formados por individuos homogéneos, pues todos desean satisfacer la misma necesidad genérica. Sin embargo, los consumidores que forman el mercado suelen tener características y necesidades específicas diferentes, de forma que no siempre buscan el mismo beneficio con la compra y el uso o consumo del producto. Todos los compradores de un coche lo adquieren para disponer de un medio de transporte propio, pero unos buscarán que sea pequeño para aparcar fácilmente, otros que sea grande para que quepa toda la familia, otros que sea seguro porque suelen realizar viajes largos, otros serán amantes de la velocidad..., e, incluso, otros utilizarán el coche como signo de su status social. Por tanto, debe aceptarse que los mercados están formados por individuos heterogéneos.

Ante esta realidad, las empresas pueden adoptar tres estrategias diferentes que derivan en la aplicación de tres tipos de marketing diferentes: marketing de masas, marketing basado en la segmentación del mercado y marketing personalizado (véase la Figura 9.3). Aquellas empresas que aplican un **marketing de masas** consideran a todos los consumidores como una unidad, obviando las posibles diferencias entre ellos y, por tanto, dirigiéndoles una misma oferta comercial a todos ellos (mismo producto, al mismo precio, en los mismos canales y con la misma comunicación). Esta estrategia puede ser la adecuada en aquellas situaciones donde el nivel de competencia es reducido, pero estas situaciones son cada vez más escasas en el mundo actual.

El **marketing personalizado** es el extremo contrario al marketing de masas. Considera que cada cliente es diferente al resto, adaptando la oferta comercial de la empresa a las necesidades específicas de cada uno de ellos. Esta estrategia es casi la única posible cuando la empresa ofrece determinados servicios muy personales, como es el caso de una peluquería o de una consultoría. En caso de productos físicos o bienes es más difícil aplicarla debido a que generalmente conlleva elevados costes que dan lugar a un precio muy elevado. Por esta razón, esta estrategia no suele ser viable para las empresas que fabrican bienes de consumo masivo (alimentos, ropa, etc.), pero sí en algunos mercados industriales, por ejemplo cuando un fabricante de aviones adapta la distribución de los asientos según las peticiones de la compañía aérea que se lo va a comprar.

Entre el marketing de masas y el marketing personalizado cabe la opción intermedia de considerar que, aunque diferentes, los consumidores se pueden agrupar en segmentos. La **segmentación** es un proceso de división del mercado que busca obtener grupos que, por un lado, sean internamente lo más homogéneos posible en cuanto a sus características, sus necesidades o sus comportamientos y que, por otro lado, sean lo más heterogéneos posible unos de otros. Para la dirección de marketing, la cuestión es determinar qué segmentos existen dentro de un mismo mercado y a cuál o cuáles de ellos dirigir la oferta comercial de la empresa.

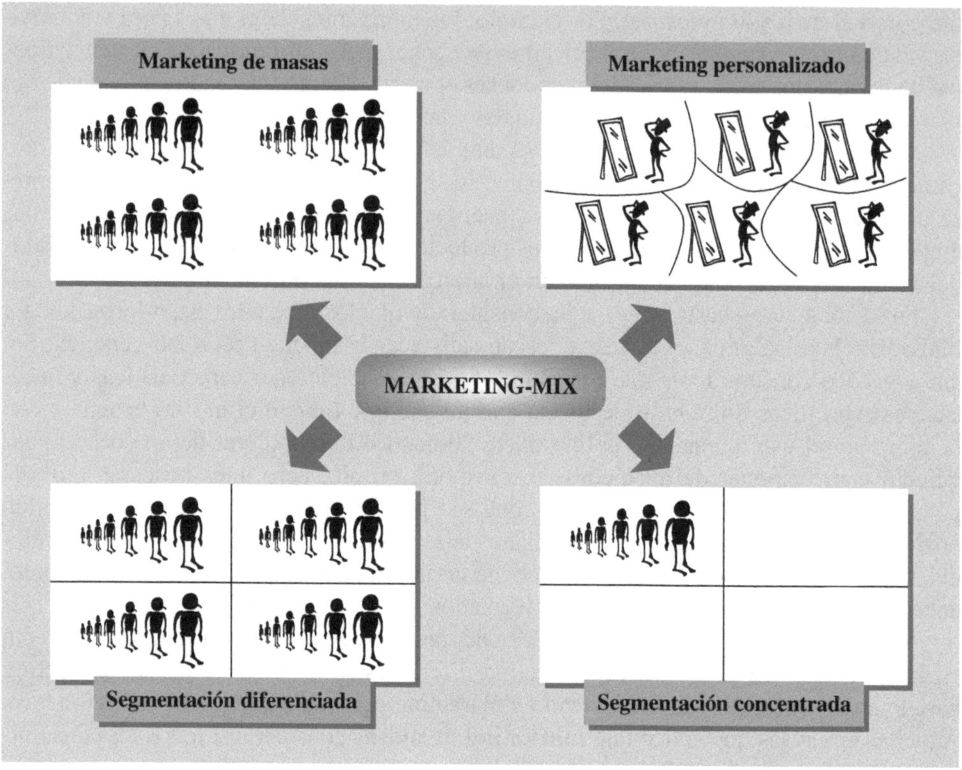

FUENTE: Elaboración propia.

Figura 9.3. Estrategias de marketing con relación al mercado.

Para segmentar un mercado podemos utilizar dos tipos de criterios: generales y específicos. Los criterios generales son independientes del producto o del proceso de compra seguido por el individuo y entre ellos se pueden mencionar los siguientes:

— Variables demográficas, como el sexo, la edad, el estado civil, el tamaño del hogar, etc. Por ejemplo, la industria juguetera segmenta el mercado en función de la edad y el sexo, pues los juegos y la forma de jugar son diferentes en niños y niñas y van variando con los años.
— Variables socioeconómicas, tales como el nivel de ingresos, la profesión o el nivel de estudios del consumidor. Así, marcas automovilísticas como Jaguar, Lexus, Mercedes o BMW se dirigen preferentemente al segmento de compradores con mayor poder adquisitivo.
— Variables geográficas, referidas al país o región donde habiten los consumidores. Basándose en estos criterios, algunos periódicos de tirada nacional sacan ediciones adaptando parte de sus contenidos a la información relevante de las principales regiones. Del mismo modo, los periódicos de ámbito regional lo adaptan a las distintas comarcas.

— Variables psicográficas, que vienen determinadas por el estilo de vida y la personalidad del individuo. Estas variables son habitualmente utilizadas para comercializar colonias, bebidas alcohólicas, tabaco y marcas de ropa.

Por otro lado, los criterios específicos son los relacionados con el producto o con el proceso de compra, tales como el tamaño de las compras realizadas habitualmente por el consumidor, el uso que se haga del producto, la fidelidad a la marca, las situaciones de compra, el lugar de compra, los beneficios buscados en la compra y el consumo del producto o las actitudes y percepciones del comprador. Este tipo de criterios es muy utilizado por la industria agroalimentaria al ofrecer un mismo alimento en envases de distinto tamaño, en distintos formatos o con ciertas modificaciones en su composición (bajo en sal, sin cafeína, con vitaminas añadidas, con calcio, light, etc.).

Generalmente, una empresa utiliza simultáneamente varios criterios para segmentar el mercado. Para ello podemos recurrir a utilizar diversas técnicas estadísticas, como el análisis de la varianza, el análisis discriminante, el análisis cluster o el análisis factorial.

Una vez identificados los segmentos existentes en el mercado, debemos decidir a cuál o cuáles de ellos se va dirigir la oferta comercial de la empresa. La elección deberá hacerse en función de los recursos económicos de los que disponga la empresa, de cuáles sean sus ventajas competitivas y del nivel de competencia que exista en cada segmento. Así, una pequeña empresa difícilmente podrá competir en muchos segmentos, especialmente en aquéllos donde estén compitiendo grandes empresas multinacionales. Más bien, deberá buscar un segmento poco o mal atendido por estas empresas. Además, si el producto de la empresa es de baja calidad, deberá renunciar a los segmentos que valoran este atributo y deberá centrarse en aquéllos que sacrifican calidad por bajos precios. Los individuos que constituyan el segmento o segmentos atendidos por la empresa forman su **mercado-meta** o **público-objetivo**.

La segmentación de los clientes de NH Hoteles a través de su tarjeta de fidelización

nH WORLD

NH Hoteles lanzó en 2004 su programa de fidelización «NH World» para premiar a los clientes habituales de la cadena. Estos clientes obtendrán una tarjeta que lleva incorporado un chip que permite, entre otras cosas, la grabación y personalización inmediata de datos, de forma que en ella quedarán registrados no sólo la identificación del cliente, sino también sus preferencias de habitación, aficiones, servicios más demandados e, incluso, observaciones particulares que desee hacer.

Gracias a la tarjeta «NH World», los clientes disfrutan de un servicio mucho más ágil y de más calidad, como puede ser el «check in express», que permite el registro inmediato del cliente en el hotel con sólo entregarla (sin necesidad de dar datos o esperar), el «check out express», que permite al cliente realizar la operación de cierre de la habitación a través de una terminal táctil (sin necesidad de esperar a ser atendido personalmente) o la posibilidad de que el hotel guarde sus enseres durante cierto tiempo o de no abandonar la habitación hasta las 16 horas del día de salida. Además, los afiliados a «NH World» acumulan «créditos» por un mínimo del 5 por 100 del valor de los productos y servicios facturados en NH Hoteles. Estos «créditos» son canjeables por noches de estancia en los hoteles NH, desayunos u otros servicios.

FUENTE: Información corporativa de NH Hoteles.

La selección de los segmentos a atender se puede hacer según dos estrategias de segmentación básicas:

— **Estrategia diferenciada.** Implica ofrecer una oferta comercial adaptada a las peculiaridades de todos o de la mayoría de los segmentos identificados en el mercado. La adaptación de la oferta a cada segmento se puede hacer variando una o varias de las variables de marketing mix. Lo más habitual es que se modifique simultáneamente el producto y el precio. Por ejemplo, el precio de un alimento suele ser más barato cuando se comercializa en un envase de mayor tamaño o en un pack con mayor número de producto. Sin embargo, en algunos casos el producto puede ser el mismo y el precio distinto según el tipo de cliente. Este tipo de segmentación por precio suele ser utilizado habitualmente por los hoteles, quienes cobran por la misma habitación un precio diferente según la época del año o según si se trata de un cliente esporádico o de un cliente habitual con tarjeta de fidelización del hotel.
— **Estrategia concentrada.** Implica ofrecer una oferta comercial adaptada a uno o a unos pocos de los segmentos identificados. En este caso, la empresa acepta su incapacidad para atender a todo el mercado y decide concentrar sus recursos en atender lo mejor posible a los segmentos elegidos. Así, mientras empresas del sector automovilístico como Ford o Renault ofrecen coches para casi todos los segmentos del mercado, otras empresas como Ferrari o Porsche se especializan sobre todo en los compradores que demandan un vehículo deportivo y de gran cilindrada.

9.4. EL ANÁLISIS DE LA DEMANDA

En un sentido general, la demanda es *el volumen total de compras de un producto realizado por una determinada categoría de clientes, en un lugar y en el curso de un período de tiempo dado, en unas condiciones de entorno determinadas y para un esfuerzo de marketing previamente definido*. Este volumen de compras que constituye la demanda puede medirse tanto en unidades físicas (kilos, litros, número de productos, etc.) como en unidades monetarias (multiplicando la cantidad demandada por su precio unitario). Pero, como se puede apreciar, esta definición es muy amplia y general, por lo que debe ser delimitada acotando las siguientes dimensiones:

— Dimensión geográfica, es decir, a qué ámbito territorial se refiere: demanda local, regional, nacional o mundial.
— Dimensión temporal. Se puede hablar de una demanda a largo plazo (para períodos superiores a un año), de una demanda anual y de una demanda a corto plazo (referida a semestres, meses o, incluso, días).
— Dimensión comprador. La demanda se puede referir a la totalidad del mercado o a un segmento concreto del mismo.
— Dimensión producto. En función del significado atribuido al término producto, la demanda puede hacer referencia a una marca concreta (demanda de marca), al conjunto de productos de una empresa (demanda de empresa) o a la categoría de producto, es decir, al conjunto de productos de la totalidad de empresas compe-

tidoras en el mercado (demanda global). Conocidas estas demandas se puede saber la posición que cada marca y cada empresa ocupa en el mercado a través del cálculo de la cuota de mercado.

$$\text{Cuota de mercado} = \frac{\text{Demanda de la marca (o de empresa)}}{\text{Demanda global}}$$

El análisis de la demanda que debe realizar la dirección de marketing conlleva realizar tres tareas fundamentales: medir la demanda, tratar de explicarla y predecir su evolución futura.

9.4.1. La medida de la demanda

Conocer la demanda de marca y la demanda de la empresa suele ser una tarea relativamente fácil acudiendo al sistema contable y administrativo de la empresa donde se recoge cuánto se ha vendido en el período considerado y a qué precios. Sin embargo, el conocimiento de la demanda global suele ser más complejo. En algunos casos, los menos, se puede saber gracias a registros oficiales donde se recogen las ventas de todas las empresas de un sector. Por ejemplo, las ventas de automóviles se conocen con exactitud a través del control de las matriculaciones y las demandas de productos financieros por la información que los bancos tienen que enviar al banco central. Pero en la mayoría de los casos, la demanda global se ha de estimar ya sea por parte de la propia empresa interesada, por parte de las asociaciones empresariales o por parte de empresas especializadas en realizar este tipo de estudios de mercado (por ejemplo, A. C. Nielsen).

Además de la demanda global actual, los directivos de marketing deben estimar la demanda (o mercado) potencial, entendido como *el volumen total de compras de un producto que podría llegar a ser comprado por una determinada categoría de clientes, en un lugar, en un período de tiempo y en un entorno concreto, si se realizase una utilización intensiva de las acciones de marketing por parte de todos los competidores*. Por tanto, esta demanda potencial está formada por las compras de los clientes reales o efectivos (demanda global) más las compras que podrían hacer los individuos que no son clientes efectivos, pero que poseen capacidad económica y legal para comprar el producto.

Por otro lado y en la medida de lo posible, la medición o estimación de la demanda debemos realizarla tanto para el mercado en su conjunto como para los segmentos específicos que atiende la empresa, pues es posible que existan diferencias significativas. Por ejemplo, durante el año 2005 las ventas de automóviles en España han crecido en torno al 2,5 por 100 y, sin embargo, en el segmento de los todoterrenos y de los monovolúmenes pequeños las ventas han crecido por encima del 15 por 100. También es importante conocer la demanda por zonas geográficas atendidas por la empresa y por meses.

9.4.2. Explicar la demanda

La demanda debe ser entendida como una variable dependiente cuyo comportamiento viene explicado por un conjunto de variables o factores explicativos. Algunos de estos factores son controlables, al menos en parte, por la empresa, tales como la calidad del producto, el precio de venta, la inversión en promoción, el número de establecimientos donde se venda el producto, etc. Pero otros factores no lo son, como la renta de los potenciales clientes, sus costumbres, las perspectivas económicas del país, el precio de los productos sustitutivos, etc. La dirección de marketing tendrá que conocer cuáles son estas variables explicativas y determinar la influencia que cada una de ellas posee sobre la demanda.

Para medir la influencia de una variable sobre la demanda se utiliza el concepto de elasticidad. Tal y como se define en teoría económica, la elasticidad es *la variación relativa de la demanda provocada por un cambio relativo en la variable explicativa considerada, cuando el resto de variables explicativas permanecen constantes*. El conocimiento de las elasticidades nos permitirá realizar un análisis de sensibilidad, es decir, cuantificar en qué medida se modificará la demanda ante una variación de uno o varios de los factores que la explican. Así, por ejemplo, si la elasticidad demanda-precio de un producto es de –3 podemos afirmar que las ventas del producto se reducirán un 3 por 100 cuando subamos el precio un 1 por 100. O a la inversa, si bajamos el precio un 1 por 100, la demanda aumentará un 3 por 100.

9.4.3. La previsión de la demanda futura

Por último, la dirección de marketing debe hacer una previsión sobre cuál será la demanda en el próximo período. No se trata de adivinar las ventas futuras, sino de hacer la mejor estimación posible de cara a establecer los objetivos de venta para los productos de la empresa y, en función de este dato, determinar las necesidades de producción, de financiación, de trabajadores a contratar, etc. La realización de esta previsión se verá favorecida si disponemos de una correcta información sobre cómo se ha comportado la demanda en el pasado, cómo se está comportando en la actualidad y sobre cuáles son sus variables explicativas.

La previsión de la demanda puede realizarse con una amplia variedad de técnicas que complementan la experiencia y las intuiciones del directivo de marketing. Estas técnicas pueden agruparse en las siguientes:

- Métodos subjetivos, como solicitar una estimación a los vendedores de la empresa o el método Delphi, consistente en solicitar a un grupo de expertos su opinión sobre la tendencia futura.
- Métodos de investigación de mercados, como los estudios de intención de compra y los test de mercado. Los primeros se basan en preguntar, a través de una encuesta, a los compradores potenciales su intención de compra del producto o de la marca. Los tests de mercado consisten en comercializar el producto en un mercado reducido, pero representativo del mercado real al que se lanzará el producto. Por ejemplo, se comercializa el producto sólo en una ciudad de tamaño medio para observar la reacción de los compradores y extrapolar los resultados de ventas al conjunto de todo el mercado geográfico donde se quiera vender el producto.
- Métodos basados en series temporales. En estos casos suponemos que las ventas futuras vienen determinadas por las ventas pasadas. El método más simple es el de las medias móviles, que considera que la previsión para el siguiente período viene dada por la media de las ventas de los últimos *n* períodos.

— Métodos causales. Mientras que los métodos basados en series temporales consideran que la demanda futura es función exclusivamente de las ventas pasadas, estos métodos consideran la existencia de otras variables explicativas. Por ejemplo, se puede considerar que la demanda es una función como la siguiente:

$$Q = \mu + \alpha_1 X_1 + \alpha_2 X_2 + ... + \alpha_n X_n$$

siendo:

μ un parámetro constante.
$X_1, X_2, ..., X_n$ las variables explicativas.
$\alpha_1, \alpha_2, ..., \alpha_n$ los parámetros que relacionan cada variable con la demanda.

A través de técnicas estadísticas y econométricas se podrá conocer cuáles son las variables explicativas, qué tipo de función explica mejor la relación entre ellas y la demanda y cuál es el valor de los distintos parámetros de la ecuación.

9.5. EL ANÁLISIS DEL COMPORTAMIENTO DEL CONSUMIDOR

Como la finalidad del marketing es la satisfacción del consumidor, el estudio de su comportamiento se convierte en el eje central de todas las decisiones de marketing. En función de este conocimiento sabremos qué características tiene que tener el producto, cuál es el máximo precio que se le puede poner, en qué canales de venta se debe vender, qué debe comunicarse en el mensaje publicitario, qué medios de comunicación utilizar, etc. El análisis del consumidor debe permitir a la dirección de marketing conocer el proceso de compra y consumo (o uso, según el caso) de los individuos, ya sean personas físicas o jurídicas. En concreto, debe dar respuesta a las siguientes 7 preguntas: ¿qué compra?, ¿quién?, ¿por qué?, ¿cuánto?, ¿cuándo?, ¿dónde? y ¿cómo?

HÁBITOS DE COMPRA DE LOS ESPAÑOLES EN NAVIDAD

Según un estudio de 2004 del Ministerio de Agricultura, Pesca y Alimentación, las principales características y hábitos de compra de los españoles en navidad son los siguientes:

¿Qué se compra? Como es conocido, en esta época se adquieren productos típicos que no se suelen comprar en otros momentos del año. Además, la adquisición de productos alimenticios para regalar es bastante frecuente. Se percibe también un aumento del consumo de productos con denominación de origen.

¿Cuánto se compra? El gasto medio del consumidor español en productos alimenticios en navidades es de 300 euros, lo que hace que el presupuesto del mes de diciembre dedicado a alimentos sea considerablemente superior al de otros meses. Se tiene que tener en cuenta el aumento notable tanto del número de comidas fuera del hogar, como de las veces que se invita a comer a familiares o amigos en el hogar.

¿Dónde se compra? En general las compras de alimentación en estas fechas se realizan en los mismos establecimientos que el resto del año percibiéndose un ligero aumento de las compras realizadas en hipermercados.

¿Quiénes realizan las compras? Un 38,4 por 100 de entrevistados reconoce que en la decisión de las compras navideñas de alimentación participan más personas de lo habitual. En la mayoría de los casos se comparte esta decisión con la pareja.

¿Cómo se compra? Para el diseño de los menús navideños se tienen en cuenta principalmente los gustos familiares. A pesar de que perciben un aumento generalizado de los precios, el consumidor no suele modificar su cesta de la compra. Por otro lado, durante las fechas navideñas desciende ligeramente la importancia del folleto como medio publicitario para atraer clientes frente a las publicidades insertadas en medios de comunicación masivos.

¿Cuándo se compra? No se observan cambios en los días elegidos por el consumidor para la realizar las compras. La mayoría prefiere realizarlas entre semana para evitar las aglomeraciones y además no tiene por costumbre adquirir los productos navideños con gran anticipación, realizan sus compras en la misma semana de las fiestas.

FUENTE: Elaboración propia a partir del Observatorio del Consumo y de la Distribución Alimentaria.

Además, un conocimiento exhaustivo del consumidor nos permite saber su proceso de decisión de compra, es decir, las fases que sigue desde que se le plantea una necesidad hasta el momento posterior a la decisión de comprar o no un producto. Aunque, como explicaremos más adelante, este proceso varía según determinadas situaciones, el proceso general de decisión está formado por las siguientes etapas (véase la Figura 9.4):

1.ª etapa: reconocimiento de la necesidad. Es el momento en el que surge la necesidad y el deseo de satisfacerla. Por ejemplo, una avería en un coche de bastante antigüe-

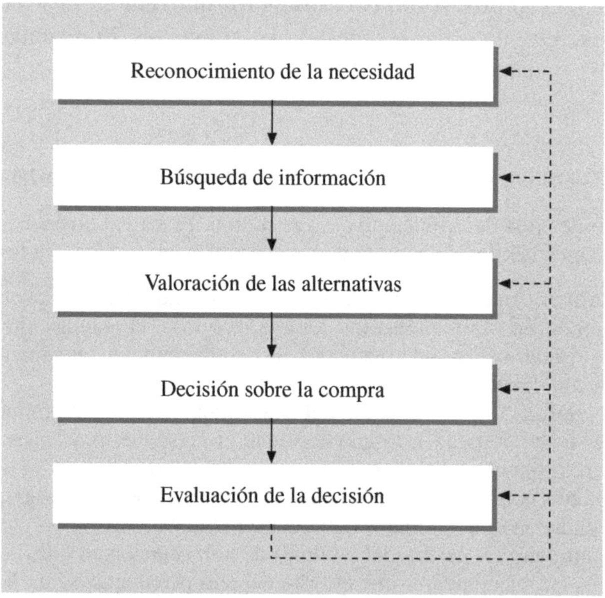

FUENTE: basado en Engel, Kollat y Blackwell (1968)[7].

Figura 9.4. El proceso de decisión de compra.

dad y que conlleve una reparación cara puede ser el hecho que inicie el proceso de decisión de compra de un nuevo vehículo.

2.ª etapa: búsqueda de información. A través de su propia memoria y experiencia, así como de fuentes de información externa como los anuncios, los amigos o los expertos, el individuo busca qué productos y qué marcas pueden satisfacer su necesidad. Así mismo, para cada producto o marca identificada se informará de cuáles son sus características. En el caso del individuo que tiene que cambiar de coche, esta etapa consistirá en la búsqueda de los concesionarios de las marcas de coches conocidas y en la visita a los mismos para verlos e informarse de modelos, precios, formas de financiación, etc.

3.ª etapa: análisis de las alternativas. Se valoran los atributos de los distintos productos de los que ha conseguido información, creándose unas preferencias sobre ellos. Seguramente, en el ejemplo utilizado, el individuo llegará a su casa y comparará tranquilamente la información obtenida en los concesionarios, consultándola con otros miembros de la familia o con amigos.

4.ª etapa: decisión. Tras evaluar las alternativas, el individuo tomará la decisión de comprar el producto elegido, de no comprar ninguno o de posponer la compra en el tiempo hasta otra ocasión mejor.

5.ª etapa: sensaciones posteriores. Transcurrido cierto tiempo desde la decisión, surgirán en el individuo sensaciones de satisfacción o insatisfacción, tales como «¡qué buena elección hicimos!», «tuvimos que comprar el otro modelo que vimos» o «tuvimos que comprarlo en aquel momento». Estas sensaciones influirán en los procesos de compra futura del individuo, pues pueden crear lealtad a la marca comprada si se ha quedado satisfecho o puede generar rechazo si la sensación es de insatisfacción.

La importancia, intensidad y duración de estas etapas variarán según los individuos y según el producto a comprar. El directivo de marketing debe conocer con cuál de los siguientes estilos de compra se identifican sus clientes:

— Compra de alta implicación o compra de baja implicación. En las compras de alta implicación (por ejemplo, un coche o una vivienda) el individuo dedica más tiempo y esfuerzo en buscar información y evaluar las alternativas, pues tanto el dinero a gastar como las consecuencias de hacer una mala elección son mayores.
— Compra por impulso o planificada. Cuando se compra impulsivamente, el proceso comentado se invierte, pues primero se decide la compra y luego se justifica la misma.
— Compra racional o emocional. Según el caso, los atributos que se valorarán en la tercera etapa serán diferentes.
— Compra rutinaria o esporádica. Si la compra se hace habitualmente, las etapas de búsqueda de información y evaluación de las alternativas se realiza rápidamente, pues el nivel de información del que ya dispone es alto. Incluso estas etapas pueden no existir si el consumidor decide comprar la marca que ya ha comprado anteriormente.

Una vez conocido el proceso de compra, el directivo de marketing debe analizar también qué factores influyen en que dicho proceso sea así. Indudablemente en este proceso influyen las acciones de marketing de las empresas, especialmente la publicidad realizada. Pero también hay que tener en cuenta los factores internos del individuo, tales como su motivación, sus percepciones, su experiencia, sus actitudes y sus características personales (edad, sexo, etc.), y los factores externos, tales como el macroentorno, la familia y otros grupos sociales a los que pertenece o aspira a pertenecer el individuo y las influencias que pueden ejercer las personas que sean consideradas líderes de opinión, prescriptores o expertos. Así, por ejemplo, no suele ser igual el proceso de compra de un coche de un joven de 20 años que irá acompañado de sus padres (los cuales pagarán la compra), pero se dejará guiar por las opiniones de sus amigos sobre los distintos modelos y marcas, que el de un ejecutivo de mediana edad que busque un coche de lujo para ir al trabajo.

9.6. EL ANÁLISIS DE LOS COMPETIDORES

La empresa interactúa con sus competidores de tal forma que las acciones de éstos afectan a las ventas de la empresa y las acciones comerciales que ésta adopte suscitarán una reacción, más o menos intensa, por parte de ellos. Por esta razón, el estudio de los consumidores debe ser completado con el estudio de los competidores. En concreto, el objetivo del análisis de la competencia es evaluar los puntos fuertes y débiles de las empresas competidoras para compararlos con los de la empresa y así conocer cuáles son las ventajas competitivas de las que dispone para competir en el mercado. Conocer estas ventajas y desventajas permitirá al directivo de marketing saber cómo atacar a los competidores y cómo defendernos ante sus ataques. Por ejemplo, una empresa que no estudie correctamente a sus competidores puede reaccionar ante una bajada de precios de su principal competidor con otra bajada aún mayor, desencadenando así una guerra de precios. Sin embargo, esta guerra puede tener consecuencias desastrosas para la empresa si su competidor tiene una estructura de costes que le permite seguir bajando los precios a niveles en los que la empresa no obtenga rentabilidad. En estos casos, la empresa se dará cuenta de que tendría que haber reaccionado de forma diferente. Por ejemplo, invirtiendo más en resaltar la mayor calidad de sus productos.

La primera actividad a realizar en el análisis de los competidores es identificar quiénes son. Esta identificación no siempre es una tarea fácil y muchas empresas cometen el error de considerar competidores exclusivamente a aquellas empresas que actualmente fabrican los mismos productos que ella. Para evitar un problema de «miopía competitiva» se debe considerar competidores de la empresa a:

- La competencia de marca o de forma de producto, formada por aquellas empresas que ofertan al mismo mercado o segmento productos similares al de la empresa.
- La competencia en la categoría de producto o competencia industrial, constituida por aquellas empresas que ofertan el mismo producto pero con características diferentes.
- La competencia genérica, formada por todas aquellas empresas que ofrecen productos sustitutivos al de la empresa, es decir, que permiten satisfacer la misma necesidad básica del consumidor. En la Figura 9.5 recogemos un ejemplo de estos niveles de competencia para el caso de Coca Cola Light.

Pero, además de los competidores actuales, también debe tenerse en cuenta a los competidores potenciales, es decir, a aquellas empresas que actualmente no fabrican un

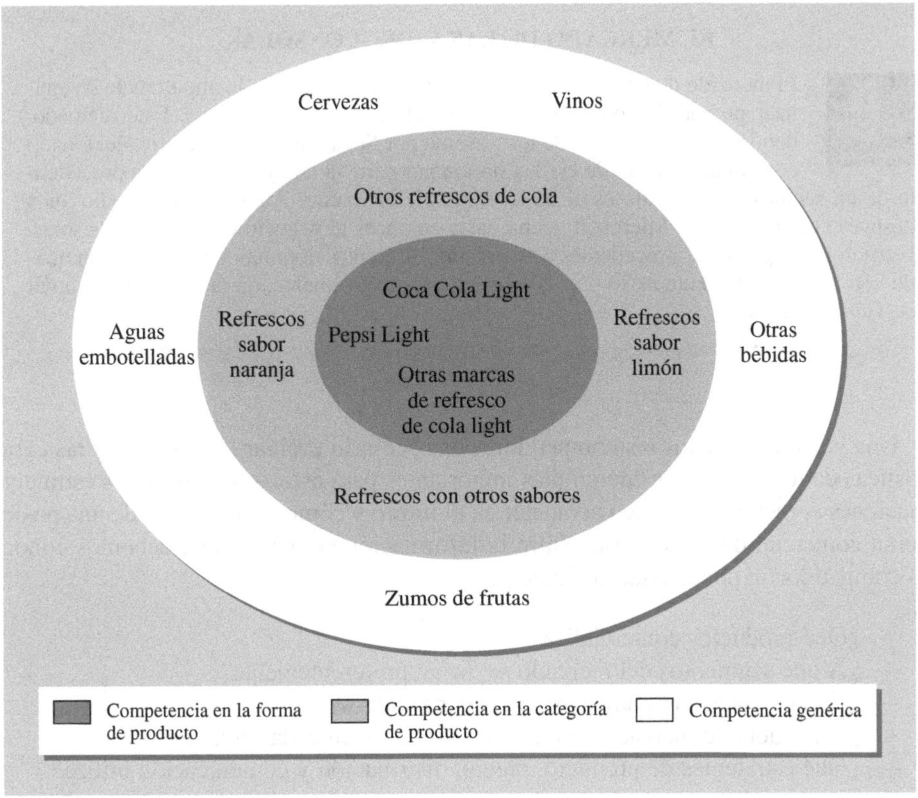

FUENTE: Elaboración propia.

Figura 9.5. Niveles de competencia.

producto similar al nuestro o un producto sustitutivo, pero que pueden llegar a hacerlo en el futuro. Estos nuevos competidores pueden surgir por:

— Un proceso de expansión geográfica, al provenir de un mercado geográfico diferente al de la empresa. Por ejemplo, en múltiples sectores se está notando el desarrollo económico de China con la aparición de productos exportados de este país.
— Un proceso de diversificación. En este caso el nuevo competidor entrará en el mercado por poseer capacidad tecnológica y/o comercial para fabricar y comercializar el producto.
— Un proceso de integración hacia atrás, por el cual un cliente pasa a producir el producto que antes compraba a la empresa. Por ejemplo, la empresa Calvo, líder de ventas de conservas de atún en España, decidió en los años ochenta crear su propia flota pesquera para asegurarse el suministro de atún.
— Un proceso de integración hacia delante, por el cual un proveedor pasa a dedicarse a la actividad de la empresa. Por ejemplo, muchos diseñadores han dejado de vender sus trajes en tiendas ajenas para abrir las suyas propias.

EL MERCADO DE LAS VIDEOCONSOLAS

El mercado de las videoconsolas es un claro ejemplo de la importancia de analizar potenciales competidores procedentes de otros sectores. Este mercado, dominado en la década de los noventa por Sega y Nintendo, fue revolucionado con el lanzamiento de la PlayStation por parte de Sony, una empresa procedente de un sector conexo como es el de la imagen y el sonido. Algo similar sucedió años después con la Xbox de Microsoft, ajena hasta entonces al negocio de las videoconsolas. Estos dos competidores procedentes de mercados diferentes dominan hoy en día el mercado con aproximadamente el 70 y el 20 por 100, respectivamente, de la demanda mundial de videoconsolas.

Una vez identificados los competidores es necesario evaluar la situación y las características de los que se consideren más importantes para estimar qué posibles estrategias y acciones comerciales pueden acometer en el futuro y cómo se defenderá de una posible acción comercial de la empresa. Entre la información comercial que debemos conocer del competidor se puede citar la siguiente:

— ¿Qué productos comercializa?
— ¿A qué segmentos del mercado se dirige preferentemente?
— ¿En qué zonas geográficas vende sus productos?
— ¿Qué cuota de mercado posee en cada zona y en cada segmento?
— ¿Qué estrategias de producto, precio, distribución y comunicación utiliza?

9.7. EL ANÁLISIS DEL MACROENTORNO

Una de las funciones del responsable de marketing es analizar la tendencia de los distintos factores del macroentorno (económicos, demográficos, tecnológicos, político-legales o socioculturales) con el objetivo de evaluar los efectos que pudieran tener sobre el mercado de la empresa y, en función de ello, adoptar las estrategias comerciales adecuadas para aprovechar las oportunidades y para combatir las amenazas. En concreto, los factores del macroentorno pueden tener los siguientes efectos comerciales:

— Pueden provocar la aparición de un nuevo mercado o segmento de mercado o que uno ya existente gane atractivo. Por ejemplo, la generalización del acceso a Internet en los hogares está haciendo prosperar el segmento de consumidores que realizan la compra a través de este medio.
— Pueden dar lugar a la desaparición de un mercado o segmento de mercado o a que uno ya existente pierda atractivo.
— Pueden modificar la forma de gestionar un negocio, el diseño del producto o los servicios complementarios ofrecidos al cliente. Por ejemplo, la incorporación de la mujer al mercado laboral ha obligado a cambiar los horarios de apertura y cierre de los establecimientos comerciales, siendo los sábados y las tardes de los viernes los días de mayores ventas de los super e hipermercados.

LA APARICIÓN DE UN NUEVO SEGMENTO: LOS IMPARES

Los cambios culturales en la sociedad y las facilidades legales para la separación y el divorcio han hecho que en los últimos años se haya producido un auge de los «single» o impares; es decir de personas solteras, separadas, divorciadas o viudas que viven sin pareja (aunque en algunos casos conviven con sus hijos o con sus padres). Algunos tienen parejas, pero han decidido no convivir con ella, y otros viven así por convicción o por circunstancias personales. Según datos del Instituto Nacional de Estadística, en España había 5,6 millones de impares en 2001 (un 82 por 100 más que en 1991) y en 2005 casi se alcanza la cifra de los 7 millones (5.786.228 millones de solteros, 547.568 viudos, 649.018 separados y 407.201 divorciados). La mitad son personas cuya edad está comprendida entre los 30 y los 45 años.

Los impares son un fenómeno sociológico con importantes implicaciones comerciales, pues constituyen un segmento de consumidores con características muy diferenciadoras. Según algunos estudios viajan un 38 por 100 más que la media, suponen el 40 por 100 del consumo de alimentos del país y gastan una media mensual de 500 euros con tarjeta de crédito, navegan por Internet mucho más que la media, compran más y mejor ropa, son asiduos de cines, teatros y amantes de cualquier aparato nacido de las nuevas tecnologías. Se puede decir que en su mayoría son clientes con alto nivel adquisitivo y con ganas de gastarse el dinero en ellos mismos.

9.8. EL SISTEMA DE INFORMACIÓN PARA LA DIRECCIÓN COMERCIAL

En un entorno globalizado y en continuo cambio como el actual las necesidades de información de las empresas se multiplican. Éstas han de reunir un amplio conocimiento sobre los mercados, los consumidores, los competidores y las tendencias del entorno, al igual que sobre la eficacia de sus estrategias; para todo ello, necesitan información. La información genera conocimiento y, por tanto, utilidad al usuario, a quien le permite tomar mejores decisiones.

Para tomar decisiones con ciertas garantías de éxito, las empresas buscan directivos con experiencia, capaces de guiarse por su intuición, o bien (lo que ciertamente es más razonable) buscan decididamente información que permita reducir el riesgo de decisiones equivocadas.

9.8.1. El sistema de información de marketing

Centrándonos en el área comercial o de marketing sabemos que su función básica es lograr satisfacer las necesidades de los mercados atendidos por la empresa mejor que la competencia. Para ello es fundamental analizar dichas necesidades, comprobar periódicamente que las mismas están siendo correctamente atendidas, que los clientes están satisfechos con la oferta de la empresa, así como conocer a fondo las propuestas de los competidores. Por tanto, disponer de información relativa a tales aspectos es una cuestión esencial.

Pensemos, por ejemplo, en una empresa editora de revistas que prevé lanzar una nueva revista femenina al mercado. Para que la revista sea un éxito será importante conocer los nuevos gustos y tendencias de su público objetivo, así como lo que ofrecen las revistas de la competencia. También será fundamental fijar un precio adecuado para la revista, diseñar una campaña de comunicación atractiva y eficaz para darla a conocer, preparar una oferta de lanzamiento efectiva y decidir el canal de distribución por el que llegará el producto al mercado. Para abordar todos estos aspectos la dirección puede valerse de su intuición y experiencia, pero probablemente ello no sea suficiente y deba buscar información que le permita tomar sus decisiones de forma satisfactoria.

La información se ha convertido en los tiempos actuales en un recurso fundamental para la dirección de marketing que pretenda gestionar los negocios bajo una orientación de mercado. Permite reducir el nivel de incertidumbre que rodea sus decisiones, logrando mejores resultados y, en definitiva, una mejor posición en mercados cada vez más competitivos.

Pero no sólo es importante la búsqueda y adquisición de información, más si cabe, lo es su gestión. Los tiempos en los que vivimos se caracterizan más por el exceso de información, que a veces satura y colapsa los sistemas, que por su escasez. Por ello es fundamental su correcta gestión y lograr que cada directivo en la empresa reciba a tiempo la información que precisa para tomar sus propias decisiones. Para cubrir estas necesidades de gestión de la información y facilitar su disponibilidad las organizaciones crean el denominado *Sistema de información de marketing* (SIM) (a veces, también llamado Sistema de apoyo a las decisiones de marketing) que puede definirse del siguiente modo[8]: conjunto de personas, equipos informáticos y procedimientos diseñados para recoger, clasificar, analizar, valorar y distribuir a tiempo la información que la dirección comercial necesita para tomar las decisiones de marketing.

Por tanto, intervienen personas y tecnología informática con la finalidad de captar información útil, tanto generada dentro de la empresa (interna), como procedente del entorno (externa), procesarla y distribuirla a tiempo en apoyo de la toma de decisiones de marketing. Contribuye al análisis y seguimiento del negocio, de los clientes y competidores, del mercado y su evolución y del entorno en general. Pero veamos más detenidamente cómo desarrolla su función el *Sistema de información de marketing*.

1. El primer paso que debe dar el SIM es tratar de conocer las necesidades de información de la dirección de marketing. Los directivos deberían facilitar esta labor estableciendo claramente cuáles son las preguntas para las que desean respuestas. En este sentido, es importante que el SIM pregunte a la dirección de marketing acerca de las decisiones que toman habitualmente, así como acerca de la información que necesita para poder afrontarlas con menor riesgo. Igualmente debe preguntar acerca de los estudios e informes que desearía poder consultar regularmente y los temas sobre los que desea mantenerse informada.
2. La siguiente tarea básica del SIM es buscar la información que permite responder a las necesidades de la dirección. La búsqueda, que debe ser continua y sistemática, debe incluir tanto a la propia organización, siendo necesario que queden registrados y archivados los múltiples datos e informaciones que se generan en el día a día de la empresa, como a todas las fuentes externas que ofrecen datos e información sobre los temas y materias de interés. Sólo cuando estas búsquedas son insuficientes para hacer frente a los requerimientos de la dirección, los SIM deben afrontar el diseño y ejecución de una investigación comercial a medida, que permita la obtención de la información necesaria para responder a los interrogantes planteados.

3. El tercer paso implica valorar, clasificar y almacenar la información recogida en las bases de datos diseñadas al efecto. Éstas contienen toda la información considerada relevante y permiten proveer a la dirección de un flujo continuo de información que apoye sus decisiones. En el *Sistema de información de marketing* el diseño y mantenimiento del subsistema informático y las bases de datos que contienen la información es una función fundamental.

4. Para poner fin al proceso, en una cuarta etapa los SIM desarrollan el análisis de la información obtenida y elaboran informes y presentaciones, dirigidas a la dirección comercial, que contienen las respuestas o recomendaciones respecto a las preguntas inicialmente planteadas.

9.8.2. Estructura del sistema de información de marketing

Para hacer frente al conjunto de funciones que acabamos de analizar los SIM se dotan de una estructura en la que se diferencian cuatro subsistemas (véase la Figura 9.6.). A continuación describimos el cometido principal de cada uno de ellos.

a) Sistema de datos internos

Su finalidad es captar, clasificar, evaluar y almacenar datos procedentes de la actividad diaria y de operaciones rutinarias de la empresa, es decir, información interna. Una fuente fundamental de datos internos es la que se deriva del ciclo *pedido-envío-factura* que permite recoger datos sobre pedidos, ventas, existencias y precios. Este sistema también

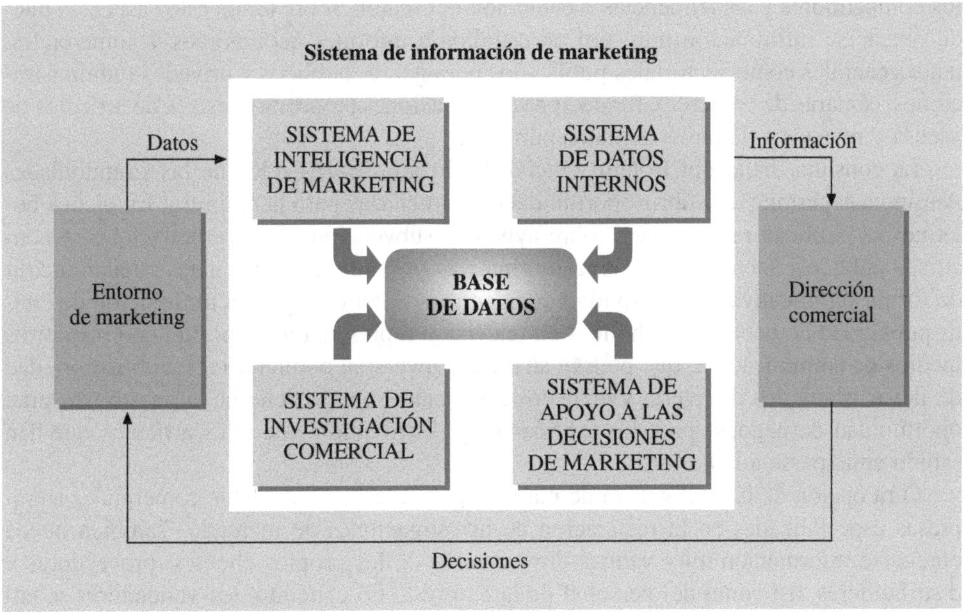

FUENTE: Díez, Galán y Martín (1996)[9].

Figura 9.6. Estructura del Sistema de información de marketing.

debe incorporar datos relativos a producción, cobros, devoluciones, reclamaciones y quejas, clientes actuales y potenciales, informes sobre previsiones de venta, así como el conjunto de decisiones tomadas en relación a la actividad comercial (lanzamiento de nuevos productos, cambios de precio, ofertas y promociones desarrolladas, campañas de comunicación efectuadas, incorporación de nuevos distribuidores...). Datos cuyo análisis es de gran interés porque revelan la situación actual de la empresa y suelen poner de manifiesto oportunidades y amenazas. La gran ventaja de los datos internos es su bajo coste y su elevada disponibilidad, a pesar de lo cual muchas organizaciones no explotan suficientemente esta valiosa información.

Así, por ejemplo, la información generada por los lectores ópticos de códigos de barras de los establecimientos comerciales permite obtener un gran conocimiento sobre los hábitos de compra de los clientes; permite también una eficaz gestión de los inventarios y valorar la eficacia de distintas acciones comerciales (promociones, publicidad), entre otras utilidades. Cada vez es más habitual que los compradores se identifiquen mediante tarjetas de compra o fidelización del propio establecimiento, lo que permite ampliar la información obtenida, no sólo se controla qué se compra, sino también quién lo compra, posibilitando el desarrollo de políticas de marketing a medida para los distintos tipos de clientes.

b) Sistema de inteligencia de marketing

Su finalidad es captar, clasificar, evaluar y almacenar datos e información externa de interés para la actividad de la empresa, tanto del micro como del macroentorno, especialmente todo lo relacionado con el comportamiento del consumidor, los movimientos de los competidores y las tendencias o evolución del sector. Sobre todos estos aspectos puede obtenerse información muy útil de estudios e informes económicos y comerciales, tanto generales como sectoriales publicados por agentes públicos y privados (administraciones, cámaras de comercio, fundaciones, asociaciones empresariales,...), de artículos de prensa y revistas y de bases de datos públicas.

La consulta diaria del Boletín Oficial del Estado (*BOE*) o los de las Comunidades Autónomas permite descubrir oportunidades y amenazas para la empresa. En dichos boletines se publican resoluciones sobre ayudas y subvenciones, sobre licitaciones y concursos públicos, además de todas las normativas promulgadas, las cuales pueden incidir de forma significativa en la actividad de la empresa. Por ejemplo, la prohibición de emitir publicidad de bebidas alcohólicas en televisión representa una oportunidad para otros medios de comunicación, que podrán atraer esa inversión publicitaria. La obligatoriedad de llevar triángulos de avería y chalecos reflectantes en el coche ha supuesto una gran oportunidad de negocio para los fabricantes y distribuidores de tales artículos que han sabido anticiparse a la norma.

Otra opción de la inteligencia de marketing es la compra de datos comerciales a empresas especializadas en la realización de investigaciones de mercado. También puede obtenerse información muy valiosa directamente de los propios clientes, proveedores y distribuidores, así como del personal de la empresa. En concreto, los vendedores se encuentran en una inmejorable posición para captar la opinión de los clientes y distribuidores acerca de los productos de la empresa, sus limitaciones, problemas y opciones de mejoras, nuevos usos del producto e incluso la opinión sobre la oferta de la competencia.

Preparar y motivar convenientemente a los vendedores para que colaboren en el suministro de esta clase de información tiene gran importancia.

c) Sistema de investigación comercial

Su finalidad es dar respuesta a problemas y oportunidades concretos, relacionados con el área comercial, que surgen ocasionalmente y para los que la información disponible en los *sistemas de datos internos* y *de inteligencia de marketing* no es suficiente. A menudo la dirección comercial necesita información sobre aspectos puntuales y concretos que requieren la elaboración de investigaciones a medida. Por ejemplo, para conocer el grado de satisfacción de los clientes actuales, la imagen de la marca frente a la de los principales competidores, la intención de compra de un nuevo producto, los atributos más valorados del servicio, el nivel de impacto de la última campaña publicitaria en televisión,... En el siguiente apartado estudiamos en profundidad la importante función desarrollada por este subsistema.

d) Sistema de análisis o de apoyo a las decisiones de marketing (SADM)

Mientras los tres sistemas anteriores se centran en la recogida de información, éste se especializa en su procesamiento y análisis con el fin de dotar a la información de la máxima utilidad para la toma de decisiones. Se valora especialmente el rigor, la relevancia, la brevedad y la fácil comprensión de los informes elaborados. Para su función se sirve de herramientas estadísticas, desde las más simples hasta las más sofisticadas (análisis multivariantes), y de diversos modelos matemáticos (cadenas de *Markov*, modelo de colas,...) que permiten desarrollar simulaciones a partir de los datos suministrados por los otros subsistemas. Este sistema permite dar respuesta a problemas como los siguientes: definición de segmentos de mercado, fijación del precio de venta, eficacia de la actividad promocional, selección de clientes de la cartera a los que ofrecer un nuevo producto,...

Dando contenido a la estructura del SIM, y aparte del equipo humano que lo integra, debemos destacar la importante función que desempeñan las *bases de datos*.

Las bases de datos constituyen el núcleo central de todo *Sistema de información de marketing*. Pueden entenderse como gran almacén y soporte tecnológico del mismo. Permiten transformar los datos en información útil para la toma de decisiones. Así, desde una perspectiva tangible, un SIM se materializa en un potente ordenador que gestiona una gran *base de datos* en la que se almacena de forma ordenada toda la información considerada relevante como apoyo a las decisiones de marketing, procedente tanto del propio entorno interno como del macro y microentorno. La base de datos se nutre de datos pasados, presentes y de previsiones, de datos puntuales y recurrentes, así como de datos internos y externos.

La base de datos debe entenderse no únicamente como un soporte magnético con capacidad para almacenar datos, sino también como un conjunto de herramientas y procedimientos asociados que permiten el adecuado archivo de los datos, su clasificación, búsqueda y en definitiva, su gestión y aprovechamiento, generando información útil para diferentes usuarios.

Finalmente, resaltar de nuevo que el diseño de la base de datos es un aspecto esencial. Debe propiciar la correcta clasificación y organización de la información, y que su consulta, en cualquier momento y por cualquier usuario, no necesariamente experto, sea una tarea sencilla. Es fundamental que la construcción de la base de datos esté guiada por el criterio de accesibilidad a la información. La consulta y recuperación de la información deseada de la base de datos debe poder hacerla un usuario medio de forma fácil y rápida.

9.9. LA INVESTIGACIÓN COMERCIAL: PLANIFICACIÓN Y EJECUCIÓN

La *investigación comercial* o de mercados, como también se le denomina, la hemos definido como uno de los componentes del SIM, si bien, como se verá, suele entenderse como un proceso completo que incorpora el análisis de la información y la preparación del informe final. Aunque los subsistemas de datos internos e inteligencia de marketing cobran mayor protagonismo cada día, también es cierto que la investigación comercial está dejando de ser una actividad puntual para ser considerada cada vez como más necesaria para hacer frente con éxito a entornos más turbulentos y cambiantes. La creciente apuesta por la orientación al cliente en las organizaciones favorece el progresivo auge de la investigación comercial.

La *investigación comercial* ayuda a identificar y definir oportunidades y problemas de marketing, a conocer mejor a los clientes, sus gustos y preferencias, al lanzamiento de nuevos productos con mayores probabilidades de éxito, a diseñar estrategias de marketing, a evaluar los resultados obtenidos y a proponer modificaciones de la estrategia comercial. Para ello aplica métodos objetivos que permiten obtener información que refleja la realidad de los hechos y ayuda a la dirección comercial a tomar mejores decisiones.

Toda investigación de mercados o comercial implica el desarrollo de una secuencia de actividades o fases que giran en torno a un proceso de adquisición y distribución de información. Aunque no todas las investigaciones siguen una secuencia de actividades completamente definidas y fijas, sí puede identificarse un patrón generalizado de siete etapas, muy relacionadas entre sí (véase la Figura 9.7).

Estas fases pueden entenderse como un proceso cíclico, ya que las conclusiones de una investigación generan nuevas ideas o ponen de manifiesto nuevos problemas susceptibles de ser investigados. Por otra parte, todas estas etapas pueden reducirse a cuatro que siempre están presentes: diseño o planificación de la investigación, búsqueda de información, análisis de la misma y comunicación de los resultados.

Fase I. Formulación del problema de investigación

El primer paso en toda investigación de mercados es la formulación o definición del problema, siendo una fase de suma importancia para la adecuada resolución del problema. Un planteamiento incorrecto en el mejor de los casos supone siempre un desperdicio de recursos, en el peor, dará lugar a decisiones incorrectas. En este sentido se afirma que «un problema bien definido es un problema medio resuelto» o que «antes de poder encontrar la respuesta adecuada debe plantearse la pregunta correcta». Pero aún antes de formular el problema, éste debe ser descubierto o identificado. Por tanto, en esta fase se distinguen dos subfases.

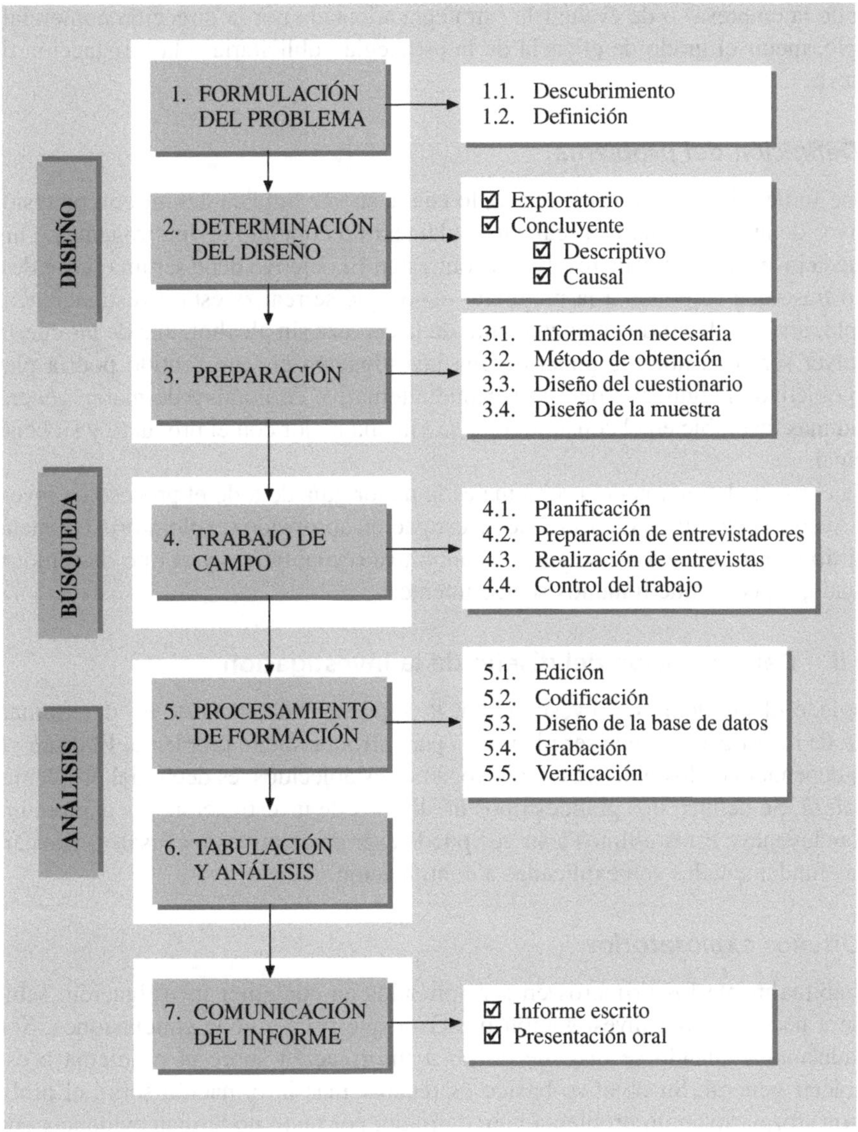

FUENTE: Elaboración propia.

Figura 9.7. Fases del proceso de investigación de mercados.

1. *Descubrimiento del problema*

Supone tomar conciencia del mismo y su definición de forma vaga. Da origen a la necesidad de información, es decir, a una nueva investigación. Puede derivarse de la necesidad de solucionar un problema (por ejemplo, disminución de las ventas; qué nombre de marca poner a un nuevo producto; cuál será el mejor diseño de envase), de valorar una oportunidad (por ejemplo, si introducir una cerveza sin alcohol como nuevo producto en la gama de la empresa) o de evaluar la estrategia adoptada por la dirección comercial (por ejemplo, medir el grado de eficacia de la estrategia publicitaria o la satisfacción de los clientes).

2. *Definición del problema*

Supone su definición de forma precisa, lo cual a su vez implica definir con precisión los objetivos de la investigación a realizar, y plantear un conjunto de interrogantes o hipótesis que la investigación debe resolver o contrastar. El objetivo debe ser una breve descripción o frase que responda a la pregunta: «¿por qué se realiza esta investigación?». Por ejemplo, una vez decidido el lanzamiento de la cerveza sin alcohol, una de las cuestiones a resolver será qué nombre ponerle. Una investigación en este sentido podría plantear como objetivo el siguiente: determinar qué alternativa de nombre de marca genera una actitud más favorable en el consumidor y se vincula mejor con el producto y su beneficio principal.

La correcta definición del problema es la mejor guía de todo el proceso de investigación. Ayuda a determinar el diseño de investigación apropiado (exploratorio o concluyente), el tipo de información necesaria (cuantitativa o cualitativa) y el tipo de estudio más adecuado, aspectos que tratamos seguidamente.

Fase II. Determinación del diseño de la investigación

Formulado el problema de investigación, la siguiente fase consiste en determinar qué diseño de investigación debe ser planteado para afrontar dicho problema. El diseño apropiado dependerá de los objetivos e interrogantes establecidos, es decir, del problema y su naturaleza. Se definen dos grandes tipos de diseños de investigación, los exploratorios y los concluyentes; estos últimos a su vez pueden ser descriptivos o causales. Sus características fundamentales son explicadas a continuación.

1. *Diseños exploratorios*

Son habitualmente los primeros en ser aplicados en cualquier investigación, sabiendo que será necesaria una investigación posterior que proporcione conclusiones. Son los más adecuados cuando se dispone de poca información sobre el problema o éste es de carácter general. Su objetivo básico es recabar más información sobre el problema para transformarlo en un problema bien definido, por tanto no buscan evidencia concluyente.

En concreto, los diseños exploratorios de investigación ayudan a identificar posibles problemas para la empresa; a definirlos con precisión a nivel de sus objetivos e interrogantes y con ello a plantear diseños concluyentes de investigación; a plantear posibles explicaciones de ciertos hechos, que luego podrán ser contrastadas mediante diseños concluyentes; y por último, a identificar alternativas de acción.

Perdemos clientes porque la competencia está mejor situada que nuestra marca en los lineales de venta de los hipermercados; entre los universitarios, los hombres dedican a Internet más del doble de tiempo que las mujeres; una reducción del precio del 10 por 100 permitirá aumentar un 3 por 100 la cuota de mercado. Son ejemplos de posibles ideas o explicaciones que pueden ser planteadas después de realizar una investigación exploratoria. Igualmente, un estudio exploratorio puede por ejemplo ayudar a identificar las posibles respuestas a una bajada del precio por parte de la competencia: bajar también el precio, aumentar la publicidad, aumentar la promoción, mejorar la calidad, añadir nuevas ventajas al producto, segmentar,...

Los diseños exploratorios de investigación se basan fundamentalmente en el uso de información publicada (secundaria) y en la aplicación de métodos de investigación basados en pequeñas muestras (métodos cualitativos) como la dinámica de grupos, la entrevista en profundidad, la observación,...

2. *Diseños concluyentes*

Su objetivo básico es proporcionar evidencia concluyente sobre los interrogantes e hipótesis planteados. Son adecuados cuando el problema está perfectamente definido. Son más formales y rígidos en su planteamiento que los diseños exploratorios y utilizan fundamentalmente métodos de investigación basados en muestras grandes (cuantitativos). En concreto, ayudan a contrastar las ideas o hipótesis formuladas después de realizar investigación exploratoria, a evaluar y seleccionar alternativas de acción y a establecer relaciones entre las variables de interés. Siguiendo el ejemplo anterior, un diseño concluyente ayudará a revelar si realmente el problema de la marca reside en su peor ubicación en los lineales de venta frente a la competencia, si los universitarios usan Internet más del doble de tiempo que las universitarias o si bajar un 10 por 100 los precios permite aumentar la cuota de mercado un 3 por 100. Los *diseños concluyentes* pueden ser a su vez descriptivos o causales.

2.1. Diseños descriptivos

Su objetivo básico es describir de forma cuantitativa el comportamiento de las variables de interés (por ejemplo, recuerdo y preferencia de marca, tamaño y cuota de mercado, motivos de compra, grado de satisfacción,...). Intentan responder de modo cuantitativo a preguntas del tipo: «quién», «qué», «cuándo», «cuánto», «cómo», «dónde» y «por qué». En concreto, los diseños descriptivos ayudan a describir los fenómenos de mercado (variables de interés) y medir la frecuencia con la que se presentan, a determinar el grado de asociación entre variables y a elaborar predicciones. Un ejemplo de conclusión descriptiva es afirmar que el mercado masculino de colonias y perfumes es un tercio del femenino, pero crece a tasas superiores al 10 por 100 frente al femenino, que permanece estancado. Además, el 70 por 100 de las colonias y perfumes masculinos son comprados por mujeres.

La metodología propia de los diseños descriptivos es la investigación por encuesta, mediante la obtención de muestras representativas que permitan generalizar los resultados a la población.

2.2. Diseños causales

Su objetivo básico es identificar y determinar las relaciones causa-efecto entre las variables de interés. Es decir, estiman hasta qué punto los cambios de una variable (controlable o independiente) produce cambios en otra variable (no controlable o dependiente), siendo necesaria una secuencia temporal para poder medir la relación. Implica que el problema de investigación está totalmente identificado y especificado. Un diseño causal puede emplearse para probar, por ejemplo, en qué medida al aumentar la publicidad se incrementan las ventas; si la repetición de la publicidad mejora el recuerdo de la marca; si el tipo de envase influye en las preferencias y en las ventas.

Los diseños causales aplican el método experimental o la experimentación. Un experimento implica manipular una o más variables y medir cómo esto afecta a otra u otras, y todo ello suele realizarse usando grupos de control (elementos muestrales que no son sometidos a la manipulación y que se utilizan como base para determinar si realmente dicha manipulación provoca el efecto previsto). Dos ejemplos sencillos de experimentos son los siguientes:

— En un determinado mercado introducimos una promoción y medimos cómo afecta a las ventas. Como control se utiliza otro mercado distinto, pero semejante, en el cual la estrategia no se modifica. El efecto se mide como la diferencia de ventas entre los dos mercados.
— Sometemos a dos grupos de consumidores semejantes a una exposición publicitaria con tres repeticiones de un anuncio, uno con la versión «a» y el otro con la versión «b» del anuncio. Posteriormente medimos el nivel de recuerdo del anuncio en los dos grupos y en un tercero (de control) que no fue sometido a exposición alguna.

Fase III. Preparación de la investigación

En esta fase se afrontan cuatro actividades previas al trabajo de campo: determinar la información necesaria para resolver el problema, determinar el método de obtención de la información, diseñar el cuestionario o instrumento de recogida de la información y diseñar el plan de muestreo.

1. *Determinación de la información necesaria*

Implica establecer si los objetivos e interrogantes planteados en la primera fase de la investigación exigirán para su resolución la obtención de información primaria o si será suficiente con información secundaria.

— *Información secundaria*: es la que ya existe, está elaborada y publicada. Puede haber sido generada por la propia empresa o por terceros y se puede disponer de ella por encontrarse almacenada en la propia empresa (interna) o fuera de ella (externa). La información secundaria externa puede ser obtenida de forma gratuita (publicaciones y bases de datos disponibles en bibliotecas de centros públicos o privados sin ánimo de lucro) o puede ser comprada a empresas especializadas en la obtención de información.
— *Información primaria*: es la obtenida de forma específica para el problema de investigación que trata de resolverse cuando la información necesaria no ha sido recopilada anteriormente por nadie o bien no se tiene acceso a la misma. Por tanto, debe ser generada a través de investigación cualitativa o cuantitativa.

2. *Determinación del método de obtención de la información*

Cuando sea necesario obtener información primaria habrá que decidir cómo obtenerla, es decir, con qué método. Dependerá del tipo de problema planteado y del diseño de investigación propuesto. Debe diferenciarse entre:

— *Técnicas cualitativas:* son muy flexibles e incluyen, por lo general, un reducido número de elementos muestrales (entrevistados). Permiten la exploración de los problemas y el planteamiento de hipótesis. Son fundamentalmente la dinámica de grupos, la entrevista en profundidad, las técnicas proyectivas y la observación.

— *Técnicas cuantitativas:* suelen implicar el uso de cuestionarios estructurados e incluir a un número elevado de entrevistados, ya que exigen que los resultados puedan proyectarse a la población. Son fundamentalmente la investigación por encuesta, la observación y la experimentación.

Cuando para afrontar el problema de investigación es suficiente con información secundaria esta subfase queda reducida a la determinación de las fuentes de información secundaria disponibles que estén relacionadas con el problema, y que fundamentalmente tomarán la forma de publicaciones y bases de datos.

3. *Diseño del cuestionario*

La necesidad de obtener información primaria implica llevar a cabo una serie de actividades especiales como el diseño del cuestionario y de la muestra. El cuestionario es el instrumento formal o soporte utilizado habitualmente para recoger la información primaria. Su diseño es un aspecto de gran importancia para obtener información fiable y válida (véase el ejemplo de la página siguiente).

Diseñar el cuestionario implica decidir qué se debe preguntar, cómo preguntarlo y el orden o secuencia de las preguntas. Para asegurarnos de que el cuestionario es adecuado, antes de su aplicación definitiva a toda la muestra, es muy recomendable realizar una prueba previa del mismo con una pequeña submuestra. En general, un buen cuestionario será ameno y fácil de cumplimentar.

4. *Diseño del plan de muestreo*

La muestra es un subconjunto de la población seleccionada en representación de ésta para su estudio. Puede estar formada por personas, hogares, empresas, etc. El objetivo de esta etapa es garantizar la representatividad de la muestra de modo que los resultados del estudio puedan generalizarse a la población.

El diseño de la muestra implica definir la población objetivo del estudio e identificarla mediante un marco del muestreo (por ejemplo, las páginas blancas de Telefónica); determinar cómo seleccionar los elementos de la muestra a partir del marco del muestreo (tipo de muestreo); y decidir el tamaño de la muestra, aspecto que afectará a la precisión de las estimaciones y al coste del estudio.

ENCUESTA SOBRE COCHES ACERCA DE SU INTENCIÓN DE COMPRA

ÁREA DE COMERCIALIZACIÓN E INVESTIGACIÓN DE MERCADOS
UNIVERSIDAD DE EXTREMADURA

Encuesta dirigida a individuos mayores de 18 años propietarios de coches

Por favor, si usted es propietario y conductor habitual de un automóvil le agradeceríamos rellenase el siguiente cuestionario. Sus respuestas serán tratadas de forma confidencial. Responda marcando la casilla adecuada.

MUCHAS GRACIAS POR SU COLABORACIÓN

INTENCIÓN DE COMPRA

1.- Basándose en su experiencia con su coche, ¿qué probabilidades hay de que vuelva a comprar la misma marca si tiene que reemplazar su coche actual?
(POR FAVOR, MARQUE SÓLO UNA RESPUESTA)

a) Definitivamente compraré la misma marca .... ❑ (1) Vaya a la pregunta 3
b) Probablemente compraré la misma marca .... ❑ (2) Vaya a la pregunta 3
c) Probablemente no compraré la misma marca ...... ❑ (3) Vaya a la pregunta 2
d) Definitivamente no compraré la misma marca ...... ❑ (4) Vaya a la pregunta 2

2.- ¿Por qué no comprará la misma marca?
(POR FAVOR, MARQUE TANTAS RESPUESTAS COMO NECESITE)

a) Mala calidad de mi coche actual .... ❑ (1)
b) Mal servicio del concesionario .... ❑ (2)
c) Quiero un estilo/diseño diferente de coche .... ❑ (3)
d) Prestaciones insuficientes de mi coche .... ❑ (4)
e) Falta de comodidad de mi coche .... ❑ (5)
f) Precio demasiado alto/compraría uno más barato. ❑ (6)
g) Poca fiabilidad de mi coche .... ❑ (7)
h) Me gustaría probar otra marca .... ❑ (8)
i) Otros motivos (especificar ____________ ____________) ❑ (9)

SATISFACCIÓN CON SU COCHE

3.- ¿Cuál es el nivel de satisfacción general con su coche?
(POR FAVOR, PUNTÚE DE 1 A 10 CONSIDERANDO QUE "10" SIGNIFICA "COMPLETAMENTE SATISFECHO" Y "1" SIGNIFICA "COMPLETAMENTE INSATISFECHO")

Completamente Satisfecho									Completamente Insatisfecho
10	9	8	7	6	5	4	3	2	1

4.- ¿Cómo evaluaría su coche en general, en relación a los siguientes aspectos?
(POR FAVOR, PUNTÚE DE 1 A 10 CONSIDERANDO QUE "10" SIGNIFICA "COMPLETAMENTE SATISFECHO" Y "1" SIGNIFICA "COMPLETAMENTE INSATISFECHO")

Completamente Satisfecho				FIABILIDAD					Completamente Insatisfecho
10	9	8	7	6	5	4	3	2	1

Completamente Satisfecho				CALIDAD GENERAL					Completamente Insatisfecho
10	9	8	7	6	5	4	3	2	1

5.- Teniendo en cuenta su experiencia hasta el momento, ¿recomendaría su coche a sus amigos o familiares?

a) Sí, lo recomendaría con toda seguridad .... ❑ (1)
b) Sí, probablemente lo recomendaría .... ❑ (2)
c) No, probablemente no lo recomendaría .... ❑ (3)
d) No, no lo recomendaría con toda seguridad ..... ❑ (4)

6.- ¿Cuál es la marca y modelo de su coche?

a) Marca: ____________
b) Modelo: ____________
c) Motor: Gasolina ❑ (1) Diesel ❑ (2)
d) Comprado: Nuevo ❑ (1) De 2ª mano ❑ (2)

ACERCA DE USTED

7.- ¿Puede indicarnos su edad y si es usted hombre o mujer?

	Hombre	Mujer	
a) Entre 16 y 22 años	❑	❑	(1)
b) Entre 23 y 30 años	❑	❑	(2)
c) Entre 31 y 45 años	❑	❑	(3)
d) Entre 46 y 64 años	❑	❑	(4)
	(1)	(2)	

8.- Para finalizar podría decirnos en que localidad vive usted y su código postal:

a) Localidad: ____________
b) Código Postal: ____________

MUCHAS GRACIAS POR SU COLABORACIÓN

Fase IV. Realización del trabajo de campo

Esta fase consiste en la recogida de la información mediante el cuestionario, instrumento formal o soporte diseñado para tal propósito. Su desarrollo está claramente condicionado por el tipo de comunicación que se establezca con la muestra, que principalmente podrá ser personal, telefónico o postal. Existen empresas especializadas en la realización del trabajo de campo que se encargan tanto de programar como de realizar las entrevistas. El trabajo de campo supone, por tanto, no sólo la realización de las entrevistas, sino también su planificación y la preparación y supervisión de los entrevistadores.

Fase V. Procesamiento de la información

Antes de tabular y analizar la información obtenida con el trabajo de campo, ésta debe ser procesada, lo cual implica diversas actividades:

1. *Edición*

Consiste en la revisión de los cuestionarios de campo recibidos a fin de decidir si son válidos para el análisis. La edición implica el examen de diversos aspectos, unos directamente sobre el cuestionario en papel y otros posteriormente sobre el soporte informático una vez que los datos han sido grabados (lo que denominamos *verificación*). La edición da lugar a la eliminación de los cuestionarios que no cumplen con el mínimo de calidad establecido, haciendo disminuir el tamaño de la muestra. Representa un proceso de control del trabajo de los entrevistadores. Principalmente se revisa que el cuestionario está completo (no faltan páginas), que las preguntas claves del mismo han sido contestadas de forma correcta, es decir, siguiendo las instrucciones establecidas, y que no ha sido falsificado por el entrevistador. Para esto último se realiza el *refrendo*. Consiste en llamar por teléfono a un porcentaje de los encuestados para verificar que el cuestionario fue efectivamente realizado.

2. *Codificación*

Consiste en la asignación de códigos (normalmente numéricos) a cada una de las opciones de respuesta de cada pregunta. Ello facilita la grabación de los datos, así como el análisis estadístico mediante programas informáticos (como el SPSS) de las respuestas de la muestra.

3. *Diseño de la base de datos*

Consiste en diseñar la estructura del archivo que va a contener todos los datos en bruto obtenidos en el campo. Fundamentalmente implica la creación de las variables que representan los conceptos medidos por el cuestionario.

4. *Grabación*

Implica la trascripción de los datos desde el soporte en papel (cuestionario) a la base de datos informática preparada.

5. *Verificación*

Implica un proceso de edición de los datos grabados. Se comprueba que la grabación no contiene errores y que los cuestionarios reúnen un mínimo de calidad (que las respuestas son coherentes, que no se detecta la influencia del entrevistador...).

Fase VI. Tabulación y análisis

1. *Tabulación*

La *tabulación* tiene como objetivo la exploración inicial de los datos obtenidos, ofreciendo los resultados básicos. Implica el recuento y la disposición ordenada y resumida de los datos en bruto (almacenados en el archivo) en una tabla u otro formato de resumen. Equivale al cálculo de las frecuencias absolutas y relativas de cada opción de respuesta para cada pregunta del cuestionario (véase la Figura 9.8).

2. *Análisis*

El *análisis* implica el desarrollo de diferentes operaciones sobre los datos en bruto, más allá del simple recuento, a fin de obtener resultados y conclusiones no directamente observables. Dependiendo del número de variables que se analizan simultáneamente el análisis puede ser *univariado*, si se estudia cada variable por separado (media, varianza...); *bivariado*, si se analizan las relaciones entre pares de variables (correlación, tabulación cruzada...); o *multivariante*, si se analizan más de dos variables de forma simultánea.

Fase VII. Comunicación del informe de la investigación

Los resultados y conclusiones de la investigación realizada deben comunicarse a la dirección comercial, lo cual supone la elaboración de un informe formal por escrito y la realización de una presentación oral. Este informe y presentación suelen ser los únicos aspectos del estudio que llegan a conocer los directivos que han de evaluar la investiga-

Tabla 1: Intención de comprar la misma marca si tienen que cambiar de coche

	Frecuencia	Porcentaje	Porcentaje válido
Definitivamente compraré la misma marca	115	14,5	16,1
Probablemente compraré la misma marca	233	29,4	32,5
Probablemente no compraré la misma marca	303	38,2	42,3
Definitivamente no compraré la misma marca	65	8,2	9,1
Total	716	90,3	100,0
No sabe/no contesta	77	9,7	
Total	793	100,0	

Figura 9.8. Ejemplo de tabulación.

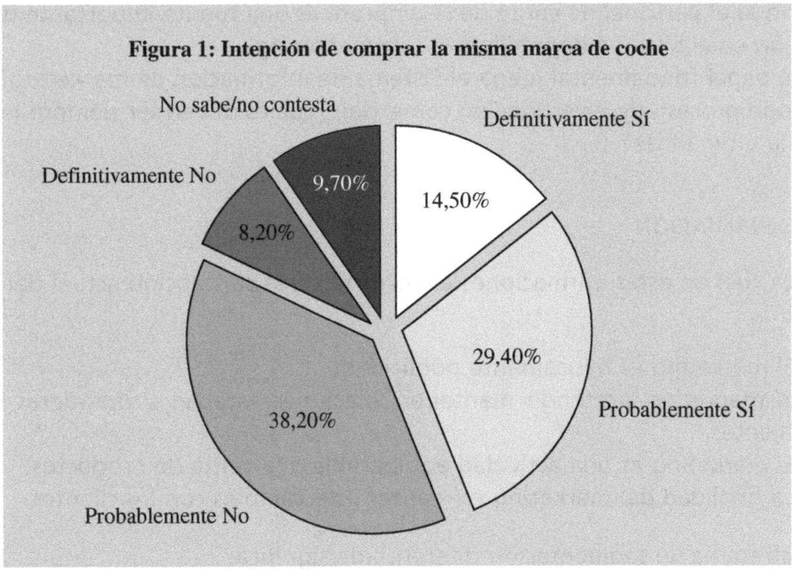

Figura 9.9. Ejemplo de resultado en forma gráfica.

ción. Por tanto, esta evaluación dependerá en gran medida de la forma en que se comunique la información.

En un informe o presentación es conveniente, en primer lugar, pensar en los destinatarios y, en segundo lugar, no olvidar que se debe ser breves, aunque exhaustivos. La comunicación debe incluir al menos información sobre cuatro aspectos: naturaleza del problema investigado y objetivos de la investigación; metodología aplicada (fuentes de información consultadas, métodos de obtención de información aplicados, selección de muestras, técnicas de análisis empleadas...); resultados obtenidos; y conclusiones y recomendaciones. La comunicación de los resultados en formato gráfico suele ser muy utilizada (véase la Figura 9.9). Además, es conveniente incluir al principio del informe un pequeño resumen, denominado ejecutivo, que en un par de páginas sintetiza lo más relevante de la investigación.

ACTIVIDADES DEL CAPÍTULO

ACTIVIDADES INDIVIDUALES

DE COMPRENSIÓN

1. Explica cuál es la diferencia entre el mercado de una empresa y su mercado-meta.
2. ¿Qué se entiende por miopía competitiva?

3. ¿Por qué el personal de venta de la empresa es una fuente importante de información en el Sistema de inteligencia de marketing?
4. ¿Qué papel fundamental juega el Sistema de información de marketing?
5. En todo proceso de investigación comercial, ¿cuáles deben ser siempre la primera y la última fase?

DE AUTOEVALUACIÓN

1. Indica cuál de estas afirmaciones es correcta en la concepción actual del marketing:

   a) El marketing es básicamente publicidad.
   b) El marketing pretende mantener relaciones estables y duraderas con los clientes.
   c) El marketing es una actividad equiparable a la venta de productos.
   d) La finalidad del marketing es realizar intercambios con los clientes.

2. La estrategia de segmentación diferenciada significa:

   a) Adaptar la oferta comercial a las características de cada uno de los clientes.
   b) Considerar que todos los individuos que forman el mercado son homogéneos.
   c) Modificar el producto para adaptarlo a cada segmento atendido por la empresa.
   d) Nada de lo anterior.

3. La diferencia entre la demanda global y la demanda potencial viene determinada por:

   a) La suma de las demandas de las empresas competidoras.
   b) Los individuos que tienen capacidad económica y legal para comprar el producto pero que no son compradores reales en la actualidad.
   c) Los individuos que desean comprar el producto pero que no tienen capacidad legal para hacerlo.
   d) Nada de lo anterior.

4. Sobre el comportamiento de compra de los consumidores, indica qué afirmación es incierta:

   a) El proceso de compra es un proceso en el que suelen participar varias personas, cada una asumiendo un rol diferente.
   b) El proceso de decisión de compra se inicia con la búsqueda de información sobre el producto.
   c) El comportamiento de compra y consumo de los individuos viene influido, entre otros factores, por la familia y demás grupos sociales a los que pertenecen o aspiran a pertenecer.
   d) El marketing puede influir sobre el proceso de compra a través del marketing mix.

5. Desde la perspectiva del marketing:

   a) Los competidores genéricos son aquéllos que fabrican los mismos productos que la empresa.
   b) Deben ser considerados competidores aquellas empresas de otros sectores que tengan capacidad tecnológica para competir en el mercado de la empresa.
   c) La empresa debe analizar exclusivamente a los competidores actuales.
   d) Un proveedor nunca debe ser considerado un competidor potencial.

6. ¿Cuál de las siguientes afirmaciones es falsa?

   a) Una de las ventajas de los datos internos es su gran disponibilidad.
   b) El Sistema de inteligencia de marketing se nutre de información interna.
   c) La dirección comercial es la usuaria de los SIM.
   d) Un SIM incluye entre sus funciones el diseño de las bases de datos.

7. La investigación comercial...

   a) Ayuda a reducir la incertidumbre.
   b) Ayuda a identificar oportunidades de marketing.
   c) Ayuda a evaluar los resultados de la estrategia.
   d) Todas las anteriores son ciertas.

8. En una investigación comercial la formulación del problema...

   a) Implica tanto definir los objetivos como los interrogantes a resolver.
   b) Es la fase clave que determinará el tipo de estudio a realizar.
   c) Se verá favorecido por el análisis previo de la situación.
   d) Todas las anteriores son ciertas.

9. Los diseños exploratorios de investigación...

   a) Permiten formular las hipótesis de la investigación.
   b) Utilizan investigación cuantitativa.
   c) Determinan el grado de asociación entre variables.
   d) Utilizan el método experimental.

10. En relación a la tabulación podemos afirmar...

    a) Que es lo mismo que el análisis de datos.
    b) Que forma parte de la fase de procesamiento de la información.
    c) Que consiste fundamentalmente en el recuento de los datos.
    d) Que todas las anteriores son correctas.

ACTIVIDADES DE GRUPO PEQUEÑO

CASO DE ANÁLISIS: Nacimiento y desarrollo del mercado del automóvil

Desde muy antaño, el hombre ha tenido la necesidad y el deseo de encontrar un medio alternativo a los animales para moverse con mayor facilidad, rapidez y comodidad. El sueño de desarrollar un «carruaje sin caballos» fue durante mucho tiempo una utopía, hasta que a finales del siglo XIX comienza a desarrollarse la tecnología necesaria para construir un vehículo a motor.

Aunque es difícil decir cuándo y quién creó el automóvil tal y como lo concebimos en la actualidad, se puede considerar que tecnológicamente los padres del invento fueron los alemanes Karl Benz y Gottlieb Daimler quienes, por separado, desarrollaron motores de propulsión allá por 1885 (posteriormente las empresas de ambos se fusionarían). Pero por aquella época el automóvil era un producto de lujo con un mercado muy reducido. La mayoría eran fabricados por encargos realizados por clientes muy exclusivos: gente adinerada y aficionada a los deportes. Los altos costes de fabricación hacían impensable que el ciudadano de clase media pudiera ser propietario de un automóvil.

Sin embargo, la situación del incipiente mercado cambió gracias al sueño de un ingeniero norteamericano: Henry Ford. A pesar de los consejos de su abogado para que no invirtiera en coches («son cosas de novelas. El caballo pervivirá», le llegó a decir), Ford estaba convencido de que Norteamérica necesitaba del automóvil para prosperar y ello requería convertirlo en un medio de transporte popular y barato. Su idea era construir un vehículo para la gran multitud: «será tan barato que nadie dejará de tener uno».

Henry Ford construyó su primer vehículo a motor de gasolina en 1896, pero no fue hasta 1903, con 40 años, cuando fundó la Ford Motor Company con la ayuda de varios socios capitalistas. Durante los primeros 5 años (entre 1903 y 1908) diseñaron 19 modelos de coches diferentes, desde el modelo A hasta el Modelo S. Unos tuvieron cierto éxito de ventas y otros se quedaron en prototipos. El éxito definitivo tuvo que esperar hasta el lanzamiento en 1908 del Modelo T. Durante el primer año se superaron todos los record de la industria automovilística de entonces, alcanzándose la cifra de 10.660 unidades fabricadas. A finales de 1913 Ford producía la mitad de los automóviles que se hacían en Estados Unidos y en 1927, fecha de su retirada del mercado, se habían vendido algo más de 15 millones de unidades.

Henry Ford sabía que su éxito como fabricante de automóviles dependía de la ampliación del mercado de consumidores y para ello basó su gestión empresarial en 4 pilares:

1) Producción en cadena. Cuando la mayoría de los fabricantes de la época producían sus vehículos de uno a uno, Ford vio la posibilidad de aumentar la productividad y de reducir los costes si los mecánicos se especializaban en determinadas actividades y la fabricación se realizaba siguiendo una cadena de montaje. Además, ello exigía fabricar un único modelo de automóvil, básico y con pocos accesorios. Su

preocupación por reducir costes fue tal que todos los coches fueron pintados en un único color, el negro.

2) Sueldos altos para los empleados. Henry Ford era consciente de que no se podía popularizar el automóvil si la clase obrera tenía unos sueldos bajos. Sus propios empleados debían convertirse en clientes potenciales. Por esa razón, en 1914 anunció que el salario mínimo de Ford Motor Company sería de 5 dólares por las 8 horas de trabajo diarias, más del doble del salario mínimo.

3) Precios de venta bajos. La reducción de costes generada por sus métodos de producción permitió a la Ford trabajar con precios mucho más competitivos que la competencia. Las primeras unidades del Modelo T fueron vendidas a un precio cercano a los 500 dólares, muy por debajo de los 2.000 dólares que valía un coche en aquellos años por término medio. Pero Henry Ford fue más allá. Estaba seguro de que si sacrificaba sus márgenes unitarios para reducir aún más los precios de venta conseguiría aumentar sus beneficios gracias al acceso al mercado de nuevos clientes. Así, los márgenes unitarios por vehículo pasaron de 220 dólares en 1909 a 99 dólares en 1914, mientras el beneficio neto creció de 3 a 25 millones de dólares en el mismo período de tiempo.

4) Facilidades de financiación. Además de la ventaja que suponían sus bajos precios, las ventas del Modelo T se vieron favorecidas por otra innovación importante introducida en el sector por Henry Ford: la venta a plazos.

Sin lugar a duda, la visión empresarial de Henry Ford permitió que el mercado del automóvil dejase de ser minoritario y se convirtiese en un mercado de masas. En 1913 existía en Estados Unidos un vehículo cada 77 habitantes y 7 años más tarde, en 1920, uno cada 11 habitantes. Pero en este tiempo no sólo cambió el tamaño del mercado; también cambiaron considerablemente los deseos de los consumidores. A principios de los años veinte, los norteamericanos demandaban la posibilidad de elegir entre diversas opciones aquellas que mejor se adaptasen a sus necesidades específicas. La Ford fue ajena a este cambio y durante esa década empezó a perder participación en el mercado norteamericano a favor de General Motor. Esta compañía, creada en 1908 por William Durant y dirigida por aquel entonces por Alfred Sloan, consiguió arrebatarle el liderazgo del mercado gracias a crear lo que se vino a llamar la «pirámide de producto» de General Motor. Se trataba de ofrecer un modelo diferente para cada clase social y para cada tipo de familia. Frente al Modelo T de Ford, la General Motor ofrecía coches con diversas marcas: Chevrolet, Cadillac, Buick, Oldsmobile y Pontiac.

La pérdida de cuota de mercado obligó a la Ford a acabar en 1927 con la producción del Modelo T y sustituirlo por nuevos y más avanzados diseños. Los nuevos lanzamientos de la empresa, especialmente el Ford V-8 y el Ford 49, consiguieron aumentar las ventas, pero no recuperar la posición de líder de décadas anteriores.

Desde entonces, la industria automovilística ha trabajado con la idea de que los compradores no son homogéneos y se han visto obligados a segmentar cada vez más el mercado. Hoy en día los compradores pueden elegir entre una gran variedad de modelos de una misma marca, en función del tamaño, de la potencia del motor, del tipo de combustible, el color de la carrocería,... y todo ello con un elevado número de accesorios complementarios. Es tal el nivel de segmentación actual que algunas empresas ya permiten que el comprador diseñe por Internet (www2.es.porsche.com o www.volvocars.es) su propio modelo de automóvil eligiendo entre múltiples opciones disponibles de motor, tapicería, tapacubos, salpicadero, etc. En definitiva, muy lejos queda ya la idea de Henry Ford de dar «a cada americano un automóvil del color que prefiera, con tal de que sea negro».

CUESTIONES

1. ¿Cómo definiríais la necesidad que trata de satisfacer un fabricante de automóvil?
2. Buscar cuáles son los modelos de coche ofertados actualmente por Ford y analizar a qué segmentos de mercado se dirige cada uno de ellos.
3. Indicar quiénes forman la competencia de Ford.
4. ¿Qué factores pueden influir en la evolución de la demanda global de automóviles de un país?
5. Buscar información sobre los impactos medioambientales de los automóviles y las leyes medioambientales que afectan al sector. ¿Cómo pueden influir en el futuro del sector?

ACTIVIDADES DE GRUPO GRANDE

1. ¿A través de qué organismo podemos obtener información sobre las ventas de automóviles a nivel nacional? Buscar los datos relativos al último año e indicar cuál es la demanda global nacional, cuál es la demanda para cada tipo de automóvil y cuál es la cuota de mercado de las principales marcas.
2. Elegir una categoría de alimento (refrescos, leche, yogures, arroz, etc.) y observar en un establecimiento comercial los distintos tipos de productos que existen (modelos, versiones, tamaños, envases, etc.). ¿Qué criterios de segmentación creeis que las empresas del sector están utilizando al lanzar cada uno de estos tipos? ¿Cuál es el perfil del consumidor de cada uno de ellos?
3. Teniendo en cuenta el ejemplo sobre los hábitos de compra de los españoles en navidad que aparece en el texto del capítulo, elegir un determinado producto (o época especial del año) y describir el proceso de compra seguido por los consumidores. Para ello, basaros en vuestra propia experiencia, observar el proceso de compra de otros individuos o preguntar a familiares y amigos.

BIBLIOGRAFÍA BÁSICA

Kotler, Ph. (2000): *Dirección de marketing*, Prentice Hall, Madrid.

Randall, G. (2002): *Principios de marketing*, Thomson, Madrid.

Santesmases, M. (2004): *Marketing: conceptos y estrategias*, Pirámide, Madrid.

Trespalacios, J. A., Vázquez, R. y Bello, L. (2005): *Investigación de mercados*, Thomson, Madrid.

Vázquez, R. y Trespalacios, J. A. (2005): *Marketing: estrategias y aplicaciones sectoriales*, Civitas, Madrid.

ENLACES DE INTERÉS

AC Nielsen: http://acnielsen.es/. Una de las principales empresas de estudios de mercado.
Marketing News: http://www.marketingnews.es/. Noticias sobre marketing y blog.
Gallup: http://www.gallup.es/. Una de las principales empresas de estudios de mercado.
Taylor Nelson Sofres: http://www.tnsofres.es/. Una de las principales empresas de estudios de mercado.
EducaMarketing: http://educamarketing.unex.es/. Portal de marketing de la Universidad de Extremadura.
Foro de las marcas renombradas españolas: http://www.marcasrenombradas.com/. Agrupación de las marcas españolas más populares en el exterior.
Marketing XXI: http://www.marketing-xxi.com/. Libro virtual de marketing.

BIBLIOGRAFÍA REFERENCIADA

[1] www.ama.org.
[2] Kotler, Ph..; Cámara, D.; Grande, I. y Cruz, I. (2000): *Dirección de marketing*, Prentice Hall, Madrid.
[3] Satesmases, M. (2001): *Marketing: conceptos y estrategias*, Pirámide, Madrid.
[4] Kotler, Ph.; Cámara, D.; Grande, I. y Cruz, I. (2000): *Dirección de marketing*, Prentice Hall, Madrid.
[5] McCarthy, J. (1990): *Basic Marketing*, Irwin.
[6] Kohli, A. K y Jaworski, B. J. (1990): «Market orientation: the construct, research propositions and managerial implications»; *Journal of Marketing*, 54 (2), pp. 1-18.
[7] Engel, J. F., Kollat, D. T. y Blackwell, R. D. (1968): *Consumer Behavior*, Holt, Rinerhart and Winston, Inc.
[8] Kotler, Ph.. (2000): *Dirección de marketing*, Prentice Hall, Madrid.
[9] Díez de Castro, E., Galán, J. L. y Martín, E. (1996): *Introducción a la economía de la empresa I*, Pirámide, Madrid.

Capítulo 10

El marketing-mix

CLEMENTINA GALERA CASQUET
VÍCTOR VALERO AMARO

10.1. INTRODUCCIÓN

El concepto de *marketing-mix* surge con la finalidad de reunir, bajo una misma denominación, al conjunto de medios o instrumentos que una organización tiene a su disposición para actuar en el mercado. Este modelo propone cuatro áreas básicas de decisión sobre las que una empresa debe trabajar con el fin de estimular la demanda de sus productos, comúnmente conocidas como las *4 P del marketing-mix*: **producto** (product), **precio** (price), **distribución** (place) y **promoción** (promotion).

Por tanto, la ejecución de una estrategia comercial se traduce en la implantación de un *mix de marketing* que contemple decisiones sobre cada una de las cuatro herramientas básicas mencionadas, siendo ésta la principal lección que puede extraerse de la teoría del *marketing-mix*, una política comercial integrada y completa exige que se concreten las decisiones que la empresa desea adoptar acerca de su cartera de productos, los precios que establece para cada uno de ellos, el canal de distribución elegido para acercarlos al cliente final y, por último, la promoción que va a llevar a cabo para que sean conocidos y apreciados.

A través de este tema profundizaremos en los distintos conceptos y técnicas propios de las cuatro herramientas básicas que componen el *marketing-mix*, dedicando especial atención a las decisiones básicas que una organización puede adoptar sobre cada una de ellas, en función de los objetivos planteados y los mercados a los que desea dirigirse.

10.2. DECISIONES SOBRE EL PRODUCTO

Podemos considerar que el producto constituye el punto de partida de la estrategia comercial, siendo un instrumento fundamental para el desarrollo de un buen marketing. Esta idea se basa en la certeza de que si no se dispone del producto adecuado para estimular la demanda no es posible llevar a cabo de modo efectivo ninguna acción comercial. Pero, ¿qué se entiende en marketing por producto?

10.2.1. Concepto y dimensiones del producto

El producto es el medio por el cual se pueden satisfacer las necesidades del consumidor. Por ejemplo, una botella de agua es un producto y se adquiere para saciar la sed, de igual modo que unas gafas de sol sirven para protegerse de los rayos solares, tratándose en estos dos casos de un objeto físico. También el producto puede ser algo intangible como un servicio financiero o de asesoramiento, un corte de pelo, una visita al dentista, un curso sobre prevención de riesgos o una reparación del coche; o una idea, como la importancia de acudir a las urnas para ejercitar el derecho al voto, o de pagar los impuestos por el bien de la sociedad. O puede tratarse de una institución que hay que dar a conocer o promover, un profesional o un cantante; o un lugar como España. Cada uno de ellos otorga un beneficio a su adquiriente y le satisface una necesidad.

No obstante, un perfume es mucho más que un perfume cuando lo vende Loewe; o unas zapatillas de deporte son algo más cuando las vende Adidas; un automóvil no es sólo un medio de transporte cuando lo vende Ferrari; y unas gafas Ray Ban son más que una forma de protegerse de los rayos solares. Todo esto sugiere que el concepto de producto debe partir de una definición más amplia, que no sólo contemple la dimensión física del mismo y la necesidad que satisface, sino también la percepción que el consumidor tiene del mismo.

Así, definimos el producto como un *grupo de atributos tangibles e intangibles que incluyen el envase, el color, el precio, la calidad y la marca, más los servicios y la reputación del vendedor. Por lo tanto, en esencia, los consumidores compran algo más que un grupo de atributos físicos. Adquieren la satisfacción de sus deseos bajo la forma de los beneficios del producto*[1].

No obstante, este planteamiento es muy general, pues el número y la importancia relativa de los atributos dependerán del tipo de producto y sobre todo, de la importancia que para el consumidor tenga su compra y del riesgo que asuma al adquirirlo.

Pero lo que está claro es que, en este sentido, la dimensión del concepto de producto abarca más contenido que la satisfacción de una necesidad, también hace referencia a: cómo la satisface y qué percepciones despierta en el consumidor; porque si no, ante productos técnicamente similares, los compradores se decidirían por el más barato. Y, sin embargo, por ejemplo, unos pantalones vaqueros Levi's se venden a un precio muy superior que otros de distinta marca, aunque cumplen la misma función que el resto de sus competidores.

Desde el punto de vista de la empresa esto significa que los responsables de la planificación del producto deben considerar diferentes niveles o dimensiones. Philip Kotler[2] propone cinco niveles para comprender mejor la idea y el alcance de esta variable de marketing. Cada nivel añade más valor al producto para el consumidor, y en conjunto constituyen la jerarquía de valor para el cliente:

— El aspecto más importante del producto es lo que podríamos denominar como **beneficio básico** o sustancial, que es aquel servicio o beneficio que realmente le interesa adquirir al cliente. Por ejemplo, en el caso de un hotel, lo que realmente está comprando el huésped es descanso.

— En el segundo nivel, los responsables en marketing deben convertir ese beneficio básico en un producto. Es el producto en sí mismo o **producto básico**. Ejemplo, una habitación de hotel incluye una cama, un baño, toallas, una mesa y un armario.

— En el tercer nivel, el producto se denomina **producto esperado** o real, y consiste en un conjunto de atributos y condiciones que los compradores habitualmente esperan y con los que están de acuerdo cuando compran el producto. Por ejemplo, los huéspedes de un hotel, esperan una cama y toallas limpias, que las lámparas funcionen, y un relativo grado de tranquilidad. Si la mayoría de los hoteles cubren estas mínimas expectativas, el viajero no tendrá preferencias por ninguno en concreto y se alojará donde les resulte más cómodo o barato.
— En una cuarta dimensión, los responsables de marketing configuran lo que se denomina el **producto aumentado**, es decir, aquel que sobrepasa las expectativas de los clientes. Particularmente, es lo que permite que la oferta de la empresa se distinga de sus competidores; por ejemplo, un hotel puede incrementar su producto mediante la instalación en las habitaciones de acceso a Internet, registros rápidos de entrada y salida, un restaurante selecto y servicio de habitaciones, o simples detalles como productos cosméticos, flores frescas, o caramelos. En la actualidad la competencia se centra en esta dimensión del producto.
— En una quinta dimensión nos encontramos con el **producto potencial**, es decir, todos los aumentos y transformaciones que el producto debería en última instancia incorporar en el futuro. Aquí es donde las empresas investigan nuevas fórmulas para satisfacer a sus clientes y sus ofertas, por ejemplo un servicio personalizado, anticiparse al cliente en sus gustos y necesidades, cuando llega al hotel.

10.2.2. Clases de productos

Los productos se pueden clasificar atendiendo a diferentes criterios. La elección de los criterios es esencial para llegar a divisiones útiles para la empresa. No obstante, con relación a las clases de productos los directores de marketing deberán entenderlas desde el punto de vista del cliente, no desde el suyo propio.

Una clasificación tradicional de los productos, desde la perspectiva del marketing, es la que distingue entre productos de consumo e industriales. Todos los productos encajan en uno o en otro de los dos grupos generales, según el tipo de comprador: los productos de consumo son los que están destinados al cliente final, y los productos industriales son aquellos adquiridos por una organización (empresa u otra institución).

Los **productos de consumo** pueden clasificarse a su vez atendiendo a diferentes características: en función de su tangibilidad; motivos de compra, la frecuencia de compra y el esfuerzo realizado en el proceso de compra; etc. Según esta última opción distinguimos a su vez (Tabla 10.1):

— *Productos de conveniencia*: los productos de conveniencia son aquéllos que el consumidor necesita, aunque no está dispuesto a dedicar mucho tiempo ni esfuerzo a su compra.
— *Productos de comparación*: son aquéllos en los que, a juicio del consumidor, merece la pena el tiempo y el esfuerzo necesarios para compararlos con productos rivales.
— *Productos de especialidad*: para estos productos no se aceptan sustitutos.
— *Productos no buscados*: no se conocen o no se quieren y suelen necesitar bastante promoción.

Tabla 10.1. Clasificación de los productos de consumo según la frecuencia y esfuerzo en la compra[3]

Clase de producto	Comportamiento del consumidor	Ejemplos
Productos de conveniencia		
Bienes de consumo básico.	Compras habituales, frecuentes y de poco esfuerzo.	Butano, pan, pasta de dientes, tiritas, etc.
De impulso.	Compras no planeadas, que se hacen rápidamente.	Golosinas, pilas, revistas, etc.
De emergencia.	Compra realizada con presión de tiempo, cuando la necesidad es grande.	Paragüas (lluvia no prevista), taxi (automóvil sin batería).
Productos de comparación		
Homogéneos.	Los compradores perciben una escasa diferencia entre las opciones; buscan ante todo el precio más bajo.	Electrodomésticos de la línea blanca, automóviles de similar cilindrada.
Heterogéneos.	Las diferencias entre ellos son evidentes; la calidad y el estilo son más importantes que el precio.	Ropa personal, menaje y decoración del hogar, viajes.
Productos de especialidad	Disposición a hacer un esfuerzo mayor con tal de obtener un producto específico, aun cuando no sea necesario; las fuertes preferencias (de producto o marca) hacen de la transacción una compra importante.	Vehículos de marca determinada (Mercedes); ropa de marca, aparatos electrónicos (televisiones, equipos de música).
Productos no buscados		
Productos nuevos no buscados.	No se siente una fuerte necesidad del producto, se ignoran sus beneficios o todavía no existe proceso de adopción.	Videoconferencia; determinados productos congelados.
Productos regularmente no buscados.	Se conoce el producto, pero no se busca expresamente y sólo en momentos singulares; la actitud ante el mismo puede ser hasta negativa.	Seguros de vida, colecciones de libros.

No se trata de clasificaciones excluyentes, así un mismo artículo puede ser considerado de distinta forma; por ejemplo, en el caso de un hotel: un conductor fatigado se contenta con el primero que encuentran en su camino (producto emergencia); otros, sin embargo, buscan el tipo de hotel que desean, pero a un precio justo (producto de comparación heterogéneo); y otros, finalmente, estudian las guías turísticas, conversan con amigos y viajeros y telefonean para reservar alojamiento en un hotel que les ha sido recomendado (producto de especialidad).

Con relación a los **productos industriales** hay que apuntar que su clasificación es algo más compleja por la enorme cantidad de productos que se intercambian y sus diversos usos, de lo cual da muestra la Tabla 10.2.

Tabla 10.2. Clasificación de los productos industriales[4]

Clase de producto	Característica	Ejemplos
INSTALACIONES	Grandes bienes de capital.	Ejemplos: edificios, propiedades de tierras, equipo pesado.
ACCESORIOS	Bienes de capital de corta duración como herramientas y equipos que se emplean en la producción o en las actividades de oficina.	Por ejemplo, pequeñas copiadoras, fax, taladros portátiles, máquinas electrónicas y archivadores.
MATERIAS PRIMAS	Son artículos consumibles no procesados. Los productos naturales y agrícolas.	Productos agrícolas: naranjas, trigo, ganado, etc. Productos naturales: pescado y caza, madera y miel de arce, cobre, zinc, hierro, petróleo y carbón.
PARTES Y MATERIALES COMPONENTES	Son artículos consumibles que forman parte de un producto terminado.	Las partes componentes (si se pueden identificar); ejemplo: los acumuladores de los automóviles, y los motores de los electrodomésticos. Los materiales (no se pueden identificar); ejemplo: el alambre, el papel, los textiles o el cemento.
SUMINISTROS	Son artículos consumibles que no forman parte de un producto terminado. Se dividen en tres tipos: mantenimiento, reparación y operación. A los tres se les denomina suministros MRO.	De mantenimiento: pintura, lámparas y materiales de limpieza. De reparación: filtros, taladros y engranajes. De operación: aceites y grasas para lubricar, papel para impresoras, clips, carbón, agua o electricidad.
SERVICIOS PROFESIONALES	Son actuaciones especializadas que apoyan las operaciones de la organización.	Los servicios de consultoría administrativa o de ingeniería. Los servicios para procesar datos. Los de diseño para la distribución de la planta. Las agencias publicitarias ayudan a promocionar los productos.

10.2.3. Cartera y línea de productos

Una empresa ofrece muy rara vez un solo producto, lo normal es que venda distintos productos, y además con variedad de modelos, tamaños, colores, etc. Al conjunto de productos que comercializa una empresa se le suele denominar cartera de productos.

A su vez una cartera de productos puede estar integrada por una o varias líneas de productos. Por ejemplo, una empresa de muebles puede presentar tres líneas: mobiliario, electrodomésticos, instalaciones de calefacción y aire acondicionado; o un fabricante de cosméticos puede tener cuatro líneas de productos principales: cosméticos, joyería, ropa y artículos de viaje. Así, definimos *una línea como el grupo de productos que poseen una coherencia funcional, porque realizan funciones parecidas, porque se orientan a los mismos segmentos de consumidores o, finalmente se utilizan iguales o parecidos instrumentos de marketing para venderlos*[5].

Al hablar de la línea de productos de una empresa hemos de distinguir entre: amplitud, longitud, profundidad y consistencia.

— La amplitud de una cartera de productos se mide por el número de líneas distintas que la integran. Por ejemplo, una empresa de ropa puede tener tres líneas: deportiva, territorio vaquero y fiesta.

— La profundidad es el número de versiones (modelos, tamaños y variantes) que se ofrecen de cada marca o producto en la línea (o dentro de cada línea de productos). Por ejemplo, la leche Puleva presenta 3 variedades básicas: desnatada, semi y normal, en 3 tamaños (1 litro, 33 cl, 25 cl/100 ml), por lo que la profundidad será 9 (3 × 3).

— La longitud es el número total de productos fabricados o vendidos. Es la suma de todas las referencias en cada una de las líneas ofrecidas o el resultado de multiplicar la amplitud por la profundidad.

— La consistencia de un *mix* de producto se refiere a la medida en la que varias líneas de productos se encuentran relacionadas según su uso final, los requisitos de producción, o los canales de distribución. Por ejemplo las líneas de productos de Bimbo son coherentes, puesto que son bienes de consumo, y concretamente de conveniencia, que se distribuyen a través de los mismos canales. Desde el punto de vista de su uso, estas líneas son también bastante coherentes, ya que en todos los casos se trata de productos de alimentación y la mayoría están relacionados con desayunos y meriendas. También la consistencia, desde el punto de vista del consumidor, significa que al utilizar un producto prefiere otro de la misma marca

SONY apostó por el entretenimiento digital interactivo como forma de mantener la empresa en el mercado y mediante esta actuación logró triunfar sobre sus competidores. Sus actuaciones se basaron en el desarrollo continuo de nuevos productos y en la mejora y creación de accesorios de su producto principal, Playstation: ofrecer un mayor número de videojuegos; proporcionar sus CD-ROM de juegos a un bajo precio; ofrecer nuevos productos (ordenadores, DVD, comunicadores digitales) o contar con Internet para explotar los juegos on-line.

para combinarlo; por ejemplo Timotei para satisfacer a sus clientes ha creado líneas completas de productos, que incluyen champú, mascarilla y acondicionador.

Como conclusión final, debemos tener siempre presente que la cartera de productos no es un concepto estático y, por tanto, puede y debe variarse a lo largo del tiempo.

Las decisiones básicas a tomar en la gestión de carteras se refieren a la *modificación*, *ampliación* o *eliminación* de los productos o líneas pertenecientes a la cartera; decisiones que siempre deben ser consecuencia del estudio del mercado.

La modificación de productos/líneas: El concepto de modificación es el de cambiar uno o más atributos del producto de manera que, sin afectar a lo sustancial, realice mejor sus funciones o resulte más adecuado para las necesidades del consumidor. Consiste en una nueva variedad de un producto básico dentro de la misma categoría de producto y con la misma marca; por ejemplo, bolígrafos con tintas de colores especiales, pañuelos de papel con bálsamo protector; pasta vegetal tricolor, El Quijote en una edición de bolsillo, etcétera.

La ampliación (añadir nuevas líneas o productos): Se decide cuando se pueden conseguir beneficios adicionales o satisfacer a los distribuidores u ocupar nichos de mercado para dificultar el acceso o la permanencia en el mismo de los competidores. Por ejemplo, Johson's Junior, a su línea de champús, ha ido incorporando jabón para cara y manos y spray desenredante. IBM tuvo que añadir líneas de ordenadores personales más económicas para defenderse de los competidores que producían ordenadores clónicos más baratos; Bic, a la línea de la escritura sumó la del afeitado y los encendedores. El peligro de la excesiva amplitud para completar la línea se deriva de la posible confusión de los clientes que no distinguen si se trata de un nuevo producto dirigido a otros segmentos del mercado: el champú con acondicionador ha afectado tanto al mercado del champú como al del acondicionador; o la entrada de detergentes con suavizante que aún no está asentada en el mercado, también está por ver la evolución de las cervezas sin alcohol frente a las 0,0.

La eliminación de productos: Eliminar un producto significa dejarlo de fabricar y de ofrecerlo en el mercado. Puede ser tanto un producto nuevo, que ha fracasado, como otro que lleve mucho tiempo en el mercado. Por ejemplo el vídeo sustituido por el DVD. En general, la eliminación de productos se produce cuando están obsoletos, no generan la satisfacción esperada por los consumidores o cuando no contribuyen a los beneficios u objetivos de la organización.

En cualquier caso, a la hora de tomar decisiones sobre la introducción, modificación o eliminación de productos, hay que atender a las interrelaciones entre los aspectos comerciales, organizativos, productivos y financieros de los distintos productos y de éstos con otras fuerzas externas a la empresa (mercado, competencia y entorno).

10.2.4. La marca: concepto, funciones y estrategias

La identificación del producto constituye una diferenciación formal que se realiza mediante la marca, el envase y el etiquetado. La marca es un aspecto fundamental de la estrategia del producto, su desarrollo exige una fuerte inversión a largo plazo, en especial en publicidad, promoción y envase.

Se define la marca como *el nombre, término, signo, símbolo o diseño, o una combinación de ellos, que pretende identificar los bienes o servicios de un vendedor o grupo de vendedores con el objeto de diferenciarlos del de sus competidores*[5].

Hay que distinguir: el nombre (parte de la marca que se puede pronunciar); y el emblema o logotipo (grafismo formado por un grupo de letras, cifras, abreviaturas, etc. fundidas en un solo bloque, con el fin de facilitar la composición tipográfica, que distingue una marca, un producto o cualquier organización y que se reconoce por la vista).

La marca da confianza al comprador sobre el producto, garantiza una determinada calidad. Las cualidades deseables de una marca se pueden agrupar[6] en: **atributos** (ejemplo, duración, caro, bien fabricado, etc.); **beneficios**: funcionales (ejemplo, no tendré que comprar un coche nuevo pronto), emocionales (ejemplo, me hace sentir importante y admirado), emocionales y funcionales (ejemplo, seguridad ante accidentes); **valor** y **personalidad**. El valor de una marca se basa en el grado en que existe una alta lealtad de marca, notoriedad, calidad percibida, fuertes asociaciones con la marca, y otros activos como patentes, marcas registradas y relaciones en el canal de distribución. Es muy difícil medir el valor de una marca; en todo caso su valor reduce tanto el riesgo para los consumidores como para los distribuidores. El valor de la marca está relacionado con la imagen de la misma. La marca puede y debe registrarse, la empresa que consiga una imagen favorable de marca gozará de una ventaja competitiva.

Entre las estrategias de marca distinguimos básicamente tres grupos:

— *Marca única*: consiste en poner la misma marca a todos los productos de la empresa, aunque sean diferentes entre sí. Si la imagen es positiva ampara a todos los productos y consigue un ahorro en promoción y publicidad; por ejemplo es la estrategia que sigue LG, Nike, El Pozo.

— *Marcas múltiples*: estrategia contraria a la anterior, que permite una mejor segmentación del mercado y poder llegar a un mayor número de consumidores, por ejemplo Leche Pascual y su otra marca PMI. También son del grupo Pascual Vive Soy, Zumosol, etc. Henkel comercializa Dixan, Wipp, Vernel o Mistol entre otras.

— *Marcas del distribuidor*: conjunto formado por las marcas privadas o comerciales propiedad del distribuidor, por ejemplo Carrefour, Alcampo, El Corte Inglés. Con ellas, los distribuidores buscan conseguir un mayor control del mercado, sin apenas costes de promoción y publicidad. Esta estrategia ha cobrado mucha importancia en los últimos años y presenta variaciones más allá de la simple marca del distribuidor: por ejemplo, con un nombre diferente Mercadona trabaja Hacendado o Bosque Verde, y Carrefour trabaja Bluesky o Firstline; incluso una estrategia más actual es la que presenta diferentes nombres para las marcas de distribuidor de una categoría (Carrefour utiliza las marcas Calidad Tradición Carrefour o Productos de Nuestra Tierra).

10.2.5. El envase y la etiqueta

El envase es otro de los elementos identificativos del producto, algunos autores lo han considerado como la quinta *P* del *marketing-mix* (*packaging*). El envase es lo primero que percibe el consumidor, y en algunos productos el efecto presentación es decisivo y verdaderamente diferenciador. Así nos encontramos con envases de cartón, plástico o vidrio, para productos como agua, leche, aceite o vino; jabón con dosificador frente al clásico jabón en pastillas; envases que se pueden reciclar fácilmente; pensemos en el agua Solán de Cabras en cartón, la Caja Roja de Nestlé, el nuevo envase de Marcilla en grano con cierre especial para conservar el aroma o el envase recerrable de Borges para frutos secos.

Entre las funciones del envase están: ahorro de tiempo para el detallista; protección del consumidor; protección del producto; facilitar la utilización correcta del producto; complemento de la publicidad; promoción y usos alternativos

Junto al envase suele ir la etiqueta, mensaje con texto o con gráficos, o ambas cosas, y que recoge el nombre y logotipo de la marca; la planta donde se fabricó el producto, lote y fecha de envasado; la composición química, de los materiales, etc.; y además de la información anterior, indican la correcta utilización y mantenimiento del producto. Un correcto diseño de la etiqueta, contribuye a la satisfacción del comprador y le predispone para la recompra del producto.

10.3. DECISIONES SOBRE PRECIOS

Una vez que la empresa ha creado el producto con el que satisfacer las necesidades y deseos de los consumidores, debe fijar un precio al mismo, tarea importante y, a su vez, compleja, de la dirección comercial. Si no se asigna un precio al producto no se puede llevar a cabo la relación de intercambio. No obstante, con frecuencia las empresas establecen las decisiones sobre precios basándose en motivos tácticos o como reacción ante las iniciativas de los competidores.

> El precio medio de la gasolina sin plomo de 95 octanos, la de mayor consumo en España, a finales de 2005 estaba por debajo del euro por litro; pero a primeros de septiembre del mismo año alcanzó el máximo histórico de 1,105 euros/litro.

En el sentido más estricto, el precio es la cantidad de dinero que se cobra por un producto o por un servicio. Todos los bienes y servicios tienen un precio, del mismo modo que tienen un valor; se pone precio a una camiseta, a un billete de autobús, a un automóvil, a un seguro para el hogar, a una entrada de cine.

Los responsables de la actividad comercial de las empresas fijan precios y adecuan las tarifas a la evolución de la demanda, de la competencia, de las restricciones legales y de los cambios socioeconómicos. En el diseño de la estrategia de precios se debe cuidar sobre todo que ésta sea flexible, para poder adaptarse a los cambios del entorno.

Los errores más frecuentes en la fijación de precios son los siguientes: orientación excesiva a los costes, precios que no se revisan con la suficiente frecuencia para tener en cuenta los cambios experimentados en el mercado, precios que se fijan sin tener en cuenta el resto de variables del *marketing-mix*, y precios de distintos productos que no varían lo suficiente según el tipo de producto, los segmentos del mercado y las ocasiones de compra.

Los consumidores tienen para cada producto su escala particular de relación precio-producto caro/barato. Ante esta situación es importante recordar que el valor de un producto se manifiesta, para su posible consumidor, en términos objetivos y subjetivos, por lo cual el precio es un elemento más, muy importante, del conjunto de satisfacciones que debe representar la oferta del producto.

El precio es una valoración efectuada sobre un producto y que, traducida a unidades monetarias, expresa la aceptación o no del consumidor hacia el conjunto de atributos de dicho producto, atendiendo a su capacidad para satisfacer necesidades[7].

10.3.1. Fijación y modificación del precio

El precio ha sido tradicionalmente una variable muy considerada por los economistas; siendo además la herramienta del *marketing-mix* que presenta mayores posibilidades de modificación y adaptación a corto plazo. Con todo, ha de ser analizada conjuntamente y no de manera independiente al resto de variables.

Lambin[8] define el precio con el cociente: «cantidad de dinero entregada por el comprador/cantidad de bienes entregados por el vendedor». Definir el precio en estos términos tiene gran importancia desde una óptica de marketing, ya que podemos incrementar el dinero exigido por un bien sin variar su precio, siempre que aumentemos la cantidad de producto o servicio que recibe a cambio el comprador; por el contrario, un precio puede ser modificado sin variar el montante que debe pagar el cliente, actuando sobre las cantidades entregadas por el vendedor.

Así, por ejemplo, se puede hacer variar el precio: modificando la cantidad de producto entregado por el vendedor (un rollo de papel de aluminio de 20 metros en lugar de 25; una tableta de turrón de 200 gramos en vez de 300; una caja de CDs de 40 en lugar de 50 unidades); o modificando las condiciones comerciales por cantidad adquirida aplicadas al comprador (una camisa 30 euros, dos camisas 50; o la entrega de vales, regalos, puntos, etc. por cantidad); o variar la calidad de los bienes y servicios entregados.

Con independencia del responsable que lleve a cabo la tarea de fijar los precios en la empresa, dicha responsabilidad debe ser asumida por la dirección de marketing. Sin embargo, este apartado de la vida empresarial afecta de manera especial a los departamentos financiero y productivo, por lo que éstos deben participar de alguna forma en la fijación del precio.

El proceso de fijación del precio de venta se ordena en cuatro fases[9]: *a*) El estudio de los factores determinantes del precio de venta, ya sea el coste, la demanda o la competencia. *b*) Determinación de los objetivos de la política de precios y cómo fijar los precios para alcanzar dichos objetivos. *c*) La incorporación de las estrategias empresariales de precios. *d*) La elección del precio de venta.

La fijación del precio de un producto se le plantea a una empresa en distintos estados del tiempo: en el momento en que comienza la actividad empresarial; cuando una organización lanza un nuevo producto o una nueva marca; cuando una firma accede con sus productos a nuevos mercados; cuando modifica un producto más o menos sustancialmente; los precios fijados evolucionan con el paso del tiempo; y por último debido a las circunstancias cambiantes del mercado y del entorno, puede ser necesario tomar medidas inmediatas sobre precios.

10.3.2. Métodos de fijación de precios

1. Método de fijación de precios basados en los costes

Uno de los factores determinantes del precio es el coste, y a él han atendido tradicionalmente las empresas para fijar los precios de sus productos. Este método es considerado cada vez menos efectivo por la empresa, pero sin embargo parece más justo para el comprador, y aunque el cálculo de los costes es muy importante para la empresa, en ningún caso por sí mismos deben ser determinantes para la fijación de los precios de venta.

Por una parte, este método es el más fácil y antiguo, consiste básicamente en la adición de una cantidad (porcentaje) a los costes para obtener el precio de venta; ahora bien, ¿cuáles son los costes a considerar? y ¿qué entendemos por precio de coste?

Un sistema de fijación de precios basado en los costes presupone un análisis de los mismos y su adecuada clasificación, determinando qué costes varían con el volumen de producción y cuáles son los que permanecen fijos, cuáles son los directamente atribuibles a fabricación y cómo se contemplan todos ellos en función del horizonte temporal considerado, sobre la base del corto y largo plazo.

Principalmente se distinguen dos métodos: el del coste total, cuando para el cálculo del coste del producto (bien o servicio) están repartidos todos los costes; o el del coste parcial, cuando no se imputan todas las cargas.

Pero para decidir qué método emplear es fundamental conocer la estructura de costes de la empresa:

— Cuanto más altos sean los costes fijos o indirectos, más necesaria es la fijación del precio de coste completo, ya que de otra forma el coste obtenido no se corresponde con el coste real del producto. Por otra parte, un coste tiene validez dentro de un intervalo o nivel de actividad. Así, si consideramos una mayor producción, los costes pueden variar de forma sensible.

— Un gran número de empresas utilizan el método del coste parcial, debido a la imposibilidad de conocer qué costes fijos se deben asignar a uno o varios productos. Esta dificultad ocasiona con frecuencia que ciertos artículos se vendan por debajo de su coste, y otros por encima del mismo.

El reparto del coste de un reloj de gama media que tiene un valor de 90 euros, podría ser:

Maquinaria:	12 por 100.
Caja y correa:	17 por 100.
Mano de obra:	1 por 100.
Importador:	10 por 100.
Distribuidor:	20 por 100.
Detallista:	40 por 100 (mínimo).

En todo caso, la técnica empleada para determinar el precio de venta debe estar en función del tipo de producto y del mercado en el que se va a vender. De lo que no cabe duda es que el coste limita inferiormente el precio de venta del producto. El precio de coste es un precio mínimo por debajo del cual no se fijará el precio de venta, salvo circunstancias excepcionales y, únicamente, de forma temporal.

Expresión habitual en el cálculo de precios basado en los costes:

Precio de coste	**coste + margen (tanto por ciento) sobre coste**
Precio de venta	**precio de coste + margen (tanto por ciento) sobre precio de coste**

2. Método de fijación de precios en función de la demanda

Otro de los factores determinantes del precio es la demanda. En este sentido, la empresa entiende que a los compradores no les interesan los costes que soporta un vendedor, ni sus deseos de obtener beneficios; por tanto, para fijar un precio es fundamental conocer cómo es o cómo se comporta la demanda ante diferentes precios. La demanda, a diferencia del coste, marca un límite superior por encima del cual no se puede fijar el precio de venta si queremos tener éxito en la comercialización de nuestros productos.

El precio percibido por el consumidor es más que el sacrificio monetario; no tiene el mismo significado para todos; depende de circunstancias situacionales o personales; además se asocia el tiempo necesario para buscar información, el esfuerzo y los costes psicológicos.

La mayor parte de los estudios señalan que el comprador no conoce el precio de los productos, o como mucho sabe que está comprendido entre ciertas cantidades. Muy a menudo se justifica la dificultad en el recuerdo de precios por diferentes motivos: las personas acuden a establecimientos diferentes; las numerosas marcas de fabricantes y distribuidores; por los frecuentes productos nuevos y desaparición de antiguos; la falta de normalización en la cantidad o tamaño y la variación constante por la inflación.

Entre los diferentes factores que inciden sobre la sensibilidad de la demanda ante variaciones de precios destacan los siguientes: se es más sensible a los incrementos que a las disminuciones; el uso del producto y contexto de utilización; la frecuencia en el cambio de precios y el orden en que se conocen los precios.

3. Métodos de fijación de precios en función de la competencia

El tercer factor determinante del precio de venta es la competencia. Agrupamos bajo este factor el conjunto de empresas que rivalizan en el mercado ofreciendo productos semejantes o alternativos al de nuestra empresa. La competencia restringe la discrecionalidad a la hora de fijar el precio y estrecha a un marco más reducido las posibilidades o los distintos precios que se pueden fijar a un producto o servicio. El estudio de la competencia pierde relevancia cuando la demanda del producto es inelástica y es muy importante cuando es elástica.

La problemática de la lucha competitiva queda sintetizada en el hecho de que, o bien se produce más barato o, por el contrario, se fabrica originalidad. Suele existir cierta aversión por parte de las empresas a competir en precios. Entre las razones por las que una empresa no quiere competir en precios están que los efectos de la variación de precios son muy visibles, y suelen conducir normalmente a una guerra de precios. Por supuesto no todas las empresas de un sector se encuentran en la misma situación competitiva.

Las guerras de precios no son deseadas por las empresas, son muy difíciles de frenar, y sólo ayudan si permiten conseguir objetivos importantes y mejorar la rentabilidad de la empresa. Entre los objetivos de una guerra de precios están: mejorar la participación en el mercado; penetrar en un canal de distribución muy sensible al precio y eliminar competidores.

GUERRA DE PRECIOS EN EL MERCADO DE LOS PC

Cuando el mercado americano se estancó a principios del año 2000, Hewlett Packard bajó sus precios en un 40 por 100 en un año, lo mismo que Dell. El sector decía que era la única solución posible. Con los almacenes sobrecargados de material, la única alternativa viable para deshacerse de los excesos de stocks era comenzar una guerra de precios.

Desde entonces las grandes multinacionales de todo el mundo decidieron bajar sus precios para hacerse con la mayor cuota de mercado posible. Por ejemplo Dell, empresa líder en la venta de PC, decidió aprovechar las dificultades de la industria para aumentar su cuota de mercado. En marzo de este año recortaba sus precios un 30 por 100 y en mayo anunciaba una nueva reducción del 10 por 100 en su gama de sobremesa. Compaq rebajó un 31 por 100 en el mismo período.

Esta guerra de precios no es igual para todos, afecta sobre todo a los más débiles y no todo es más barato. Los últimos recortes de precios de Intel afectaron a los chips de formas diferentes, así en 2001 los más afectados son los que están ya de salida pero en contraste su procesador de última generación, Pentium 4, bajó sólo unos dólares

El caso español es distinto, los distribuidores apuntan que en nuestro país el mercado no está lo suficientemente maduro como para embarcarse en una guerra de precios. Al no haber saturación, las rebajas de precios se harán esperar.

Por otra parte, si atendemos a la competencia existen tres alternativas de precios posibles:

— *Precios por encima de la competencia*: su finalidad es atraer clientes «elitistas» o de alto poder adquisitivo, el producto debe estar claramente diferenciado y ofrecer imagen de calidad, prestigio o superioridad.
— *Precios a nivel de la competencia*: se habla de precio de mercado o precio de referencia. Se utiliza cuando se dan las siguientes condiciones: el producto no está diferenciado; hay un líder de precios o existe un nivel de precios tradicional o acostumbrado.
— *Precios por debajo de la competencia*: en este caso los fines son puramente competitivos, así la mitad de las empresas tienen establecido entre sus metas combatir con su política de precios a los competidores.

10.3.3. Estrategias de precios

La estrategia de precios ha de contribuir a conseguir los objetivos de la empresa (beneficios, penetración, imagen, etc.) y ha de tener en cuenta el tipo de productos, líneas existentes, competencia, y en general, los factores que condicionan la fijación del precio. Pero también ha de considerarse la novedad del producto. No es lo mismo diseñar una estrategia de precios para un producto establecido, ampliamente utilizado por el mercado y con una competencia consolidada, que formularla para un producto nuevo que se acaba de lanzar al mercado. En general, cuanto más innovador sea el producto mayores serán las alternativas de precios y la sofisticación en la estrategia diseñada.

El diseño de la estrategia de precios de la empresa es una tarea importante y compleja de la dirección de marketing. De acuerdo con esto, las estrategias de precios se clasifican en cinco grupos[7]:

1. *Estrategias diferenciales*: se suele vender el mismo producto o marca a precios distintos según las características de los consumidores. Dan lugar a una discriminación de precios, es decir, se aplica un precio diferente según la capacidad económica, características sociodemográficas y sensibilidad al precio de los distintos segmentos del mercado, entre otras variables a considerar. En este grupo se incluyen: la estrategia de precios fijos (igual para todos los clientes) o variables (se pueden negociar, por ejemplo para los automóviles), los descuentos por cantidad, el descuento por pronto pago, el aplazamiento de pago, las ofertas o descuentos aleatorios, las rebajas o descuentos periódicos, los descuentos en segundo mercado (por ejemplo, para las viviendas de protección oficial), los precios de los profesionales (por ejemplo, notarios) y los precios éticos (por ejemplo, para productos necesarios como los medicamentos).

2. *Estrategias competitivas*: los precios de la empresa se fijan iguales, superiores o inferiores a los del sector, de acuerdo con las ventajas tecnológicas, de costes, de producción o de distribución que se posean. Se habla así de estrategia de precios primados (la empresa ofrece productos de calidad superior y puede poner un precio mayor, por ejemplo SONY) y estrategia de precios bajos o descontados, cuando se da la situación contraria, menor calidad o prestación de servicios. Por ejemplo, la cadena de descuento Dia.

Las compañías aéreas de bajo coste son cada vez más numerosas y el precio es más reducido. El mercado americano fue el impulsor de estas compañías, y hoy podemos encontrar billetes a partir de 1 euro, lo que sería impensable hace sólo unos años. El secreto está en la reducción de gastos a través de una menor prestación de servicios adicionales a los pasajeros, disminución de costes de emisión de billetes y de contratación y facturación, así como la optimización de los tiempos de vuelo de sus aviones.

Si bien cuando estas líneas aéreas de bajos costes aparecen en el mercado las compañías tradicionales no las temieron e incluso iniciaron estrategias para enfrentarse a ellas, en la actualidad sus expectativas de crecimiento son muy importantes. Así, hace cinco años apenas representaban el 5 por 100 del mercado, mientras que en 2004 lograron casi un 20 por 100 de cuota de mercado frente a empresas establecidas como Iberia, que ven decrecer cada día su volumen de negocio.

En España una de las primeras en establecerse ha sido Easyjet, con ofertas de viajes a Londres por 36 euros; pero encontramos otros muchos ejemplos con precios más reducidos.

3. *Estrategias de precios psicológicos*: si atendemos fundamentalmente a la asociación entre el precio y las características del producto. Destaca la estrategia de precio acostumbrado o habitual, referida a productos de consumo frecuente, que suponen pequeños desembolsos, por ejemplo las golosinas, caramelos, chicles, el periódico; la estrategia de prestigio, que busca asociar un precio alto a un producto de calidad; y la estrategia de precio según valor percibido, que no tiene en cuenta el coste de los componentes del producto sino el valor asignado por el consumidor a la utilidad que le reporta la satisfacción del producto.

4. *Estrategias de precios para líneas de productos*: se caracterizan porque tenemos que pensar más en el beneficio global de los productos que integran la línea que en los beneficios individuales; y además hemos de considerar la relación entre las demandas de los productos. Se habla de estrategia de líder en pérdidas, precio de paquete, precio de productos cautivos o precio único, principalmente.

5. *Estrategias de precios para productos nuevos*: si el producto se encuentra en las primeras fases del ciclo de vida, se habla de dos alternativas: estrategia de descremación, que supone la fijación de un precio alto en el primer momento para atraer la élite del mercado y después bajarlo para captar nuevos segmentos más sensibles al precio; y la estrategia de penetración, que nos lleva a fijar precios bajos al principio para alcanzar lo antes posible las máximas ventas.

La empresa de cosméticos Helena Rubistein ha lanzado la crema «Gold Future». Es una nueva crema que en su composición incluye oro con propiedades regeneradoras y antioxidantes, y entre otras propiedades también da una mayor luminosidad al rostro. No se trata de una crema antienvejecimiento, su público está entre las mujeres jóvenes que quieren hidratar y alisar la piel de inmediato. Se acaba de lanzar al mercado con un precio aproximado de 130 euros.

10.4. DECISIONES SOBRE DISTRIBUCIÓN

Distribuir un producto implica, principalmente, acercarlo a los consumidores. El objetivo básico de la distribución es facilitar la adquisición de bienes y servicios, eliminando el obstáculo que representa la distancia que pueda existir entre los centros de fabricación y de consumo. Así, podemos determinar que la distribución es la función de marketing que conecta o *acerca* al productor y al consumidor, llevando a cabo una serie de actividades que culminan con la exposición del producto en los puntos de venta.

La distribución juega un papel muy importante en el crecimiento de las empresas, permitiéndoles servir áreas y mercados geográficamente distantes. Igualmente, contribuye al desarrollo económico y a la asignación eficiente de los recursos, ya que facilita la especialización geográfica de la producción, sin perjudicar por ello al abastecimiento de los mercados. De este modo, cada empresario, zona o región podrá dedicarse a aquello para lo que está más capacitado, en función de sus recursos y habilidades, beneficiándose del comercio y la distribución al intercambiar sus bienes con otros llegados de distintas regiones.

La zona del Levante español está especializada en la fabricación de calzado y muebles, Jaén destaca por su producción olivarera y la industria textil tradicionalmente se ha asentado en Cataluña. La distribución permite que los productos se fabriquen en aquellas áreas donde se alcanza mayor eficiencia, para luego ser comercializados en mercados mucho más amplios. Así, en Cataluña no es necesario destinar recursos a la producción de aceite de oliva, ni hace falta que en todas las regiones haya una presencia importante de fábricas de zapatos. Si trasladas este concepto a un espacio más amplio, entenderás la importancia y los beneficios del comercio internacional.

Desde la perspectiva de marketing, debemos estudiar cómo la distribución puede colaborar en nuestra tarea de aportar valor al consumidor, es decir, analizar en qué medida contribuye a la satisfacción de nuestro mercado. Tradicionalmente se ha considerado que la distribución incrementa el valor de un producto en tres aspectos:

1. Ayuda a que el consumidor adquiera el producto en el lugar que desee, evitando que el proceso de compra implique importantes desplazamientos. Para ello, la distribución contempla acciones de transporte de los productos y localización de puntos de venta cercanos al cliente. Es lo que se denomina **utilidad de espacio.**
2. Permite que el consumidor realice sus compras en el momento que prefiera, no siendo necesario acumular grandes cantidades de producto para futuros consumos. La proximidad de los establecimientos de venta permite al consumidor repetir la compra cuantas veces estime necesario. Esto constituye la **utilidad de tiempo.**
3. Promueve los intercambios y agiliza los procesos de compra-venta y entrega de productos, otorgando al consumidor **utilidad de posesión.**

Pero, como veremos más adelante, la distribución no sólo genera valor en cuanto a espacio, tiempo y posesión. También colabora en otras funciones básicas, como informar sobre las características del producto, promocionar el mismo, proveer al cliente de servicios adicionales (montaje, reparación, mantenimiento, garantía, financiación, etc.), gestionar las devoluciones o la retirada del producto tras su uso, etc.

La distribución es uno de los aspectos clave del marketing y comprende una serie de funciones, ya sean desarrolladas por los propios fabricantes o por otras organizaciones externas, encaminadas al abastecimiento satisfactorio de bienes y servicios en los mercados. De esta forma, la distribución es el instrumento de marketing que aporta al cliente valor en términos de espacio, tiempo y posesión.

Las decisiones sobre distribución que debe abordar una organización son complejas y, en gran medida, afectan a su actividad a largo plazo. Aún más, muchas de las opciones de distribución son de difícil retroceso o bien su modificación implica incurrir en elevados costes, lo que exige una adecuada planificación de la actividad y un profundo análisis de todos los factores que, de alguna forma, puedan influir en la distribución de los productos.

10.4.1. Conceptos básicos relacionados con la distribución

El canal de distribución

En muy raras ocasiones adquirimos productos en los propios centros de fabricación. Aún más, generalmente no es el propio fabricante el que realiza la venta final del producto, sino otro agente que se dedica específicamente a ello. De este modo, los bienes se ven sometidos a procesos de transporte y aproximación al consumidor a través del canal de distribución elegido. El canal de distribución, por tanto, es *el recorrido o camino que sigue un bien o servicio desde su origen o producción hasta su destino final: los centros de consumo.* El canal de distribución no sólo comprende la ruta física que cursa un producto, también incluye al conjunto de personas u organizaciones (a los que se conoce como **distribuidores** o **intermediarios**) que participan o llevan a cabo alguna función en el proceso de acercamiento de los productos a los usuarios finales. Por tanto, el canal de distribución puede entenderse bajo una doble perspectiva, por un lado contiene una dimensión *funcional*, que hace referencia a los flujos que se producen a lo largo del canal, y por otro lado una perspectiva *institucional*, que incluye a todos los agentes o instituciones que participan en el canal.

El intermediario

El intermediario es la persona o institución que se sitúa entre el fabricante y el consumidor, facilitando la distribución de un producto y, por tanto, formando parte del canal de distribución. Las funciones a cargo de los intermediarios son muy diversas y abarcan importantes aspectos del marketing (véase la Tabla 10.3), de tal forma que, en el caso de no llevarlas a cabo, deberían ser asumidas por otro miembro del canal.

Tabla 10.3. Funciones de los intermediarios[5]

Reducción del número de transacciones: los intermediarios permiten que el número de intercambios necesarios para comercializar un producto se minimice, con lo que se consigue reducir el coste de distribución que soporta un fabricante.

Adecuación de la oferta a la demanda: a través de los intermediarios se consigue agrupar la oferta que cada productor realiza y posibilita la venta individual en pequeñas cantidades.

Creación de surtido o diversificación de la oferta: los intermediarios no sólo agrupan la oferta, además llevan a cabo actividades de clasificación de los mismos por categorías, calidades, variedades, etc.

Logística: los intermediarios realizan actividades de transporte, almacenamiento, conservación y presentación del producto, protagonizando el flujo físico del canal de distribución.

Actividades de marketing: el objetivo del intermediario no se ciñe tan sólo a la actividad logística. Bajo su responsabilidad recae, en muchos casos, la venta del producto que desarrollan los fabricantes. Por ello, se puede considerar al intermediario como el *agente de ventas* de las organizaciones que están en niveles superiores del canal.

Transmisión de la propiedad, posesión o derecho de uso del producto: los intermediarios facilitan la transmisión de la propiedad de los productos, a través de procesos de compra-venta. En otras ocasiones, ceden sólo la posesión y el derecho de uso de un bien (alquileres) o bien transmiten el derecho de uso de un servicio, cuya intangibilidad no permite la propiedad o posesión.

Financiación: los intermediarios, en muchos casos, ofrecen alternativas de financiación sobre sus ventas, facilitando la compra del producto por parte del consumidor. Igualmente, los intermediarios también se benefician de la financiación que habitualmente le ofrecen sus proveedores.

Prestación de servicios adicionales al producto: además de las actividades de comunicación, promoción y financiación, los intermediarios colaboran en la satisfacción del consumidor prestando una serie de servicios que aumentan el producto, como entrega e instalación del producto, garantía, reparación, mantenimiento, asesoramiento y formación, provisión de recambios o suministros, etc.

Asunción de riesgos: el intermediario lleva a cabo una actividad económica y, por tanto, asume un riesgo por ello. En cierta medida, al adquirir productos a fabricantes para revenderlos posteriormente, el distribuidor asume parte del riesgo del productor.

Una clasificación básica de los intermediarios nos permite diferenciar entre los que adquieren la propiedad del producto que comercializan y aquéllos que actúan tan sólo en nombre de terceros que mantienen la titularidad del bien. Los primeros suelen denominarse **comerciantes**, y básicamente se dedican a la compra-venta de bienes. Cualquier supermercado o tienda tradicional actúa como comerciante. Sin embargo, existe otro tipo de intermediario, denominado **agente**, que no adquiere el bien que distribuye, realizando solamente gestiones de venta a cuenta de los propietarios y recibiendo una comisión por sus servicios. Los agentes de seguros o los agentes inmobiliarios son buenos ejemplos de ello.

Por otro lado, también puede realizarse una distinción de los intermediarios en función del lugar o nivel que ocupan en el canal de distribución. Así, distinguimos entre **mayoristas** y **minoristas** (o detallistas).

Los mayoristas se caracterizan por no poder vender al consumidor final. Por tanto, pueden adquirir bienes a fabricantes o a otros mayoristas y vender a detallistas o a otros mayoristas. Los detallistas, o minoristas, son los únicos que pueden realizar intercambios con el consumidor final. Así, adquieren productos a fabricantes o a mayoristas para revenderlos a consumidores. Los mayoristas actúan como *vendedores* de los fabricantes y como *agentes de compra* para los detallistas. Los detallistas, mientras tanto, actúan como *fuerza de ventas* para fabricantes o mayoristas. Además de estos dos tipos de intermediarios, podemos encontrar otros agentes que colaboran de alguna forma en el canal de distribución, ya sea realizando funciones de logística (transportistas) o prestando servicios a cuenta de terceros (corredores, representantes).

Longitud del canal de distribución

La decisión más importante que debe tomar una organización, en el ámbito de la distribución, es el diseño y configuración de su canal de distribución. Un primer aspecto de este proceso hace referencia a la longitud del canal. *La longitud del canal representa el número de intermediarios existentes entre el fabricante y el consumidor*, entendiendo que es mayor cuantos más agentes se involucren en la distribución del producto. Existen muchas posibilidades de distribución atendiendo a la longitud del canal, y su elección dependerá de varios factores como el tipo de producto, el tamaño del mercado, el tipo de comprador, etc. De manera general, podemos hablar de tres tipos de canales en función de su longitud (véase la Figura 10.1):

1. **Canales cortos:** son aquéllos en los que el número de intermediarios es bajo. En los canales cortos habitualmente sólo aparece un distribuidor. Los canales cortos son recomendables cuando el número de detallistas es bajo, o bien cuando un número reducido de detallistas acumulan un potencial de compra muy elevado.

> En España, las grandes cadenas de supermercados (Carrefour, Alcampo, Mercadona, Hipercor, etc.) acumulan un porcentaje de compras muy elevado respecto al total. Esto puede permitir a los productores contactar directamente con estos centros detallistas, quienes a su vez tienen los recursos suficientes para asumir las funciones que pueda llevar a cabo un mayorista.

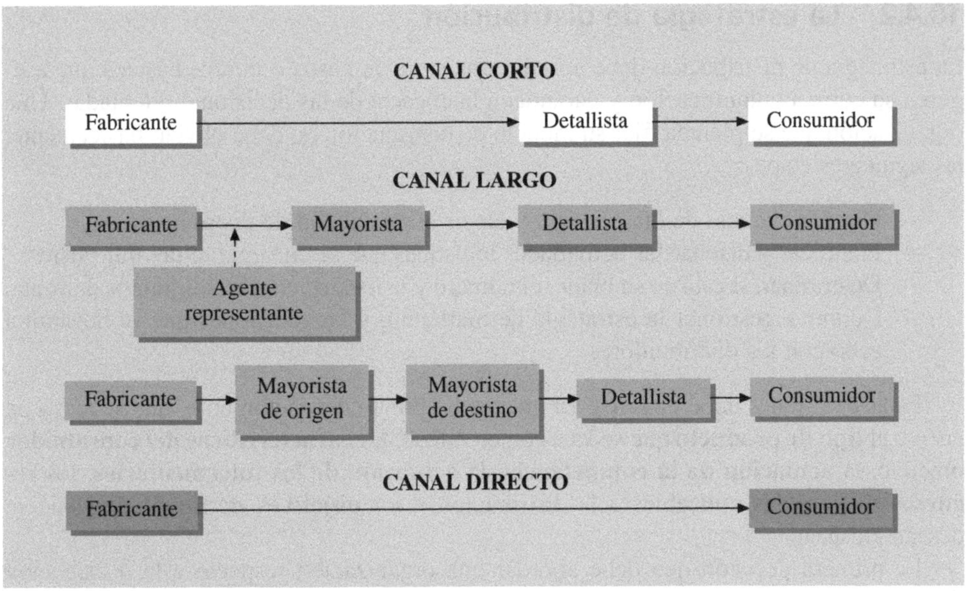

Figura 10.1. Longitudes del canal de distribución.

2. **Canales largos:** un canal de distribución se considera largo cuando puede identificarse en él más de un intermediario. En este caso, existirá (al menos) un mayorista que conecta al fabricante con el detallista que se encarga de comercializar el producto en el mercado. Son canales típicos de los productos de consumo masivo o de compra frecuente (alimentos, productos de limpieza), en donde se exige la presencia del producto en el máximo número posible de puntos de venta, así como en productos comercializados en un espacio geográfico muy grande.

3. **Canales directos:** son aquéllos en los que no existen intermediarios, asumiendo el propio fabricante la función de distribución. Son muy poco frecuentes para productos de consumo (salvo en el caso de comercializar el producto en un mercado muy reducido), sin embargo son muy habituales en los mercados industriales (de empresa a empresa) y en el sector de los servicios.

En mercados industriales predominan los canales cortos o directos. Junto a la concentración de este tipo de mercados, también influyen la complejidad de los productos, la relación estrecha y continuada que se genera entre proveedor y comprador, o la necesidad de proveer servicios adicionales de mantenimiento, reparación y suministro. Es el caso de la relación entre fabricantes de microprocesadores y productores de PC.

Por otro lado, en el ámbito de los servicios no suele caber otra posibilidad que la distribución directa. La intangibilidad del servicio no permite almacenaje, transmisión ni transporte del producto, por lo que el servicio debe ser ofertado por el propio productor. En todo caso, cabe la posibilidad de distribuir la contratación del servicio (agencias de viajes) o mantener múltiples centros en los que se preste el mismo (sucursales bancarias).

10.4.2. La estrategia de distribución

La estrategia de distribución debe abordar una serie de pasos o puntos básicos que aseguren su correcta planificación y garanticen la eficacia de las decisiones adoptadas. Una organización que se plantea fijar su modelo de distribución no debe obviar, básicamente, las siguientes etapas:

- — Diseñar el canal de distribución y elegir la modalidad de distribución.
- — Planificar y diseñar las actividades logísticas que se encargarán del flujo físico.
- — Determinar, si está en su mano, el número y la localización de los puntos de venta.
- — Definir y gestionar la estrategia de marketing y las relaciones que se llevarán a cabo con los distribuidores.

Estas decisiones deben basarse en un estudio previo del sector, en el que se tenga en cuenta el **tipo de producto** que se va a comercializar, las **características del consumidor** objetivo, la **actuación de la competencia**, la **actuación de los intermediarios**, los **recursos disponibles** aplicables a la distribución y los **objetivos de marketing** que se desean alcanzar.

La primera decisión que debe abordar una organización respecto a la distribución debe responder la pregunta: *¿vamos a distribuir nosotros mismos el producto o nos serviremos de intermediarios?* La distribución directa genera importantes desventajas en la medida en que crezca el tamaño del mercado o la rotación del producto. Por otra parte, permite un contacto directo con el cliente y aumenta las posibilidades de mejorar la relación empresa-consumidor. En cambio, la utilización de intermediarios externos facilita abarcar mercados muy amplios aunque, en cierta medida, supone una pérdida de control sobre parte de la estrategia comercial (que estará en manos del distribuidor). Por tanto, determina una menor autonomía en el proceso de toma de decisiones de marketing.

La inclusión de intermediarios exige plantearse la longitud del canal de distribución y la modalidad de distribución a poner en práctica. Existen, de manera general, tres posibles modalidades de distribución: la distribución exclusiva, intensiva o selectiva.

La **distribución exclusiva** implica limitar o restringir el número de distribuidores con los que se trabaja, manteniendo un único intermediario por área geográfica al que se le concede la exclusividad de distribución en su territorio. La distribución exclusiva permite un mayor control sobre las políticas de promoción, los precios y los servicios ofrecidos por el distribuidor (ya que la relación fabricante-intermediario es muy estrecha), siendo especialmente interesante cuando se desea alcanzar o mantener alta imagen de marca (Georgio Armani, Hugo Boss), el producto es muy complejo o requiere servicios adicionales importantes (concesionarios de automóviles) o se necesita una alta implicación del vendedor en la comercialización del bien.

La **distribución intensiva** puede entenderse como el caso contrario, y significa alcanzar el mayor número posible de detallistas, de tal forma que el producto aparezca en todos los puntos de venta posibles. Es la modalidad ideal para los productos de alta rotación o de consumo masivo, en donde se busca la máxima disponibilidad para el consumidor, la cercanía y la exposición elevada de la marca. Es el caso de Coca Cola, Lays o Nestlé.

A medio camino entre estas dos opciones está la **distribución selectiva**, que consiste en trabajar con más de un intermediario por zona geográfica, pero sin intentar abarcar al máximo posible. Así, se deben seleccionar aquellos distribuidores por área con los que establecer vínculos, evitando esfuerzos de distribución excesivos y profundizando la relación con los distribuidores escogidos. Es la modalidad utilizada por muchos fabricantes de electrodomésticos y productos informáticos.

Habitualmente, cuando una empresa se introduce en un mercado y se plantea su estrategia de distribución, suele utilizar los mismos canales que emplean las empresas de la competencia. Sin embargo, a veces encontramos ejemplos de organizaciones que han aportado importantes innovaciones en el ámbito de la distribución. Así, IKEA revolucionó el mercado del mueble con la utilización de grandes superficies dedicadas exclusivamente a la venta de mobiliario con entrega inmediata. Otras veces, las empresas emplean más de un canal de distribución (como es el caso de los cosméticos, comercializados tanto en tiendas especializadas como en supermercados) para alcanzar a segmentos de consumidores con distintos hábitos de compra.

La planificación de la función **logística** exige tomar decisiones en el ámbito de actividades como el **transporte** (elección de rutas y medios de transporte), **gestión de pedidos** (recepción de pedidos, facturación, embalaje, flexibilidad a través de la implantación de sistemas de intercambio electrónico de datos), **almacenamiento** (número, ubicación y capacidad de los almacenes, utilización de centros de distribución externos, automatización de los almacenes) y **gestión de stocks** (gestión de los tiempos de suministro, niveles de stock de seguridad, conservación de los bienes, etc.). Todo ello con un doble objetivo, minimizar el coste de la distribución y, a la vez, garantizar el mejor servicio de provisión al cliente.

La **instalación y dimensión de los puntos de venta** es una decisión que sólo recaerá en el fabricante en la medida en que opte por la distribución directa o bien mantenga un alto nivel de vinculación con el resto de niveles del canal de distribución (como es el caso de la **franquicia**).

La franquicia es una modalidad de distribución basada en un acuerdo contractual entre un fabricante, mayorista o proveedor de servicios (franquiciador) y un distribuidor independiente (franquiciado), a través del cual el franquiciador cede temporalmente el nombre comercial de su propiedad al franquiciado, así como la licencia para comercializar los productos o servicios amparados bajo dicha marca. La franquicia genera una serie de obligaciones para franquiciador y franquiciado, y de igual forma mantiene una serie de ventajas para ambas partes, bondades que explican su importante expansión en los últimos años.

Recordemos el caso de Inditex, propietaria de la marca Zara, que comercializa sus prendas a través de tiendas propias, controlando el emplazamiento y apertura de cada nuevo punto de venta. Zara está presente en 57 países y mantiene más de 800 tiendas abiertas. Por otro lado, aproximadamente el 80 por 100 de los restaurantes McDonald's se gestionan en régimen de franquicia. La compañía selecciona, de entre las peticiones que recibe para la apertura de nuevos restaurantes, aquellos emplazamientos que estima más interesantes. En la actualidad, McDonald's ostenta más de 25.000 restaurantes en todo el mundo, 350 de ellos aproximadamente en España. En cualquier caso, la decisión de **apertura** de un nuevo centro debe contemplar tanto **factores comerciales** (atractivo del mercado potencial y estimación del crecimiento de dicho mercado) como **económicos** (coste de la apertura), y siempre ha de tenerse en cuenta que cada nuevo punto de venta, probablemente, generará un rendimiento marginal inferior a los anteriores ya abiertos en una misma localidad.

IKEA ha desarrollado un sistema curioso para identificar opciones de futuras aperturas. Esta empresa analiza los códigos postales de los visitantes a sus tiendas en España (en la actualidad son siete) más los códigos postales de los clientes que solicitan por correo su catálogo de productos. Con esta base de datos de códigos postales conoce las localidades en las que los productos IKEA generan una mayor atracción, que se convierten en posibles emplazamientos para su expansión.

La **estrategia de marketing** respecto a distribuidores marcará las relaciones que surjan con el resto de miembros del canal. Una empresa optará por una estrategia tipo **push** cuando decida colaborar con los distribuidores en la comercialización del producto, estimulando al intermediario a realizar esfuerzos para mejorar las ventas del producto (desarrollando acciones conjuntas, ofreciendo descuentos y promociones a los distribuidores, mejorando los precios o las condiciones de financiación, etc.). Este tipo de estrategias son más aconsejables cuando se mantiene alta confianza en el distribuidor, o la relación con él es fluida y estrecha, o cuando los miembros del canal de distribución mantienen elevados niveles de cualificación o formación. En cambio, si la confianza o la relación con el distribuidor es baja, o el canal es poco cualificado, el fabricante intentará contactar directamente con el consumidor (básicamente a través de campañas de comunicación), evitando al distribuidor, con el objeto de estimular la demanda final y atraer al cliente hacia los puntos de venta. Es lo que se denomina estrategia tipo **pull**. Ambas estrategias no tienen por qué ser sustitutivas y así, por ejemplo, Coca Cola practica importantes descuentos y promociones a sus distribuidores y colabora con ellos en la promoción de sus productos en las tiendas, mientras que al mismo tiempo realiza numerosas campañas de publicidad en medios de comunicación masivos para generar atracción y recuerdo de sus refrescos.

La **gestión de las relaciones** con los miembros del canal de distribución es una tarea básica, entendiendo que el distribuidor forma parte de la misma cadena de valor que inicia el fabricante. Por tanto, estas relaciones deben basarse en la **cooperación** y en la reducción de conflictos, de tal forma que se garantice el mejor servicio al consumidor. Se conoce como **trade-marketing** a los esfuerzos que llevan a cabo fabricantes y distribuidores por generar alianzas que redunden en mayores vínculos relacionales, cooperación y coincidencia de objetivos comerciales. En muchos casos, esta relación se formaliza contractualmente a través de algún tipo de sistema de comercio asociado, de tal forma que se establece un **sistema vertical de distribución** en el que miembros de distintos niveles del canal se asocian para actuar como un sistema unificado, siendo un ejemplo la modalidad de **franquicia** que, además, ha gozado de un crecimiento muy importante en las últimas décadas.

10.4.3. Nuevas tendencias en la distribución. Comercio electrónico

El desarrollo tecnológico ha permitido optimizar muchas funciones de la distribución (gestión electrónica de pedidos, facturación, implantación de sistemas de lectura óptica, pago y crédito electrónico, etc.) que contribuyen a prestar un servicio más eficaz y barato al cliente. Sin embargo, el dinamismo de los mercados exige constantemente rediseñar los canales y adecuar los puntos de venta a las necesidades del consumidor actual y, en este sentido, la distribución detallista es la que resulta más afectada. Si bien hemos vivido una etapa caracterizada por la creciente concentración de las compras en los grandes **hipermercados** (Centros Carrefour, por ejemplo) que se instalan en las afueras de las ciudades, el modelo de gran superficie experimenta actualmente una fase de saturación, perdiendo cuota de mercado respecto a las **tiendas de descuento** (Lidl, Dia) y los **supermercados** de tamaño medio que se instalan dentro de los cascos urbanos (Mercadona). En cualquier caso, el **comercio tradicional** pierde peso y debe encontrar su ventaja competitiva en la cercanía y el servicio al cliente.

Por otro lado, la revolución de las nuevas tecnologías de información y comunicación ha ejercido una influencia notable en el campo de la distribución. Tanto la venta personal como la venta por catálogo, televisión, correo, teléfono, etc. se han beneficiado de ello, pero sin lugar a dudas el principal exponente es el **comercio electrónico**. El comercio electrónico permite combinar de manera sugestiva actividades de distribución y comunicación de los productos, gozando de una cobertura geográfica mundial y de un horario ilimitado para el acceso. El desarrollo del comercio electrónico está muy ligado a la evolución de los usuarios de Internet, lógicamente, así como a la implantación de medidas que garanticen el intercambio seguro de datos. Si bien el crecimiento del comercio electrónico no ha alcanzado las expectativas inicialmente propuestas, poco a poco se va implantando como un sistema alternativo de distribución al que todo fabricante o intermediario debe acceder para alcanzar a un público creciente que aprovecha las ventajas de este medio, principalmente concentradas en el ahorro de tiempo, ahorro en costes (tanto económicos como de esfuerzo) y mayor acceso a la información y comparación de productos, lo que otorga un mayor poder de elección al consumidor frente a los tradicionales canales de venta. Todo ello a un coste para la empresa sensiblemente inferior al soportado a través de canales tradicionales.

> El comercio electrónico puede beneficiar a sectores tan tradicionales como la industria del mueble. Bo Concept es un distribuidor de muebles que facilita la descarga, a través de su Web, de un programa de diseño de interiores en 3D en el que el consumidor puede desarrollar sus propios proyectos utilizando la base de datos de módulos y accesorios que comercializa esta empresa. Así, el cliente puede dibujar los planos de su domicilio y amueblarlo virtualmente con los productos de Bo Concept, para tener una idea más cercana del resultado final que obtendrá con su compra.

10.5. DECISIONES SOBRE PROMOCIÓN

El que una empresa diseñe un producto acorde a las necesidades de su mercado, establezca una política de precios competitiva y utilice un canal óptimo para su distribución no garantiza en absoluto el éxito de una estrategia de marketing. De poco sirven todos estos aciertos si el consumidor no conoce la existencia del producto, o bien no se le ha informado correctamente del problema que soluciona y de las características que ostenta. La comunicación comercial debe plantearse como una función de marketing encaminada a promocionar el producto a través de procesos de comunicación entre el oferente y el consumidor, función necesaria y complementaria al resto de instrumentos de marketing, y especialmente dirigida a **recordar** la existencia del producto o marca, **informar** sobre las características del mismo y sobre su capacidad para satisfacer un deseo concreto, y **persuadir** al cliente respecto a la compra, mostrando la utilidad que el producto proporciona y las ventajas que posee en proporción a otros productos de la competencia.

La promoción es, sustancialmente, un instrumento de marketing que busca generar utilidad de información en los procesos de comunicación entre vendedor y cliente. Para ello, debe alcanzar la combinación más eficaz entre herramientas como la publicidad, las relaciones públicas, las promociones de venta, la venta personal y el marketing directo, siendo sus objetivos genéricos recordar, informar y persuadir al consumidor.

En la actualidad, las organizaciones tienen multitud de medios a su alcance para comunicarse con sus potenciales clientes. La revolución de los medios de información proporciona a las empresas tanto medios masivos (como la televisión, muy útiles para difundir un mensaje homogéneo a todo el mercado) como otros medios (teléfono, correo electrónico, etc.) que facilitan una comunicación individualizada y permiten personalizar el mensaje que se desea transmitir. Las empresas deben esforzarse por combinar adecuadamente estos nuevos recursos y reunirlos con los instrumentos tradicionales de promoción ya existentes, de tal forma que se alcance la conjunción (***mix* de la promoción**) de medios más estimulantes para el consumidor. Todas estas alternativas de comunicación configuran las cinco herramientas o instrumentos de promoción conocidas:

- **Venta personal:** hace referencia a la comunicación que una empresa lleva a cabo a través de su red de vendedores o representantes.
- **Promoción de ventas:** suponen incentivos o regalos que lleva a cabo una empresa para promocionar sus productos a corto plazo.
- **Relaciones públicas:** dirigidas a un público muy diverso y a través de distintos medios, las relaciones públicas tienen como objetivo mejorar la imagen de una empresa, marca o producto, como punto de partida para construir relaciones estables y estrechas con distintos colectivos.
- **Publicidad:** es el instrumento de promoción más conocido, y se caracteriza por ser una forma de comunicación remunerada, impersonal y unidireccional a través de la cual se promocionan productos, marcas o instituciones.
- **Marketing directo:** a medio camino entre la distribución y la promoción, el marketing directo implica el uso de medios de comunicación directa, que permiten la interactuación entre emisor y receptor (teléfono, correo postal o electrónico, páginas Web, etc.), con el objeto de contactar directamente con un público objetivo requiriendo de él una respuesta directa y fácilmente medible.

Las organizaciones han de realizar un esfuerzo por coordinar y conjuntar estos canales de comunicación, de tal forma que el mercado perciba, a través de distintos medios, un mensaje estimulante y adecuado a las características del público objetivo, y al mismo tiempo coherente con el resto de decisiones comerciales adoptadas (producto, precio y distribución). El diseño del producto y de su envase, el tipo de distribuidor que lo comercializa, el tramo de precios en el que se sitúa, la opinión que tienen del producto familiares o amigos, etc., son factores influyentes en la percepción que el consumidor tiene de un producto y que, por tanto, exigen combinar la promoción con el resto de decisiones de marketing acordadas.

10.5.1. Proceso de una estrategia de promoción

El desarrollo de una acción promocional ha de ser fruto de un proceso de planificación a través del cual la organización debe tomar decisiones sobre una serie de factores o elementos clave. Estos factores serán determinantes en el éxito de nuestra estrategia y, por tanto, configuran las fases o etapas del diseño de un programa de comunicación comercial[8].

Elección del público objetivo de la campaña

El mensaje que la empresa desea difundir dependerá notablemente, tanto en su expresión como en los medios o canales utilizados, del receptor de la comunicación. Podemos imaginar que el mercado será en la mayoría de los casos el público escogido, pero no siempre será así. En ocasiones, las empresas dirigen mensajes comerciales a distribuidores (para hacerlos partícipes de su política comercial), líderes de opinión (para solicitar su apoyo y promoción de los productos), la sociedad en general (fomentando actividades de relaciones públicas), etc. Aún más, considerando al mercado como público objetivo de la campaña, las empresas pueden seleccionar segmentos del mismo para realizar acciones promocionales concretas y adaptadas a las características de cada grupo de consumidores. En cualquier caso, es interesante destacar que el éxito de la campaña dependerá notablemente de la capacidad de la empresa para perfilar adecuadamente su comunicación al perfil del colectivo protagonista de la misma.

> La estrategia de distribución escogida por la empresa marcará, en cierta medida, la comunicación que lleve a cabo. Si una empresa opta por estrategias tipo push (empujar), gran parte de su promoción irá dirigida a distribuidores, confiando que el intermediario (incentivado por la promoción de la empresa) colaborará en la venta del producto. Por otro lado, las estrategias tipo pull (tirar) llevan a la empresa a contactar en mayor medida con el consumidor final, confiando que el estímulo promocional arrastre al consumidor hacia los puntos de venta.

Determinación de los objetivos de la comunicación

No siempre el objetivo de una campaña de comunicación es la venta del producto. Si bien las empresas buscarán a menudo la asociación directa entre su gasto en promoción y el aumento alcanzado en sus ingresos, en otras ocasiones pueden desarrollar estrategias de comunicación con otros fines, como por ejemplo mejorar la imagen de la organización, de sus marcas o productos. Cuando el receptor del mensaje es el consumidor, conviene decidir la fase o etapa del proceso de decisión de compra a la cual se dirige específicamente la campaña. En este sentido, un mensaje dirigido a la fase de evaluación de alternativas (en la que el consumidor valorará cada una de las ofertas a su alcance para satisfacer su necesidad, y en donde el mensaje debe ser más persuasivo y resaltar sus cualidades y utilidad respecto a la competencia) no guarda relación con otro dirigido a reforzar la satisfacción de la compra realizada, en donde el mensaje está destinado a mitigar las dudas que el comprador puede experimentar tras la elección de compra realizada. En este último caso, el mensaje debe ir dirigido a mostrar la satisfacción que el producto genera en otros compradores y manifestar la aceptación y el éxito de dicho producto.

Diseño del mensaje

La información que la empresa desea transmitir debe encaminarse a generar la respuesta deseada en el público escogido, es decir, alcanzar el objetivo promocional anteriormente fijado. El mensaje debe configurarse de tal modo que genere la mayor *atención* por parte de la audiencia, despierte su *interés* y *deseo* por aquello que se comunica y, de esta forma, se persuada al receptor para conseguir de él la *acción* esperada. Estos cuatro ejes (atención, interés, deseo y acción) forman los elementos principales del modelo AIDA, herramienta de apoyo para definir las características y estructura del mensaje comercial.

El proceso de diseño del mensaje incluye una serie de etapas o áreas de decisión, entre ellas cabe destacar las siguientes:

1. **Contenido:** el responsable de comunicación debe perfilar el mensaje en función de los objetivos planteados y, principalmente, del perfil de la audiencia. Del mismo modo, debe tenerse también en cuenta la necesidad que se va a satisfacer, el momento del proceso de decisión de compra en el que se encuentra el consumidor y el tipo de producto que se promociona.

2. **Estructura:** la estructura hace referencia a la secuencia que se va a desarrollar en la exposición de la información. El comunicador debe decidir si proporciona toda la información o bien desea que la audiencia obtenga sus propias conclusiones del mensaje. Además, ha de perfilar el orden de presentación de los motivos (dotar de mayor o menor carga de información al principio o al final de la comunicación) y el volumen de información necesario para alcanzar los objetivos planteados. La estructura vendrá condicionada por el medio y la forma de los mensajes empleados, que orientará al anunciante hacia aquellas estructuras que permitan aprovechar las ventajas que cada medio ostenta.

3. **Forma:** el formato debe contener el suficiente atractivo para despertar el interés del público objetivo. Así, en función del medio utilizado, el comunicador debe combinar elementos visuales, elementos sonoros, vocabulario empleado, lenguaje corporal, colorido y vistosidad, novedad de la información, etc. Del mismo modo, el comunicador también deberá elegir la **fuente** que se va a encargar de difundir el mensaje. Bajo esta perspectiva, el público no otorga la misma credibilidad ni presta el mismo interés a cualquier fuente, siendo mucho mayores estos dos factores si la información proviene de un perso-

naje famoso, un profesional destacado que guarde relación con el producto, o en general un **líder de opinión** que goce de prestigio y atractivo entre los consumidores potenciales. Así, las empresas de productos no azucarados utilizan encuestas realizadas a dentistas, Nike presenta a deportistas reconocidos que utilizan sus prendas y muchas empresas utilizan a personajes famosos en sus campañas. En este sentido, las empresas deben realizar un esfuerzo por buscar la mayor identificación con el público objetivo al elegir el emisor de su comunicación comercial. Es destacable, por ejemplo, la aparición del piloto español Fernando Alonso (véase la Figura 10.2.) en multitud de ejemplos publicitarios, aunque las marcas promocionadas no guarden relación directa con la Fórmula 1.

Fijar el presupuesto de comunicación

Determinar el presupuesto destinado a comunicación es una decisión difícil para la empresa. En muchos casos, la dotación financiera disponible determinará aquellos medios de comunicación al alcance de la organización, siendo interesante elegir el *mix* de comunicación que permita una mayor eficacia al menor coste posible. No obstante, las dificultades para medir el éxito de una campaña dificultan aún más la elección del presupuesto promocional. En este sentido, muchas empresas deciden dotar a su comunicación de un presupuesto acorde a su propia capacidad (en función del volumen de gasto que la empresa pueda asumir), o bien dependiendo del sector en el que actúe (puede constatarse que los gastos medios en comunicación son muy diferentes para cada sector de actividad, y que las empresas suelen destinar a comunicación cantidades parejas a las que liberan sus principales competidores); sin embargo, es recomendable que el presupuesto se conciba en función de los objetivos que la empresa establezca para su política de comunicación, entendiendo por tanto que la fijación del presupuesto debe acometerse una vez planificada la actuación promocional.

Figura 10.2. Utilización de líderes de opinión en campañas de comunicación.

Ejecución del plan de comunicación

La puesta en práctica de una estrategia de comunicación culmina con la emisión del mensaje programado. Para ello, la empresa debe establecer cuáles de los cinco instrumentos básicos de comunicación utilizará, y en qué medida va a combinarlos para desarrollar un plan coordinado y eficiente. Cada herramienta mantiene unas ventajas e inconvenientes muy particulares, supone la utilización de medios distintos, genera impactos diferentes en el público, afecta de distinta manera a la cifra de ventas y, por supuesto, necesita de una financiación no comparable.

La **venta personal** implica el uso de una red de vendedores o **fuerza de ventas** para la comunicación del producto, marca o empresa. Es la principal herramienta de comunicación personal y, por tanto, la que mayor atracción y convicción genera. Además permite en mayor grado interactuar con el público objetivo, planteando una comunicación bidireccional (empresa-cliente-empresa). Sin embargo, tiene como principal desventaja su alto coste. Por tanto, si la empresa desea establecer relaciones estrechas con sus clientes, o bien su mercado no es demasiado amplio (como es el caso típico de los **mercados industriales**) es la herramienta recomendable. Por otro lado, pierde valor a medida que la empresa debe dirigirse a un público masivo.

Las **relaciones públicas** son herramientas de comunicación especialmente útiles para **mejorar la imagen de un producto o marca**. A través de las relaciones públicas las empresas no se plantean directamente mejorar sus ventas, sino transmitir mensajes que generen aceptación, convicción o una postura favorable sobre su actuación. Las relaciones públicas pueden desarrollarse tanto para un **colectivo externo** (consumidores, líderes de opinión, grupos de interés, la sociedad en general) como **interno** (trabajadores, accionistas) y sus mensajes suelen adoptar la forma de noticias, comunicados de prensa, edición de publicaciones o revistas, patrocinio de actividades deportivas, mecenazgo cultural, apoyo a causas sociales, etc. (Figura 10.3).

Las **promociones de venta** implican la realización de actividades para atraer la atención de consumidores o distribuidores a través de regalos, participación en sorteos, cupones de descuento, muestras gratuitas, etc. Son un arma muy interesante para captar parte de la cuota de mercado de la competencia a corto plazo (durante la realización de

Figura 10.3. Ejemplos de relaciones públicas.

la promoción), disminuir excesos de *stocks* o dar a conocer una marca o producto de reciente introducción en el mercado. Por otro lado, no son recomendables si el producto goza de elevado prestigio, pues las promociones de venta dañan la imagen de marca. Además, las promociones de venta pierden su eficacia en el largo plazo, pues el consumidor acaba acostumbrándose a la promoción perdiendo su atractivo inicial. Las promociones de venta necesitan de un esfuerzo publicitario adicional que acompañe a la propia promoción, de tal forma que el mercado conozca el incremento de valor que se le proporciona al adquirir un producto durante la campaña (Figura 10.4).

El **marketing directo**, entre la distribución y la comunicación, propone utilizar como medios de promoción a canales de información interactivos (teléfono, correo, correo electrónico, Internet, etc.) como vía alternativa de comunicación personal. Entre sus principales virtudes destaca la facilidad para medir la respuesta del mercado a una campaña de comunicación, su adaptabilidad a las características de cada receptor y, en definitiva, su potencial para generar relaciones con los clientes, todo ello a un coste razonable. La implantación del marketing directo está muy ligada a la revolución de la sociedad de la información y al uso de bases de datos aplicadas al marketing, siendo probablemente la herramienta de comunicación que experimentará una mayor expansión en los próximos años.

Por último, la **publicidad** es seguramente la herramienta de comunicación más conocida y utilizada, hasta el punto de confundir en muchas ocasiones publicidad y comunicación, e incluso publicidad y marketing. La publicidad es una herramienta de comunicación no personal, unidireccional, homogénea y masiva. Es, sin duda, el instrumento idóneo para alcanzar a públicos muy grandes, aunque su eficacia es menor que otras herramientas. La publicidad puede desarrollarse a través de distintos soportes (spot televisivos, cuñas radiofónicas, cartelería exterior, inserciones en prensa y revistas, etc.) lo cual

Figura 10.4. Ejemplos de promociones de venta.

Figura 10.5. Ejemplos de publicidad.

dota a esta opción de una enorme flexibilidad y capacidad de adaptación al público objetivo. De manera general, es un tipo de comunicación caro, si bien es cierto que sus amplias posibilidades y canales permiten ajustar la campaña publicitaria a casi cualquier presupuesto. La eficacia de la publicidad no es fácilmente medible, pues se emite hacia un público heterogéneo y disperso donde se supone un alto grado de impactos fallidos (visión del anuncio por parte de individuos que no forman parte del mercado objetivo) y una menor atención (debido a la saturación publicitaria). Sin embargo, permite la repetición del mensaje de manera continuada y puede generar un alto poder de atracción (sobre todo a través de algunos formatos, como el spot televisivo) (Figura 10.5).

ACTIVIDADES DEL CAPÍTULO

ACTIVIDADES INDIVIDUALES

DE COMPRENSIÓN

1. ¿Qué significa que el concepto de producto abarca más contenido que la satisfacción de una necesidad?
2. Uno de los aspectos más interesantes de la gestión de la cartera de productos hace referencia al mantenimiento de líneas equilibradas, ¿por qué?
3. ¿Cuál es el método de fijación de precios más correcto? Comenta la respuesta.
4. Identifica los aspectos o elementos más importantes que deben analizarse a la hora de diseñar la distribución de un producto.
5. ¿Qué ventajas e inconvenientes mantiene la publicidad frente a otras herramientas de comunicación?
6. Razona cuáles son los beneficios que alcanza Coca-Cola patrocinando los Juegos Olímpicos y otra serie de eventos deportivos.

DE AUTOEVALUACIÓN

1. Los productos de comparación son aquéllos en los que interesa realizar un esfuerzo extra. Pero si hablamos del subgrupo «bienes homogéneos» se caracteriza porque:

   a) El consumidor busca el precio más bajo.
   b) El consumidor prefiere la calidad al precio.
   c) El consumidor atiende al estilo antes que al precio.
   d) Son correctas *a*, *b* y *c*.

2. Con relación a los productos industriales:

   a) Muchos pueden ser también productos de consumo, por ejemplo, las materias primas.
   b) Se incluyen consumibles que no forman parte del producto terminado.
   c) Encontramos a los servicios profesionales.
   d) Son correctas *a*, *b* y *c*.

3. Si hablamos de «valor de marca» es falsa la siguiente opinión:

   a) Se basa en que exista una alta lealtad de marca.
   b) Se basa en la calidad percibida y en la notoriedad.
   c) Hace referencia exclusivamente a su valor monetario.
   d) Está relacionado con la imagen de marca.

4. El precio es:

a) La cantidad de dinero que se cobra por un producto o servicio.
b) El único elemento del *marketing mix* que proporciona beneficios.
c) Uno de los elementos más flexibles del *marketing mix.*
d) Todas las respuestas anteriores son correctas.

5. Los objetivos que se pueden alcanzar con una guerra de precios son:

a) Mejorar la participación en el mercado y obtener liquidez rápidamente.
b) Penetrar antes que la competencia en un canal de distribución muy sensible al precio.
c) Dar salida a excedentes de productos y eliminar competidores.
d) Todas las opciones señaladas son objetivos posibles.

6. Respecto a la distribución:

a) Crea utilidad de información.
b) La distribución directa implica utilizar medios de información o comunicación como canales de distribución.
c) En los mercados industriales predominan canales de distribución largos.
d) Para los productos de consumo masivo o compra frecuente es recomendable la distribución intensiva.

7. El *cash and carry* es:

a) Una modalidad de distribución en la que se concede a cada intermediario exclusividad geográfica para la comercialización del producto.
b) Un tipo de establecimiento mayorista gestionado en régimen de autoservicio.
c) Una clase de distribución detallista especializada en una categoría de producto, de la que ofrece un amplio surtido, que practica una política de precios muy agresiva.
d) Una asociación formal entre miembros de un canal de distribución, que integra a fabricantes y distribuidores bajo una misma marca o nombre comercial.

8. ¿Cuál de estas acciones no corresponde a una estrategia tipo *push*?

a) Buscar una posición preferente en el punto de venta.
b) Desarrollar una fuerte campaña publicitaria para dar a conocer la marca.
c) Desarrollar un *merchandising* específico para cada detallista.
d) Ofrecer descuentos a minoristas para promover las ventas de nuestro producto.

9. Respecto a la política de promoción:

a) Las promociones de ventas son instrumentos exclusivamente dirigidos a consumidores.
b) A través de promociones de venta se obtienen mejoras en la imagen de marca.

c) Las relaciones públicas tienen como objetivo incrementar las ventas a corto plazo.
d) Ninguna de las anteriores.

10. El instrumento de comunicación más empleado en los mercados industriales es:

a) Las promociones de venta.
b) El marketing directo.
c) La venta personal.
d) La publicidad.

ACTIVIDADES DE GRUPO PEQUEÑO

1. Entra en www.movistar.es e identifica los elementos tangibles e intangibles de su oferta.
2. Atendiendo a las diferentes categorías de la clasificación de productos de consumo estudiada, especifica los siguientes productos: una cazadora vaquera; un lavavajillas; un cupón de la ONCE; un CD-ROM; las cortinas para el salón; un libro sobre Fundamentos de Marketing, una tienda de campaña; una agenda electrónica; la bebida isotónica Aquarius. Identifica otros ejemplos para aquellas categorías que no se hayan cubierto.
3. La empresa Sony Computer Entertainment comercializa su línea de productos de entretenimiento interactivo bajo la marca PlayStation, que presenta dos consolas básicas: PlayStation 2 y PSP (PlayStation Portátil). La primera se distribuye en un único modelo y dos colores: negro y plata; mientras que PSP se comercializa en un único modelo en un único color: negro. ¿Cuál es la longitud, amplitud y profundidad de la línea? Identifica las características de la línea de uno de sus competidores más próximos: Nintendo.
4. Enumera cinco productos con envases originales o distintos a los tradicionales que se hayan comercializado en los últimos años.
5. Qué métodos de fijación de precios crees que se utilizan en los siguientes productos o empresas: un teléfono móvil; muebles de diseño; vino en envase de cartón; un vino con denominación de origen Rioja; un manual básico de Economía de la Empresa; un best seller; un curso de inglés a distancia; un profesional que imparte una conferencia; la entrada a un partido de fútbol de la primera división.
6. Los televisores de plasma llegaron hace pocos años al mercado español; en un primer momento casi todos superaban en precio los 6.000 euros, precio bastante elevado respecto al gasto medio en televisores. Poco a poco su precio va disminuyendo. ¿Qué estrategia de precios se ha seguido en la introducción de este producto? Razona la respuesta.
7. Identifica el tipo de producto que comercializan y la estrategia de marca que siguen cada una de las siguientes empresas identificadas por su marca:

8. Grandes multinacionales como McDonald's o Burger King utilizan la modalidad de franquicia como medio de distribución. ¿Qué ventajas e inconvenientes encuentras en la franquicia tanto para el franquiciador como para el franquiciado?
9. Lee los recortes de prensa de la página siguiente acerca de las campañas de comunicación de la empresa García Carrión (que comercializa la marca Don Simón), y comenta críticamente qué opinas acerca de la publicidad que compara sus productos con los que ofrecen marcas competidoras.

ACTIVIDADES DE GRUPO GRANDE

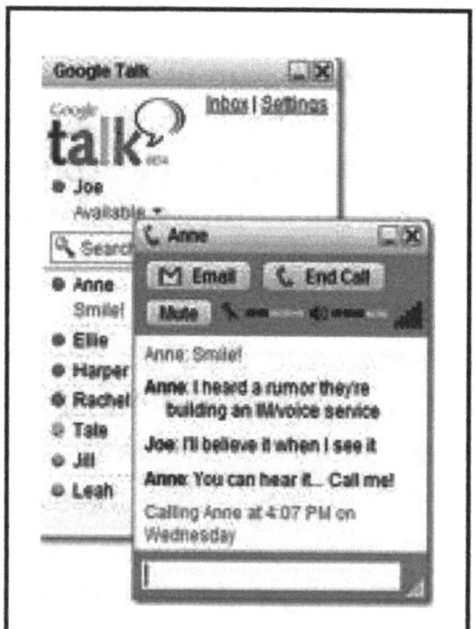

CASO PRÁCTICO: Google Talk, ¿revolución en la mensajería instantánea?

Google Talk es el servicio de mensajería instantánea más nuevo de Internet. Este tipo de correo se caracteriza por su inmediatez y permite conversaciones entre usuarios mediante el envío de textos y, más recientemente, comunicación por voz. Tanto Yahoo! como Microsoft tienen servicios similares: Yahoo! Messenger con Voz y MSN Messenger respectivamente. Google Talk acaba de aparecer en fase de pruebas, por lo que tanto su diseño como su funcionalidad podrían variar en el futuro.

La verdad Viernes 21 de agosto de 1998

David contra Goliat

García Carrión desafía a Danone con una nueva campaña de publicidad comparativa tras ganar la partida a Pepsico

Catedráticos de Publicidad han incluido los anuncios de zumos Don Simón en sus programas de estudio

EL PAIS, 20 de diciembre de 1998

Demanda contra los zumos de Danone

La asociación de fabricantes pide que Minute Maid cambie la leyenda y presentación de sus envases

La Asociación Española de Fabricantes de Zumos demandará antes los tribunales a Danone por la publicidad para la venta de su producto Minute Maid, segun el acuerdo adoptado por los miembros de esta organización.

Hace unos meses, la Asociación de Autocontrol de la Publicidad señaló a Danone la necesidad de modificar su publicidad, así como las leyendas que figuran en el envase de este producto para que se indicase, más claramente, que se trataba de un producto no fresco y hecho a base de zumo concentrado.

A la vista de que la multinacional no ha procedido a ese cambio y que mantiene el mismo sistema de comercialización, el resto de los fabricantes siguen su ofensiva contra esta marca.

Para Asozumos, la publicidad de Danone es competencia desleal para las firmas que venden zumo hecho de naranja exprimida. Entre los mayores interesados en la modificación de la publicidad y las leyendas de los zumos Minute Maid que se venden como un producto fresco en red de frío., está la empresa española J. García Carrión con su marca Don Simón. El pasado verano la firma murciana puso en marcha una campaña de publicidad comparativa destacando que su zumo era el resultado de exprimir entre dos y tres kilos de naranjas por litro, mientras el que se vendía en el mismo lineal elaborado por Danone era simplemente un zumo de concentrado pasteurizado al que se le añadía posteriormente pulpa para dar una mayor sensación de producto natural.

A B C, 2 de Septiembre de 1998

BIEN POR DON SIMÓN

Quien nos iba a decir que una de las mayores sorpresas que nos ha deparado últimamente la publicidad iba a producirse en verano. Como si uno estuviera para sustos, con el calor que estamos pasando.

Pues sí, en plenas fechas vacacionales, por sorpresa -casi a traición-, una marca española se ha desmar-cado con el cambio publicitario más valiente e inteligente que hemos presen-ciado en los últimos años. Hablamos, digá-moslo ya, de García Carrión y su célebre marca Don Simón.

A B C, 22 de Agosto de 1998

BRAVO

Después de estrenar, con valentía y fortuna el género de la publicidad comparativa criticando los elevados precios de los productos de The Radical Fruit Company, Don Simón continúa su cruzada, ahora contra Danone y su zumo de naranja. La compañía española se ha atrevido a mantener una actitud comercial que ningún otro anunciante había adoptado hasta el momento y que no sólo viene a agitar las tranquilas aguas televisivas donde se bañan las grandes marcas; el gran valor de las campañas de esta empresa de bebidas es devolver a la publicidad una de las funciones que, en su evolución hacia las más pretenciosas formas artísticas, había perdido: la de servir información al espectador, datos y no fábulas con las que guiar al consumidor sin enredarlo en películas de largo metraje y fina estampa. Bravo.

Lo que distingue a Google Talk

— **Google Talk utiliza Jabber, un protocolo abierto.** De este modo, Google pasa a ser el único de los grandes de Internet que no usa un protocolo cerrado para su servicio de mensajería. Otros programas como iChat, GAIM, Adium,

Trillian Pro, Miranda y Psi también están construidos en base a Jabber. Esto significa que con cualquiera de estos programas (o con cualquier otro que surja en el futuro siguiendo este estándar libre) y una cuenta de correo de Gmail un usuario puede conectarse al servicio, sin necesidad de utilizar el programa que ofrece Google. Eso sí, Google Talk está cerrado a los usuarios que utilicen los servidores de Jabber que no sean el propio de Google. Si en un futuro Google Talk se abriera a los demás usuarios de otros servidores Jabber, se crearía una comunidad de mensajería instantánea abierta y contrapuesta a los protocolos cerrados que mantienen MSN y Yahoo!.

— **Un aspecto austero.** Con una estructura de caja blanca pequeña y alargada y pocas herramientas a primera vista: una barra con un enlace a la cuenta de correo Gmail, otro a la configuración del servicio y un tercero para ayuda. Por debajo de la barra se van acumulando los contactos añadidos.
— **Una apuesta clara por la voz IP.** En todo momento el dibujo del teléfono está presente por si se quiere hablar con otro usuario vía Internet. En Yahoo! y MSN esta opción es menos visual.
— **Un diseño minimalista y a la vez gráfico.** Un boliche a la izquierda del nombre del contacto indica si el usuario está conectado (verde) o no (gris) y si está inactivo (naranja). A la derecha, si el contacto está conectado, aparece el dibujo de un teléfono.
— **La máxima funcionalidad.** Sólo sirve para escribir a los contactos o llamarles por teléfono. Así de simple.
— **Se carga con rapidez.** Al no tener que cargar servicios adicionales ni imágenes, la activación del programa es inmediata, cosa que no ocurre con los mensajeros de Yahoo! y Microsoft.

Lo que le falta a Google Talk

— **No existe una versión del buscador para sistemas como Mac OS o Linux.** Los usuarios de estos sistemas tendrán que recurrir a programas alternativos que utilicen el protocolo Jabber para poder configurar el servicio.
— **No permite el envío de archivos.** Algo que sí es posible en otros servicios de mensajería instantánea.
— **No cifra las conversaciones,** por lo que la información de las mismas podría ser vista por terceros malintencionados, al igual que ocurre con Yahoo! o MSN.
— **No hay servicios de radio ni de noticias,** pero tampoco publicidades molestas que distraigan la atención.
— **No convierte en dibujos los códigos de l0as caritas sonrientes.** Estos iconos son muy útiles para expresar emociones online.
— **El programa todavía no está disponible en castellano.** Probablemente sea una situación provisional, pues Google siempre ha traducido sus servicios al mayor número de idiomas posibles a medida que ha ido mejorando sus productos. El buscador se encuentra traducido a más de 100 idiomas.

Sólo se puede acceder a Google Talk si se tiene una cuenta de correo Gmail. En este aspecto va por detrás de MSN, que sí admite abrir cuentas con direcciones de

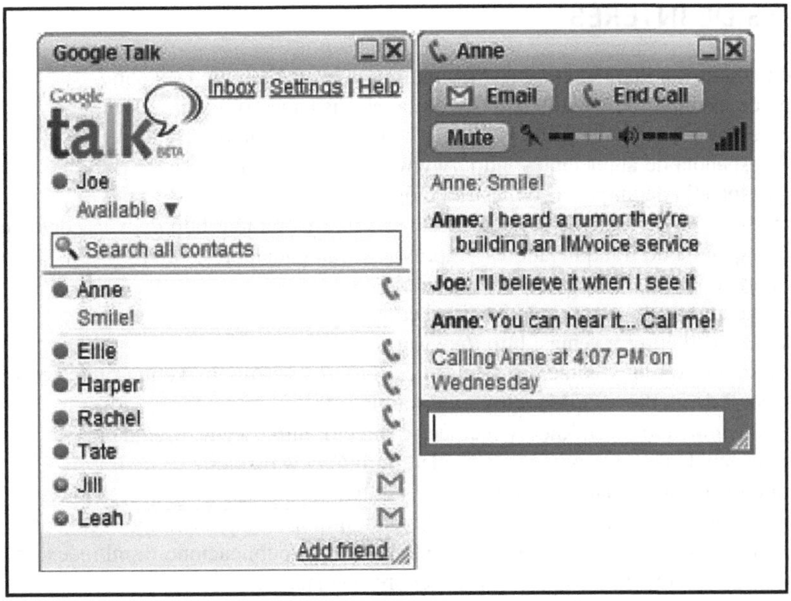

FUENTE: Revista Consumer.es

correo de otras empresas competidoras. Sin embargo, si se invita a Google Talk a un contacto que no es usuario de Gmail, lejos de rechazarlo el mensajero le envía una invitación para darse de alta una cuenta de correo.

CUESTIONES DE DEBATE

— ¿Qué producto comercializa Google Talk? ¿Qué valores comunica?
— El producto se ofrece gratuitamente. Comenta algo acerca de la política de precios de Google y sobre sus fuentes de ingresos.
— ¿Qué concepto de la cartera de Google se ve mejorado con la llegada de Google Talk?
— Valora algunas diferencias entre el sistema de distribución libre que ofrece Google Talk a través del protocolo Jabber y los que mantienen sus competidores.
— Google Talk es una herramienta simple, sencilla y que consume muy pocos recursos. ¿Es coherente con la «Filosofía Google»?

BIBLIOGRAFÍA BÁSICA

Esteban, A. (1996): *Principios de marketing*, ESIC, Madrid.
Kotler, P. y otros (2002): *Introducción al marketing*, 2.ª ed. europea, Prentice Hall, Madrid.
Randall, G. (2003): *Principios de marketing*, 2.ª ed., Thomson, Madrid.
Santesmases, M. (2004): *Marketing: conceptos y estrategias*, 5.ª ed., Pirámide, Madrid.

ENLACES DE INTERÉS

Asociación americana de marketing (AMA): http://www.marketingpower.com/.
Asociación de agencias de medios: http://www.agenciasdemedios.com/.
Asociación española de agencias de publicidad: http://www.aeap.org/.
Asociación española de anunciantes: http://www.anunciantes.com/.
Asociación española de empresas de distribución: http://www.anged.es/.
Asociación española de estudios de mercado, marketing y opinión: http://www.aedemo.es.
Asociación española de franquiciadores: http://www.franquiciadores.com/.
Business marketing association: http://www.marketing.org.
Canal publicidad: http://www.canalpublicidad.com.
Comunidad de marketing y ventas: http://www.gestiopolis.com/dirgp/mar.
Diccionario de marketing y comercio electrónico: http://www.mixmarketing-online.com.
Estudio general de medios (EGM): http://www.aimc.es/.
Federación de comercio electrónico y marketing directo: http://www.fecemd.org.
Federación española de empresas de publicidad: http://www.fnep.es/.
Instituto internacional de marketing de servicios: http://www.marketingdeservicios.com/.
Marketing directo, portal de marketing y publicidad: http://www.marketingdirecto.com/.
Revista Distribución y consumo: http://www.mercasa.es/es/publicaciones/html/index2.html.
Revista Emprendedores: http://www.emprendedores.wanadoo.es/.
Revista Journal of Marketing: http://www.marketingpower.com/live/content1053.php.
Revista Marketing + Ventas: http://www.marketingmk.com/.
TNS. Datos sobre audiencias: http://www.sofresam.com/.

BIBLIOGRAFÍA REFERENCIADA

[1] Stanton (2000): *Fundamentos de Marketing*. 11.ª ed., McGraw Hill, Madrid.
[2] Kotler, P. (2006): *Dirección de Marketing*. 12.ª ed., Prentice-Hall, Madrid.
[3] McCarthy, E. J. y Perrault, W. D. (1990): *Basic Marketing: A Managerial Approach*, Richard D. Irwin, Homewood, 10.ª edición.
[4] McCarthy, E. J. y Perrault, W. D. (1997): *Marketing*, McGraw Hill, Madrid.
[5] Santesmases, M. (2004): *Marketing: Conceptos y estrategias*, 5.ª ed., Pirámide, Madrid.
[6] Kotler, P. y otros (2001): *Introducción al marketing*, 2.ª ed. europea, Prentice-Hall, Madrid.
[7] Velasco, E. de (1994): *El precio. Variable estratégica de marketing*, McGraw-Hill, Madrid.
[8] Lambin, J. J. (1995): *Marketing estratégico*, 3.ª ed., McGraw-Hill, Madrid.
[9] Díez, E. C. (1996): *Gestión de precios*, Esic., Madrid.

Capítulo 11

Tendencias actuales en gestión de empresas

11.1. INTRODUCCIÓN

Este último capítulo pretende poner de relieve algunos de los aspectos más relevantes en la gestión de empresas del siglo XXI, destacando las corrientes de pensamiento actuales, las tendencias en materia de investigación académica y las aplicaciones prácticas por parte de las organizaciones. Se estructura en tres grandes epígrafes:

— Respuestas organizativas al entorno empresarial del siglo XXI.
— La gestión del conocimiento.
— La gestión de la calidad medioambiental.

11.2. RESPUESTAS ORGANIZATIVAS AL ENTORNO EMPRESARIAL DEL SIGLO XXI

(M.ª ISABEL SÁNCHEZ HERNÁNDEZ)

11.2.1. Introducción

El entorno de los negocios en el que las empresas del siglo XXI tienen que operar ha cambiado sustancialmente. En este capítulo caracterizamos el nuevo entorno y analizamos las tendencias que van dando forma al nuevo contexto empresarial, haciendo hincapié en el impacto que está teniendo Internet. Como respuesta de las organizaciones a las transformaciones del entorno desarrollamos el concepto de organización virtual y destacamos: la búsqueda de flexibilidad, la utilización de la tecnología como facilitadora y las oportunidades que aparecen en los negocios electrónicos.

Terminamos con una aproximación a nuevos retos empresariales de hoy como la ética y la responsabilidad social corporativa, la cultura empresarial de soporte y sus repercusiones en la estrategia y la competitividad de la empresa.

11.2.2. Caracterización del nuevo entorno

En el último cuarto del siglo XX los efectos de la difusión e implantación de las nuevas tecnologías de información y comunicación y la eclosión de Internet como red de redes propiciaron transformaciones tan profundas en la estructura económica y social que ha surgido el término *nueva economía* para caracterizar a este nuevo entorno. Castells[1], desde una perspectiva analítica, ha caracterizado a la nueva economía como *informacional, global* y *conectada en redes.*

— En primer lugar, la denomina *informacional* porque la productividad y competitividad de las unidades o agentes de esta economía (ya sean empresas, regiones o naciones) dependen fundamentalmente de su capacidad para generar, procesar y aplicar con eficacia la información basada en el conocimiento. A este respecto Chaminade[2], cuando califica al modelo de sociedad al que nos dirigimos como *sociedad del conocimiento*, advierte que la nueva sociedad viene caracterizada por un cambio en la importancia atribuida a los factores de producción donde el conocimiento se convierte en el factor productivo fundamental, seguido, aunque a cierta distancia, por el capital y la mano de obra.

— Seguidamente, la denomina **global** porque la producción, el consumo y la circulación, así como sus componentes (capital, mano de obra, materias primas, gestión, información, tecnología, mercados), están organizados a escala global, bien de forma directa, bien mediante una red de vínculos entre agentes económicos.

— Y finalmente, la denomina **en red** porque, en las nuevas condiciones, la productividad se genera y la competencia se desarrolla en una red global de interacción entre redes empresariales.

¿Hacia dónde nos dirigimos?: Tendencias

Las principales exigencias a las que se enfrentan las empresas de inicios del siglo XXI han sido muy bien definidas por Cabrera y Gómez-Mejía[3] en tres categorías:

— *Fuerzas externas que pueden afectar de manera inesperada a sus resultados*: la complejidad del entorno aumenta debido a la heterogeneidad de elementos que pueden afectar al balance final de la empresa, el grado de incertidumbre y la volatilidad de los mercados es muy alto. En concreto, los ciclos de vida de los productos y servicios se reducen cada vez más como consecuencia de los cambios continuos de tecnología, necesidades o gustos.

— *Evolución de las características individuales y las expectativas de las personas que forman el capital humano de las empresas*: en general se puede decir que las tareas son menos programables. La supervisión directa como forma de control pierde sentido, valorándose mucho la autonomía del empleado. El vínculo entre la empresa y el empleado se torna más débil y gana fuerza el compromiso del empleado con su profesión.

— *Nuevas exigencias organizativas*: el éxito de las empresas depende cada día más de la capacidad que tengan para ser flexibles y adaptarse al entorno.

Adicionalmente, vamos a dedicarle atención especial al avance tecnológico y en concreto **al impacto de Internet** en las organizaciones porque ha llegado a ser una herramienta esencial para la actividad económica. Existen pocos análisis empíricos sobre el impacto económico de Internet en las empresas. A este respecto, un estudio titulado *The Net impact Study*[4] llevado a cabo con una muestra de 2.065 organizaciones en Estados Unidos y 634 en Europa (Francia, Alemania y Reino Unido) analiza el impacto de la implantación de soluciones de Internet en la empresa y aborda una predicción del ahorro en costes directos por el uso de las tecnologías de Internet así como una estimación del aumento de productividad económica en un horizonte temporal de diez años. En este estudio se entiende por **solución de Internet para los negocios** cualquier actividad que combine Internet con trabajo en red y tecnologías informáticas en hardware y software con la finalidad de impulsar o mejorar los procesos de los negocios existentes o crear nuevas oportunidades de negocio.

En el nuevo entorno, el criterio económico tradicional de búsqueda de economías de escala se altera. La empresa ya no busca la reducción de costes unitarios a través de grandes producciones en masa, busca lo que se puede denominar «nuevas economías de escala»[5] que están basadas en la utilización de los potenciales y capacidades disponibles por las distintas empresas que decidan cooperar.

La **empresa red** puede ser entendida como la respuesta estructural del diseño organizacional ante los cambios del entorno y la globalización de la economía. Como destaca Drucker[6], la propia gran empresa ha cambiado su modelo de organización para adaptarse a las condiciones impredecibles que marcan el rápido cambio económico y tecnológico. El desarrollo de redes empresariales es, por tanto, la clave de la competitividad y el fruto de nuevos diseños organizativos que surgen como resultado de la necesidad de reducir costes por una vía distinta a la clásica del precio de los factores. Se trata de reducir costes basándose en la utilización de capacidades de las empresas cooperantes.

En este contexto, la **organización virtual** puede ser definida como una red temporal de organizaciones independientes (sean organizaciones, compañías, instituciones o especialistas independientes) que se unen para explotar una aparente oportunidad de mercado utilizando cada una aquellas competencias en las que son realmente excelentes y añaden valor a la red (sus *core competences*) en un intento de generar el mayor valor añadido y soportadas por las nuevas tecnologías de la comunicación y la información[7].

En realidad se trata de conciliar dos principios que parecían contradictorios. Emerge así una estructura que gana alcance y puede estar presente en más mercados al mismo tiempo que se flexibiliza y pierde peso. De esta afirmación se derivan las tres características fundamentales de la empresa virtual:

1. La empresa debe concentrarse sólo en aquellas actividades en las que sea realmente excelente.
2. Se deben buscar empresas complementarias y excelentes a su vez en la función que vayan a desempeñar.
3. Se compartirán costes fijos para conseguir una estructura de costes óptima.

En definitiva, las redes de empresas consiguen flexibilidad a través de la descentralización de la producción y la externalización de actividades.

11.2.3. Instrumentos de gestión para adaptarse al nuevo entorno

Los nuevos retos empresariales demandan cambios en la gestión que lleven a las organizaciones a ser capaces de generar y mantener ventajas competitivas. A continuación abordamos los principales.

La ética y la responsabilidad social corporativa

La ética se halla presente en la mayor parte de las actividades que llevan a cabo diariamente los miembros de una organización. Cuestiones como qué producir, qué hacer con los residuos, qué niveles de error son aceptables, cómo fijar los precios, cómo vender los productos, a quién contratar y por qué, cómo y cuándo despedir, la remuneración más apropiada y un largo etcétera de situaciones que deben ser gestionadas.

Los dilemas éticos suelen tener las siguientes características:

— Las acciones llevadas a cabo tienen amplias repercusiones.
— Los directivos disponen de varias alternativas y tienen que elegir una.
— Las consecuencias de las acciones son inciertas.
— Las consecuencias de las acciones tienen aspectos positivos y negativos que dificultan la elección.
— Las decisiones tienen implicaciones personales y afectan a personas.

El término *responsabilidad social de la empresa* se refiere a la obligación que, en función de su origen, alcance y finalidad, tienen las organizaciones de dar una cierta respuesta a la sociedad, más allá del ámbito legal. Se define como las prácticas concretas con las que la organización supera las obligaciones mínimas con los grupos de interés internos y externos, también llamados *stakeholders*. Es decir, la organización interactúa positivamente con aquellos individuos o grupos cuyos objetivos dependen de lo que haga la organización y de los que, a su vez, depende la organización.

La responsabilidad se puede reconocer ante muchos sujetos heterogéneos (socios capitalistas, la ciudad, la región, el país, el mundo) y lo social puede ir desde lo actual a lo futuro (las próximas generaciones), abarcando a todos los miembros o a parte (mayorías, minorías, élites, etc.). En palabras de Adela Cortina[8]: «el deseo de mejorar la situación propia es una fuente inagotable de beneficio para la sociedad entera, ya que impulsa a crear, innovar y asumir riesgos». Así, desde un enfoque pragmático, y entendiendo a la organización como parte de un sistema, el comportamiento ético de una organización y el respaldo a sus obligaciones para con terceros, ya sean proveedores, clientes, trabajadores o la sociedad, es condición *sine qua non* para poder competir.

A continuación se muestra el ejemplo de una empresa española con amplia expansión en América Latina que ha desarrollado un programa amplio de responsabilidad social corporativa que va, por ejemplo, desde el compromiso con los accionistas en cuanto a la información que ofrece, a la orientación al cliente con la emisión de facturas en *braille* para invidentes o el compromiso con el medioambiente y con los ciudadanos con emisiones de ondas que mejoran los niveles permitidos por la ley.

Ejemplo de empresa que aplica los principios de RSC en su gestión:

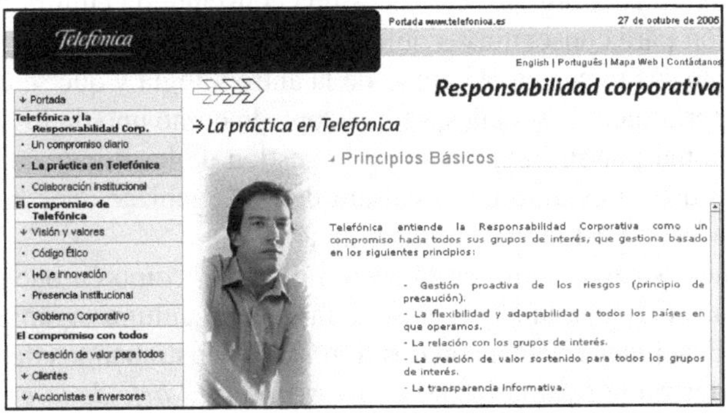

FUENTE: Información corporativa en www.telefonica.es.

Existe una demanda social, cada vez más acusada, para que las organizaciones sean gestionadas con criterios éticos. Muchas de las organizaciones que quieren generar ventajas competitivas en el nuevo entorno están optando por utilizar códigos o pautas éticas de responsabilidad social. Así, se estructuran, a modo de normas o criterios, valores relacionados con la responsabilidad social que ayudan a sus empleados a tomar decisiones difíciles de acuerdo con la idea de organización que los clientes desean y promovida desde la dirección para distinguirse, a través de la ética, de sus competidores en el mercado. Un buen ejemplo de norma es la SA 8000 (Social Accountability 8000). Esta norma, que está reconocida internacionalmente y ha sido desarrollada sobre la base de las Convenciones de la Organización Internacional del Trabajo, la Convención de las Naciones Unidas sobre los Derechos de los Niños y la Declaración Universal de Derechos Humanos, responde a la preocupación creciente de los países desarrollados, máximos consumidores de bienes del mundo, sobre los aspectos éticos de las empresas fabricantes de esos bienes.

En España, el Foro para la Evaluación de la Gestión Ética (Forética), con un enfoque de calidad, está formando auditores especializados y ha desarrollado la norma SGE 21 que recoge el primer sistema europeo de gestión de la responsabilidad social que permite a las organizaciones, de manera voluntaria, alcanzar una certificación ética.

SGE 21:2005

SISTEMA DE LA GESTIÓN ÉTICA
Y SOCIALMENTE RESPONSABLE

NORMA PARA LA EVALUACIÓN DE LA GESTIÓN ÉTICA Y SOCIALMENTE RESPONSABLE EN LAS ORGANIZACIONES

FORÉTICA/SGE 21/ VERSIÓN 2005

16 de septiembre de 2005

FUENTE: www.foretica.es.

La gestión de la cultura empresarial

Dado que el cambio en las organizaciones es una constante, la cultura puede ser un instrumento de gestión para conseguir los objetivos estratégicos. La cultura, como concepto complejo, que tiene sus raíces en el campo de la antropología y que se centra en la comprensión de comportamientos sociales, se ha adoptado como uno de los conceptos claves a nivel organizacional por su impacto sobre la gestión de las organizaciones[9]. Es destacable el hecho de que el estudio de la cultura de las organizaciones ha supuesto, en la mayoría de los casos, un esfuerzo interdisciplinar.

Fue en los años ochenta, tanto en la acción directiva como en buena parte de la investigación organizacional, cuando se puso énfasis en la cultura organizacional. La proliferación de publicaciones arranca con dos libros que registraban los desafíos planteados por Japón a la industria norteamericana: *La teoría Z*[10] y *El arte de la gestión japonesa*[11]. La tendencia continuó con un libro más centrado en la industria norteamericana, el conocido *Corporate Cultures*[12] y se alcanza la cima con el *best seller* titulado *In Search of Excellence* de Peters y Waterman[13]. Adicionalmente a estos trabajos, la revista *The Administrative Science Quarterly* dedicó en 1983 un número completo a esta temática. Lo cierto es que desde entonces, la cultura organizacional como variable de gestión es un campo de estudio e investigación que sigue suscitando interés.

Se suelen distinguir tres niveles a la hora de considerar los contenidos culturales de las organizaciones:

1. Un primer nivel **observable** referido a los productos de la cultura. Comprende elementos como los símbolos y el lenguaje, los rituales, los patrones de conducta, artefactos, prácticas laborales, mitos, historias y leyendas, espacios físicos, decoración y vestuario, etc.
2. Un segundo nivel, **interpretativo** de los productos del primer nivel. Se trata de *«la forma que tenemos de hacer las cosas aquí»*. Comprende los comportamientos y los hábitos que explican y justifican los productos visibles. Incluye por tanto valores, filosofía e ideologías, predisposiciones y expectativas, perspectivas, prioridades y significados.
3. Un tercer nivel donde residen los **valores y creencias básicas** compartidas y no manifiestas. Se trata del nivel más profundo y más difícil de desentrañar.

Schein[14], con su ya clásico modelo de tres niveles que mostramos en la Figura 11.1, pone de manifiesto que los aspectos no manifiestos de la cultura organizacional son los esenciales para la comprensión de la misma. Así, los fenómenos culturales de los niveles más superficiales no son en sí mismos la cultura de la organización sino únicamente su reflejo. Para entender el nivel más profundo es necesario comprender la historia de la organización. A través de los valores y creencias de los fundadores y los líderes que le sucedan se irán conformando los valores que compartirán los miembros de la organización.

En este contexto, es interesante la aportación de Cartwright[15] quien, a partir de un modelo básico de cultura basado en el modelo descrito de Schein, desarrolla una tipología de culturas (Figura 11.2) a la que también define como *«ciclo de vida de la cultura»* entendiendo que la mayoría de culturas comienzan por una única idea poderosa dando lugar a una *monocultura*.

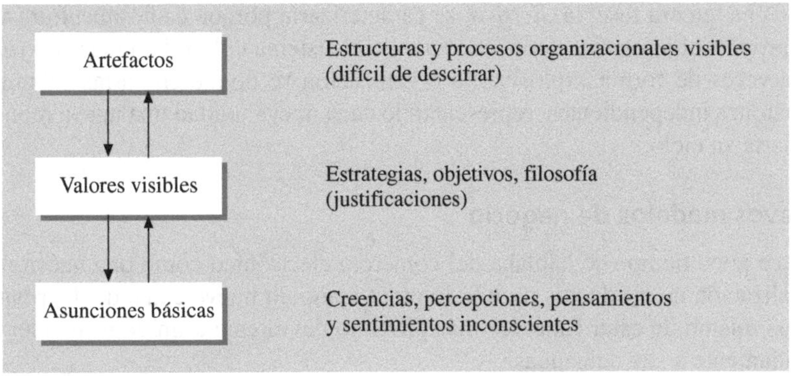

FUENTE: Schein (1990).

Figura 11.1. Tres niveles de cultura organizativa.

Los principios y valores compartidos irían perdiendo fuerza según va pasando el tiempo y van emergiendo incipientes subculturas. En este proceso se llegaría a una fase de *coordinación* en la que surgen diferentes valores y creencias pero se mantienen todavía los objetivos organizacionales. Este sería el tipo ideal de cultura organizacional. Sin

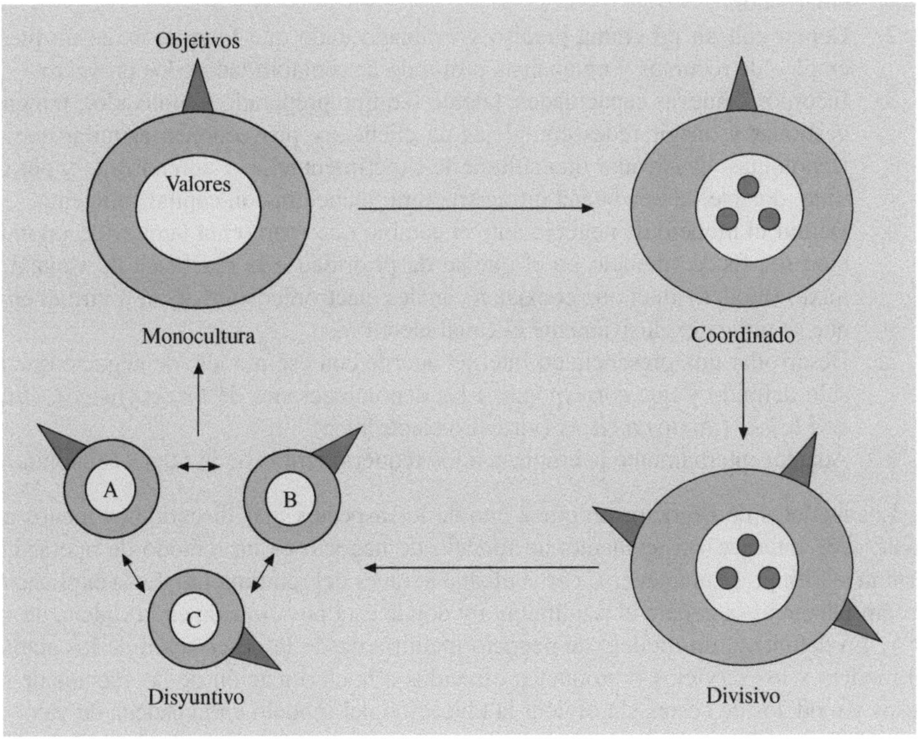

FUENTE: Cartwright (1999).

Figura 11.2. El ciclo de vida de la cultura.

embargo, una tercera fase, la *divisiva*, se caracterizaría porque cada subcultura ya persigue sus propios objetivos que conducen a todo el sistema cultural a la fase *disyuntiva* en la que, a veces de forma explosiva, la organización se divide en varias subunidades u organizaciones independientes, representando cada nueva unidad una nueva monocultura que iniciaría su ciclo.

Los nuevos modelos de negocio

Hasta hace poco tiempo se hablaba del comercio electrónico como una nueva forma de comercialización de productos usando Internet como un nuevo canal de distribución. Se trataba así mismo de estar cada vez más próximo del cliente a fin de responder mejor y más rápidamente a sus demandas.

Actualmente se habla de *negocio electrónico* teniendo en cuenta que no es únicamente la función comercial la que entra en ambientes cibernéticos, se trata de una inmersión de todas las funciones de la organización en un contexto virtual y se habla de un nuevo tipo de empresa, la empresa red o empresa extendida que provoca el paso de las cadenas simples de valor, a las redes de valor.

La penetración en esta nueva economía puede concretarse en seis pasos en los que la selección del modelo de negocio más adecuado ocupa un lugar central. Los pasos son[16]:

1. Tener una visión doble, economía real y nueva economía, con la misión clara de crear valor.
2. Contar con un programa preciso y evaluado dado que Internet exige un fuerte empleo de recursos y un análisis profundo de rentabilidad de los proyectos.
3. Incorporar nuevas capacidades: talento (equipo preparado y motivado); integrar, gestionar y dirigir redes complejas de clientes y proveedores; asimilar nuevas tecnologías; desarrollar una cultura de experimentación y aprendizaje; y por último, dotarse de una buena infraestructura financiera con capital suficiente.
4. Definir el modelo de negocio ante el cambio que representa la nueva economía, bien sea físico (modelo en el que se da prioridad a la red física de ventas), o mixto (modelo en el que coexisten canales electrónicos y físicos) o virtual en el que se utiliza exclusivamente el canal electrónico.
5. Desarrollar una presencia en Internet acorde con ese modelo de negocio que ha sido definido y que corresponde a las denominaciones de *bricks* (físico), *clicks and bricks* (mixto) o *clicks* (virtual o electrónico).
6. Adaptar internamente la empresa a los requerimientos de la nueva economía.

Los modelos de negocio son quizá uno de los aspectos más discutidos y menos entendidos de Internet. Básicamente, un modelo de negocio es un método de operar que permita a la empresa mantenerse por sí misma a través del rendimiento. Es la explicación de cómo la empresa genera el rendimiento y dónde está posicionada en la cadena de valor[17] . En definitiva, un modelo de negocio incluiría desde la descripción de los actores del modelo y los servicios o productos ofrecidos a la clarificación de las fuentes de ingresos y modelos de costes sin olvidar la ubicación del modelo en la cadena de valor en la que se inserte[18].

Una tipología de los negocios emergentes en Internet y que suponen una oportunidad a ser aprovechada por las empresas que estén capacitadas para ello, tanto desde el punto

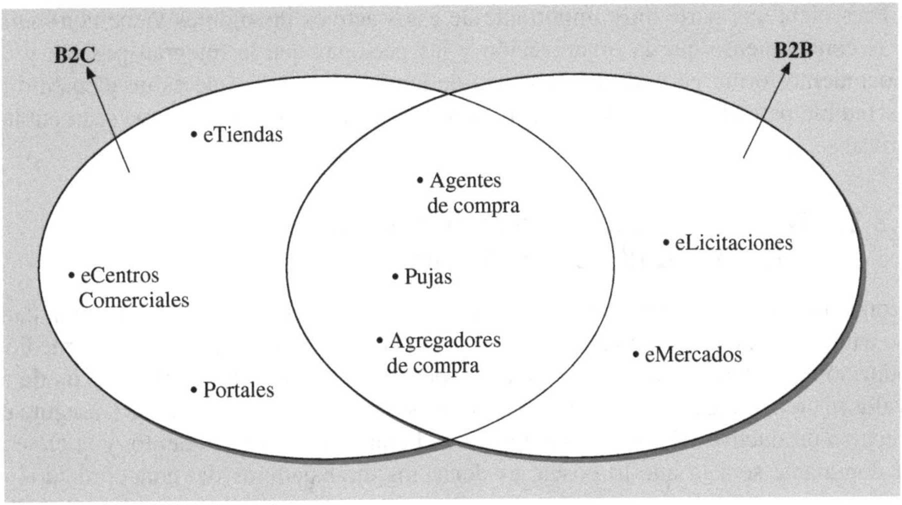

FUENTE: Laso e Iglesias (2002).

Figura 11.3. Modelos de negocio emergentes en Internet.

de vista tecnológico y estratégico como cultural, se resumen en la Figura 11.3 como ejemplo del abanico de posibilidades que están surgiendo en el nuevo entorno.

Tanto las etiendas como los eCentros Comerciales y los Portales entran dentro de lo que se denomina B2C (business to consumer) de la empresa al consumidor. Las eLicitaciones y los eMercados corresponden al ámbito del B2B (business to business) o negocios entre empresas. Los modelos que se sitúan en la figura en la intersección corresponden a modelos que tanto se encuentran en el ámbito del B2C como del B2B, se trata de las pujas, los agentes de compra y agregadores de compra.

A pesar de que un análisis de esta tipología sería muy interesante, no se desarrolla en este trabajo por exceder los objetivos del mismo y se ofrece tan sólo como ejemplo de las oportunidades que ofrece el nuevo entorno de los negocios.

11.3. LA GESTIÓN DEL CONOCIMIENTO

TOMÁS M. BAÑEGIL PALACIOS
RAMÓN SANGUINO GALVÁN

11.3.1. Introducción

Como ya se indicó en temas anteriores, en las empresas existen activos tangibles (que se pueden ver y tocar), fielmente detallados en la contabilidad y en los procesos de gestión, y existen activos intangibles, que forman parte del valor de la empresa, pero que son difíciles de mesurar. De hecho existen organizaciones cuyos activos tangibles son mínimos, pero que poseen un gran valor de mercado que, además, no viene reflejado en las partidas contables.

Pues bien, una parte muy importante de estos activos intangibles viene configurada por el conocimiento que la organización y las personas que la integran poseen; y este conocimiento forma parte de la estrategia de la empresa, dado que es un elemento imprescindible para el proceso de creación de valor de las organizaciones, ya sean públicas o privadas.

11.3.2. De la sociedad de la información a la sociedad del conocimiento

El conocimiento traspasa las relaciones técnicas de la sociedad de la información, dando paso a un capitalismo postindustrial basado en el conocimiento como recurso o medio de producción principal, y por tanto estratégico para el mercado y sus agentes; de modo que el valor se crea, básicamente, a partir de recursos intangibles. Así, Drucker[19], asegura que el recurso productivo básico en esta época es el conocimiento y el talento, y la clase social dominante será la que lo posea, es decir, los «trabajadores del conocimiento» (en Bueno[20]).

La mayor facilidad de obtener información en la práctica totalidad del planeta, da sentido a la denominada sociedad de la información y ha supuesto importantes cambios en la sociedad a nivel global, de manera que, las organizaciones, se encuentran con que uno de sus problemas es la ingente y creciente cantidad de información que existe, la cual, en su mayor parte, está disponible de forma generalizada. Aspecto que provoca una menor competitividad y diferenciación de las empresas. De este modo, los tradicionales recursos productivos (capital, tierra y trabajo), junto a las nuevas tecnologías de la información, se ven traspasados por un elemento que potencia la actividad innovadora de las personas y las organizaciones: el conocimiento; el cual, además, se pretende dirigir y potenciar.

En aras a comprender mejor la economía del conocimiento, podemos utilizar los rasgos utilizados por la Asociación Española de Contabilidad y Administración de Empresas (AECA)[21]:

- La economía del conocimiento está integrada por empresas y trabajadores que producen, intercambian, almacenan y consumen conocimientos, es decir, agentes que actúan con el intelecto o con la mente.
- Los productos actuales se basan principalmente en un conjunto de servicios o desarrollos y aplicaciones de naturaleza intelectual o intangible. Así, algunos productos han ido cambiando su naturaleza, originalmente tangible, hacia una mayor relevancia de sus valores intangibles, caso, entre otros, del automóvil, los ordenadores o el teléfono móvil. En consecuencia, todos son productos más ligeros, más pequeños y sofisticados, en definitiva, más «inteligentes».
- La economía del conocimiento se basa en la incorporación del conocimiento en el activo de las empresas y en el propio sistema económico nacional a través de toda organización pública o privada.
- Por último, esta economía del conocimiento se convierte en un nuevo enfoque para conocer la competitividad de una organización o de un espacio social, sea una nación, una región o una ciudad.

11.3.3. La gestión del conocimiento

Partiendo del hecho de que interesa que el conocimiento, tanto de las personas como de la propia organización, se active y desarrolle, se admite que se puede gestionar. Por ello, es importante saber discernir los conceptos clave que se han derivado de las tres palabras protagonistas de la sociedad del conocimiento (información, conocimiento y aprendizaje), que son: Capital intelectual, Gestión del conocimiento y Aprendizaje organizativo. Esta propuesta de naturaleza estratégica ha sido concretada por Bueno (2002), en la denominada *Tríada conceptual* (Figura 11.4).

A lo largo de este capítulo vamos a estudiar con detenimiento estos conceptos que definimos sucintamente ahora:

— El Aprendizaje organizativo sería el proceso dinámico de creación, adquisición e integración de conocimiento dirigido al desarrollo de recursos y capacidades que permitan a la organización una mejora de su desempeño (Pérez y otros)[22]. El Aprendizaje, en suma, es la clave para que las personas y la organización puedan ser más inteligentes, memorizando y transformando información en conocimiento.

— El Capital intelectual representa la perspectiva estratégica de la «cuenta y razón» o de la medición y comunicación de los activos intangibles creados o poseídos por la organización. Veremos en su apartado correspondiente varios modelos que intentan medir y gestionar el capital intangible de la organización (principalmente de las empresas privadas) y las dificultades y problemática que conlleva mensurar y potenciar dichos elementos intangibles.

— La Gestión del conocimiento (Dirección del conocimiento según la propuesta del profesor Bueno) refleja la dimensión creativa y operativa de la forma de generar y difundir el conocimiento entre los miembros de la organización y también con otros agentes relacionados.

Insistimos en que la integración de estos tres conceptos emana de un enfoque estratégico de la organización que ha de servirle para mejorar la competitividad.

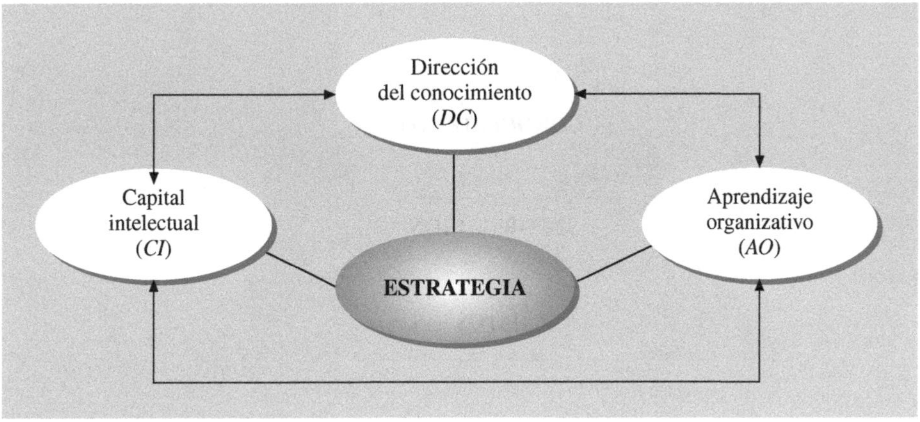

FUENTE: Bueno (2002).

Figura 11.4. La Tríada conceptual.

De los datos al conocimiento organizativo

Dada la confusa existencia de los conceptos «dato», «información» y «conocimiento», a veces usadas como sinónimos, entendemos la necesidad de diferenciarlos (véase la Figura 11.5).

Davenport y Prusak[23] (1998) definen datos como «un conjunto de hechos distintos y objetivos, relativos a eventos». Resaltan además que «en un contexto organizativo, los datos son utilitariamente descritos como registros estructurados de transacciones». Los datos apenas registran el hecho, sin proveer ningún juicio de valor o interpretación.

Lo que diferencia a los datos de la información es la dinámica que entra en las organizaciones, formal o informalmente y es susceptible de variadas interpretaciones. El significado de la información depende de la utilidad que ésta incorpore y de la percepción y la necesidad de quien la reciba.

Información sería el «Acto o efecto de informar(se)»; «comunicación o noticia traída al conocimiento de una persona o del público»; según la teoría de la información, «medida de reducción de la incerteza, sobre un determinado estado de cosas, por intermedio de un mensaje.

Sveiby[24] al responder a la pregunta «¿Qué es conocimiento?» afirma que no existe consenso, ni aceptación de modo general, de ninguna definición de la palabra. Refuerza también los variados significados que la palabra conocimiento tiene en diferentes lenguas y que la definición dependería del contexto donde se aplicara. Afirma que el conocimiento debería tener cuatro características:

— *Es tácito*: porque los conceptos cambian o se adaptan a la luz de las experiencias de los individuos.
— *Es orientado a la acción*: porque posee la cualidad dinámica de generar nuevos conocimientos y superar los antiguos.

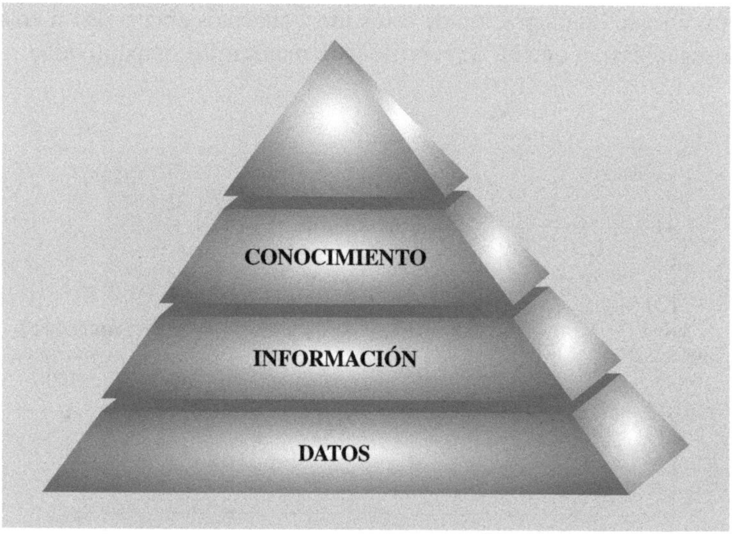

FUENTE: Elaboración propia.

Figura 11.5. Pirámide del conocimiento.

— *Está sustentado por reglas*: porque la creación de patrones en el cerebro, con el paso del tiempo, permite actuar con rapidez y eficacia, de forma automática, en situaciones inconcebibles.
— *Está en constante cambio*: porque el conocimiento puede ser distribuido, criticado y aumentado.

Para llegar a un mejor entendimiento del conocimiento, Nonaka y Takeuchi[25] recorren desde los fundamentos de la epistemología occidental (Platón y Aristóteles) hasta la estrategia basada en los recursos. Muestran la evolución de los conceptos con base en los contextos y visiones en los que el conocimiento es aplicado. Adoptan *creencia verdadera justificada* como definición de conocimiento. Consideran al conocimiento como un proceso humano dinámico que justifica la creencia personal con relación a la verdad:

— El conocimiento quiere decir respeto a las creencias y compromisos. El conocimiento está en función de la actitud, perspectiva o intención específica.
— El conocimiento está relacionado con la acción. Es siempre conocimiento con algún fin.
— El conocimiento quiere decir respeto al significado. Es específico al contexto relacional.

Bueno, Rodríguez y Salmador[26] clasifican el conocimiento en dos categorías principales:

— *Conocimiento explícito*: representando un conocimiento codificado, sistemático y que es transferible a través del lenguaje formal. Nonaka[27] enfatiza la manera diferente de las empresas japonesas de entender el conocimiento: una pequeña parte de conocimiento explícito es casi la totalidad del conocimiento tácito.
— *Conocimiento tácito*: exponente de un conocimiento personal, no articulado, implícito y difícil de formalizar y comunicar (incluyendo experiencias, acciones, valores, emociones e ideas).

El conocimiento fluye por todas las partes de la organización. Acumulado en documentos, bancos de datos, patentes, normas, rutinas, procesos, en la mente de grupos de personas, interaccionando con otras empresas, con otros grupos de personas, con clientes, proveedores, instituciones de investigación y con el entorno, generando nuevos conocimientos. Precisa siempre de ser creado, diseminado y asimilado por la organización, posibilitando la innovación y la mejora de los productos o servicios.

La forma en la que Sveiby define el conocimiento (una capacidad de acción) demuestra la fuerza en una organización y su influencia en la toma de decisiones. Desarrollar el concepto de competencia fue la forma encontrada por este autor para obtener una descripción más práctica de conocimiento en el contexto empresarial, englobando conocimiento real, habilidades, experiencia, juicios de valor y las redes sociales.

Las organizaciones que aprenden

Al igual que las personas, las organizaciones pueden aprender y generar conocimientos, lo cual forma parte de los objetivos habituales de la empresa actual. El concepto de *learning organizations* (organizaciones que aprenden, organizaciones inteligentes) ha sido bastante difundido en el medio empresarial y está intrínsecamente ligado al concepto de Gestión del conocimiento.

Algunas características de las organizaciones que aprenden según Senge[28] son:

— Reconocimiento explícito del valor económico del conocimiento.
— Capacidad de desarrollo *know-why* (conocimiento amplio) además de *know-how* (conocimiento de cómo se hacen las cosas).
— Capacidad de cuestionar valores, cultura y cambiar el comportamiento.
— Estimular la experiencia y el aprendizaje a través de la detección y corrección de errores.
— Habilidad de compartir pericias, experiencias e informaciones individuales.
— Habilidad creadora.
— Capacidad de articular conocimientos conceptuales sobre una experiencia.
— Utilización de la capacidad creativa de sus empleados.
— Búsqueda activa de informaciones en el ambiente donde se inserten.

Una organización que aprende, una organización inteligente en la nueva economía, en la sociedad del conocimiento será una organización con capacidad de respuesta y adaptación, con facultad de emergencia y evolución, con capacidad de memorización y de incorporar rutinas y procesos de forma evolutiva.

11.3.4. El capital intelectual

El concepto de capital intelectual es una expresión que combina, siguiendo a Edvinsson y Malone[29] dos ideas fundamentales: la inteligencia en acción o los resultados provenientes del ejercicio intelectual y su valoración o medida, en términos similares a los empleados para explicar el capital financiero. Representa el valor total de los activos intangibles que posee la empresa en un momento dado del tiempo (se trata de documentos estáticos), igual que en su balance «habitual» aparece el valor de sus recursos propios o el equivalente financiero de sus activos tangibles netos.

En la actualidad, uno de los problemas más importantes en los que están trabajando numerosos académicos, consultores y empresarios es la concreción de modelos que consigan medir, gestionar, crear, multiplicar y controlar este capital intangible que genera valor para la empresa e incrementa su competitividad (se puede analizar).

Además, el capital intelectual es importante para cualquier empresa, no sólo para las grandes corporaciones (aunque éstas tengan mayores facilidades para su medición y gestión) y tanto del sector privado como del público. En la Tabla 11.1 se especifican algunos de los indicadores más importantes a los que se ha llegado tras una investigación de casi dos años, tanto para Universidades como para Organismos Públicos de Investigación (OPI's).

11.3.5. La gestión del conocimiento en el proceso estratégico de la organización

Para cualquier empresa, conseguir posicionarse y permanecer viva en el mercado globalizado (donde paradigmas como el tiempo, la distancia y el espacio fueron rotos con la realidad de las tecnologías de la información) debe ser su objetivo. Y para esto es nece-

Tabla 11.1. Relación de indicadores para la medición del capital intelectual

UNIVERSIDADES		ORGANISMOS PÚBLICOS DE INVESTIGACIÓN	
1	**Indicadores de primer nivel**	**1**	**Indicadores de primer nivel**
1.6	Número de proyectos de investigación activos, competitivos y de carácter internacional subvencionados por administraciones supranacionales.	1.6	Número de licencias de explotación vigentes gestionadas.
1.12	Número de artículos publicados en revistas extranjeras con evaluación.	1.12	Número de patentes registradas a nivel internacional.
1.17	Número de patentes, marcas, modelos de utilidad registrados a nivel nacional.		
2	**Indicadores de segundo nivel**	**2**	**Indicadores de segundo nivel**
2.1	Número de libros publicados/profesores numerarios (catedráticos y titulares equivalentes a tiempo completo).	2.1	Número de libros publicados con ISBN/total plantilla.
2.5	Número de artículos publicados en revistas nacionales con evaluación/profesores numerarios.	2.5	Número de patentes registradas a nivel nacional/total plantilla.
2.11	Número de tesis doctorales leídas/doctorandos.	2.11	Número de becarios/total plantilla.
3	**Indicadores de tercer nivel**	**3**	**Indicadores de tercer nivel**
		3.1	Porcentaje de la financiación procedente del Plan Nacional.
		3.2	Porcentaje de la financiación procedente de la Unión Europea.
		3.3	Porcentaje de la financiación procedente de convenios con empresa.

FUENTE: Elaboración propia a partir de documentación disponible para miembros del Foro del Conocimiento Intellectus.

sario tener una serie de recursos, una buena administración, ser ágil, producir con calidad y, por encima de todo, ser innovadora. La capacidad de tener nuevas ideas es fundamental para las organizaciones del siglo XXI.

Para Mendes[30], en esta nueva realidad, el factor humano impera en las organizaciones, ya que es el único recurso disponible capaz de tener perspicacia, presuponer o inferir. Por mayores y mejores que sean los sistemas de información y los bancos de datos, por más nuevas que sean las investigaciones en el área de inteligencia artificial, hasta hoy no se han conseguido ordenadores que piensen como seres humanos, capaces de tomar decisiones basadas en la sensibilidad.

Para Garvin[31], la gestión del conocimiento obtiene y comparte bienes intelectuales, con el objetivo de conseguir resultados óptimos en términos de productividad y capacidad de innovación de las empresas. Es un proceso que engloba generar, recoger, asimilar y aprovechar el conocimiento, con vistas a generar una empresa más inteligente y competitiva.

Tissen, Andriessen y Lekanne[32] dividen la gestión del conocimiento en:

— Gestión funcional del conocimiento: las compañías, conscientes de la necesidad de distribuir información en la organización, están empleando una serie de técnicas de gestión funcional del conocimiento con la principal preocupación de conectar a las personas con el sistema que se utiliza para la distribución y la transferencia de conocimiento (Figura 11.6).
— Gestión estratégica del conocimiento: establece un equilibrio al vincular la creación del conocimiento de una compañía con su estrategia empresarial, prestando atención al impacto de la informática y a la necesidad de diseñar la estructura de la organización en conformidad (Figura 11.7).

En este momento es importante conocer el mecanismo del conocimiento dentro de las organizaciones, es decir, cómo se desarrolla el conocimiento, los procedimientos para su archivo, registro y, finalmente, cómo se propaga y solidifica en las organizaciones.

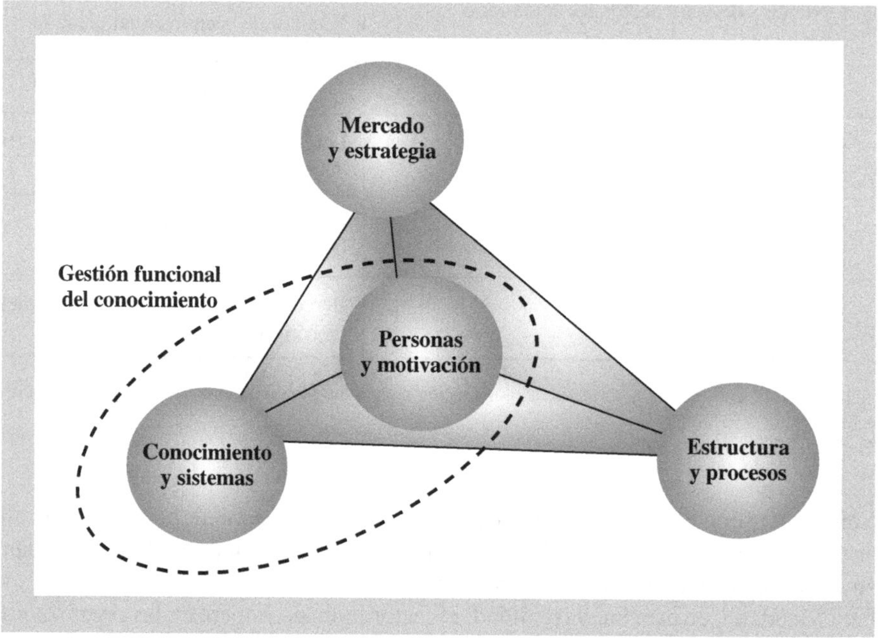

FUENTE: Tissen, Andriessen y Lekanne (2000).

Figura 11.6. Gestión funcional del conocimiento.

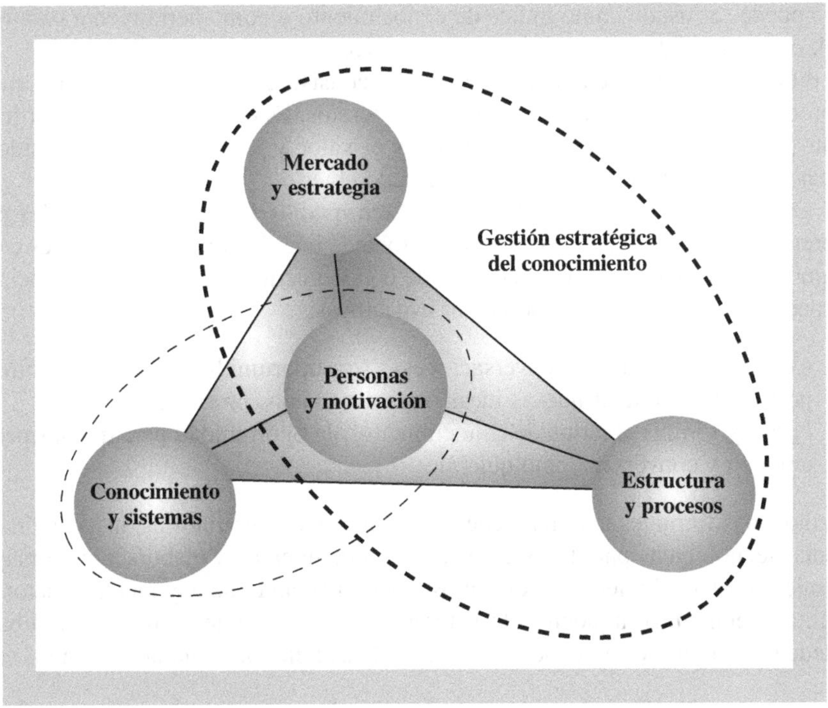

FUENTE: Tissen, Andriessen y Lekanne (2000).

Figura 11.7 Gestión estratégica del conocimiento.

El proceso del conocimiento

Davenport y Prusak (1998) definen el mecanismo de conocimiento dentro de las organizaciones como un proceso de conocimiento, dividiéndolo en tres etapas:

— Generación del conocimiento.
— Codificación del conocimiento.
— Transferencia del conocimiento.

Para Cope[33], el «descubrimiento» (generación) del conocimiento es el proceso por el cual ampliamos la cantidad y calidad de nuestro almacén de conocimiento. Esto se puede llevar a cabo a través de una serie de procesos que incluyen la lectura, escritura, conferencias, trabajo en equipo. El objetivo de la codificación es colocar al conocimiento en alguna forma legible, entendible y organizada, para que pueda ser utilizado por todas las personas que necesiten de él.

Los conocimientos explícitos son codificados con mayor facilidad. Por su complejidad y por residir en la mente de las personas, habiendo sido desarrollados y asimilados básicamente por experiencias, la codificación del conocimiento tácito no siempre es posible. Una forma de proveer un mayor acceso a este tipo de conocimiento es la elaboración de un mapa de conocimiento donde se encuentre, dentro de la organización, el conocimiento que se precisa. Este mapa apunta a las personas, documentos, bancos de datos,... puede ser usado como índice de conocimiento o como herramienta para evaluar el stock corporativo de conocimiento organizativo.

La difusión (transferencia) del conocimiento consiste en compartir esquemas mediante un proceso de interacciones de colaboración y retos. Es el proceso de compartir conocimiento cuyo objetivo es ampliar o mejorar el valor y la calidad del contenido y no permutar y comercializar su valor en el mercado abierto.

De acuerdo con Davenport y Prusak, existen medios formales e informales para la transferencia de conocimiento. Se considera todavía que, los medios informales como el intercambio espontáneo y no estructurado de conocimiento son elementos esenciales en este proceso. Para esto, surgen estrategias específicas:

— «Máquinas de café y conversaciones»: son oportunidades para encuentros con potencial de generar nuevas ideas o resolver viejos problemas.
— Ferias y forums abiertos de conocimientos: la oportunidad para que las personas circulen y conversen como quieran.

Medios más formales también deben ser utilizados como tutorías, instalación de herramientas tecnológicas para transferencia de conocimientos y elaboración de mapas de conocimiento. En cualquier caso, debemos tener en cuenta que hay muchos factores que no facilitan, retardan o impiden la transferencia del conocimiento imponiendo barreras que pueden ser culturales, falta de confianza, falta de tiempo, intolerancia con los errores, etcétera.

El modelo dinámico de creación de conocimiento

De acuerdo con el modelo dinámico de creación de conocimiento, defendido por Nonaka y Takeuchi, para la creación de conocimiento organizativo es necesario, en primer lugar, el conocimiento tácito de los miembros de la organización, pues constituye la base de ésta. En segundo lugar, la organización precisa movilizar y ampliar el conocimiento tácito acumulado por cada individuo, creando el conocimiento organizativo.

Para que sucedan los procesos de movilización y ampliación de conocimiento, los autores defienden que debe existir una interacción social entre el conocimiento tácito y el explícito, similar al que acontece con el conocimiento humano. A esta integración es lo que denominan «conversión de conocimiento».

La conversión de conocimiento ocurre de cuatro formas:

— Socialización: de conocimiento tácito a conocimiento tácito. El ser humano puede adquirir conocimiento tácito directamente con otras personas, sin usar el lenguaje. Los aprendices aprenden con sus maestros por la observación, imitación y práctica. Los autores citan la experiencia como un secreto para la adquisición de conocimiento tácito. La experiencia compartida así como los entrenamientos prácticos contribuyen al entendimiento del raciocinio de otro individuo. El contenido generado por este modo es el conocimiento compartido.
— Externalización: de conocimiento tácito a conocimiento explícito. La expresión del conocimiento tácito en forma de metáforas, conceptos, hipótesis, analogías o modelos. Este modo de conversión es considerado la llave o la clave para la creación de conocimiento, generando el conocimiento conceptual.

— Combinación: de conocimiento explícito a conocimiento explícito. La combinación de conjuntos diferentes de conocimientos explícitos, a través de reuniones, documentos, conversaciones o redes de conocimiento. Se crea, con la combinación, el conocimiento sistémico.
— Internalización: de conocimiento explícito a conocimiento tácito. El conocimiento explícito es incorporado en la base del conocimiento tácito de las personas, en la forma de modelos mentales, lo que ocurre a través de la experiencia, generando como contenido el conocimiento operacional.

Para comenzar una nueva espiral de creación de conocimiento es necesario que el conocimiento tácito acumulado sea socializado con otros individuos de la organización haciendo viable entonces la creación de conocimiento organizativo. Los contenidos de conocimiento generados en las cuatro formas de conversión interactúan entre sí en una espiral de creación de conocimiento organizativo, generando una nueva espiral y así sucesivamente.

Toda organización es responsable de su proceso de creación de conocimiento, siendo la facilitadora de las condiciones que permitan un ambiente favorable para actividades en grupo y para la creación y acumulación de conocimiento a nivel individual (véase la Figura 11.8).

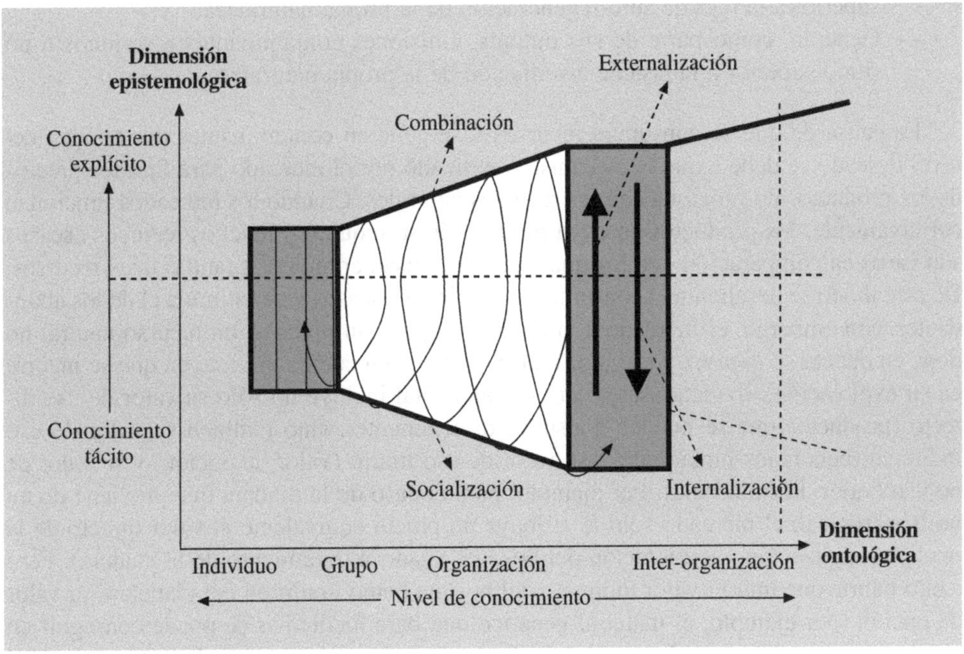

FUENTE: Nonaka y Takeuchi (1997).

Figura 11.8. Espiral de creación de conocimiento organizacional.

11.4. LA GESTIÓN MEDIOAMBIENTAL DE LA EMPRESA

Antonio Chamorro Mera
Sergio Rubio Lacoba

11.4.1. Empresa y medio ambiente

Como hemos explicado en el Capítulo 1, la empresa debe ser considerada un sistema abierto por estar en continua relación con su entorno. Sin embargo, la visión tradicional de la Economía de la Empresa ha obviado las implicaciones negativas que la empresa puede tener en el medio natural. La naturaleza era entendida simplemente como el soporte físico que provee a la empresa de, por un lado, las materias primas y de las energías necesarias para desarrollar su actividad productiva y, por otro lado, del lugar donde depositar los residuos y emisiones contaminantes que genera tal actividad. En ningún momento los planteamientos tradicionales han puesto de manifiesto los efectos que tal utilización pudiera tener en el equilibrio natural.

Sin embargo, una visión más amplia debe entender que los efectos que la empresa genera en su entorno no son sólo de carácter económico y social (productos, beneficios, sueldos, etc.), sino también de carácter medioambiental. En este sentido, hay que considerar que los procesos productivos de las empresas, en su conjunto, contribuyen al deterioro del medio ambiente, por dos razones:

- Consumen, como parte de sus inputs, un volumen de recursos naturales escasos superior a la tasa de auto-regeneración de la propia naturaleza.
- Generan, como parte de sus outputs, emisiones contaminantes y residuos a un ritmo superior a la tasa de asimilación de la propia naturaleza.

La causa de que se consuman recursos y se generen contaminantes por encima del nivel deseado se debe a que el mecanismo utilizado por el mercado para fijar los precios de los productos no funciona con los recursos naturales. Cuando los mercados funcionan correctamente, los productos en cuya producción se requieren muchos recursos escasos son caros en comparación con los que no usan (o usan en menor cuantía) tales recursos. De este modo se desalienta el consumo de los bienes escasos y se estimula el de los abundantes. Sin embargo, el mercado a la hora de asignar un precio a un recurso natural no tiene en cuenta su escasez y su valor real. Sólo tiene en cuenta el coste en que se incurre en su explotación, olvidándose de que su valor total incluye no sólo su valor de uso directo (productos que se pueden consumir directamente), sino también su valor de uso indirecto (beneficios funcionales), su valor de uso futuro (valor de opción) y su valor de no uso (valor de existencia). Por ejemplo, para el caso de la madera que proviene de un bosque tropical, el mercado sólo le atribuye un precio equivalente al valor directo de la madera (adquisición y explotación del bosque, talado y tratamiento de la madera). Pero a ello habría que unir el valor indirecto del bosque como «pulmón del planeta», su valor de opción (por ejemplo, el material genético que para medicinas se puede conseguir en el futuro) y su valor paisajístico y como medio de vida de gran parte de la biodiversidad del planeta (valor de existencia). En definitiva, el daño al medio ambiente es un coste que no es tenido en cuenta por el mercado.

Estas situaciones de falta de coincidencia entre el valor real y el precio de mercado son conocidas como externalidad negativa. Se trata de *un efecto negativo y no intencionado que la actividad de un agente económico produce en el bienestar de otro agente sin que exista obligación por parte del primero de compensar al segundo.*

11.4.2. El entorno medioambiental de las empresas

Fue en la década de 1960 cuando surgió el primer movimiento de ciudadanos preocupados por el medio ambiente. En aquel entonces sólo abarcó a una clase social minoritaria de algunos países desarrollados y su objetivo principal era promover un *crecimiento cero*, pues consideraban que el crecimiento económico era incompatible con la protección del medio ambiente. Pero las crisis energéticas de los años setenta hicieron que este movimiento ecologista fuese perdiendo importancia hasta que las evidencias de la realidad de problemas como el agujero de la capa de ozono, la deforestación, la escasez de agua o la pérdida de biodiversidad, unidas a los importantes accidentes medioambientales habidos (Tabla 11.2) dieron lugar al resurgimiento de este movimiento ecologista a partir de fina-

Tabla 11.2. Principales accidentes medioambientales

Año	Acontecimiento
1978	El petrolero Amoco Cádiz naufraga en la costa atlántica francesa. Supone el primer gran vertido petrolífero.
1984	2.800 personas mueren en Bhopal (India) a causa de un escape de gas ocurrido en una fábrica de pesticidas propiedad de Union Cardibe.
1986	Una explosión destruye el reactor de la central nuclear de Chernobyl, en la antigua URSS. Millones de personas son afectadas por la nube radiactiva.
1986	El fuego destruye un almacén de la empresa química Sandoz en Scweizerhalla (Suiza) provocando una grave contaminación en el río Rhin.
1989	2 millones de galones de petróleo en crudo se extienden por la costa de Alaska al escapar de los tanques del petrolero Exxon Valdez.
1998	Rotura de una presa de 5 millones de m^3 de agua y lodos tóxicos de la empresa sueca Boliden en Aznalcóllar (España). La zona contaminada se extiende a más de 3.600 hectáreas cercanas al Parque Nacional de Doñana.
1999	El petrolero Erika, con bandera maltesa y propiedad de la empresa TotalFina vierte 10.000 toneladas de petróleo y contamina cerca de 400 Km de costa de la Bretaña francesa.
2000	Petrobras, compañía estatal brasileña, es la responsable del vertido de 4 millones de litros de petróleo en el río Iguazú. La empresa debe hacer frente a unas multas que alcanzan los 1.325 millones de euros.
2001	En enero, el petrolero Jessica vierte 600.000 litros de combustible cerca de las Islas Galápagos, poniendo en peligro este paraje natural. El capitán es condenado a 90 días de prisión.
2001	El choque entre un carguero chipriota y el petrolero Baltic Carrier provoca el vertido inicial de unas 3.000 Tm de petróleo, creando una mancha de petróleo de unos 15 Km. de largo que alcanzó las costas de Dinamarca.
2002	El petrolero *Prestige*, con bandera de Bahamas y 76.000 Tm de petróleo, vierte parte de su carga cerca de Finisterre (España).

FUENTE: Elaboración propia.

les de los años ochenta. En esta ocasión ya no se trata de un movimiento minoritario y de una moda pasajera, sino que abarca a casi toda la sociedad y se ha introducido en la agenda política nacional e internacional (Tabla 11.3). Además, en este segundo movimiento ecologista, el objetivo a alcanzar es el *desarrollo sostenible*; es decir, un desarrollo económico que permita satisfacer las necesidades actuales sin poner en peligro la capacidad de satisfacer las necesidades de las generaciones futuras.

La importancia de este movimiento social y gubernamental es tal que las empresas ya no pueden actuar al margen de él, pues ha modificado considerablemente el entorno en el que desarrollan su actividad. Los principales cambios los podemos resumir en los siguientes:

— El desarrollo de una **legislación medioambiental** cada vez más numerosa y exigente, la cual obliga a las empresas a realizar ciertas actividades (por ejemplo, depurar las aguas residuales de sus procesos productivos o responsabilizarse de los residuos generados por sus productos) y establece límites o prohibiciones al uso de determinadas sustancias tóxicas o peligrosas.

— El desarrollo por parte de los **gobiernos** de medidas para incentivar comportamientos más respetuosos con el medio ambiente, tales como los impuestos ecológicos, las subvenciones, los incentivos fiscales para la realización de inversiones medioambientales o la exigencia de un seguro para cubrir los riesgos de accidentes medioambientales. En los últimos años también se están desarrollando los denominados «sistemas de derechos de contaminación negociables». Un ejemplo

Tabla 11.3. Acontecimientos claves en el tratamiento internacional de los problemas medioambientales

Año	Acontecimiento
1972	Conferencia de la ONU sobre «*El Medio Ambiente Humano*».
1973	Se aprueba el *Primer Programa de la Comunidad Europea de Acción en Materia de Medio Ambiente*. Actualmente está en vigor el VI Programa (Medio Ambiente 2010: Nuestro futuro, Nuestra elección).
1984	Inicio del *Programa de la Naciones Unidas para el Medio Ambiente (PNMA).*
1987	Se publica el *Informe Brundtland*, presentado por la Comisión Mundial para el Medio Ambiente y el Desarrollo de Naciones Unidas bajo el título «Nuestro Futuro Común». Define el concepto de «desarrollo sostenible».
1992	Cumbre de las Naciones Unidas sobre Medio Ambiente y Desarrollo, celebrada en Río de Janeiro (Brasil). Las 178 delegaciones nacionales presentes confirman la validez del concepto de desarrollo sostenible y establecen las medidas necesarias para el tratamiento del tema.
1998	Celebración de la Cumbre de Kyoto en Japón. Cumbre de los Jefes de Estado y de Gobierno auspiciada por la Naciones Unidas para tratar el tema del cambio climático.
2002	Celebración en Johannesburgo (Sudáfrica) de una nueva cumbre de las Naciones Unidas sobre Medio Ambiente y Desarrollo, conocida como Río +10. Se evalúan los progresos conseguidos desde 1992 y se establecen nuevas prioridades y objetivos para los próximos años.

FUENTE: Elaboración propia.

de estos sistemas es el mercado europeo de derechos de emisión de CO_2, creado en 2005 y que afecta a las empresas energéticas y a algunas industriales. Cada empresa sólo puede emitir un volumen máximo de CO_2 equiparable al número de permisos que tenga. Si su proceso productivo es muy contaminante se verá obligado a invertir en tecnología menos contaminante o a acudir a una bolsa de intercambio (similar a las bolsas de valores donde se intercambian acciones de empresas) donde tratará de comprar permisos a aquellas empresas que les sobren por poseer un proceso productivo menos contaminante.

— La creación de un sistema de **responsabilidad por los daños medioambientales** causados. La responsabilidad administrativa (multas y sanciones) y penal (privación de libertad para los directivos) por los daños medioambientales causados se complementa en algunos países con la responsabilidad civil que obliga a la empresa a soportar los costes derivados de la reparación de los daños causados (limpieza de los vertidos, pago de indemnizaciones a los afectados, etc.)

— La aparición de un segmento de **consumidores** que valora positivamente los aspectos ecológicos de los productos que compra. Aunque puede argumentarse que el tamaño actual de este segmento de consumidores ecológicos es aún muy pequeño, es indudable su tendencia creciente. Además, muchas empresas fabricantes de bienes industriales se están viendo obligadas a introducir mejoras medioambientales debido a la incorporación de factores medioambientales en los procesos de selección de proveedores por parte de grandes empresas clientes. Por ejemplo, en el sector automovilístico los principales fabricantes exigen a todos sus proveedores el tener implantado un sistema de gestión medioambiental.

— La creciente preocupación ecológica de los **inversores**. Tradicionalmente las decisiones de inversión se han basado exclusivamente en los criterios financieros de rentabilidad, riesgo y liquidez. Pero en las últimas décadas han ido adquiriendo una mayor importancia las inversiones socialmente responsables, es decir, aquellas que buscan un equilibrio entre los criterios financieros y los criterios éticos y medioambientales. Según un estudio del Instituto Avanzi SRI, la inversión socialmente responsable alcanzó los 24.100 millones de euros en Europa entre junio de 2004 y junio de 2005. Este tipo de inversiones se han materializado principalmente a través del desarrollo de los denominados fondos de inversión socialmente responsables. Se trata de fondos de inversión que, por un lado, no invierten en empresas dedicadas a actividades consideradas negativas (como tabaco, energía nuclear, armamento o bebidas alcohólicas) y, por otro lado, valoran positivamente la inversión en empresas que cumplen con ciertos criterios positivos como fabricar productos ecológicos, colaborar con los agentes sociales en la educación e información medioambiental, realizar inversiones medioambientales más allá de las exigencias legales, etc.

— La progresiva incorporación de los aspectos medioambientales en la política de concesión de préstamos de las **entidades financieras**. Una mala gestión medioambiental puede impedir o encarecer la obtención de un préstamo por entender la entidad financiera que supone un debilitamiento de la capacidad de la solvencia del cliente para devolver el préstamo como consecuencia de los posibles costes en que incurriría si tiene un accidente medioambiental, recibe una multa o sanción por parte de la Administración o si se ve sometida a un boicot de los grupos ecologistas. Además, en algunos países, las entidades financieras se convierten en responsables legales y directos de eliminar la contaminación causada por sus clientes insolventes.

— La presión de los **grupos ecologistas** que realizan campañas de protesta o boicot a los productos de las empresas más contaminantes.

Tras el naufragio del petrolero Erika en diciembre de 1999, diversas organizaciones ecologistas de la Unión Europea desarrollaron una campaña consistente en hacer circular por Internet el mensaje de no repostar combustible en las estaciones de servicio Total, Elf y Fina durante todo un año. Se acusaba a la multinacional propietaria de estas tres marcas de utilizar petroleros monocascos y muy antiguos para transportar el crudo.

11.4.3. El sistema medioambiental de la empresa

Ante estas tendencias del entorno, la dirección de la empresa puede adoptar básicamente dos estrategias diferentes. Por un lado, una **estrategia pasiva o de cumplimiento**, basada en limitarse a cumplir la legislación medioambiental vigente que afecte a su negocio. Bajo este planteamiento, la gestión de los aspectos medioambientales de la empresa se considera un coste que hay que soportar. Por otro lado, una **estrategia de gestión proactiva** o de «plus de cumplimiento», con base a la cual la empresa va a perseguir un comportamiento y unos resultados medioambientales más exigentes que los establecidos legalmente. La premisa de la que parte esta alternativa es que suele ser más rentable a largo plazo evitar la generación del impacto medioambiental en su origen, que tratar de corregirlo o minimizarlo después de generado. Así, es preferible rediseñar productos y procesos que implantar filtros de gases, depuradoras de aguas residuales o descontaminar suelos.

Obviamente, en el primer caso la empresa no puede esperar que su actuación le proporcione una ventaja competitiva frente a los competidores, pero sí puede ser generada mediante la estratega proactiva. Una correcta gestión medioambiental puede dar lugar a una ventaja externa a través de la diferenciación y una ventaja interna a través de la mejora de la productividad y eficiencia en el uso de los recursos. En este sentido existe una clara equivalencia entre la gestión medioambiental y la gestión de la calidad. Si años antes surgió el concepto de **Gestión de la Calidad Total** (Total Quality Management) ahora hay que hablar también de la **Gestión Medioambiental de la Calidad Total** (TQEM, Total Quality Environmental Management). Mientras el primero busca el objetivo de «cero defectos», el segundo busca el objetivo «cero impacto medioambiental».

Ahora bien, la adopción de una u otra estrategia por parte de la empresa va a depender tanto de la situación concreta de su entorno (no todos los sectores están sometidos a la misma presión medioambiental), como de los recursos y capacidades de la propia organización. Aún cuando se desee, es posible que la empresa se encuentre con dificultades o barreras internas para introducir la gestión medioambiental, tales como la falta de compromiso de la alta dirección, la falta de actitud del personal, la falta de conocimientos técnicos sobre la materia o las dificultades financieras para acometer proyectos medioambientales.

Cuando se opte por una estrategia proactiva, será imprescindible crear dentro de la organización un **sistema de gestión medioambiental** (SGMA). Este sistema puede definirse como *aquella parte del sistema general de gestión de la empresa que comprende la estructura organizativa, las responsabilidades, las prácticas, los procedimientos, los procesos y los recursos para determinar y llevar a cabo una política medioambiental.* De forma simplificada, podemos decir que los elementos básicos de un SGMA son los siguientes:

— Una política medioambiental, es decir, un documento público en el que se recoge el compromiso de la dirección y los principios generales que guiarán el comportamiento medioambiental de la empresa.
— Un programa medioambiental, es decir, un documento en el que se concreta la política medioambiental en una serie de objetivos medioambientales y se definan las acciones necesarias para su consecución en los plazos temporales establecidos.
— Una estructura organizativa responsable de ejecutar dicho programa medioambiental.
— Un programa de formación medioambiental del personal.
— Documentos de trabajo (procedimientos, normas, instrucciones,...) que indiquen cómo se ha de incluir los aspectos medioambientales a las diferentes actividades y operaciones que se realizan en la empresa.
— Un proceso de vigilancia y seguimiento de los resultados medioambientales que permita conocer si se cumplen los objetivos y, en caso contrario, adoptar un plan de acciones correctoras.

POLÍTICA MEDIOAMBIENTAL DEL GRUPO SANTANDER

Es nuestro compromiso integrar, en la estrategia y en la gestión, la protección y el respeto al medio ambiente. Este compromiso implica tanto la integración de criterios medioambientales en la actividad del Banco como la adopción de medidas encaminadas a la protección y conservación de nuestro entorno.

La política ambiental supone un especial esfuerzo por parte de todos los empleados del Grupo en su actividad diaria, con el objetivo de llegar a integrar en la misma, de una manera natural, unas determinadas pautas responsables de actuación.

Junto a los empleados, los proveedores son actores fundamentales para lograr los objetivos del Grupo en el respeto al medio ambiente.

Líneas directrices y objetivos

1. Cumplir con la legislación medioambiental vigente así como con otros requisitos a los que el Banco se comprometa.
2. Desarrollar las medidas de protección y respeto al medio ambiente contempladas en el Plan Estratégico de Responsabilidad Social Corporativa de Grupo Santander. Estas medidas incluyen:
   - Planes de formación en Responsabilidad Social.
   - Incorporar el análisis del riesgo medioambiental en el sistema de gestión de riesgos.

- Obtener certificados medioambientales, tales como el ISO 14001, para los principales centros de trabajo del Grupo en España y en el exterior.
- Prevenir la contaminación, y promover medidas orientadas a reducir el impacto en el medio ambiente de nuestras actividades, el uso eficiente de los recursos y el reciclaje de los residuos.
- Implantar procesos de control de los impactos directos del Banco en el medio.
- Colaborar en proyectos que favorecen el desarrollo del entorno a través de clientes y proveedores.
- Apoyar proyectos de protección y conservación del medio ambiente.
- Mantener un compromiso de mejora continua en los aspectos medioambientales.

Responsabilidad y coordinación

El Comité de Medio Ambiente, que se reúne periódicamente en la Ciudad Grupo Santander, es responsable de impulsar la política ambiental del Grupo, así como de su aplicación práctica, su seguimiento y control, todo ello teniendo en consideración las mejores prácticas internacionales en la materia.

Como hemos indicado, la implantación de un SGMA en la empresa da lugar a la necesidad de dotar a la estructura organizativa de la empresa de una o varias personas que asuman las funciones y responsabilidades relativas a la gestión medioambiental. En este sentido, algunas empresas han creado un «departamento de medio ambiente» independiente del resto, mientras que otras lo han integrado en otro, dando lugar a un «departamento de producción y medio ambiente» o a un «departamento de calidad y medio ambiente». Independientemente de cómo se organice el departamento, las funciones mínimas asignadas a la dirección de medio ambiente son las siguientes:

— Asesorar a la dirección general sobre las actuaciones medioambientales a realizar.
— Asesorar a los distintos departamentos en temas medioambientales propios de dicho departamento.
— Establecer los indicadores de medida del impacto ecológico de la empresa.
— Guardar, tratar y evaluar los datos obtenidos sobre el impacto ecológico de la empresa.
— Preparar y tramitar la documentación sobre el impacto ecológico de la empresa exigida por la legislación o para la obtención de cualquier tipo de certificación medioambiental.
— Participar en negociaciones o audiencias públicas con las Administraciones Públicas cuando se debaten futuras normas.

Pero para que tenga éxito, un SGMA no sólo requiere de la existencia de un departamento de medio ambiente, sino que la gestión medioambiental debe integrarse en el conjunto de áreas funcionales de la empresa (Figura 11.9). Cada una de ellas debe asumir objetivos, responsabilidades y funciones medioambientales propias, tal y como indicamos a continuación.

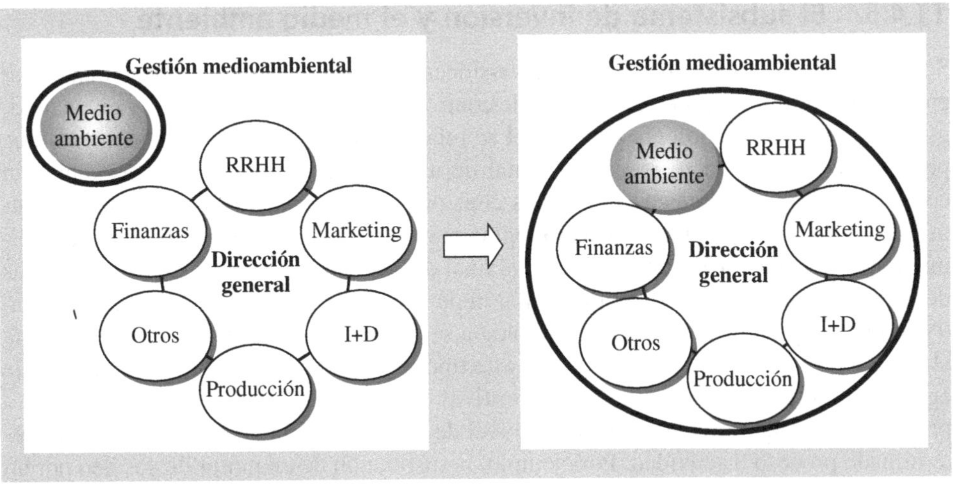

FUENTE: Elaboración propia.

Figura 11.9. La inclusión del medio ambiente en la gestión empresarial.

11.4.4. El subsistema de recursos humanos y el medio ambiente

La participación activa de todos los trabajadores es, junto al compromiso claro y decidido de la alta dirección, un elemento clave para el éxito de la política medioambiental de la empresa. Los trabajadores no sólo son los que tienen que ejecutar muchas de las acciones medioambientales propuestas, sino que además pueden ser los que mejor conozcan las posibles alternativas para mejorar medioambientalmente un proceso o actividad. Por todo lo anterior, la dirección de recursos humanos debe:

— Formar medioambientalmente a los trabajadores. Los cursos de formación deben ir encaminados tanto a aspectos genéricos de sensibilización, como a aspectos técnicos.
— Reclutar personal cualificado en materia de medio ambiente.
— Crear ambientes de trabajo respetuosos con el medio ambiente.
— Atribuir las competencias y responsabilidades medioambientales entre los puestos de trabajo correspondientes.
— Establecer los canales de comunicación interna para que todo el personal conozca tanto la política medioambiental de la empresa como los procedimientos de actuación medioambiental en su puesto de trabajo.
— Reconocer la importancia de crear sistemas de incentivos para la participación del trabajador en los objetivos medioambientales.

Telefónica Investigación y Desarrollo (TI+D) convoca anualmente el concurso «Iniciativas medioambientales» dirigido a sus empleados, con el objetivo de premiar las tres mejores propuestas en relación con medidas que permitan reducir el impacto de sus actividades en el medio ambiente. Esta iniciativa forma parte del sistema de gestión medioambiental implantado por la empresa y certificado según la norma internacional ISO 14001 desde el año 1998.

11.4.5. El subsistema de inversión y el medio ambiente

Según el objetivo que se persiga, las inversiones medioambientales se pueden clasificar en tres tipos: inversiones en tecnología de control, en tecnología correctiva y en tecnología preventiva. La **tecnología de control** se refiere a aquel equipo o procedimiento que permite medir el impacto medioambiental de un proceso o producto (por ejemplo, un contador del consumo eléctrico o de las emisiones de partículas contaminantes a la atmósfera). En segundo lugar, las **tecnologías correctivas** son aquéllas que permiten eliminar, tratar o reducir la contaminación al final del proceso productivo, es decir, después de generada. No implican la modificación ni de los productos, ni de los procesos operativos. Por esta razón, a este tipo de tecnología se le denomina también como «tecnología al final de la tubería». Son ejemplos de este tipo los filtros de aire o las depuradoras de agua. Y por último las **tecnologías preventivas** están formadas por aquellas máquinas o procedimientos que permiten reducir el nivel de contaminación generada durante un determinado proceso o actividad. Por ejemplo, la sustitución de un motor de gasóleo por un motor de hidrógeno sería una inversión de este tipo.

A la hora de invertir en tecnología medioambiental el debate se centra en saber si las tecnologías preventivas son más rentables que las correctivas. Tradicionalmente, las empresas han considerado que las inversiones en prevención eran muy altas y poco rentables, limitándose a invertir en tecnologías correctivas que les permitiesen cumplir los requisitos mínimos de la legislación y evitar así las multas y sanciones. Sin embargo, esta percepción no siempre es correcta. En contra de las inversiones en tecnología preventiva está el hecho de que requieren una mayor inversión inicial en capital que no todas las empresas pueden afrontar. Sin embargo, a la hora de calcular la rentabilidad de una inversión preventiva (VAN) hay que tener presente los siguientes aspectos:

— Los flujos netos de caja generados pueden ser mayores, como consecuencia de posibles ahorros en el uso de materias primas y energía, del ahorro en costes de gestión de residuos, de soportar unos menores impuestos y tasas públicas, etc.
— La tasa de descuento (coste de capital medio ponderado) puede ser más baja. Como se indicó anteriormente, cada vez en mayor medida los mercados financieros están considerando el riesgo medioambiental de las empresas para calcular la prima de riesgo de la financiación concedida.
— Además de los aspectos puramente económicos, la inversión en proyectos de prevención puede generar beneficios de carácter intangible, tales como la mejora de la imagen, la disminución de riesgos de accidentes medioambientales y de multas, y el hecho de estar mejor preparados para una legislación medioambiental futura más estricta.

11.4.6. El subsistema productivo y el medio ambiente

El subsistema productivo, como encargado de diseñar los procesos productivos y de fabricar los productos, tiene un importante papel que desempeñar en la gestión medioambiental. La eficiencia medioambiental o **ecoeficiencia** debe incluirse como una nueva prioridad competitiva u objetivo estratégico de operaciones junto a los objetivos tradicionales de coste, calidad, tiempo y flexibilidad. Según la definición del Consejo Empresarial

Mundial para el Desarrollo Sostenible (BCSD), la ecoeficiencia consiste en *proporcionar productos a un precio competitivo que satisfagan las necesidades humanas y aporten calidad de vida, mientras reducen progresivamente el impacto medioambiental y la intensidad de los recursos utilizados hasta, al menos, un nivel acorde con la capacidad de carga estimada del planeta.* Es decir, representa el volumen de impactos medioambientales causados en la realización de una determinada actividad o en la fabricación de un determinado volumen de productos. Una actividad o un producto será más ecoeficiente cuanto menores sean los impactos que haya causado. Así pues, los objetivos de ecoeficiencia persiguen producir más productos finales con menos recursos.

La ecoeficiencia se mide a través de algún ratio o indicador que relacione el valor generado (unidades producidas, ventas, valor añadido, etc.) con el impacto causado (residuos generados, energía consumida, agua utilizada, emisiones de CO_2, etc.). Los ecoindicadores a utilizar dependerán lógicamente de la actividad a la que se dedique la empresa y de los impactos medioambientales que ésta genere.

Para mejorar la ecoeficiencia, la dirección de operaciones debe incluir las cuestiones medioambientales en el mismo momento del diseño de los procesos y de los productos, porque, al igual que sucede con los costes, aproximadamente el 80 por 100 de los impactos medioambientales vienen determinados por las decisiones adoptadas en este momento. Algunas medidas que se pueden llevar a cabo en el diseño son las siguientes:

- Diseñar el producto o proceso sustituyendo el uso de recursos escasos por recursos renovables.
- Diseñar el producto o proceso eliminando el uso de sustancias tóxicas o peligrosas.
- Diseñar el producto de forma que se usen productos reciclados en lugar de materias primas vírgenes.
- Diseñar el producto o el proceso para reducir la intensidad o cantidad de materiales necesarios para fabricar una unidad del producto final.
- Diseñar el producto para que se reduzca el consumo de materiales o energía o la generación de residuos durante su utilización por parte del cliente.
- Diseñar el producto para que sea fácilmente reciclado, reutilizado o reparado en caso de llegar al final de su vida útil o de estropearse.

A pesar de lo que se pueda pensar inicialmente, la mejora de la ecoeficiencia no siempre entra en contradicción con la consecución de objetivos de reducción de costes. Por tratarse de un caso pionero, podemos mencionar los resultados positivos del programa 3P (*Pollution Prevention Pays Program*) puesto en funcionamiento por la empresa 3M en 1975 para diseñar productos y procesos más ecológicos. Hasta 1988, se acometieron 2.500 proyectos de prevención que redujeron la contaminación por unidad de producción a la mitad, generando un ahorro económico de 500 millones de dólares. Hoy el programa 3P sigue en funcionamiento.

En el diseño y en el desarrollo de medidas encaminadas a mejorar la ecoeficiencia de los procesos y de los productos de la empresa puede ser conveniente el establecimiento de alianzas o relaciones de cooperación con otros agentes sociales y económicos, tales como administraciones públicas, grupos ecologistas, institutos científicos, proveedores, distribuidores o, incluso, empresas competidoras. Algunos de estos aliados pueden aportar

EL DISEÑO ECOLÓGICO EN PHILIPS ALUMBRADO

El diseño de productos respetando el medio ambiente es el eje central de la filosofía de producto de la división de Philips dedicada al Alumbrado. El EcoDiseño permite a Philips Alumbrado lograr simultáneamente tres objetivos: ofrecer un mejor servicio a los consumidores preocupados por el medio ambiente, controlar mejor los costes en todas las fases del ciclo de vida del producto y, por último, anticiparse a la futura legislación medioambiental.

Para mejorar el comportamiento ecológico de los productos, el EcoDiseño de Philips Alumbrado contempla seis aspectos: consumo energético, vida útil, contenido en sustancias peligrosas, cantidad utilizada de materiales de embalaje, peso del producto y reciclabilidad. Aquellos productos que destacan en uno o más de los seis aspectos evaluados son definidos como «potencialmente ecoemblemáticos» y llegarán a ser considerados «ecoemblemáticos» cuando se entiende que sus beneficios medioambientales deben ser comunicados al mercado. Un ejemplo de producto ecoemblemático es la lámpara de señalización para automóviles HiPerVision. Las lámparas HiPerVision se basan en la tecnología de descarga en xenón: la cápsula sellada de vidrio se rellena de xenón, con lo que la lámpara alcanza un mayor rendimiento lumínico y consume menos energía. En concreto, estas lámparas consumen un 36 por 100 menos que sus predecesoras: con una lámpara de 16 W se logra el mismo rendimiento lumínico que con una convencional de 25 W. Además, la nueva tecnología supone una reducción de peso del 60 por 100 y del contenido en plomo del 99 por 100.

unos conocimientos y experiencias que no están disponibles dentro de la empresa. Con otras empresas se pueden desarrollar nuevas «tecnologías limpias» de forma conjunta y a un coste menor. En la lectura final se recogen algunos ejemplos de alianzas entre empresas del sector automovilístico cuya finalidad es desarrollar conjuntamente motores híbridos.

11.4.7. El subsistema de comercialización y el medio ambiente

Los atributos ecológicos del producto o, en general, la imagen de empresa respetuosa con el medio ambiente pueden ser utilizados como medios de diferenciación para atraer al segmento de consumidores ecológicos. Estos consumidores se caracterizan por trasladar su preocupación por la situación de la naturaleza a su proceso de decisión de compra, rechazando aquéllos con mayor impacto medioambiental y dando preferencia a aquéllos otros con menor impacto. Para conseguir esta diferenciación es necesario que la dirección de marketing aplique un marketing ecológico, entendido como un *proceso de planificación, implantación y control de una política de producto, precio, promoción y distribución que permita conseguir satisfacer simultáneamente las necesidades de los clientes y los objetivos de la organización generando el menor daño posible al entorno natural.* Las actividades que se deben realizar para ello son básicamente las siguientes:

- — Analizar el mercado para conocer el nivel de preocupación, actitud y comportamiento medioambiental de los consumidores a los que se dirige la empresa.
- — Educar e informar a los consumidores sobre los problemas medioambientales y sobre las medidas o acciones que ellos pueden desempeñar para evitarlos o reducirlos.

— Comunicar de forma creíble al mercado el compromiso, las acciones y los resultados medioambientales de la empresa. En este sentido hay que tener presente que esta comunicación no debe dirigirse sólo a los clientes, sino a todos los grupos de interés de la empresa: administraciones públicas, inversores, entidades financieras y aseguradoras, asociaciones ecologistas, asociaciones de consumidores, y, en definitiva, toda la sociedad en general.
— Diseñar las políticas de marketing-mix de forma que generen el menor impacto medioambiental. Por ejemplo, la política de producto deberá evitar el uso de envases superfluos y la política de distribución deberá permitir la recuperación de los residuos del producto para que puedan ser reciclados o reutilizados.

Para concluir, podemos recalcar las dos ideas más importantes que se desprenden de los apartados anteriores. En primer lugar que la gestión medioambiental en las empresas se está convirtiendo en una necesidad, bien para cumplir con los mandatos de una legislación cada vez más exigentes en esta materia, bien para conseguir una ventaja competitiva. En segundo lugar destacamos que la gestión medioambiental no debe corresponder únicamente al personal técnico, sino a todos los empleados de la organización.

ACTIVIDADES DEL EPÍGRAFE 11.2

ACTIVIDADES INDIVIDUALES

DE COMPRENSIÓN

Responde a las preguntas siguientes:

1. ¿Qué utilidad tiene para la gestión la concepción de la empresa como sistema abierto?
2. ¿Por qué la responsabilidad social corporativa ha surgido con fuerza en el panorama empresarial?

DE AUTOEVALUACIÓN

1. La cultura corporativa:

   a) Es una nueva moda en gestión empresarial.
   b) Puede gestionarse para que la organización se adapte al entorno.
   c) Se conoce analizando los procesos externos y visibles en las organizaciones.
   d) Es estática, no cambia a lo largo del tiempo.

2. En el nuevo entorno empresarial la *empresa red* es:

   a) Una respuesta del diseño organizativo.
   b) Una nueva forma jurídica.
   c) Una asociación de empresas de diferentes países dentro del mismo sector.
   d) Ninguna es cierta.

3. Las empresas que invierten en programas de responsabilidad social:

   a) Persiguen beneficios a corto plazo.
   b) Tienen como objetivo cumplir la legislación vigente.
   c) Pretenden satisfacer fundamentalmente los intereses de los accionistas.
   d) Responden a la demanda social de sus grupos de interés.

4. Las soluciones de Internet para las empresas:

   a) Pueden mejorar los negocios existentes.
   b) Se utilizan para crear nuevas oportunidades en el mercado.
   c) Suelen combinar Internet con el trabajo en red.
   d) Todas son ciertas.

5. Una de las características de los dilemas éticos que surgen en las organizaciones respecto a determinadas acciones es:

   a) Su reducida repercusión.
   b) La ausencia de alternativas.
   c) Las implicaciones personales.
   d) El conocimiento de las repercusiones.

ACTIVIDADES DE GRUPO PEQUEÑO

1. La actividad que se propone consiste en analizar el entorno y los cambios que han experimentado en los últimos tiempos dos industrias: la del automóvil y la industria turística. En primer lugar se deberá confeccionar una relación de cambios para cada industria. Después se compararán las listas para poder discutir el grado de similitud entre ellas.
2. Leer la siguiente frase:

   «Sólo las grandes empresas son llamadas a ser socialmente responsables debido a la repercusión que tienen sus actos en los mercados.»

   ¿Es ésta afirmación correcta? Justificar la respuesta.

ACTIVIDADES DE GRUPO GRANDE

A continuación está el artículo titulado «Aire inteligente y rentable» de Cecilia Jan, aparecido en *El País* el 4 de diciembre de 2005. Después de analizar la experiencia de Airzone, podemos comentar su estrategia y generar una relación de características de su entorno identificando ventajas e inconvenientes.

> *Airzone, la empresa de sistemas de climatización inteligente por zonas, creada en 1997 en Málaga, acaba de dar el salto a Estados Unidos, uno de los objetivos de su plan estratégico, junto* ***con el área mediterránea y los países***

árabes. La firma, ubicada en el Parque Tecnológico de Andalucía (PTA), abrió en el pasado mes de octubre una oficina en Miami (Florida), y está a punto de poner en marcha otra sucursal en Chicago (Illinois).

Las sedes de Miami y Chicago, muy pequeñas y con personal propio, son parte de la expansión internacional que aborda la compañía, con la que prevé triplicar su facturación en 2009, hasta los 60 millones de euros, y se suman a las existentes en Francia, Italia, Portugal y Dubai. «Empezamos dos personas y ya somos más de cien», dice Antonio Mediato, director general y fundador de Airzone.

La idea cubre un hueco que no existía: un sistema que permita fijar distintas temperaturas para cada habitación en un edificio donde exista una instalación centralizada por conductos. Así, en cada cuarto se instala una rejilla motorizada y un termostato digital, que abre o cierra la rejilla para permitir o no el paso del aire hasta alcanzar la temperatura deseada. De esta forma, se puede subir la temperatura en el cuarto de los niños para que no se resfríen, o apagar el aire en las estancias vacías, con el consiguiente ahorro energético.

Desde su creación, la compañía malagueña no ha parado de recibir reconocimientos, como el Premio Joven Empresario Andaluz, el accésit a la innovación tecnológica en el Premio Nacional Joven Empresario, así como un Premio Alas a la exportación, concedido por la Junta de Andalucía. El secreto, sobre todo con vistas al mercado exterior, es su «inversión bestial» en I+D: 4,5 millones de euros para 2006 y 2007, el equivalente a un tercio de la facturación del pasado año (14 millones).

Ventas exteriores

El sistema Airzone, patentado, se comercializa a través de instaladores profesionales. Implantada desde 2002 en una nave de 5.000 metros cuadrados en el PTA —a principios de 2006 estará lista una ampliación de 3.000 metros—, cuenta con 16 delegaciones en España. En 2004, exportó el 15 por 100 de su facturación. Mediato prevé cerrar 2005 con unas ventas de 18 millones de euros, y una exportación entre el 12 y el 13 por 100. Pese a que el porcentaje está muy por debajo de sus previsiones iniciales, del 15 por 100, aumentar sus ventas en el exterior es el principal objetivo de la empresa. De hecho, espera que entre 2006 y 2009 puedan invertir la tendencia y facturar más en el mercado internacional que en el español. Francia, Italia, Portugal y Bélgica son también mercados maduros.

La expansión se dirige hacia el Mediterráneo, tanto el sur de Europa como el norte de África, los países árabes (Arabia Saudí, Emiratos Árabes, Qatar) y Estados Unidos. Airzone abrió, a finales de 2004, una oficina en Dubai, donde participa en el proyecto The Palm, una isla artificial que imita la forma de una palmera reflejada en el agua del Golfo Pérsico, y que albergará, en sus 2 kilómetros cuadrados de superficie, 60 hoteles de lujo, 4.000 residencias exclusivas, miles de casas acuáticas, puertos deportivos, parques acuáticos, restaurantes, centros comerciales y de ocio.

Desde hace un par de años, la empresa estaba presente en Estados Unidos a través de distribuidores. Para vencer la barrera de no ser un producto americano, explica Mediato, Airzone busca aliarse con algún socio local, que conozca los canales de distribución y gestione la colocación del producto. Pero «queremos poner gente nuestra allí, no vamos a darle a nadie una distribución sin tenerla controlada», advierte. Su primera delegación, en Miami, también les permitirá «ir hacia los países de habla hispana», adelanta el directivo.

La elección de esta ciudad se debe a que es un mercado similar a los tradicionales de la empresa, como la Costa del Sol, «con un sector residencial muy desarrollado». Sin embargo, la elección de la segunda sede, Chicago, responde a una razón totalmente distinta: aquí están los principales fabricantes de climatización mundiales y los grandes distribuidores.

CUESTIONES

1. Analizar y resumir en pocas palabras la experiencia de Airzone.
2. Comentar su estrategia.
3. Generar una relación de características de su entorno identificando ventajas e inconvenientes.
4. ¿Le puede interesar a Airzone alguna modalidad de negocio en Internet?

BIBLIOGRAFIA BÁSICA

Briz, J. y Laso, I. (2000): *Internet y comercio electrónico*, Ediciones Mundi-Prensa, Madrid.

Bueno, E. (1996): *Organización de empresas. Estructura, procesos y modelos*, Pirámide, Madrid.

Castells, M., (2001): *La era de la información. Vol. 2. Economía, Sociedad y Cultura*, Alianza Editorial, Madrid.

Cartwright, J. (1999): *Cultural transformation. Nine factors for improving the soul of your business*. Prentice-Hall.

Cuesta, F. (1998): *La empresa virtual*, McGraw-Hill, Madrid.

Handy, C. (1990): *The age of unreason*, Nueva York: Harvard Business School.

Hodge, B. J., Anthony, W. P. y Gales, L. M. (2000). *Teoría de la organización: Un enfoque estratégico*, Pearson Education, Madrid.

Laso, I. e Iglesias, M. (2002); *Internet, Comercio colaborativo y mComercio: Nuevos modelos de negocio*, Ediciones Mundi-Prensa.

Miles, R. y Snow, C. (1978): *Organizacional Strategy, Structure and Process*, McGraw-Hill, Nueva York.

Montoro, A. (2000): «El desarrollo de redes organizativas. Fundamentos teóricos y enfoques metodológicos», *Cuadernos de estudios empresariales*, n.º 10, pp. 185-204.

Moss Kanter, R. (2002): *E.volve! Para triunfar en la cultura digital de mañana*, Deusto, Bilbao.

Perales, N. (2001): «Internet como entorno competitivo: Mercados y productos virtuales. Un análisis de la cadena de valor virtual», *Dirección y Organización*, n.º 20, CEPADE.

Porter, M. (1987): *Ventaja competitiva. Creación y sostenimiento de un desempeño superior*, Compañía editorial continental, Ciudad de México.

Porter, M. E. (1985): *Competitive advantage*, Free Press, Nueva York.
Powell, W. W. (1990): «Neither market nor hierarchy: network forms of organizations», en B. M. Staw y L. L. Cummings (Eds.): *Research in Organizational Behavior*, vol. 12, Greenwide, JAI Press.
Robbins, S. P. (1990): *Organization Theory: Structure Desing and Applications*, Prentice Hall International, Nueva Jersey.
Schein, E., (1999): *The corporate culture*, Jossey-Bass Publishers, San Francisco.

ENLACES DE INTERÉS

Encuentros Académicos Internacionales. Enciclopedia y Biblioteca Virtual de Ciencias Sociales, Económicas y Jurídicas: www.eumed.net.

Herramienta para gestionar redes de contactos sociales orientada al mundo profesional: www.econozco.com.

Wikieconomía: enciclopedia libre de Economía: http://webeconomia.com/mediawiki.

ACTIVIDADES DEL EPÍGRAFE 11.3

ACTIVIDADES INDIVIDUALES

DE COMPRENSIÓN

1. Explica las diferencias entre los siguientes conceptos: dato, información y conocimiento. Pon ejemplos de los mismos en la institución que mejor conozcas: departamento, universidad, empresa, etc.
2. Enumera las diferencias entre los modelos de capital intelectual revisados. ¿Cuál te parece más adecuado?, ¿cuál es el que hace mayor énfasis en el factor humano?
3. Si en una organización, se práctica la gestión funcional del conocimiento, explica cuáles son las materias que no se atienden como deberían.
4. En el modelo dinámico de creación de conocimiento de Nonaka y Takeuchi existen cuatro formas diferentes de conversión de conocimiento. Analiza las diferencias entre las mismas.

DE AUTOEVALUACIÓN

1. Si hacemos referencia a los productos actuales que existen en el mercado:

   a) No se basan todavía principalmente en un conjunto de servicios o aplicaciones intangibles.
   b) Suelen ser más grandes y menos sofisticados.
   c) Se basan fundamentalmente en servicios y desarrollos intelectuales o intangibles.
   d) Ninguna de las anteriores.

2. La estrategia basada en el conocimiento se puede dividir en tres grandes conceptos:

   a) Capital intelectual, información y gestión del conocimiento.
   b) Gestión del conocimiento, capital intelectual y datos.
   c) Capital humano, capital relacional y capital estructural.
   d) Aprendizaje organizativo, capital intelectual y dirección del conocimiento.

3. Entre las características de las organizaciones que aprenden podemos citar:

   a) Reconocimiento explícito del valor económico del conocimiento.
   b) Incapacidad de cuestionar valores, cultura y cambiar el comportamiento.
   c) Búsqueda activa de informaciones.
   d) La *a* y la *c* son correctas.

4. Respecto a la gestión estratégica del conocimiento, se puede decir que:

   a) Establece un equilibrio al vincular la creación del conocimiento con la estrategia empresarial.
   b) Se utiliza con la preocupación de conectar a las personas con el sistema.
   c) Tanto *a* como *b* son correctas.
   d) Ninguna de las anteriores.

5. Las etapas que definen el proceso del conocimiento en las organizaciones son:

   a) Codificación, transferencia y reutilización.
   b) Generación, codificación y transferencia.
   c) Búsqueda, generación y codificación.
   d) No se pueden identificar etapas que definan dicho proceso

6. La conversión del conocimiento ocurre de cuatro formas distintas:

   a) Socialización, aprendizaje, externalización y gestión.
   b) Aprendizaje, combinación, externalización y socialización.
   c) Socialización, externalización, combinación e internalización.
   d) Socialización, examinación, conjunción e inmersión.

7. En cuanto al capital intelectual:

   a) Es importante para cualquier empresa, tanto pública como privada.
   b) No existe ningún indicador para su medición.
   c) Sólo es importante para las multinacionales.
   d) En las empresas públicas no puede gestionarse.

ACTIVIDADES DE GRUPO PEQUEÑO

CASO KOGNOPOLIS ©. RED TRANSFRONTERIZA DE CIUDADES DEL CONOCIMIENTO. PROYECTO INTERREG IIIA SP4/E43

Un número cada vez mayor de regiones de las sociedades y economías pertenecientes a la OCDE está haciendo girar sus estrategias de desarrollo alrededor del aprendizaje, la investigación y la innovación, mediante un enfoque conjunto de las administraciones, el sector privado y la sociedad en general. El creciente interés en las ciudades y regiones que aprenden refleja los cambios fundamentales que están teniendo lugar. Las ventajas comparativas dependen cada vez más de los recursos humanos, la creación de conocimiento y las innovaciones continuas e incrementales del acceso al capital físico y a las materias primas.

En este sentido, nuestra propuesta se ha materializado en la creación de una «Red Transfronteriza de Ciudades del Conocimiento». Estamos convencidos que adoptar el enfoque red es la visión más adecuada para el desarrollo de las ciudades, más que una cooperación de ciudad-ciudad, o entre ciudades. La Red KOGNOPOLIS© incluye un sistema de intra-extranets que se puede consultar en la página www.redkognopolis.org.

La propuesta ha contado con varios elementos innovadores, entre los que podemos destacar:

1. *La formulación en red*. El desarrollo de las políticas socioeconómicas para mejorar el medio ambiente urbano adopta muchas formas diferenciadas. Las ciudades trabajan juntas para definir sus problemas e intentar llegar a soluciones adecuadas sobre las bases de la experiencia compartida entre grupos iguales.
2. *El tamaño de las ciudades*. El proyecto ha estado formado por ciudades de pequeño y medio tamaño. Los grupos de ciudades asociadas que hemos revisado rara vez contienen ciudades de este tamaño, habitualmente se centran en grandes ciudades o en capitales de provincia como grandes polos de atracción. En ese sentido, en el Proyecto Cities (www.proyectocities.org) colaboran aproximadamente 20 ciudades grandes y medianas de los cinco continentes. El proyecto EUROCITIES (www.eurocities.org) quiere fomentar un espíritu de trabajo en red entre las ciudades más grandes de Europa; aunque existen realidades con diferencias culturales, socio-económicas y políticas, comparten comúnmente desafíos y soluciones.

La investigación del proyecto KOGNÓPOLIS («Red Transfronteriza de Ciudades del Conocimiento») ha sido liderada por el equipo investigador del Grupo de Gestión de Empresas de la Universidad de Extremadura (http://gge.unex.es), y se han pretendido cumplir los siguientes objetivos generales:

— Sensibilización de los agentes para generar ventajas mutuas relacionadas con la consolidación gradual del espacio integrado y asentado en redes que faciliten la proyección exterior conjunta.

— Estimular intercambios de información y conocimientos entre organismo públicos, administraciones locales, centros de investigación, empresas, que han podido contribuir a incrementar los factores de competitividad de las ciudades y, fundamentalmente, a reducir su condición de periféricas.

— Estimular la cooperación entre los diferentes agentes considerados ampliándola a campos como la innovación tecnológica, la difusión de las nuevas tecnologías, la gestión del conocimiento, etc.

— Consolidar e institucionalizar (a través de la red KOGNÓPOLIS) mecanismos de cooperación transfronteriza.
— Fortalecer las economías locales ampliando y cualificando fundamentalmente a los recursos humanos que deben prestar servicios cada vez más especializados.

Al mismo tiempo, el proyecto considera los siguientes objetivos específicos:

— Se ha realizado un estudio de la situación de la Gestión del Conocimiento en las ciudades que forman la Red.
— Se han identificado las ventajas competitivas de las ciudades, los factores de éxito, y se han compartido estos conocimientos con cada uno de los elementos de la Red.
— Se ha subrayado la importancia del conocimiento en el progreso de las ciudades.
— Se ha resaltado la importancia de establecer mecanismos de transferencia y utilización de los conocimientos.
— Se ha creado una intra-extranets para mejorar la comunicación entre los miembros de la red, bases de datos relacionales, etc.
— Se ha pretendido establecer redes de cooperación intermunicipal e intraempresarial, en campos de gestión del conocimiento principalmente, pero también en otros como integración social, desarrollo empresarial y ordenación del territorio.
— Se ha intentado dinamizar la cooperación entre las entidades de la administración pública regional de ambos lados de la frontera y entre éstas y los agentes económicos, sociales y culturales.

ACTIVIDADES DE GRUPO GRANDE

Discusión y análisis de las actividades en grupos pequeños de manera conjunta, defendiendo los representantes de cada grupo su propuesta y tratando de llegar a un consenso entre todos.

BIBLIOGRAFÍA BÁSICA

Bañegil, T. M.; Sanguino, R.; Serrano, A. (2005): «Resultados del Proyecto: Red transfronteriza de ciudades de conocimiento Kognópolis», ADRAL, Évora.

Bañegil, T. M. y Sanguino, R. (2004): «Hacia una revisión de los modelos para la gestión de los intangibles». *Revista Gestin.* Instituto Politécnico de Castelo Branco (Portugal), n.º 3, pp. 15-25.

Bañegil, T. M.; Sanguino, R. (2003): «Para una revisión dos modelos de Gestión del conocimiento y estrategia», *Revista madri+d*, n.º 19, octubre-noviembre.

Bontis, M. (1998): *Intellectual capital: an exploraty study that develops measures and models*, Management Decision, pp. 67-76 .

Brooking, A. (1997): *El capital intelectual*, Paidós, Barcelona.

Centro de Investigaciones sobre la Sociedad del Conocimiento –CIC– (2001): «Identificación y Medición del Capital Tecnológico de la Empresa», *Documentos Intellectus*, n.º 1.

Centro de Investigaciones sobre la Sociedad del Conocimiento –CIC– (2002): «Identificación y Medición del Capital Relacional», *Documentos Intellectus*, n.º 2.

Ernst & Young Consulting (1998): *Blueprint for success: how to put knowledge to work in your organization.*

Jericó, P. (2001): *Gestión del talento*, Prentice Hall, Madrid.

Kaplan, R. y Norton, D. (1997): *Cuadro de mando integral (The Balanced Scorecard)*, Gestión 2000, Barcelona.

Ortiz, M. (2002): *Modelos de Capital Intelectual y gestión del conocimiento: aplicaciones prácticas*, Seminario de Gestión del Conocimiento: Aplicación Empresarial, Trujillo.

Spender, J. C. (1996): «Making knowledge, collective practice and Penrose rents», *International Business Review*, vol. 3.

ENLACES DE INTERÉS

www.knowledgeboard.com
www.redkognopolis.org
www.gestiondelconocimiento.net
www.fundecyt.es/conocimiento
www.corporatelongitude.com
www.gestiondeltalento.com
www.clusterconocimiento.com
www.humantec.it
www.tekniker.e-locus.es
www.netmaker.org
www.portaldelconocimiento.com
www.cenorm.be/isss

ACTIVIDADES DEL EPÍGRAFE 11.4

ACTIVIDADES INDIVIDUALES

DE COMPRENSIÓN

1. ¿Cuándo la gestión medioambiental puede llegar a ser una ventaja competitiva para la empresa?

DE AUTOEVALUACIÓN

1. Señala cuál de los siguientes elementos no es estrictamente necesario para implantar un SGMA en la empresa:

   a) Una política medioambiental que recoja el compromiso de la dirección.
   b) El diseño de un programa medioambiental que recoja objetivos y acciones a llevar a cabo.

c) La creación de un departamento de medio ambiente independiente del resto de departamentos de la empresa.
d) La realización de un programa de formación del personal sobre cuestiones medioambientales.

2. Señala la alternativa correcta con relación a la gestión medioambiental de la empresa:

a) Las cuestiones medioambientales sólo son responsabilidad del director o departamento de medio ambiente.
b) Uno de los objetivos estratégicos de la dirección de operaciones debe ser la mejora de la ecoeficiencia.
c) Las inversiones en tecnología preventivas son siempre menos rentables que las inversiones en tecnologías correctivas.
d) La dirección de recursos humanos debe limitarse a informar al trabajador cómo debe hacer su trabajo para reducir sus impactos medioambientales.

3. El marketing ecológico debe:

a) Analizar el comportamiento de los consumidores ante las cuestiones medioambientales.
b) Educar a los consumidores.
c) Diseñar una política de distribución que permita recuperar y reciclar los residuos de sus productos.
d) Todo lo anterior es cierto.

ACTIVIDADES DE GRUPO GRANDE

LAS CUATRO RUEDAS SE VISTEN DE VERDE

La carestía de los combustibles y la creciente preocupación hacia el medio ambiente ha provocado una dramática aceleración en la apuesta de los fabricantes de coches por los motores híbridos. El Salón del Automóvil de Tokio, inaugurado ayer, se ha convertido en escenario de esta nueva batalla, que abre otro frente en la lucha por la cuota de mercado.

Un coche híbrido cuenta con dos motores, uno convencional y otro eléctrico. A bajas velocidades es el motor eléctrico el que impulsa el coche. Además, este segundo propulsor complementa al convencional cuando se necesita más potencia. Esta tecnología era hace apenas dos años una iniciativa en la que Toyota y su hermana Lexus estaban más o menos solas. Ambas empresas han convertido la ecología en uno de sus pilares y en una estrategia de marketing. Toyota se ha fijado como meta vender un millón de coches híbridos en 2010. La consultora JD Powers calcula que para 2012, el 4 por 100 de los turismos que se vendan dispondrán de esta motorización. No es poco, si se tiene en cuenta que un híbrido puede costar 3.000 dólares más que uno normal.

Toyota trata además de establecer su sistema híbrido como un estándar en la industria y, para ello, no ha dudado en vender su tecnología a otras compañías, como

Ford. Por ahora se ha evitado que se abra una guerra parecida a la que se produjo en los ochenta con los formatos de vídeo VHS y Betamax.

Ayer, el grupo nipón exhibió el GS 450h, una potente versión híbrida de la renovada gama de su sedán. Además, la marca Toyota presentó el minivan Estima, un prototipo derivado de uno de los innumerables modelos del segundo fabricante mundial reservado para el mercado nipón. El paso marcado por Toyota lo siguen el resto de marcas, que han presentado en el salón prototipos híbridos como el Chrysler UFE III, el futurista Nissan Pivo con su forma de huevo o del deportivo Subaru B5 THP, así como del Audi Q7 híbrido, la futura variante del próximo todoterreno de la filial de Volkswagen. Precisamente, hace un mes escaso, la firma alemana anunció un acuerdo con Porsche para trabajar conjuntamente en el desarrollo de híbridos...

La postura de General Motors respecto a los motores híbridos ha variado con el tiempo, desde la indiferencia de hace un lustro, que le llevó a rechazar una alianza con Toyota para esta tecnología, al lanzamiento a bombo y platillo del Chevrolet Silverado Híbrido y a la formación de alianzas con DaimlerChrysler o BMW. La compañía de Detroit ha dedicado, además, buena parte de sus esfuerzos a la pila de combustible, es decir unas baterías que usan el hidrógeno como combustible. Esta tecnología es otra de las iniciativas de la industria para lograr menores consumos y niveles de contaminación. En este campo, Toyota descubrió el Fine X, un vehículo propulsado con hidrógeno que cuenta con cuatro ruedas independientes, que le permiten girar sobre sí mismo o aparcar en lateral. DaimlerChrysler presentó el prototipo Mercedes Benz F600, que la marca prevé producir en serie entre 2012 y 2015. Mazda anunció que está en condiciones de lanzar un modelo en pruebas del RX-8 Hydrogen Re en primavera y de que pueda ser fabricado de forma masiva en los próximos tres años. Además, la compañía del grupo Ford presentó el Premacy Hydrogen Re Hybrid, otro prototipo que puede funcionar con gasolina o hidrógeno y que, además, monta otro propulsor eléctrico. Honda, la segunda marca japonesa por volumen de ventas, también aprovechó la muestra nipona para dar a conocer sus avances en motores más ecológicos, como el prototipo FCX, que tiene una autonomía de 350 kilómetros.

Fuente: Noticia publicada por Guillermo Sánchez Vega el 20 de octubre de 2005 en *Cinco Días*.

BIBLIOGRAFÍA BÁSICA

Aragón, J. A. (1998): *Empresa y medio ambiente: gestión estratégica de las oportunidades medioambientales*, Editorial Comares.

Bañegil, T. M. (1997): «La empresa como solución», en Ballesteros, J. y Pérez Adán, J.: *Sociedad y medio ambiente*, Trotta, Madrid.

Calomarde, J. V. (2000): *Marketing ecológico*, Pirámide, Madrid.

Chamorro, A. (2005): «Marketing de productos ecológicos», en Chamorro, A. y González, O. R.: *Aplicaciones de marketing*, Editorial Abecedario.

Del Brío, J. A. y Junquera, B. (2001): *Medio ambiente y empresa: de la confrontación a la oportunidad*, Civitas, Madrid.

ENLACES DE INTERÉS

Business and Sustainable Development: www.bsdglobal.com/
Club de Excelencia en Sostenibilidad: http://www.clubsostenibilidad.org.
Coalición para una Economía Ecológicamente Responsable: www.ceres.org
Empresa sostenible: http://www.empresasostenible.org
Etiqueta Ecológica Europea: http://www.eco-label.com.
Fundación Entorno: http://www.fundacionentorno.org
Ministerio de Medio Ambiente: http://www.mma.es
World Business Council for Sustainable Development: http://www.wbcsd.com.

BIBLIOGRAFÍA REFERENCIADA

[1] Castells, M. (2001): *La era de la información. Vol. 1. La sociedad red.* Alianza Editorial, Torrejón de Ardoz.

[2] Chaminade, C. (2001): La sociedad del conocimiento y su impacto en la empresa: La medición y gestión de los intangibles. *Formas y reformas de la nueva economía.* Monografía 1, Revista Madri+d.

[3] Cabrera, A. y Gómez-Mejía, L. (2002): La sexta fuerza competitiva: ¿Cómo gestionar a las personas en el siglo XXI? *Revista de Empresa*, n.º 1, jul/sep, pp-17-27.

[4] Varian, H.; Litan, R. E.; Elder, A. y Shutter, J. (2002): *The net impact study*. Disponible en: www.netimpactstudy.com.

[5] García-Echevarría, S. y del Val, T. (1998): *Impacto de la globalización en los nuevos diseños empresariales*. VIII Congreso Nacional de ACEDE. Empresa y Economía Institucional, Las Palmas de Gran Canaria.

[6] Drucker, P. F. (1988): «The coming of the new organization», *Harvard Bussines Review*, 88, pp. 45-53.

[7] Fuehrer, E. y Ashkanasy, N. (1998): The virtual organization: defining a Weberian ideal type from the inter-organizational perspective. Annual Meeting of the Academy of Management, San Diego, CA.

[8] Cortina (1994). *Ética de la empresa*. Trotta, Madrid.

[9] Peters, T. y Watermans, R. (1982): *In search of excellence*, Nueva York: Harper and Row; Deal, T. y Kennedy, A. (1982): *Corporate Cultures: The rites and rituals of corporate life*, Reading: Addison-Wesley; Frost, P., Moore, L., Louis, M., Lundberg, C. y Martin, J. (Eds.) (1991): *Reframing organizational culture*, Newbury Park: Sage Publications; Schein, E. (1985): *Organizational culture and leadership: A dynamic view*, San Francisco: Jossey-Bass.

[10] Ouchi, W. (1980): *Theory Z:How American business can meet the Japanese challenge*, Addison-Wesley, Reading, MA.

[11] Pascale, R. y Athos, A. (1981): *The art of japanese management*, Simon and Schuster, Nueva York.

[12] Deal, T. y Kennedy, A. (1982), *Corporate Cultures: The rites and rituals of corporate life*, Addison-Wesley, Reading. MA.

[13] Peters, T. y Watermans, R. (1982): *In search of excellence*, Harper and Row, Nueva York.

[14] Schein, E., (1999): The corporate culture. Jossey-Bass Publishers, San Francisco.

[15] Cartwright, J. (1999): *Cultural transformation*, Pearson Education, Londres.

[16] Uriarte, P. L. (2000): «Estrategias de negocio ante la nueva economía», *Nueva Empresa.com*, n.º 456, diciembre.

[17] Rappa, M. (2002): Business models on the web. Disponible en: http://digitalenterprise.org/models/.html.

[18] Laso, I. e Iglesias, M. (2002): Internet, Comercio colaborativo y mComercio: Nuevos modelos de negocio, Ediciones Mundi-Prensa.

[19] Drucker, P. (1994): *Post-capitalist society*, Harper Business, Nueva York.

[20] Bueno, E. (2002): «Enfoques principales y tendencias en Dirección del Conocimiento» (Knowledge Management): Foro Intellectus. Madrid.

[21] AECA (2002): «Indicadores para la Gestión Empresarial», Documento 17, Serie Contabilidad de Gestión.

[22] Pérez, S., Montes, J. M. y Vázquez, C. J. (2005): «Medición del aprendizaje organizativo: propuesta de una escala multidimensional», *Revista Europea de Dirección y Economía de la Empresa*, vol. 14, n.º 2.

[23] Davenport, T. y Prusak, L. (1998): *Working Knowledge*, Harvard Business Scholl Press, Boston.

[24] Sveiby, K. (1998): *The new organizatonial wealth: managing and measuring intangible assets*, Berret-Koelher Publishers, San Francisco.

[25] Nonaka, I. y Takeuchi, H. (1997): *The knowledge-creating company*, Oxford University Press, Nueva York.

[26] Bueno, E.; Rodríguez, P. y Salmador, M. P. (1999): «Gestión del Conocimiento y Capital Intelectual: análisis de experiencias en la empresa española». Actas X Congreso AECA. Zaragoza.

[27] Nonaka, I. (1991): «The knowledge-creating company», *Harvard Business Review*, pp. 96-104.

[28] Senge, P. (1992); *La Quinta Disciplina.* Granica, Barcelona.

[29] Edvinsson, L. y Malone, M. S. (1999): *El capital intelectual*, Gestión 2000, Barcelona.

[30] Mendes, M. (2002): *O alinhamento estratégico e o ambiente para Gestao do Conhecimento: um estudo nos orgaos do poder executivo do Estado da Bahía*, trabajo fin de Máster en Administración de Empresas y Comercio Internacional, Salvador de Bahía.

[31] Garvin, D. A. (1998): «Building a learning organization», *Harvard Business Review*, pp. 78-91.

[32] Tissen, R.; Andriessen, D. y Lekanne, F. (2000): *El Valor del Conocimiento para aumentar el rendimiento en las empresas*, Prentice Hall, Madrid.

[33] Cope, M. (2001): *El conocimiento personal: un valor seguro*, Prentice Hall, Madrid.